WALTRAUT BLEIBER

NATURALWIRTSCHAFT UND WARE-GELD-BEZIEHUNGEN ZWISCHEN SOMME UND LOIRE WÄHREND DES 7. JAHRHUNDERTS

FORSCHUNGEN ZUR MITTELALTERLICHEN GESCHICHTE

Begründet durch Heinrich Sproemberg †

Herausgegeben von
G. Heitz, E. Müller-Mertens, B. Töpfer
und E. Werner

BAND 27

A K A D E M I E - V E R L A G · B E R L I N
1981

WALTRAUT BLEIBER

NATURALWIRTSCHAFT UND WARE-GELD-BEZIEHUNGEN ZWISCHEN SOMME UND LOIRE WÄHREND DES 7. JAHRHUNDERTS

Mit 2 Karten als Beilage

AKADEMIE-VERLAG · BERLIN

1981

Erschienen im Akademie-Verlag, DDR - 1080 Berlin, Leipziger Str. 3–4

Lizenznummer: 202 · 100/276/80
Umschlaggestaltung: Karl Salzbrunn
Gesamtherstellung IV/2/14 VEB Druckerei »Gottfried Wilhelm Leibniz«
4450 Gräfenhainichen · 5517
Bestellnummer: 753 567 8 (2090/27) · LSV 0225
Printed in GDR
DDR 48,– M

INHALTSVERZEICHNIS

EINLEITENDE BEMERKUNGEN

Der Begriff der Naturalwirtschaft, der von Bruno Hildebrand in die Wissenschaft eingeführt worden ist,[1] gehört seit langem zum gängigen Vokabular der Historiker. Er fand Eingang in die Lehr- und Handbücher,[2] und die marxistische Gesellschaftswissenschaft verwendet ihn auf jeden Fall dann, wenn die Wesenszüge der feudalen Gesellschaftsformation zu erörtern sind.[3] Aber obwohl dieser Begriff so außerordentlich geläufig ist, war er nie unumstritten, und sowohl wegen seines Inhalts als auch wegen der Art, in der er gebraucht wurde, gab er wiederholt Anlaß zu heftigem Für und Wider.[4]

Die Auseinandersetzungen erreichten eine besondere Breite und Intensität, nachdem Dopsch zum Beginn der dreißiger Jahre sein Buch über „Naturalwirtschaft und Geldwirtschaft in der Weltgeschichte" veröffentlicht hatte. Im Mittelpunkt der Auseinandersetzungen standen damals neben Fragen der Begriffsbestimmung vor allem die durch Alfons Dopsch aufgestellte These von der weltgeschichtlichen Parallelität natural- und geldwirtschaftlicher Erscheinungen sowie seine von dieser These beeinflußte Bewertung des Wirtschaftslebens der Merowinger- und der Karolingerzeit.[5] Diese Auseinandersetzungen verebbten aber schließlich, ohne daß sie recht eigentlich zu einem Abschluß gekommen waren. Selbst die in ihrem Verlauf wiederholt geforderte Klärung der Begriffe blieb letzten Endes aus.[6]

Einen völlig neuen, weil grundsätzlich andersgearteten methodologischen Ausgangspunkt schufen den Erörterungen dann die Diskussionen, die in der internationalen Wissenschaft seit etwa zwei Jahrzehnten um die Wesenszüge der feudalen Gesellschaftsformation geführt werden. Zielten die früheren Auseinandersetzungen vor allem darauf ab, einen Teilaspekt vorkapitalistischer Wirtschaftsweisen, nämlich den ihres jeweiligen Verhältnisses zum Austausch zu klären, so sind diese darauf gerichtet, eine Gesellschaftsformation in ihren Grundlagen zu erfassen und die ihr eigenen, sie charakterisierenden Merkmale zu bestimmen.[7] Aus ihrem spezifischen Anliegen ergab sich notwendigerweise,

1 Hildebrand, Naturalwirthschaft, S. 1ff. Vgl. Bloch, Économie-nature, S. 7.

2 Vgl. Dopsch, Wirtschaftsentwicklung, 1, S. 6ff. u. 2, S. 252ff. Mottek, Wirtschaftsgeschichte, S. 77, S. 82, S. 107, Anm. 175 u. öfter. Lütge, Wirtschaftsgeschichte, S. 95. Lexikon, S. 248. Ökonomie, S. 138ff.

3 Ökonomie, S. 138f. Vgl. Töpfer, Problematik, S. 282.

4 Vgl. Werveke, Économie-nature, S. 428f. Werveke spricht ebenda, S. 429, von einer Konfusion, die sich selbst bei den besten Autoren fände. Heckscher, Naturalwirtschaft, S. 456ff.

5 Dopsch, Naturalwirtschaft, S. 24ff., bes. S. 253ff. Heckscher, Naturalwirtschaft, S. 455f. Werveke, Économie-nature, S. 432ff.

6 Heckscher, Naturalwirtschaft, S. 456, Bloch, Économie-nature, S. 8.

7 Müller-Mertens, Feudalentwicklung, S. 52ff. Derselbe, Skizze, S. 543ff. Töpfer, Grundfragen, S. 785ff. Derselbe, Diskussion, S. 629ff. Derselbe, Problematik, S. 259ff. Werner, Charakteristika, S. 1134ff. Herrmann, Allod, S. 164ff. Ljublinskaja, Tipologija, S. 9ff.

daß diese Diskussion auch zu der Frage führte, welchen Platz Tausch, Ware-Geld-Beziehungen und Geldzirkulation in der feudalen Produktionsweise einnahmen und von welcher Art die Zusammenhänge waren, die zwischen diesen Erscheinungen und dem feudalen Produktionsverhältnis bestanden. Teilaspekte dieser Problematik sind wiederholt aufgegriffen, die Frage nach dem naturalwirtschaftlichen Grundzug des Feudalismus ist verschiedentlich gestellt worden.[8] Sehr viel häufiger allerdings wurde der Problemkreis in Verbindung mit Ausführungen berührt, die die Einordnung der Stadt in die Feudalgesellschaft, den historischen Platz, den die städtische Siedlung innerhalb dieser Gesellschaftsordnung einnahm, zum Gegenstand hatten.[9] Die bewußte Einbeziehung der außereuropäischen Geschichte in die Betrachtungen war im besonderen Maße dazu angetan, die sehr verbreitete Lehrmeinung von der naturalwirtschaftlichen Grundstruktur des Feudalismus in Frage zu stellen.[10]

Der bisherige Verlauf der Diskussionen erbrachte neue Einsichten sowohl in die allgemein-theoretische als auch in die konkret-historische Vielfältigkeit und Kompliziertheit des zu bewältigenden Fragenkreises. Es wurden entsprechende Thesen formuliert und neue, für weiterführende Untersuchungen wesentliche Gesichtspunkte vorgetragen. Es zeigte sich jedoch auch sehr deutlich, daß in der gegenwärtigen Forschung nach wie vor im Grundsätzlichen beträchtlich voneinander abweichende Auffassungen vorhanden sind. Ließen sich einerseits Stimmen hören, die nach der allen vorkapitalistischen Gesellschaftsformationen gemeinsamen naturalwirtschaftlichen Grundstruktur fragten,[11] so gibt es andererseits auch die klar erkennbare Tendenz, den naturalwirtschaftlichen Charakter des Feudalismus zu seinen wesentlichen und bemerkenswertesten Besonderheiten zu zählen und die feudale Produktionsweise in dieser Hinsicht sowohl von der des Kapitalismus als auch von denen anderer vorkapitalistischer Produktionsweisen abzusetzen.[12] Mit diesen divergierenden Betrachtungen des Grundsätzlichen korrespondieren unterschiedliche Auffassungen in abgeleiteten Fragen. So wurde der einfachen Warenproduktion, der Geldrente und der Entwicklung der Städte in den bisherigen Diskussionen eine recht unterschiedliche Beurteilung zuteil. Wurde die einfache Warenproduktion einerseits

Oudaltzova/Goutnova, Genèse, S. 1ff. Oudaltzova, Féodalisme à Byzance, S. 31ff. Lipchits, Ville à Byzance, S. 51ff. Wunder, Feudalimus. C. E. R. M., Féodalisme.

8 Werner, Charakteristika, S. 1135ff. Töpfer, Grundfragen, S. 801f. Derselbe, Problematik, S. 274 u. S. 279ff. Derselbe, Diskussion, S. 630. Müller-Mertens, Feudalentwicklung, S. 57. Derselbe, Skizze, S. 551 u. S. 572f. Oudaltzova/Goutnova, Genèse, S. 1 u. S. 5. Oudaltzova, Féodalisme à Byzance, S. 43ff.

9 Die Literatur ist außerordentlich umfangreich. Verwiesen sei auf: Settimane 6/1959 u. 21/1974, sowie auf: Frühformen, weil diese drei Protokollbände einen informativen Einblick in den Forschungsstand geben. An marxistischen Arbeiten sind zu nennen: Sjuzjumov, Problema, S. 77ff., sowie Lipchits, Ville à Byzance, S. 51ff. Zur unterschiedlichen Stellung und Funktion der Stadt in den vorfeudalen Gesellschaftsformationen einerseits, im Feudalismus andererseits auch Herrmann, Allod, S. 196.

10 C. E. R. M., Féodalisme. C. E. R. M., Féodalisme à Byzance. Werner, Charakteristika, S. 1134ff. Töpfer, Problematik, S. 259ff. u. die dort angeführte Literatur.

11 Töpfer, Problematik, S. 282f. Derselbe, Diskussion, S. 630.

12 Ökonomie, S. 138f. Oudaltzova/Goutnova, Genèse, S. 1. Müller-Mertens, Skizze, S. 572, betont, daß im Frühmittelalter die Naturalwirtschaft unbedingt vorherrschte. Poljanski, Proizvodstvo, schreibt auf S. 51, daß zwei Erscheinungen für den Feudalismus entscheidende Bedeutung gehabt hätten: Leibeigenschaft und Naturalwirtschaft. Die Naturalwirtschaft hat für P. „tiefen, allumfassenden Charakter." Sie kann nach seinen Worten für die feudale Produktion als so charakteristisch angesehen werden, wie die Warenproduktion für den Kapitalismus, ebenda, S. 52.

als für die Entwicklung der Feudalgesellschaft unabdingbar und die Entstehung der Städte als Zeichen einer neuen Qualität in der Entwicklung dieser Gesellschaft gewertet,[13] so wird die Existenz von Städten andererseits als ein diese Entwicklung eher hemmendes Element,[14] der Übergang zur Geldform der Feudalrente eher als ein Zeichen der beginnenden Zersetzung feudaler Zustände betrachtet.[15]

Insgesamt gesehen zeigte der bisherige Verlauf der Diskussionen recht deutlich, daß eine umfassende, den allgemeingeschichtlichen Gegebenheiten gerechtwerdende Feudalismusvorstellung kaum geschaffen werden kann, wenn das Problem der vorgeblichen oder tatsächlichen naturalwirtschaftlichen Determiniertheit dieser Gesellschaftsordnung nicht grundlegend erörtert und vertiefte Einsichten zu diesem Fragenkreis gewonnen werden.

Die vorliegende Arbeit stellt einen Versuch dar, einen Beitrag zur Bewältigung entsprechender Fragestellungen zu leisten. Sie wurde bewußt in den weiteren Rahmen der angeführten Diskussionen, weniger in den engeren der speziellen Stadtgeschichte eingeordnet. Zum Untersuchungsgegenstand wurden die Verhältnisse eines Teilgebietes des ehemaligen Merowingerreiches bestimmt. Dieses Gebiet reichte von der Somme und dem Oberlauf der Oise im Norden bis zur unteren und mittleren Loire im Süden, von Rennes im Westen bis zur Maas im Osten. Es schließt die Départements Yonne, Aube, Marne und Ardennes ein, die Départements Côte-d'Or und Nièvre sowie die Bretagne wurden nicht berücksichtigt.

Zur Wahl dieses Untersuchungsgebietes veranlaßten mehrere Gründe. Zunächst ließ es die angestrebte Einordnung der Untersuchungen in die Feudalismusdiskussion geraten erscheinen, die Aufmerksamkeit auf ein Gebiet zu konzentrieren, in dem geldwirtschaftliche Erscheinungen bekanntermaßen weit zurückreichten. Auf diese Weise schien es möglich, frühe Entwicklungen zu fassen und das Phänomen Geldwirtschaft und feudale Produktionsweise am Beispiel einer Entwicklungsstufe zu erörtern, die in besonderem Maße als naturalwirtschaftlich geprägt gilt.[16] Weiter stellte das umschriebene Gebiet einen eigenständigen historischen Raum dar: Es deckte sich nahezu mit Neustrien, der politischen Kernlandschaft des Merowingerreiches während des 7. Jh. Nicht unwesentlich für die Entscheidung war zudem, daß in diesem Gebiet die Villikation, also die für bebeträchtliche Teile West- und Mitteleuropas charakteristische Form der frühfeudalen Grundherrschaft geboren wurde. Die Daseinsweise eben dieser Villikation ist immer wieder als eine spezifisch naturalwirtschaftliche angesehen worden, und bis in die jüngste Zeit hinein hat es Versuche gegeben, mit dem Hinweis auf den naturalwirtschaftlichen Charakter des Fronhofsverbandes die Auffassung von der naturalwirtschaftlichen Grundstruktur der feudalen Gesellschaftsformation überhaupt zu stützen.[17]

Als mit der Arbeit begonnen wurde, bestand die Absicht, die Untersuchungen vom Anfang des 7. bis zur Mitte des 10. Jh. und damit über einen sehr wesentlichen Teilabschnitt des Frühfeudalismus zu führen. Es zeigte sich jedoch sehr bald, daß entsprechend angelegte Forschungen in einem angemessenen Zeitraum nicht zu Ende zu bringen waren. Sie mußten nicht nur hinsichtlich des Untersuchungsgebietes, sondern auch hinsichtlich der zu untersuchenden Zeit eingeengt werden. Zwei Gründe vor allem veranlaßten dazu, die

[13] Müller-Mertens, Skizze, S. 551 u. S. 573.

[14] Oudaltzova/Goutnova, Genèse, S. 15. Vgl. ebenda, S. 5.

[15] Ökonomie, S. 143. Stam, Grundlagen, S. 92 u. S. 96ff.

[16] Vgl. Müller-Mertens, Skizze, S. 572f.

[17] Vgl. Kulischer, Wirtschaftsgeschichte, S. 1–3, die hier vorgestellten Ansichten zum Charakter der Wirtschaft des frühen Mittelalters. Kalischer, Beiträge, S. 84, bezeichnet die Naturalwirtschaft als das für die Zeit der Großgrundherrschaft herrschende Prinzip. Vgl. Preidel, Handel, S. 10ff., sowie Töpfer, Problematik, S. 282, und Stam, Grundlagen, S. 78.

Arbeit auf das 7. Jh. zu konzentrieren: Diesem Zeitraum war schon deshalb der Vorzug zu geben, weil, wie bereits gesagt worden ist, die Absicht bestand, einen möglichst frühen Zustand zu erfassen und mit den Untersuchungen an einem Punkt einzusetzen, an dem die feudalen Verhältnisse sich noch in den Anfängen ihrer Entwicklung befanden. Hinzu kam, daß das 7. Jh. durch die Publikationen Henri Pirennes in den Mittelpunkt einer außerordentlich lebhaft und anhaltend geführten wissenschaftlichen Kontroverse gerückt worden war. Hauptgegenstand dieser Kontroverse bildeten grundlegende Probleme des Übergangs von der Antike zum Mittelalter, die einen engen sachlichen Bezug zur Thematik der vorliegenden Arbeit besitzen. Ereignissen des 7. Jh. wurde von Pirenne ein Platz zugewiesen, der dieses Jahrhundert zur Scheide von Antike und Mittelalter werden ließ.[18] Nach Ansicht Pirennes sollten sich während der Zeitspanne, die zwischen der Wende des 6. zum 7. und der des 7. zum 8. Jh. lag, Vorgänge vollzogen haben, die bewirkten, daß die gesellschaftlichen Verhältnisse der Antike mit ihrer hochentwickelten Geldwirtschaft und ihrer blühenden städtischen Kultur zerstört wurden. Als Folge dieser Vorgänge hätte ein Wandel eingesetzt, der die eigentlich grundherrschaftlich-feudalen Verhältnisse entstehen ließ. Der alles bewegende Handel zwischen Orient und Okzident brach ab, die Städte verfielen. Sie wurden zu bloßen Verwaltungszentren, die nur noch dem Namen nach Städte waren. Eine Phase der ökonomischen Regression soll eingesetzt haben, deren Kurve Ende des 9. Jh. ihren tiefsten Stand erreichte.[19]

Die Forschung ist heute keineswegs mehr gewillt, das von Pirenne errichtete Lehrgebäude unangetastet und ohne Versuch der Korrektur hinzunehmen. In jüngerer Zeit sind Auffassungen vorgetragen worden, die die entscheidenden Anstöße der Veränderungen weit weniger, als es Pirenne tat, in einem spektakulären politischen Ereignis, als vielmehr im ökonomischen Bereich zu finden suchten. Keine der Pirenneschen Thesen dürfte inzwischen so weitgehend und so sehr mit Grund aufgegeben worden sein wie jene, die dem Einbruch der Araber in das Mittelmeerbecken die eigentlich geschichtsträchtige Bedeutung zuschrieb.[20] Aber so begründet die kritische Distanz, die den Auffassungen Pirennes gegenwärtig entgegengebracht wird, auch ist, so sollte doch nicht übersehen werden, daß im Verlaufe des 7. Jh. in weiten Teilen Europas tatsächlich Wandlungen einsetzten, die im hohen Maße die Sphäre des Austausches und des Handels betrafen: Das Münzsystem und die Geldzirkulation sahen am Beginn jenes Jahrhunderts anders aus als an seinem Ende. Der Handel wandelte sich zwischen der Wende des 6. zum 7. und der des 7. zum 8. Jh. in seinen Hauptrichtungen und in seinen Grundlagen. Der konkret-historische Ausgangspunkt, von dem her Pirenne seine Hypothesen entwickelte, war also zweifelsohne treffend gewählt. Nur müssen diese auffallenden Wandlungen in den Erscheinungen dazu veranlassen, ihren wirtschaftlichen und sozialökonomischen Ursachen nachzugehen. Sie können sicher nicht primär auf äußere politische Veränderungen zurückgeführt werden.

Pirenne und den Historikern, die sich seinen Auffassungen anschlossen, erwuchsen in der Schule von Alfons Dopsch entschiedene Gegner.[21] Ihre Vertreter waren bemüht zu

18 Zu den Auffassungen von Pirenne und zu ihrer Behandlung in der neueren westlichen Literatur ist bedeutsam Bessmertnyj, Problema, S. 246ff. Vgl. weiter Laurent, Travaux, S. 496ff. Lambrechts, Thèses, S. 513ff. Lyon, Oeuvre, S. 437ff. Himly, Emprise, S. 31ff. Verhulst, Handel, S. 2.

19 Laurent, Travaux, S. 497ff. Lyon, Oeuvre, S. 464ff. Lambrechts, Thèses, S. 528ff.

20 Bessmertnyj, Problema, S. 250ff. zu Doehaerd, Bolin, Lombard, Lopez, Cipolla, Grierson u. a.

21 Ebenda, S. 248ff. Laurent, Travaux, S. 501f. Lyon, Oeuvre, S. 478ff. Lambrechts, Thèses, S. 528ff.

zeigen, daß die gesellschaftliche Entwicklung ohne Bruch von der Spätantike über die Zeit der Merowinger bis in die der Karolinger geführt und daß dementsprechend sowohl die Spätantike als auch das europäische Frühmittelalter einen weitreichenden Handel, eine entsprechend lebhafte Geldzirkulation und eine intensive Marktwirtschaft gekannt hätten.[22] In ihren Auseinandersetzungen benutzten die Parteigänger der konträren Auffassungen die gleichen Quellen, um ihren jeweiligen Standpunkt zu untermauern. Sie kamen mit Hilfe dieser Quellen zu grundverschiedenen Ergebnissen. Diese Tatsache, auf die in jüngeren Publikationen sehr zu Recht aufmerksam gemacht worden ist,[23] veranlaßt dazu, in der vorliegenden Arbeit den Versuch zu unternehmen, die Quellen eines überschaubaren Zeitraumes möglichst vollständig zu erfassen und ihre tatsächlichen Aussagen zu ermitteln. Es gehört zu den wesentlichen Anliegen der Arbeit, die für den zu untersuchenden Raum und die zu untersuchende Zeit zur Verfügung stehenden Quellen vorzustellen und den Versuch einer Interpretation zu unternehmen. Die augenblickliche Forschungssituation bestärkte in diesem Anliegen: Wurden die Forschungen bis in die fünfziger Jahre hinein in ihren Grundrichtungen, in ihren Fragestellungen und Argumentationen mehr oder weniger von den Ansichten bestimmt, die in ihren wesentlichen Zügen einerseits Pirenne, andererseits Dopsch formuliert hatten, so begann sich seitdem ein Wandel abzuzeichnen.[24] Es mehrten sich die Stimmen, die am methodischen Vorgehen sowohl des einen als auch des anderen Kritik übten. Hier und da wurde auf die unzulässig generalisierende Grundtendenz jener Arbeiten verwiesen. Das weitgehende Fehlen von Differenzierungen, die Vernachlässigung von Entwicklungsunterschieden in Zeit und Raum wurden bemängelt.[25] Mit Nachdruck wurde auf die Notwendigkeit verstärkter Detailforschung hingewiesen.[26]

Das Erfassen und Vorstellen der Quellen soll es ermöglichen, zu begründeteren Aussagen über Tausch, Ware-Geld-Beziehungen und Geldzirkulation zu gelangen, als sie bisher getroffen worden sind. Diese Aufgabenstellung bestimmte das methodische Vorgehen und den Aufbau der Arbeit im erheblichen Maße. Die vor einigen Jahren von Verhulst zu einer ähnlichen Thematik vorgelegte Publikation förderte die zu leistende Arbeit, ließ sie jedoch, da sie einer anderen Zielsetzung folgte,[27] in keinem ihrer Teile überflüssig werden.

Es liegt auf der Hand, daß die bewußt vorgenommene und recht konsequent durchgeführte räumliche Begrenzung der Untersuchungen der Verallgemeinerungsfähigkeit ihrer Ergebnisse Schranken setzt: Sie können in erster Linie und mit einer entsprechenden Zuverlässigkeit nur für einen Teil des Merowingerreiches Gültigkeit beanspruchen. Als besonders problematisch dürfte jedoch die strikte zeitliche Beschränkung auf das 7. Jh. erscheinen, und zwar nicht zuletzt deshalb, weil diese Begrenzung zur Folge hatte, daß die

22 Bessmertnyj, Problema, S. 248ff. Poljanskij, Proizvodstvo, S. 3ff. Preidel, Handel, S. 11ff. Vgl. Werveke, Économie-nature, S. 430.

23 Vgl. Lyon, Oeuvre, S. 480.

24 Vgl. dazu Bessmertnyj, Problema, S. 250ff.

25 Gebhart, Geld, S. 41, betont, daß Dopsch die numismatische Literatur, die bis 1913 erschienen war, nur zum geringsten Teil ausgewertet habe. Himly, Emprise, S. 34. Lambrechts, Thèses, S. 520ff. Brühl, Palatium, S. 2. Vgl. Verhulst, Handel, S. 17f.

26 Lyon, Oeuvre, S. 439f. Hävernick, Münzgeschichte, S. 5, fordert, daß mit den Diskussionen um Grundsätzliches vorerst Schluß gemacht werden sollte. Die Beteiligten hätten sich aus den Quellengruppen immer nur das ihnen passende herausgesucht. Vgl. Verhulst, Handel, S. 3.

27 Verhulst bezeichnet es ebenda als seine Aufgabe, „auf Grund der schriftlichen Quellen ein Gesamtbild des merowingischen Handels zu entwerfen.“

Schriften des Gregor von Tours unberücksichtigt blieben. Ein solches Verfahren mag um so unverständlicher erscheinen, als das 7. Jh. zweifelsohne sehr zu Recht im Ruf besonderer Quellenarmut steht.[28] Es war aber gerade diese Quellenarmut, die die Forschung häufig veranlaßte, mit Rückgriffen auf ältere Quellen, und dann selbstredend vor allem mit Rückgriffen auf Gregor von Tours, zu arbeiten. Die Gefahr von Fehlschlüssen, mit der bei einer solchen Methode immer gerechnet werden muß, ist evident. Da für die vorliegende Arbeit Neustrien zum Untersuchungsgebiet bestimmt wurde, wäre diese Gefahr noch größer geworden. Denn Gregor ist, darauf hat Verhulst mit Grund hingewiesen,[29] durch seinen geographischen Standort über die südlich der Loire gelegenen Landschaften Frankreichs sehr viel besser unterrichtet als über Nordfrankreich oder über andere Teilgebiete des Merowingerreiches. Es war also nicht nur der zeitliche, sondern es war ebensosehr der räumliche Abstand ihres Autors, der dazu veranlaßte, auf eine systematische Auswertung der Schriften Gregors zu verzichten.

Der Aufbau der Arbeit folgt nicht einem chronologischen, sondern einem sachlich-systematisierenden Prinzip. Von den drei Kapiteln der Arbeit befaßt sich das erste mit den Münzen, ihren Prägeorten und ihren Umlaufgebieten, das zweite mit der Ware, dem Warenverkehr und dem Handelsplatz. Das dritte Kapitel dagegen nimmt gegenüber den beiden vorangehenden eine deutliche Sonderstellung ein: In diesem Kapitel wird die Begrenzung der Arbeit auf das 7. Jh. durchbrochen; es werden Quellen herangezogen, die eindeutig dem frühen 9., in einigen wenigen Fällen auch dem späten 8. Jh. angehören. Es stellt einen Versuch dar, die Entwicklungsrichtungen und Entwicklungstendenzen der Ware-Geld-Beziehungen innerhalb des Untersuchungsgebietes während der späten Merowinger- und der frühen Karolingerzeit vergleichend zu betrachten. Soweit für die Aussagen dieses Kapitels Quellen herangezogen worden sind, die *nicht* das 7. Jh. betreffen, geschah dies, um für einen entsprechenden Vergleich Voraussetzungen zu schaffen. Mit Hilfe eines solchen Vergleiches sollten weitreichende Entwicklungen deutlicher sichtbar, die Aussage- und Verallgemeinerungsfähigkeit der zum 7. Jh. angestellten Untersuchungen sollte ausgeweitet werden. Im Mittelpunkt des Interesses standen dabei die Marktsiedlungen und das Verhältnis der bäuerlichen Produzenten zu Markt, Handel und Geld. Es handelt sich bei den Ausführungen dieses Kapitels jedoch nicht um Ergebnisse von Untersuchungen, die das Ziel gehabt hätten, den gesamten Problemkreis der Ware-Geld-Beziehungen für das späte 8. und das beginnende 9. Jh. zu erörtern.

Der Begriff der Naturalwirtschaft bedarf, da er in der Literatur, wie bereits festgestellt wurde,[30] keineswegs einhellig gebraucht wird, der Erläuterung. Hildebrand entwickelte diesen Begriff ganz von den Gegebenheiten der Zirkulationssphäre, von den Formen des Austausches her. Er sah naturalwirtschaftliche Zustände dort als gegeben an, wo ein Produkt direkt gegen ein anderes getauscht, wo ohne Beteiligung des Geldes Tauschhandlungen vollzogen wurden.[31] Das eigentliche Pendant zur Naturalwirtschaft, die Wirt-

[28] Vgl. ebenda, S. 4.

[29] Ebenda.

[30] S. o., S. 7.

[31] „Entweder setzt man *Güter* unmittelbar gegen *Güter* um, oder man bedient sich des Tauschmittels der edlen Metalle, des *Geldes*, oder endlich man setzt Güter gegen das Versprechen um, in Zukunft denselben oder einen gleichen Werth zurückzuerstatten, d. h. gegen *Credit*. Bei allen drei Umsatzarten ist das Werthmaass, welches im Verkehr zur Anwendung kommt, ganz gleichgültig, und es kann bei einer Geldrechnung ebenso gut ein Creditumsatz wie ein Geldumsatz oder ein Naturalumsatz stattfinden. Auf der Grundlage dieser drei möglichen Umsatzarten entwickeln sich drei Wirthschaftsformen: die *Naturalwirthschaft*, die *Geldwirthschaft* und die *Creditwirthschaft*.“ HILDEBRAND, Naturalwirthschaft, S. 4.

schaftsweise, von der sie vor allem unterschieden werden soll, ist in diesem Begriffssystem nicht die *Waren*-, sondern die *Geld*wirtschaft.

In gleicher Weise wird der Begriff von Marc Bloch ausgelegt.[32] Bloch, der bei seinen Ausführungen ausdrücklich an die genannte Arbeit Hildebrands anknüpfte,[33] betonte folgerichtig, daß Geldwirtschaft keineswegs nur dort existierte, wo Metallgeld im Gebrauch war. Er stellt Beispiele zusammen, die zeigen sollten, daß während des Mittelalters auch unter verhältnismäßig fortgeschrittenen Bedingungen Waren ganz anderer Art als Zirkulationsmittel fungierten.[34] Zur Bezeichnung einer Wirtschaftsweise, für die der Tausch keine oder doch nur eine untergeordnete Bedeutung besaß, benutzte Bloch dagegen den in der französisch verfaßten Literatur verbreiteten Ausdruck „économie fermée",[35] dem die „geschlossene Hauswirtschaft" der deutschen Terminologie entspricht.[36]

Im Unterschied zu Bloch definierte Dopsch zwei qualitativ verschiedene ökonomische Gegebenheiten als Naturalwirtschaft.[37] Für Dopsch herrschte Naturalwirtschaft dort, wo es keinen Austausch gab. Er neigte also dazu, diesen Begriff in den Fällen zu verwenden in denen Bücher von „geschlossener Hauswirtschaft", Bloch von „économie fermée" gesprochen hätte.[38] Aber Dopsch bezeichnet darüberhinaus auch ökonomische Beziehungen der Art als naturalwirtschaftlich, denen allein Bloch diesen Begriff zuerkannte: Beziehungen nämlich, bei denen Ware gegen Ware ausgetauscht wurde, die also einen Naturaltausch vermittelten.[39]

Die bei Dopsch nebeneinander auftauchenden Auslegungen des Begriffes Naturalwirtschaft sind zugleich diejenigen, die in der einschlägigen Literatur am häufigsten begegnen. Eine gewisse Ausweitung läßt sich dagegen bei Werveke beobachten, der ebenfalls durch das Buch von Dopsch angeregt, gleich Marc Bloch und Heckscher, Überlegungen grundsätzlicher Art zum Problemkreis der Naturalwirtschaft vortrug.[40] Werveke ging auf die Unschärfe dieses Begriffes und auf die Notwendigkeit ein, ihn eindeutiger, als es bislang geschehen war, zu bestimmen. Die von ihm vorgetragenen Überlegungen nähern sich denen von Bloch. Er will den Begriff so verwandt sehen, wie ihn auch Bloch gebrauchte, nämlich um Vorgänge zu erfassen, bei denen Ware gegen Ware getauscht wurde. Darüber hinaus aber spricht Werveke von Naturalwirtschaft bei Vorgängen, bei denen Tauschhandlungen völlig fehlten: Bei Leistungen in Naturalform nämlich. Als Beispiele führte er rémunérations, cens, baux, impôts, amendes, dommages de guerre usw. an.[41]

In der vorliegenden Arbeit wird der Begriff Naturalwirtschaft als striktes Pendant zur Warenwirtschaft gebraucht. Dieser Begriffsbestimmung liegen jene Ausführungen zugrunde, die Marx zum Wesen der Ware machte.[42] Der Begriff steht also für eine Ökonomie, der die Warenproduktion fehlt, in der einzelne Wirtschaftsverbände oder -kollektive betont für den eigenen Bedarf und die eigene Konsumtion produzieren: „Bei der eigentlichen

32 Bloch, Économie-nature, S. 7. Derselbe, Esquisse, S. 27: „La Naturalwirtschaft est, en somme, un régime de troc."

33 Derselbe, Économie-nature, S. 7. Derselbe, Esquisse, S. 27.

34 Derselbe, Économie-nature, S. 7ff. Derselbe, Esquisse, S. 27f.

35 Derselbe, Économie-nature, S. 14. Derselbe, Esquisse, S. 27.

36 Vgl. Kulischer, Wirtschaftsgeschichte, S. 1ff.

37 Vgl. Werveke, Économie-nature, S. 428.

38 Dopsch, Naturalwirtschaft, S. 1ff.

39 Ebenda, Eine ähnliche Verwendung der Terminologie findet sich bei Heckscher, Naturalwirtschaft, S. 459.

40 Werveke, Économie-nature, S. 428ff.

41 Ebenda. S. 428. Vgl. Bloch, Économie-nature, S. 7.

42 Marx, Kapital, 1, S. 49ff.

Naturalwirtschaft, wo gar kein oder nur ein sehr unbedeutender Teil des agrikolen Produkts in den Zirkulationsprozeß eintritt und selbst nur ein relativ unbedeutender Teil des Teils des Produkts, der die Revenue des Grundeigentümers darstellt, wie z. B. auf vielen altrömischen Latifundien, wie auf den Villen Karls des Großen, und wie . . . mehr oder weniger während des ganzen Mittelalters, besteht das Produkt und das Mehrprodukt der großen Güter keineswegs bloß aus den Produkten der agrikolen Arbeit. Es umfaßte ebensowohl die Produkte der industriellen Arbeit. Häusliche Handwerks- und Manufakturarbeit, als Nebenbetrieb des Ackerbaus, der die Basis bildet, ist die Bedingung der Produktionsweise, worauf diese Naturalwirtschaft beruht, im europäischen Altertum und Mittelalter sowohl wie noch heutzutage in der indischen Gemeinde."[43] Im Sinne dieser Definition besteht das Wesen der Naturalwirtschaft also darin, daß die Wirtschaftsverbände oder -kollektive nur wenig oder überhaupt nicht in den Zirkulationsprozeß einbezogen sind. Zu den unabdingbaren Voraussetzungen der Naturalwirtschaft gehörte demnach eine noch wenig ausgebildete, wenig differenzierte Arbeitsteilung. Die Güter werden als Gebrauchswerte, nicht als Waren erzeugt, die Privatarbeiten der Produzenten haben sich noch nicht mit Notwendigkeit „als Glieder der Gesamtarbeit, des naturwüchsigen Systems der gesellschaftlichen Teilung der Arbeit" zu bewähren.[44]

Die Arbeit hat dem Senat des Wissenschaftlichen Rates der Humboldt-Universität zu Berlin im Herbstsemester 1976 zur Erlangung des akademischen Grades Doctor scientiae philosophiae vorgelegen.

Es ist mir ein Bedürfnis, den Herren Professoren Müller-Mertens und Töpfer sowie Herrn Dr. Johannes Schneider, die das Zustandekommen der Arbeit mit wertvollen Anregungen unterstützten, an dieser Stelle zu danken.

[43] Ebenda, 3, S. 794f.

[44] Ebenda, 1, S. 87. Vgl. Lexikon, S. 248. MÜLLER-MERTENS, Skizze, S. 551.

A. DARSTELLUNG

KAPITEL I

MÜNZE, PRÄGEORT UND GELDUMLAUF

Einleitendes

Das Geld als allgemeines Äquivalent tritt nicht zufällig, nicht beliebig auf, sondern sein Vorhandensein ist an eine gewisse Intensität des Austausches gebunden. Es ist ein bestimmtes Ausmaß warenwirtschaftlicher, das heißt aber auch: arbeitsteiliger Produktion erforderlich, um Geld in dieser Eigenschaft erscheinen zu lassen.[1] Das gleiche trifft, allerdings in absoluterer Weise, für das Auftreten der Münze, des als Geld dienenden „vom Staate durch Stempelung auf Gewicht und Gehalt" garantierten Stückes Metall[2] zu. Für die zu behandelnde Problematik ist deshalb „die Tatsache eigener Prägung in einer Wirtschaft eine Aussage erster Ordnung über ihr Grundgefüge."[3]

In Europa gehörte eigene Münzprägung während des 7. Jh. bekanntlich keineswegs zu den Selbstverständlichkeiten. Sie fehlte zu dieser Zeit in seinen nördlichen sowie in seinen östlicheren Teilen: In Dänemark, Schweden und Norwegen setzte sie um 1000 ein, im entstehenden polnischen Feudalstaat und in Böhmen wurden seit der zweiten Hälfte des 10. Jh. Münzen geschlagen.[4] Über die früheste Prägung in der Kiewer Rus gehen die Meinungen auseinander, jedoch dürfte sicher sein, daß sie nicht vor der Herrschaft Wladimirs des Weisen (978–1015) anzusetzen ist.[5] Annähernd zur gleichen Zeit, nämlich unter Stephan I. (1000–1038), wurde die Münzprägung in Ungarn aufgenommen.[6] Dagegen reicht sie im zwischen Elbe/Saale und Oder gelegenen slawischen Siedlungsgebiet kaum über den Anfang des 12. Jh. zurück.[7] Das Merowingerreich selbst bietet, werden seine wirtschaftlichen Verhältnisse unter dem Gesichtspunkt eigenständiger Prägetätigkeit betrachtet, für das 7. Jh. den Zustand eines auffallenden Zweigeteiltseins: Im gesamten linksrheinischen Raum lassen sich in großer Zahl Orte nachweisen, in denen damals teils vorübergehend, teils ständig Münzen geschlagen worden sind. Sie fehlen dagegen rechts des Rheins.[8] Selbst wenn es zutreffen sollte, daß in Bodman, der späteren Karolingerpfalz am nordwestlichen Ausläufer des Bodensees, während der ersten Hälfte des 7. Jh. zeitweilig Münzen geprägt wurden,[9] so ändert das nichts am Grundsätzlichen, am höchst Bedeutsamen der Tatsache, daß während des 7. Jh. nur die links des Rheins gelegenen Teile des Merowingerreiches eine eigenständige Münzprägung aufzuweisen hatten.

1 MARX, Kapital, S. 85ff.

2 Artikel „Die Münze", in: Wörterbuch der Münzkunde, S. 415.

3 GEBHART, Geld, S. 41. Vgl. HECKSCHER, Naturalwirtschaft, S. 459f. BLOCH, Esquisse, S. 7.

4 BOLIN, Anfänge, S. 395f. POTIN, Rus, S. 19ff., mit weiteren Literaturangaben. WARNKE, Anfänge, S. 9, S. 88, S. 108ff. u. S. 133.

5 POTIN, Rus, S. 19ff.

6 Ebenda.

7 SUHLE, Münzprägung, S. 46–49.

8 PROU, Monnaies mérovingiennes, S. 1ff. INAMA-STERNEGG, Wirtschaftsgeschichte, S. 255f. WERNER, Grabfunde, S. 20. DERSELBE, Waage, S. 4. DERSELBE, Fernhandel, S. 586. GEBHART, Geld, S. 49f.

9 WIELANDT, Monetarmünzen, S. 57 u. S. 79ff. NAU, in: Marktproblem, S. 62.

Die Beobachtung, daß es auch Friesland und Sachsen während des 7. Jh. zu keiner oder doch zu keiner eigenständigen Prägetätigkeit brachten, macht deutlich, daß diese auffallende Zweiteilung mit Verschiedenheiten zu tun hat, die in den ökonomischen Grundlagen vorhanden waren. Friesland und Sachsen blieben damals außerhalb des politischstaatlichen Verbandes des Frankenreiches. Im friesischen Stammesgebiet sind wohl zeitweilig fremde, nämlich byzantinische, fränkische und später angelsächsische Münzen imitiert worden.[10] Weiter ist anzumerken, daß im Verlaufe des 7. Jh. die Münzprägung in Dorestad einsetzte. Der Ort stand damals zeitweilig unter friesischer Herrschaft.[11] Jedoch können weder der Hinweis auf jene Imitationen, noch der auf die Prägungen Dorestads dazu veranlassen, Friesland grundsätzlich anders einzuordnen, als die übrigen germanisch besiedelten Gebiete rechts des Rheins. Ein Vergleich mit der Situation, wie sie zu jener Zeit zwischen Somme und Loire bestand,[12] dürfte das zur Genüge verdeutlichen. Für das sächsische Stammesgebiet steht eindeutig fest, daß es ohne eigene Münzprägung war. Sie setzte hier erst während des 9. Jh. ein.[13] Gemessen an den Verhältnissen im übrigen Europa nahm das angelsächsische England eine Sonderstellung ein. Während der römischen Herrschaft wurden in Britannien Münzen geschlagen. Diese Prägetätigkeit endete jedoch mit dem Zusammenbruch dieser Herrschaft. Sie war vom ersten Viertel des 5. bis zum späten 6. Jh. vollständig unterbrochen, setzte also erst geraume Zeit nach der angelsächsischen Eroberung erneut ein.[14] Das südliche sowie das südwestliche Europa haben dagegen eine sich kontinuierlich von der spätrömischen Zeit bis in das Mittelalter fortsetzende Prägetätigkeit aufzuweisen.[15]

Der auf den vorangehenden Seiten gegebene Überblick sollte zweierlei zeigen:

1. In Europa existierten während des 7. Jh. zwei große Wirtschaftsräume. Der eine wurde von staatlich-politischen Verbänden gebildet, deren ökonomische Situation eine eigenständige Münzprägung möglich machte bzw. erforderte. Zu ihm gehörten ausnahmslos Gebiete, die Bestandteil des Römischen Reiches gewesen waren. Den Ländern des anderen fehlte dagegen dieses wichtige Indiz entwickelterer Ware-Geld-Beziehungen.
2. Das Untersuchungsgebiet, also der zwischen Somme und Loire gelegene Teil des Merowingerreiches, gehörte zum ersten Wirtschaftsraum.

1. Die Phase der Goldprägung

Die Verzeichnisse von Prou und Belfort geben darüber Auskunft, daß in annähernd 800 Siedlungen des Merowingerreiches Münzen geprägt worden sind.[16] Eine in der Literatur mitunter genannte Zahl von 900 Orten[17] dürfte auch dann zu hoch sein, wenn die als

[10] Boeles, Friesland, S. 259ff.. Zadoks-Josephus Jitta, Muntslag, S. 9f.. Jammer, Anfänge S. 24.

[11] Boeles, Friesland, S. 300ff.. Zadoks-Josephus Jitta, Muntslag, S. 8ff, korrigiert die Angaben von Boeles zur fränkischen und friesischen Periode Dorestads. Jammer, Anfänge, S. 24.

[12] S. u., S. 19ff.

[13] Jammer, Anfänge, S. 25ff.

[14] Sutherland, Gold coinage, S. 14ff., S. 31ff., S. 38. Der Verf. glaubt, S. 41f., der Schatz von Crondall biete Indizien für die Annahme, daß in der ersten Hälfte des 7. Jhs. in London Goldmünzen geprägt wurden. Grierson, Fonction, S. 342ff. Levickij, Goroda, S. 56ff.

[15] Engel/Serrure, Traité, 1, S. 24ff. u. S. 40ff. Reinhart, Münzen, S. 107ff. Derselbe, Münzprägung, S. 40. Derselbe, Toledo, S. 69–101. Le Gentilhomme, Monnayage, S. 17ff. u. S. 34ff.

[16] Prou, Monnaies mérovingiennes, S. 23–580. Belfort, Description, Bd. 1–5. Auf eine Zahl von rund achthundert Münzprägeorte kam auch Werner, Grabfunde, S. 9. Vgl. Engel/Serrure, Traité, 1, S. 89; Berghaus, in: Marktproblem, S. 66. Vercauteren, Monnaie, S. 278.

nicht bestimmbar bezeichneten mitgezählt werden. Von diesen annähernd 800 Siedlungen mit Münzprägung lagen 189, also ein knappes Viertel, im Untersuchungsgebiet oder nur wenig jenseits seiner Grenzen.[18] Wird bei einem entsprechenden Vergleich berücksichtigt, daß die Verzeichnisse von Prou und Belfort die Münzprägung des gesamten Merowingerreiches zu erfassen suchten, daß sie also neben Siedlungen des heutigen Frankreich auch solche der Schweiz, des westlichen Oberitalien, Belgiens, Luxemburgs und der westlichen BRD aufführen, so zeigt sich, daß das Untersuchungsgebiet anteilmäßig nicht wesentlich weniger Prägeorte aufzuweisen hatte, als alle übrigen Teile dieses Reiches. Ohne daß bisher eine ins einzelne gehende Datierung erfolgt wäre, veranlassen zwei Faktoren zu dem Schluß, daß in den weitaus meisten dieser 189 Orte auch während des 7. Jh. geprägt worden ist:

1. Von allen Orten sind Monetarmünzen bekannt.[19] Die selbständige Prägung der Monetare war aber gerade im 7. Jh. die Regel. Für die zweite Hälfte des vorangehenden sind erste Ansätze zur Ausbildung dieser Erscheinung zu beobachten.[20]
2. Von fast allen Orten sind Trienten, das heißt goldene Drittelstücke erhalten.[21]

Da im Merowingerreich während des 7. Jh. der Übergang von der Gold- zur Silberwährung erfolgte,[22] müssen diese goldenen Monetarmünzen also in ihrer Masse im gleichen Jahrhundert geschlagen worden sein.

Die Kartierung zeigt deutlich, daß die ermittelten Prägeorte keineswegs gleichmäßig über den gesamten Untersuchungsraum verteilt waren.[23] Es sind zwei große Gebiete zu erkennen, in denen die Mehrzahl dieser Orte lag. Das erste erstreckt sich von der oberen Mayenne südostwärts bis zur Loire. Die *civitates* Le Mans im Norden und Tours im Süden bildeten innerhalb dieses Gebietes unverkennbare Konzentrationszentren. Das zweite Gebiet reicht vom westlichen Vorland der mittleren Seine und der unteren Yonne nordostwärts bis zur Oise und zur mittleren Maas. Es schließt also die obere Seine und den Lauf der Marne mit ein. Die Siedlungen mit nachgewiesener Münzprägung liegen in diesem zweiten größeren Gebiet weniger dicht beieinander als in jenem. Es gibt zudem keine so auffallende Konzentration, wie sie sich im Falle des ersten um Le Mans und Tours abzeichnet. Ansätze zu einer solchen sind am ehesten noch in seinen westlichsten Ausläufern um Paris zu erkennen.[24] Ein drittes, allerdings nur kleines Konzentrationsgebiet liegt zwischen den beiden beschriebenen. Es erstreckt sich von der mittleren Loire nach Süden. An seinem nördlichen Rand liegt die *civitas* Orléans.[25] Neben diesen drei Gebieten mit einer großen Zahl nachweisbarer Münzprägeorte weist die Karte eine gewisse Häufung solcher Siedlungen für die Normandie, den östlichen Grenzstreifen der Bretagne mit der *civitas* Rennes sowie für das Mündungsgebiet der Loire mit der *civitas* Nantes aus.[26] Eine auffallende und für die Interpretation gewichtige Erscheinung springt ins Auge: Es gibt neben den Ge-

17 Suhle, Münz- und Geldgeschichte, S. 24. Claude, Geldgeschichte, S. 249.
18 Anhang, Nr. I.
19 Ebenda.
20 Engel/Serrure, Traité, 1, S. 91ff.. Le Gentilhomme, Monnayage, S. 21ff. Prou, Monniaes mérovingiennes, S. LXXXI, verweist darauf, daß die ältesten Münzen mit Monetarnamen in der zweiten Hälfte des 6. Jh. im Rhônetal geprägt worden sind.
21 Anhang, Nr. I. Ausschließlich Denare sind von Avigneau und Châteaudun bekannt. Von Ville-en-Tardenois ist nur ein *obolus* erhalten.
22 S. u., S. 48ff.
23 Karte Nr. 1.
24 Ebenda.
25 Ebenda.
26 Ebenda.

bieten, in denen sich die Siedlungen mit Münzprägung in erstaunlicher Weise häuften, ausgedehnte Räume, denen solche Siedlungen völlig fehlten. Hierzu gehört die Bretagne, hierzu gehört aber vor allem der weite Raum, der sich von der unteren Seine und dem Lauf der Eure süd- beziehungsweise westwärts bis zur Normandie erstreckt. Sehr arm an Münzprägeorten war zudem der Teil des Untersuchungsgebietes, der von der Somme, dem Unterlauf der Oise, der unteren Seine und dem Kanal begrenzt wird. Sie fehlen hier in zentralerer Lage sowie an der Kanalküste ganz; wo sie nachweisbar sind, treten sie in deutlicher räumlicher Beziehung zu den genannten drei Flüssen auf.[27] Der Versuch, das Auftreten von sogenannten Feinwaagen in einigen Gräbern des 5. bis 7. Jh. zu erklären,[28] veranlaßte Werner dazu, die nördlich der Seine gelegenen Teile des Merowingerreiches hinsichtlich ihres Anteils an der Münzprägung anders zu bewerten als die südlicheren. Er unterschied für das Merowingerreich insgesamt eine Monetar- und eine Feinwaagenlandschaft und ließ die eigentliche Grenze zwischen beiden an der Seine verlaufen.[29] In der sogenannten Monetarlandschaft wurden, eben weil „die vom König approbierten Münzmeister ihre Prägetätigkeit ausübten"[30] und zumindest theoretisch das Gewicht und den Feingehalt der Münzen garantierten, die Münzen nach dem Quantitätsprinzip behandelt.[31] Werner glaubte, daß, solange in dieser „Monetarlandschaft" die Prägung der Goldtrienten von einheitlichem Gewicht, einheitlicher Größe und annähernd gleichem Feingehalt andauerte, die Geldverhältnisse sich „kaum von den gleichzeitigen Zuständen im langobardischen Italien und im westgotischen Spanien" unterschieden hätten.[32]

In der „Feinwaagenlandschaft" dagegen waren die Verhältnisse völlig andere. Dort gab es entweder gar keine oder doch nur eine sehr schwach entwickelte Prägung. Dafür liefen in diesem Gebiet Münzen unterschiedlichster Herkunft und sehr verschiedener Prägezeit um. Da unter solchen Bedingungen das Quantitätsprinzip nicht anwendbar war, setzte sich das Qualitätsprinzip durch: Die Münzen wurden gewogen, denn der einzelne Tauschpartner mußte sich selbst von der Wertigkeit der Münzen überzeugen. Dem dienten die Feinwaagen.[33]

Es steht außer Frage, daß, soweit Werner die Münzverhältnisse und die Geldzirkulation in West- und Mitteleuropa während des 6. und des 7. Jh. insgesamt im Auge hat, seinen Ausführungen zuzustimmen ist. Das Vorhandensein von zwei Teilräumen mit deutlichen und wesentlichen Verschiedenheiten ist von grundlegender Bedeutung für die Klärung der Funktion der Münzen und für die Beurteilung der wirtschaftlichen Verhältnisse überhaupt.[34] Zweifel an der Richtigkeit der Ausführungen Werners entstehen dagegen in den abgeleiteten Schlüssen: Soweit sie das Untersuchungsgebiet der vorliegenden Arbeit betreffen, ist darauf hinzuweisen, daß die Kartierung der Prägeorte kaum ausreichende Anhaltspunkte ergibt, um die bei Werner zu findende unterschiedliche Behandlung seines nördlichen und seines südlichen Teils zu rechtfertigen. Die Karte zeigt vielmehr mit einiger

27 Ebenda.

28 Werner, Waage, S. 3ff.: Solche Waagen finden sich in Gräbern des 5. bis 7. Jh. Sie sind bisher vorwiegend im nördlichen Frankreich, in Belgien, am mittleren und oberen Rhein sowie im Donau-Neckar-Raum gefunden worden. Vereinzelt traten sie auch in Gräbern des angelsächsischen England, in Friesland, Sachsen und Thüringen auf.

29 Ebenda, S. 7.

30 Ebenda.

31 Ebenda, S. 20.

32 Ebenda, S. 7.

33 Ebenda, S. 7ff.

34 S. o., S. 17f.

Deutlichkeit, daß sich die sogenannte Monetarlandschaft über die Seine hinweg nach Norden bis zur Somme und zur oberen Oise fortsetzte.[35]

Es ist also bei der Erörterung seiner Geldverhältnisse von der Tatsache auszugehen, daß dieses Gebiet, unter dem Gesichtspunkt der Münzprägung betrachtet, einigermaßen einheitlich beschaffen gewesen sein muß. Nur finden sich eben sowohl nördlich als auch südlich der Seine Räume, für die bisher keine Siedlungen mit Münzprägung nachgewiesen werden konnten. Aber diese Erscheinung ist durchaus auch südlich der Loire zu beobachten. Eine der von Werner selbst gebotenen Karten läßt erkennen, daß auch der zwischen mittlerer Rhône und oberer Loire gelegene Raum von nachgewiesenen Münzprägeorten frei ist, und sie zeigt außerdem, daß diese Orte südlich der Dordogne wesentlich weniger häufig auftraten als nördlich dieses Flusses.[36] Ein solches Ergebnis muß aber notwendigerweise auch die Frage entstehen lassen, ob die Erklärung, die Werner für das Auftreten und die Verbreitung der Feinwaagen fand, überhaupt haltbar ist. Werner selbst hat bereits festgestellt, daß „53 gleicharmige und 13 Schnellwaagen aus merowingischen Reihengräbern des 5. bis 7. Jahrhunderts verschwindend wenig“ seien.[37] Es kommt hinzu, daß die Verbreitung dieser Waagen, ihr Vorhandensein oder ihr Fehlen in den einzelnen Landschaften, auch sonst nicht recht zur Deutung Werners passen will.[38] Läßt sich also eine allzu unterschiedliche Bewertung der Münzprägetätigkeit des nördlichen und des südlichen Teils des Untersuchungsgebietes vom Kartenbild her nicht rechtfertigen, so zwingt die beiden Teilen gleichermaßen eigene unterschiedliche Verteilung der Münzorte zu einigen methodischen Ausführungen. Zunächst ist die Frage zu stellen, ob, und gegebenenfalls in welchem Maße, Zufälligkeiten der Überlieferung das Bild beeinflussen können.

Es ist sicher, daß nur ein Teil der Münzen des 7. Jh. erhalten blieb. Zudem geben die Verzeichnisse von Prou und Belfort darüber Auskunft, daß die Herkunft einer Anzahl von Münzen nicht geklärt ist.[39] Weiter muß damit gerechnet werden, daß sich die eine oder andere Ortsbestimmung als irrig erweisen wird, die eine oder andere Siedlung also aus der Liste der Prägeorte gestrichen, andere dafür an ihre Stelle gesetzt werden müssen.[40] Diese Faktoren können das Verzeichnis der Münzorte und damit schließlich auch das Kartenbild in seiner Genauigkeit zweifelsohne beeinträchtigen. Sehr unwahrscheinlich ist dagegen, daß sie es in seinen Grundzügen, in seinen wesentlichen Aussagen unbrauchbar machen. Denn es ist kaum anzunehmen, daß durch Lücken in der Überlieferung für ein größeres Teilgebiet alle Nachweise von Münzprägeorten ausfallen, während sie für ein anderes mehr oder weniger vollständig vorliegen. Die folgende Ausführungen werden zudem zeigen, daß auch andere wesentliche Untersuchungsergebnisse mit solchen Zufälligkeiten der Überlieferung nicht gut zu vereinbaren sind.

Um Fehldeutungen zu vermeiden, muß schließlich noch darauf hingewiesen werden, daß die unterschiedliche Dichte in der Streuung der Prägeorte sowieso nur bedingt Schlüsse

35 Karte Nr. 1. 36 Werner, Waage, S. 18, Karte 1.

37 Ebenda, S. 10f.

38 So gibt es nach den Angaben Werners, ebenda, S. 17f., nur vereinzelte Funde aus Friesland und aus England, aus Gebieten also, die bekanntermaßen eine besonders große Anzahl von Fundmünzen fremder Herkunft aufzuweisen haben. Dagegen sind der Forschung Feinwaagen in größerer Zahl bekannt, die im bayrischen Stammesgebiet gefunden worden sind. Dieses Gebiet ist aber gerade ausgesprochen arm an Funden merowingerzeitlicher Goldmünzen. Für die Schweiz hat Roth, Handel, S. 357, auf einen ähnlichen Widerspruch aufmerksam gemacht.

39 Für das Untersuchungsgebiet nennt Nr. Ia des Anhanges zehn Orte, die nicht kartiert werden konnten, da sie nicht mit Sicherheit zu identifizieren waren.

40 Das „Verzeichnis der Prägeorte“ weist zwei Orte (Nr. 67, Châteaudun, u. Nr. 30, Voncq) aus, die bei Prou und Belfort nicht erscheinen.

auf eine unterschiedliche Intensität der Ware-Geld-Beziehungen zuläßt. Die Zersplitterung des Münzwesens ist nicht zuletzt ein Resultat politischer Vorgänge, nämlich des Niederganges der königlichen Gewalt und der Verminderung ihres Anteils an der Herrschaft und an der Verwaltung des Reiches. Es ist deshalb bei allen Interpretationsversuchen zu prüfen, ob nicht Faktoren des staatlich-politischen Lebens das Ausmaß der Zersplitterung beeinflußten. So könnte die auffallende Anhäufung von Münzateliers zwischen Loire, Dordogne und Atlantikküste auch damit zu tun haben, daß hier der Einfluß der königlichen Zentralgewalt zeitweilig besonders gering war.[41]

Um die auffallend kleine Anzahl von Prägeorten zu deuten, die sich zwischen Dordogne und Mittelmeerküste nachweisen lassen – ihre Streuung ist hier wesentlich weniger dicht als etwa zwischen Mayenne und Loire oder zwischen Oise und Seine –,[42] wurde schon vor fast einhundert Jahren darauf hingewiesen, daß dieses Gebiet „le plus imbu des idées centralisatrices des Romains" gewesen sei.[43]

Die Erscheinung der nahezu münzortfreien Räume[44] zeigt mit aller Deutlichkeit, daß die Verteilung der Prägeorte, ihre Dichte, zudem im hohen Maße von Faktoren abhängig war, die sich aus den allgemeinsten Bedingungen und Voraussetzungen der agrarischen und der gewerblichen Produktion ergaben: Aus der Beschaffenheit der Kulturlandschaft und ihrer unterschiedlichen Besiedlung vor allem. Das nahezu münzortleere Gebiet nördlich des Unterlaufs der Seine war im Frühmittelalter von ausgedehnten Wäldern bedeckt; der Forst von Bray, die Waldungen des Pays de Caux und der unteren Seine beherrschten diesen Raum.[45] Gleiches trifft für die Normandie mit ihren sich bis zur Eure erstreckenden Ausläufern zu. Hier lagen die ausgedehnten Waldungen der Perche und des Forstes von Evrecin.[46] Selbst bei kleineren Teilräumen ist die Beziehung zwischen intensiver Bewaldung und Armut an Prägeorten deutlich. So deckt sich der von Münzorten nahezu freie Raum nördlich Laon und östlich Saint-Quentin mit dem Waldgebiet der Thiérache, das ebenso leere Gebiet zwischen unterer Oise, Saint-Denis und Senlis mit den Forêts von Halatte-Chantilly,[47] und der freie Raum südwestlich von Paris und nordöstlich von Chartres wurde zu einem beträchtlichen Teil von Wald von Yveline eingenommen.[48] Es bestand also, und dieses Ergebnis kann nicht sonderlich überraschen, eine Beziehung zwischen intensiv bewaldeten Landschaften und Räumen mit auffallend wenigen Münzorten. Sie ergab sich aus der dünneren Besiedlung, aus der weitaus geringeren Anzahl der Siedlungen, die die Waldlandschaften im Vergleich zu anderen Gebieten aufzuweisen hatten.

Die Häufigkeit des Auftretens von Siedlungen mit Münzprägung innerhalb eines bestimmten Teilgebietes, die größere oder geringere Dichte ihrer Streuung sind also nur sehr bedingt geeignet, direkte Aufschlüsse über räumliche Unterschiede in der Entwickung von Ware-Geld-Beziehungen zu geben, denn beide Erscheinungen sind von weiterreichenden Faktoren beeinflußt. Es kommt hinzu, daß zwischen der Prägetätigkeit an den einzelnen Plätzen erhebliche Unterschiede bestanden, Münzort nicht gleich Münzort war. Diese

[41] Bei den merowingischen Teilungen des 6. und 7. Jh. wurde Aquitanien nicht als Einheit behandelt. Es ist wiederholt geteilt und seine einzelnen Teile sind einem der Teilreiche zugeschlagen worden. Das genannte Gebiet wurde dabei mitunter zur Exklave. Vgl. Ewig, Teilreiche, I, S. 676ff. und II, S. 107ff.

[42] Vgl. Karte Nr. 1 sowie Werner, Waage, S. 18, Karte Nr. 1.

[43] Engel/Serrure, Traité, 1, S. 90f.. Vgl. Le Gentilhomme, Monnayage, S. 18 und S. 23.

[44] Karte Nr. 1. Vgl. o., S. 20.

[45] Higounet, Forêts, S. 365. sowie Karte, Nr. 77, 78, 79. Musset, Forêts, S. 84ff.

[46] Higounet, Forêts, S. 364f., sowie Karte, Nr. 73 u. 76. Vgl. Musset, Forêts, S. 92.

[47] Higounet, Forêts, S. 361ff., sowie Karte, Nr. 58 u. 70.

[48] Ebenda, S. 364. S. u., S. 120.

Unterschiede geben sich jedoch beim bloßen zahlenmäßigen Erfassen und Kartieren nicht zu erkennen. Ein solches Vorgehen verdeckt die grundlegende Tatsache, daß in der Zeit der Monetare, also gerade während des 7. Jh., nur in einem Bruchteil der verzeichneten Siedlungen einigermaßen kontinuierlich Münzen geprägt worden sind. Im weitaus größeren Teil war die Prägetätigkeit eine vorübergehende, eine mehr oder weniger kurzfristige Erscheinung.

Die bisherigen Ausführungen sollten dazu dienen, Vorstellungen von der Quantität und der räumlichen Anordnung der Münzprägeorte im Untersuchungsgebiet zu schaffen. Die Ausführungen sind fortzuführen, zu vertiefen mit der Erörterung jener für das merowingische Geldwesen des 7. Jh. sehr gewichtigen Frage, eben der Frage nach dem Verhältnis von kontinuierlicher und zeitweiliger, das heißt ephemerer Prägung. Es muß festgestellt werden, wo kontinuierlich Münzen geprägt worden sind und wo das nur zeitweilig geschah. Von einer kontinuierlichen Prägung kann nur dann gesprochen werden, wenn ein regelrechtes Münzatelier existierte, wenn Handwerker also ständig mit den entsprechenden Arbeitsgängen beschäftigt waren oder wenn in Intervallen immer erneut mit nur kurzen Unterbrechungen Münzen hergestellt wurden. War das nicht der Fall, wurden nur selten und nur kurzfristig oder gar nur einmalig Münzen emittiert, so wird von einer zeitweiligen Prägung gesprochen werden müssen.

Um diese Frage für die einzelnen Siedlungen mit nachgewiesener Münzprägung zu entscheiden, wurden folgende Kriterien angewandt:

1. Die Quantität der Prägung. Den entsprechenden Angaben liegen die Verzeichnisse von Prou und Belfort zugrunde.
2. Die Anzahl der für einen Ort nachweisbaren Monetare. Als Indiz einer kontinuierlichen Prägung wird gewertet, wenn wenigstens fünf Monetare nachweisbar sind.
3. Die Prägung mehrerer Münzarten, vor allem von Trienten und Denaren. Da im Verlaufe des 7. Jh. die Gold- von der Silberwährung verdrängt wurde, weist die Ausprägung beider Münzarten in ein- und demselben Atelier darauf hin, daß sich seine Prägung über einen längeren Zeitraum erstreckte.
4. Direkte chronologische Hinweise, die eine im oben erläuterten Sinne kontinuierliche Prägung belegen. Hierher gehören vor allem die Königsmünzen, also die Münzen, die im Unterschied zu den Monetarmünzen den Namen eines Königs nennen und dadurch direkt datierbar sind.

Wenn diese Kriterien zugrunde gelegt werden, können von allen im „Verzeichnis der Prägeorte“ erscheinenden Siedlungen lediglich 23 mit Sicherheit bestimmt werden, die während des 7. Jh. eine kontinuierliche Prägung aufzuweisen hatten.

Es sind dies: Amboise, Amiens, Angers, Avranches, Bayeux, Blois, Le Mans, Meaux, Mouzon, Nantes, Noyen-sur-Sarthe, Orléans, Paris, Reims, Rennes, Rezé, Rouen, Senlis, Sens, Soissons, Tours, Troyes und Vendôme.

Bei weiteren 8, nämlich bei Allonnes, Ballon, Chartres, Essonnes, Laon, Lieusant, Melun und Neuvy-en-Champagne ist es wahrscheinlich, daß kontinuierlich Münzen geprägt worden sind.

Amboise (93)[49] liegt etwas oberhalb Tours an der Loire. Prou verzeichnet 15 Münzen dieses Ateliers. Sie sind von 7 Monetaren geprägt worden. Der Ort wird auf dem größeren Teil der Münzen als *vicus* bezeichnet.[50]

Von der *civitas* Amiens (23) führt Prou 9, Belfort[51] 12 Trienten auf. Zu ihnen gehört

[49] Die in Klammern gesetzte Nummer verweist auf die Angaben der Karte Nr. 1.

[50] Prou, Monnaies mérovingiennes, Nr. 348 u. 355–362.

[51] Auf das Verzeichnis von Belfort wird nur dann ausdrücklich verwiesen, wenn beträchtliche Unterschiede zu der Zahl der von Prou jeweils genannten Münzen bestehen.

ein Triens Chlodwigs II. (639–657).[52] Nach Prou waren insgesamt 5 Monetare an der Herstellung der Münzen beteiligt. Die Tätigkeit des einen von ihnen, Sichramnus, ist datierbar, da sein Name auf dem Trienten Chlodwigs II. erscheint. Sichramnus ist vielleicht über längere Zeit in Amiens tätig gewesen, denn von den genannten 9 Stücken tragen allein 4 seinen Namen.[53]

Die *civitas* Angers (115) ist im Verzeichnis von Prou mit 22, bei Belfort mit 37 Trienten vertreten. Von den bei Prou verzeichneten wurde einer für die Episkopalkirche des Ortes ausgegeben.[54] Die Namen von 16 Monetaren werden auf den Münzen genannt.

Für die *civitas* Avranches (120) nennt Prou 4, Belfort 7 Münzen. Es handelt sich ausschließlich um Trienten, auf denen aber die Namen von insgesamt 6 Monetaren erscheinen. Von der wie Avranches in der Normandie gelegenen *civitas* Bayeux (72) werden bei Prou 7, bei Belfort nur 3 Münzen aufgeführt. Jedoch beweist die Tatsache, daß jede dieser 7 Trienten von einem anderen Monetar geprägt worden ist, daß die Prägetätigkeit in dieser Siedlung nicht gering und vor allem nicht sporadisch gewesen sein kann.

Am Mittellauf der Loire zwischen Tours und Orléans liegt Blois (55). Für den Ort, der *castrum* genannt wird,[55] verzeichnet Prou 6, Belfort 11 Trienten. Insgesamt 6 Monetare sind nachweisbar.

Für die *civitas* Le Mans (84) führt Prou insgesamt 10 Münzen auf, von diesen 10 sind nur 4 Trienten,[56] die übrigen 6, also der größere Teil, sind Denare. Belfort verzeichnet 17 Münzen, dazu 2 Denare, die für die Episkopalkirche von Le Mans geschlagen wurden.[57] Die Namen von wenigstens 13 Monetaren lassen sich nachweisen. Der hohe Anteil von Denaren legt die Vermutung nahe, daß sich die Emissionstätigkeit dieses Ateliers im Verlaufe der zweiten Hälfte bzw. zum Ende des 7. Jh. verstärkte.[58]

Die Angaben Prous und Belforts zur Prägetätigkeit der an der Marne gelegenen *civitas* Meaux (15) weichen stark voneinander ab. Bei Prou werden 6 Münzen, 5 Trienten und 1 Denar, aufgeführt.[59] Belfort dagegen verzeichnet 20 Trienten und 5 Denare.[60] Die Namen von mindestens 8 Monetaren erscheinen auf diesen Münzen.

Ganz an der Ostgrenze des Untersuchungsgebietes, am Mittellauf der Maas, liegt Mouzon (28). Der Ort wird auf den Münzen als *castellum* oder auch als *castrum* bezeichnet.[61] Für dieses *castrum* verzeichnet Prou 7 Trienten, sie wurden von 5 Monetaren gefertigt. Bei Belfort werden 15 Trienten angeführt, davon trägt einer den Namen König Theudeberts.[62] Es lassen sich wenigstens 9 Monetare unterscheiden.

Für Noyen-sur-Sarthe (87) nennt Prou 4, Belfort dagegen 10 Trienten. Auf dieser geringen Anzahl erhaltener Münzen erscheinen die Namen von insgesamt 8 Monetaren.

Die Auskünfte, die einerseits Prou, andererseits Belfort über die Münzprägung in Nantes und Reims geben, weichen stark voneinander ab. Da sie ein ganz unterschiedliches Bild geben, müssen sie nebeneinandergestellt werden.

Für die *civitas* Nantes (133) verzeichnet Prou nur 9 Münzen, und zwar ausschließlich

[52] Prou, Monnaies mérovingiennes, Nr. 1107.
[53] Ebenda Nr. 1107–1110.
[54] Ebenda, Nr. 528.
[55] Ebenda Nr. 572–574 und 577.
[56] Ebenda Nr. 416–419.
[57] Belfort, Description, Nr. 1490–1508.
[58] Zum Problem des Übergangs von der Gold- zur Silberwährung s. u., S. 48ff.
[59] Prou, Monnaies mérovingiennes, Nr. 885–890.
[60] Belfort, Description, Nr. 2857–2870 und Nr. 6274.
[61] Prou, Monnaies mérovingiennes, Nr. 1037, 1038 und Nr. 1040–1043.
[62] Belfort, Description, Nr. 3070.

Trienten. Es lassen sich mit einiger Sicherheit die Namen von wenigstens 5 Monetaren unterscheiden.[63] Das spricht trotz der wenigen Münzen für eine kontinuierliche Prägung. Sie wird dadurch bestätigt, daß von Belfort 31 Münzen erfaßt worden sind. Sie tragen die Namen von wenigstens 7 Monetaren, von denen keiner auf den bei Prou aufgeführten Münzen erscheint.[64]

Die *civitas* Reims (40) ist bei Prou sogar nur mit 8 Trienten vertreten. Von ihnen gehört einer noch in die zweite Hälfte des 6. Jh. Es handelt sich um eine Münze Sigiberts I. (561–575). Die Monetarnamen auf diesen 8 Münzen sind schwer zu deuten; vermutlich sind nur 3, im günstigsten Fall 4 Monetare nachweisbar.[65] Bei Belfort dagegen erscheint die beachtliche Anzahl von 42 Münzen. Hierzu gehören sowohl *solidi* und Trienten als auch Denare. Es lassen sich wenigstens 7 Monetare feststellen; 4 der von Belfort verzeichneten Münzen tragen den Namen König Theudeberts,[66] einer den Sigiberts.[67]

Die *civitas* Rennes (128) erscheint bei Prou mit 15 Münzen, 13 Trienten und 2 Denaren. Belfort dagegen verzeichnet mehr als die doppelte Anzahl, nämlich 31 Trienten und 5 Denare. Auf den von Prou beschriebenen Münzen werden wenigstens 9, auf den bei Belfort verzeichneten wenigstens 18 Monetare genannt. Möglicherweise war ihre Zahl in Wirklichkeit noch größer. Das zu entscheiden, ist nicht ohne weiteres möglich, da 1 Denar, der übrigens bei Amboise gefunden worden ist,[68] keinen Monetar nennt. Einer der 13 Trienten trägt an Stelle des Monetarnamens die Aufschrift NI Λ I Λ ZTE PRBT,[69] ein Triens weist den Namen des Bischofs Judical(632–638) auf.[70]

Fast an der Mündung der Loire gegenüber der am nördlichen Ufer des Flusses gelegenen *civitas* Nantes liegt Rezé (135). Die Siedlung wird auf den Münzen als *vicus* bezeichnet.[71] Prou nennt 6 Trienten und eine Silbermünze. Die Gesamtzahl von nur 7 Münzen ist zu klein, um auf kontinuierliche Prägetätigkeit schließen zu können. Aber die Tatsache, daß 6 Münzmeister genannt werden, gibt den *vicus* Rezé als einen Platz mit reger und kontinuierlicher Prägetätigkeit zu erkennen.

Für die *civitas* Rouen (71) weist das Verzeichnis von Prou insgesamt 28 Münzen aus, 18 davon sind Trienten, 10 Denare. Auf den Trienten lassen sich wenigstens 9, auf den Denaren nochmals wenigstens 5 Münzmeisternamen unterscheiden.

Bei der *civitas* Senlis (21) deutet bereits die Anzahl der erhaltenen Münzen auf eine kontinuierliche Prägung. Prou nennt insgesamt 13, darunter 3 für die Kathedralkirche geprägte[72], Belfort 21 Trienten. Wenigstens 12 Monetare müssen in der *civitas* tätig gewesen sein.

Auffallend gering ist dagegen die Zahl der erhaltenen Münzen, die in der *civitas* Sens (48) geprägt worden sind. Prou verzeichnet lediglich 3 Denare, Belfort 4 Trienten und 2 Denare. Einer der Trienten trägt den Namen König Guntchramns (561–592),[73] ein Denar

63 Prou, Monnaies mérovingiennes, Nr. 538–542.

64 Belfort, Description, Nr. 3093–3122.

65 Prou, Monnaies mérovingiennes, Nr. 1028–1030 und 1034–1035.

66 Belfort, Description, Nr. 3755–3758.

67 Ebenda, Nr. 3759.

68 Prou, Monnaies mérovingiennes Nr. 499.

69 Ebenda, Nr. 494.

70 Belfort, Description Nr. 3716. Bei Duchesne, Fastes, 2, S. 345, findet sich ein Bischof dieses Namens nicht. Das fällt jedoch insofern nicht sonderlich auf, als die Angaben zu den Bischöfen von Rennes für das 7. Jh. sehr lückenhaft sind.

71 Prou, Monnaies mérovingiennes, Nr. 2338–2340; 2343 u. 2344.

72 Ebenda, Nr. 1099–1101.

73 Belfort, Description, Nr. 4053.

ist für die Kathedralkirche von Sens geprägt worden.[74] Trotz dieser geringen Anzahl ermittelter Münzen läßt sich jedoch kaum bezweifeln, daß die Prägetätigkeit in Sens eine sehr kontinuierliche gewesen ist: Die Münze mit den Namen Guntchramns beweist, daß im späten 6. Jh. Münzen ausgegeben worden sind. Der große Anteil von Denaren wiederum besagt, daß auch in der Zeit des Übergangs von der Gold- zur Silberwährung bzw. nachdem die eine von der anderen verdrängt worden war, geprägt worden ist. Auf den wenigen erhaltenen Münzen erscheinen zudem die Namen von 5 verschiedenen Monetaren, eine erstaunlich große Zahl.

Etwa 60 Kilometer nordöstlich, also in nicht allzu großer Entfernung von Senlis, liegt die *civitas* Soissons (26). Prou führt für sie 8 Trienten auf, Belfort 17. Es lassen sich wenigstens 6 Münzmeister ermitteln, von denen einer, Betto, zeitweilig auch in Senlis tätig war.[75]

Zu den Plätzen, an denen während des 7. Jh. mit großer Kontinuität Münzen geschlagen worden sind, gehören Tours und Troyes. Für Tours (113) nennt Prou 22 Trienten sowie 18 Denare. Einer der Trienten trägt den Namen Dagoberts I. (629–639),[76] ein zweiter den Childeberts III. (695–711).[77] Neun der Trienten und 15 der Denare sind für Saint-Martin geschlagen worden. Bei 3 weiteren Denaren hält Prou ihre Herkunft aus Tours für nicht völlig gesichert.[78] Wenigstens 17 Monetare lassen sich unterscheiden. Der Name des Monetars Gemellus, der die Münzen Dagoberts I. prägte, findet sich auch auf 2 Trienten, die für Saint-Martin geschlagen worden sind,[79] der des Antimus, der auf der Münze Childeberts III. erscheint, begegnet auf einem Trienten der *civitas*.[80]

Für Troyes (43) verzeichnet Prou insgesamt 15 Münzen, nämlich 13 Trienten und 2 Denare, bei Belfort dagegen findet sich die fast dreimal so große Zahl von 42 Münzen. Ein von Prou für die Kathedralkirche des Ortes in Anspruch genommener Denar wird hier nicht berücksichtigt, da er offensichtlich nicht nach Troyes, sondern nach Bourges gehört.[81] Nach den Angaben von Prou und Belfort müssen in Troyes wenigstens 8 Münzmeister tätig gewesen sein. Eine der bei Belfort verzeichneten Münzen trägt den Namen König Theuderichs, zwei andere den König Chariberts.[82]

Wie im Falle von Avranches, Bayeux, Noyen-sur-Sarthe, Rezé und Sens ist auch die Zahl der in Vendôme (62) geprägten Münzen zu klein, um auf kontinuierliche Prägung schließen zu können. Für die Siedlung, die am Oberlauf des Loir gelegen ist, verzeichnet Prou 3 Trienten, Belfort 6. Es lassen sich aber 5 Monetare nachweisen, die in Vendôme tätig gewesen sind.

In den bisherigen Ausführungen sind 2 Orte, Orléans und Paris, übergangen worden. Beide nahmen wegen der Fülle und der Geschlossenheit ihrer Emissionen unter den Prägeorten nicht nur des Untersuchungsgebietes, sondern des gesamten Merowingerreiches eine Sonderstellung ein.

Für die *civitas* Orléans (51) führt Prou 26 Trienten und 6 Denare auf. Ein weiterer Triens ist nach Ansicht von Prou möglicherweise dem Kloster Saint-Mesmin in Orléans zuzuweisen.[83] Diese Zahlen sind um einen weiteren Trienten zu ergänzen, den Prou unter

[74] Prou, Monnaies mérovingiennes, Nr. 557.
[75] Ebenda, Nr. 1092–1094, zu Senlis.
[76] Ebenda, Nr. 303.
[77] Ebenda, Nr. 304.
[78] Ebenda, Nr. 343–435.
[79] Ebenda, Nr. 321 u. 322.
[80] Ebenda, Nr. 312.
[81] Anhang Nr. I, Angaben zu Troyes.
[82] Belfort, Description, Nr. 4359 u. 4360–61.
[83] Prou, Monnaies mérovingiennes, Nr. 648.

die ihrer Herkunft nach nicht bestimmbaren Münzen einreihte. Lafaurie hat ihn inzwischen als Prägung von Orléans erkannt.[84] Einer der von Prou angeführten 26 Trienten trägt den Namen Chlodwigs II. (639–657).[85] Auf den insgesamt 34 Münzen lassen sich die Namen von wenigstens 9 Monetaren unterscheiden.

Diese Angaben räumen der *civitas* Orléans allein gegenüber anderen Prägeorten noch keine Sonderstellung ein. Daß sie diese aber tatsächlich besaß, wird sehr deutlich durch das Belfortsche Verzeichnis. Hier erscheint Orléans mit insgesamt 63 Münzen, darunter befinden sich sowohl Trienten als auch Denare, und diese Zahl geht weit über das hinaus, was von anderen Orten bekannt ist. Trotzdem wird Orléans noch bei weitem von der *civitas* Paris (1) übertroffen. Prou nennt 137 Münzen, 43 Trienten und 94 Denare, die mit Sicherheit in Paris geprägt worden sind. Bei weiteren 7 Denaren hält er die Zuweisung für nicht gesichert.[86] Die große Kontinuität, mit der während des 7. Jh. Münzen geprägt worden sind, ergibt sich schon allein aus der Tatsache, daß von drei aufeinanderfolgenden Merowingerkönigen, nämlich von Dagobert I. (629–639), von Chlodwig II. und von Chlothar III. (657–673) in Paris geschlagene Münzen erhalten sind.[87] Auf den Trienten werden wenigstens 13 Monetare genannt; einer von ihnen ist der bekannte Goldschmied Eligius. Die Zahl der an der Herstellung der Denare beteiligten Monetare läßt sich nicht feststellen, da viele ohne entsprechende Angaben sind oder die Legenden sich nicht entziffern lassen.

Es gibt nur eine einzige Siedlung des Merowingerreiches, deren Münzprägung die der *civitas* Paris an Quantität übertraf: Marseille.[88] Die Prägung keines anderen Ortes, weder die von Bordeaux[89] noch die von Poitiers[90] oder Chalon-sur-Saône[91], reichte offensichtlich auch nur annähernd an die von Paris und Marseille heran. Der Abstand, der allein vom Zahlenverhältnis her gesehen Paris und Marseille von allen anderen Münzprägeorten des Reiches trennte, ist so beträchtlich, daß er sich auf keinen Fall allein durch Zufälligkeiten der Überlieferung erklären läßt. Er weist vielmehr ebenso wie die Zahl der nachweisbaren Monetare, die geschlossene Reihe der Königsmünzen, die reiche Gold- und Silberprägung mit aller nur wünschenswerten Deutlichkeit darauf hin, daß an diesen beiden Plätzen die Prägung weitaus umfangreicher, stabiler und kontinuierlicher war, als an irgendeiner anderen Stelle des Merowingerreiches.

Orléans und Paris erscheinen wegen der außergewöhnlichen Bedeutung ihrer Emissionen am Schluß der Reihe. Mit diesen beiden sind alle Münzorte, für die sich eine kontinuierliche Prägetätigkeit wahrscheinlich machen läßt, vorgestellt. Ihre Zahl ist, bezogen auf die Gesamtzahl von 189 Prägeorten, sehr gering. Diese Relation ändert sich auch dann nicht wesentlich, wenn die Gruppe der Orte mit kontinuierlicher Prägung um einige erweitert wird, für die sich die Kriterien einer solchen Prägung nur bedingt nachweisen lassen. Die Durchsicht der Verzeichnisse von Prou und Belfort macht es möglich, auf diese Weise 8 weitere Orte auszusondern.

Nur bei 2 von diesen 8, nämlich bei den *civitates* Laon und Chartres, läßt sich mit

84 Anhang Nr. I, Angaben zu Orléans.

85 Prou, Monnaies mérovingiennes, Nr. 617.

86 Ebenda, Nr. 822–828.

87 Ebenda, Nr. 685–692. Von Dagobert I. verzeichnet Prou einen, von Chlodwig II. sechs und von Chlothar III. ebenfalls einen Trienten.

88 Vgl. die Angaben bei Prou, ebenda, S. 300–341. Die verzeichneten Königsmünzen setzen mit Chlothar II. (613–629) ein und reichen ohne Unterbrechung bis zu Dagobert II. (675–678).

89 Ebenda, Nr. 2123–2173. Königsmünzen fehlen; der Anteil der Denare ist auffallend gering.

90 Ebenda, Nr. 2187–2239.

91 Ebenda, Nr. 163–236.

Sicherheit sagen, daß sowohl Gold- als auch Silbermünzen geprägt worden sind. Prou verzeichnet für Laon (24) 5 Münzen: es handelt sich ausschließlich um Trienten. Belfort dagegen führt insgesamt 14 Münzen – *solidi*, Trienten und Denare – auf. Die 5 von Prou genannten Münzen wurden von 3 Monetaren geprägt. Einer der bei Belfort verzeichneten *solidi* trägt den Namen König Theudeberts I. (534–548).[92]

Bei weiteren 6 Prägeorten, Allonnes (76), Ballon (78), Chartres (66), Essonnes (8), Melun (16) und Neuvy-en-Champagne (86), läßt die Tatsache, daß jeweils die Tätigkeit von 4 Monetaren nachweisbar ist, darauf schließen, daß über längere Zeit oder zumindest wiederholt Münzen geschlagen worden sind.

Für Allonnes nennt Prou 2, Belfort 9 Trienten; einer der bei Belfort verzeichneten trägt den Namen Dagoberts I. (629–639).[93]

Für Ballon nennt Prou 5, Belfort 8 Trienten, für Chartres Prou einen Trienten und einen Denar, Belfort dagegen 5 Trienten, für Essonnes Prou 6, Belfort 13, für Melun Prou 5, Belfort 6 Trienten. Neuvy – der Ort wird auf den Münzen ebenso wie Allonnes[94] als *vicus* bezeichnet[95] – erscheint nur bei Prou als Münzort. Er führt 5 Trienten auf. Lieusaint (14) ist sowohl bei Prou als bei Belfort verzeichnet. Die Anzahl der überlieferten Münzen ist gering; es handelt sich ausschließlich um Trienten. Prou nennt 12, Belfort 6, es lassen sich 3 Monetare nachweisen.

Zusammenfassend ist festzustellen, daß, wenn die oben genannten vier Kriterien zugrunde gelegt werden, nur für die geringe Zahl von 23, und selbst wenn der günstigste Fall angenommen wird, für nicht viel mehr als 30 Orte eine kontinuierliche Münzprägung belegt werden kann. Die Orte mit nachweisbarer kontinuierlicher Prägung machten demnach höchstens ein Sechstel aller der Siedlungen aus, für die sich eine Prägetätigkeit mit Sicherheit nachweisen läßt. Ihnen steht die um ein Vielfaches größere Anzahl jener Orte gegenüber, bei denen keinerlei Anzeichen auf eine kontinuierliche Münzprägung hindeuten. Mehr als die Hälfte aller ermittelten Orte sind als Siedlungen mit zeitweiliger Prägetätigkeit überhaupt nur durch eine einzige Münze bzw. durch den Namen eines einzelnen Monetars bekannt.[96]

Diese Ergebnisse zwingen zu einigen für den weiteren Gang der Untersuchungen wesentlichen Überlegungen. Zunächst muß es unbedingt auffallen, daß Siedlungen mit kontinuierlicher und Siedlungen mit nur zeitweiliger Prägung nicht allein im gesamten Untersuchungsgebiet nachweisbar sind, sondern daß sie zudem sowohl räumlich als auch zeitlich dicht beieinander auftreten. Dieser Umstand deutet darauf hin, daß einerseits das Bedürfnis nach Geld in gemünzter Form, andererseits aber auch die Möglichkeit, dieses Bedürfnis zu befriedigen, lokal sehr verschieden ausgebildet waren.

Der unterschiedliche Charakter der Prägetätigkeit läßt aber noch eine andere Einsicht zu.

In der einschlägigen Literatur wird die Auffassung kaum noch bestritten, daß in der Karolingerzeit Münze und Markt eine Einheit bildeten, daß demzufolge jeder Ort, für den Münzprägungen nachweisbar sind, als Marktort anzusehen ist.[97] Diese enge Verbindung

92 Belfort, Description, Nr. 2237.

93 Ebenda, Nr. 69.

94 Prou, Monnaies mérovingiennes, Nr. 427.

95 Ebenda, Nr. 464–468.

96 Anhang Nr. II. Es handelt sich um insgesamt 76 Orte.

97 Schlesinger in: Marktproblem, S. 68, zum 9. und 10. Jh.: „Münze, Markt und Zoll gehören in dieser Zeit auf alle Fälle zusammen, und man kann den Schluß ziehen, daß dort, wo eine Münze war, auch ein Markt gewesen sein muß." Endemann, Markturkunde, S. 98ff. Berghaus in: Marktproblem, S. 66. Vgl. Hess, Geldwirtschaft, S. 48 und S. 52, und Hävernick, Münzgeschichte, S. 10.

von Münze und Markt ist auf deutschem Gebiet wohl bis zum ausgehenden 11. Jh. gewahrt worden.[98]

Für die Merowingerzeit machen jedoch die dargelegten Ergebnisse eine so enge Verbindung von Münze und Markt sehr unwahrscheinlich. Für das Untersuchungsgebiet jedenfalls, also für die damalige politische Kernlandschaft des Reiches, stellt die außergewöhnlich große Zahl von Orten, deren Münzprägung offensichtlich eine sehr kurzfristige, ephemere gewesen ist, das Bestehen einer engen Beziehung von Münz- und Marktort ganz und gar in Frage.[99] Die Prägetätigkeit erwuchs zumindest während des 7. Jh. in diesem Gebiet augenscheinlich nicht so direkt und unbedingt aus den Bedürfnissen eines geregelten Marktverkehrs, wie das wohl während des 9., 10. und 11. Jh. der Fall gewesen ist. Es wird deshalb gefragt werden müssen, welcher Natur jene Orte waren, an denen Münzen geschlagen worden sind, und welche Funktion also die geprägten Münzen zu erfüllen hatten.

Die Münzen geben durch ihre Beschriftung gewisse Auskünfte über die Beschaffenheit der Siedlungen, in denen sie geprägt worden sind. Sie weisen die Bezeichnungen *civitas, vicus, castrum* bzw. *castellum* und *portus* auf.[100] Von diesen 4 Termini ist der des *vicus* am weitaus häufigsten. Fast ein Drittel aller für das Untersuchungsgebiet ermittelten Münzorte wird so genannt.[101] Der Zusatz *civitas* erscheint bei 19 Münzorten, jedoch werden nicht alle Prägeorte des Untersuchungsgebietes, die im 7. Jh. Sitz eines Bischofs waren,[102] auf den Münzen ausdrücklich als *civitas* gekennzeichnet. So fehlt ein entsprechender Zusatz auf den Münzen von Avranches, Chartres, Laon, Nantes und Noyon.[103]

Castrum bzw. *castellum* erscheint bei 9,[104] *portus* bei 3 Orten.[105]Rund 100 Prägeorten, also dem größeren Teil, fehlt jede Bezeichnung. Es ist also allein schon wegen dieser Tatsache nicht möglich, mit E. Nau zu behaupten, daß „die Münzen selbst durch ihre Aufschriften eindeutiges Zeugnis ablegen, daß sich die überwältigende Mehrzahl der merowingischen Geldherstellung in den Civitates, vici und portus als den Handelszentren abspielte . . .".[106]

Vom rein quantitativen Verhältnis her gesehen nehmen Prägeorte, die von den Monetaren als *vicus* bezeichnet werden, den hervorragendsten Platz ein. Dieses Verhältnis ändert sich aber völlig, wenn nach der qualitativen Bedeutung der Prägung, also nach ihrer Kontinuität und ihrem Umfang, gefragt wird.

Unter den 23 Siedlungen, für die sich eine kontinuierliche Prägetätigkeit mit einem hohen Grad von Wahrscheinlichkeit belegen läßt, sind 17, nämlich Avranches, Amiens, Angers, Bayeux, Le Mans, Meaux, Nantes, Orléans, Paris, Reims, Rennes, Rouen. Senlis, Sens, Soissons, Tours und Troyes *civitates.* Auf den Münzen von Avranches und Nantes fehlt allerdings die entsprechende Bezeichnung.

Die an der Loire gelegenen Siedlungen Amboise und Rezé werden *vicus* genannt.[107] Bei Mouzon, das an der mittleren Maas gelegen ist, steht die Bezeichnung *vicus* neben

98 Berghaus, in: Marktproblem, S. 66. Vgl. Schlesinger in: Frühformen, S. 272f.

99 Nau, Stadt und Münze, S. 38, spricht sich ausdrücklich für das Vorhandensein einer solchen engen Beziehung aus. Sie übersieht aber gerade, daß es Münzorte mit ganz unterschiedlich beschaffener Prägung gegeben hat.

100 Vgl. Prou, Monnaies mérovingiennes, S. LXVIIff.

101 Insgesamt vierundfünfzig. Vgl. Anhang Nr. I.

102 Anhang Nr. IV.

103 Anhang Nr. I.

104 Ebenda: Arpajon, Avize, Blois, Château-Landon, Chinon, Draveil, Étampes, Mayenne, Mouzon.

105 Ebenda: Créteil, Port-Saint-Père, Vaas.

106 Nau, Stadt und Münze, S. 38.

107 Anhang Nr. I.

castrum.[108] Als *castrum* wird auch Blois bezeichnet.[109] Noyen-sur-Sarthe und Vendôme bleiben auf den Münzen ohne spezielle Bezeichnung.

Von den 8 Orten, bei denen eine kontinuierliche Münzprägung vermutet wird, sind 2, Laon und Chartres, *civitates*. Allerdings wird keine von beiden auf den überlieferten Münzen so genannt. Weitere 3 Siedlungen, nämlich Allonnes, Neuvy-en-Champagne und Essonnes, werden als *vicus* bezeichnet.[110] Bei Ballon und Lieusaint fehlt eine entsprechende Angabe.

Im Untersuchungsgebiet gab es während des 7. Jh. insgesamt 27 Bischofssitze, davon war der weitaus größte Teil ständig besetzt. Bei einigen wenigen traten zeitweilige Unterbrechungen in der Besetzung des Stuhles ein, oder es fehlt der Nachweis einer ununterbrochenen Bischofsreihe.[111]

Nur bei drei dieser 27 – es handelt sich um Beauvais, Evreux und Lisieux – fehlt nach den Verzeichnissen von Prou und Belfort überhaupt jeder Hinweis auf eine Prägetätigkeit, und auch die erfaßten Schatzfunde lassen eine solche nicht erkennen.[112] Auxerre (46), Châlons-sur-Marne (35), Coutances (122), Noyon (19) und Sées (75) sind zwar als Prägeorte bekannt: jedoch sind die erhaltenen Nachrichten so spärlich,[113] daß mit einer nur sporadischen Prägung gerechnet werden muß. Es fällt auf, daß 4 der *civitates*, für die überhaupt keine oder nur eine sehr unbedeutende Prägetätigkeit zu belegen ist, nämlich Evreux, Lisieux, Sées und Coutances, im Grenzgebiet von Normandie und Neustrien bzw. direkt in der Normandie gelegen waren.

Von den 23 Siedlungen mit kontinuierlicher Münzprägung waren 17 *civitates*, von den 8, bei denen diese Kontinuität vermutet wird, 2. Demnach gehörten mehr als zwei Drittel aller Bischofssitze zu den Orten, an denen kontinuierlich Münzen geschlagen worden sind.

Dieser hervorragende Platz, den die *civitates* unter den insgesamt nur wenigen Orten mit kontinuierlicher Prägung einnahmen, sowie die Tatsache, daß sie überhaupt fast vollständig als Prägeorte nachweisbar sind, zeugen von der Bedeutung, die diese Siedlungen während des 7. Jh. für die Geldzirkulation besaßen. Mit einer entsprechenden Abwandlung jenes Satzes von Walter Schlesinger[114] über die Zusammengehörigkeit von Münze und Markt wird für die eigentliche politische Kernlandschaft des Reiches gesagt werden dürfen, daß zur *civitas* jener Zeit die Münzprägung gehörte. Eine Ausnahme hiervon bilden eigentlich nur die *civitates* der Normandie bzw. ihrer Grenzgebiete.

Die vorgenommene Analyse der Prägetätigkeit und der Versuch, Orte mit kontinuierlicher und zeitweiliger Prägung zu scheiden, läßt demnach auch den weitergehenden Schluß zu, daß die *civitates* während des 7. Jh. in den Ware-Geld-Beziehungen und im Tauschverkehr einen besonderen Platz einnahmen. Dieser Schluß wird durch die Aussagen der Schatzfunde bestätigt.

Es sind insgesamt 19 Münzschatzfunde ermittelt worden, die, da sie etwa zwischen 600 und 750 vergraben worden sind, über die Münzprägung und die Geldzirkulation des Untersuchungsgebietes während des 7. Jh. bzw. die Zeit kurz davor und kurz danach Auskünfte geben können.[115] Von diesen 19 Schatzfunden enthielten 15 Münzen des Untersuchungsgebietes; in denen von Wieuwerd, Nietap, Fessenheim und Sarre fehlten sie.[116]

[108] Prou, Monnaies mérovingiennes, Nr. 1037 u. 1038, 1040–1043.
[109] Ebenda, Nr. 572–574 u. 577.
[110] Ebenda, Nr. 427, Nr. 464–468; Nr. 847.
[111] S. u., die Angaben im Anhang Nr. IV.
[112] Anhang Nr. III.
[113] Ebenda, Nr. 1.
[114] S. o., S. 28.
[115] Anhang Nr. III sowie v. S. 37ff.
[116] Ebenda.

Die Prägeorte des Untersuchungsgebietes sind an der Zusammensetzung der einzelnen Schätze in folgender Weise beteiligt:

Fund von Escharen:	2 Prägeorte, 2 *civitates*.[117]
Fund von Dronrijp:	2 Prägeorte, davon 1 *civitas*[118]
Fund von Sutton Hoo:	9 Prägeorte, davon 5 *civitates*[119]
Fund von Saint-Aubin:	5 Prägeorte, davon 2 *civitates*[120]
Fund von Crondall:	2 Prägeorte, 2 *civitates*[121]
Fund von Buis:	4 Prägeorte, davon 1 *civitas*[122]
Fund von La Baugisière:	25 Prägeorte, davon 10 *civitates*[123]
Fund von Bordeaux:	9 Prägeorte, davon 8 *civitates*[124]
Fund von Savonières:	3 Prägeorte, davon 1 *civitas*[125]
Fund von Saint-Pierre-les-Ftieux:	8 Prägeorte, davon 5 *civitates*[126]
Fund von Plassac:	9 Prägeorte, davon 8 *civitates*[127]
Eund von Cimiez:	3 Prägeorte, alle 3 *civitates*[128]
Fund von Bais:	17 Prägeorte, davon 11 *civitates*[129]

Die *civitates* waren, so wird zusammengefaßt werden dürfen, Siedlungen, deren ökonomische, soziale und politische Funktion während des 7. Jh. in besonderer Weise das Bedürfnis nach Geld in Gestalt von Münzen hervorbrachte. Sie waren aber offensichtlich zugleich auch Siedlungen, die der Befriedigung dieses Bedürfnisses besondere Möglichkeiten boten.

Die vorgenommene Analyse der Münzprägung bestätigt also im Rahmen des ihr Möglichen die in der Literatur vorherrschende Meinung, daß die *civitates* für die Ware-Geld-Beziehungen, den Handel und die Geldzirkulation während der Merowingerzeit besondere Bedeutung besaßen. Jener Satz von der engen Zusammengehörigkeit von Münze und Markt[130] wird sich, so scheint es, wenn er für die Merowingerzeit überhaupt irgendwo Gültigkeit besaß, am ehesten auf diese Siedlungen anwenden lassen.

Der Versuch, die Prägung der einzelnen Münzorte in ihrer qualitativen Bedeutung zu bestimmen, zeigt jedoch auch, daß im Untersuchungsgebiet während des 7. Jh. geldwirtschaftliche Erscheinungen mit keinem anderen Siedlungstyp so eng verknüpft waren wie mit dem der *civitas*. Es sind insgesamt nur 12 nicht zu den *civitates* gehörende Orte ermittelt worden, für die eine kontinuierliche Prägung nachweisbar oder zunimdest wahrscheinlich zu machen ist.[131] Unter ihnen sind einige, die auf den Münzen *vicus* genannt werden, einige

117 Anhang Nr. III, Nr. 1.
118 Ebenda, Nr. 3.
119 Ebenda, Nr. 6.
120 Ebenda, Nr. 4.
121 Ebenda, Nr. 7.
122 Ebenda, Nr. 8.
123 Ebenda, Nr. 9.
124 Ebenda, Nr. 10.
125 Ebenda, Nr. 14.
126 Ebenda, Nr. 11.
127 Ebenda, Nr. 12.
128 Ebenda, Nr. 13.
129 Ebenda, Nr. 15.
130 S. o., S. 28. Zur Bedeutung der Bischofssitze allgemein Prinz, Stadtherrschaft, S. 1ff. Brühl, Palatium, S. 6ff.
131 S. o., S. 29f.

andere tragen die Bezeichnung *castrum* bzw. *castellum*. Zu den *vici* gehören Allonnes, Amboise, Essonnes, Rezé und Neuvy-en-Champagne, zu den *castra* Mouzon und Blois. Dagegen findet sich in dieser Gruppe nicht ein einziger *portus*: Weder bei Créteil (2) und Vaas (85a) noch bei Port-Saint-Père (134) deutet irgendetwas darauf hin, daß über einen längeren Zeitraum oder gar ständig Münzen ausgegeben worden sind. Das fällt um so mehr ins Gewicht, als Port-Saint-Père während des 7. Jh. für den Warenverkehr und den Handel durchaus von einiger Bedeutung gewesen ist.[132] Münzen dieser 3 Orte sind übrigens auch in keinem der 15 genannten Schatzfunde enthalten, in denen sich Stücke aus dem Untersuchungsgebiet fanden. Die 12 nicht zu den *civitates* gehörenden Münzorte mit kontinuierlicher Prägung waren also keineswegs durch die Tatsache miteinander verbunden, daß sie *vicus*, *castrum* oder *portus* waren. Trotzdem besaßen sie ein für die Bestimmung ihres ökonomischen Charakters wesentliches Merkmal gemeinsam: Sie lagen nahezu ausnahmslos an einem der großen Flüsse des Untersuchungsgebietes. Nur Neuvy-en-Champagne (86) macht hiervon eine Ausnahme. Essonnes (8) und Melun (16) liegen an der Seine, Lieusaint (14) in ihrer unmittelbaren Nähe. Blois (55), Amboise (93) und Rezé (135) liegen an der Loire, Allonnes (76) in ihrer Nähe. Noyen (87) liegt an der Sarthe, Ballon (78) in ihrer unmittelbaren Nähe. Vendôme (62) schließlich liegt am Loir und Mouzon (28) an der Maas.

In der Forschung ist die Tatsache, daß zwischen der Prägetätigkeit der einzelnen Münzorte erhebliche Unterschiede bestanden haben, bisher kaum beachtet worden. Obwohl gerade das 7. Jh. wegen bestimmter ökonomischer Erscheinungen[133] über Jahrzehnte die besondere Aufmerksamkeit der Historiker auf sich zog, wurde das aufschlußreiche Phänomen der kontinuierlichen und der ephemeren Prägung bisher nahezu übersehen. So ist selbstredend auch die Frage nach den Ursachen der ephemeren Prägung kaum erörtert worden.[134] In der eigentlichen numismatischen Literatur wurde ihr allgemeiner Aspekt allerdings immer dann berührt, wenn die Gründe für die auffallende Zersplitterung der Münzprägung zur Diskussion standen. Die ältere Literatur fand dabei zumeist Erklärungen, die einen erheblichen Einfluß des merowingischen Königtums bzw. der staatlich-politischen Macht auf das Münzwesen voraussetzten.[135] Zwei Auffassungen, die sich aber in ihrem Grundgehalt durchaus miteinander vereinbaren lassen, sind hier zu beachten. Die eine geht vom Steuersystem und der Abgabenerhebung aus, die andere konzentriert ihre Aufmerksamkeit auf das königliche Münzregal. Als repräsentativ für die erste Auffassung darf die Behandlung des Problems im „Traité de numismatique du moyen âge" angesehen werden.

A. Engel und R. Serrure knüpften an Vorarbeiten an, die Ch. Robert in der Mitte des vorigen Jahrhunderts publizierte. Sie suchten in der Art und Weise, wie während der Merowingerzeit Abgaben und Steuern eingetrieben wurden, die Erklärung dafür, daß die Namen so vieler Orte auf den Münzen erscheinen. Die Monetare erfüllten ihrer Ansicht nach eine Doppelfunktion: Sie waren zugleich Steuerpächter und Handwerker, die die Münzen herstellten. Sie trieben in den einzelnen Siedlungen die Abgaben ein, die in sehr unterschiedlicher Gestalt, als Naturalien, als Gegenstände aus Edelmetall, in Form von Münzen verschiedener Herkunft, entrichtet wurden. Dem König hatten sie eine bestimmte Geldsumme abzuliefern. Die Monetare taten das mit Münzen, die von ihnen an Ort und Stelle geprägt worden waren. Sie garantierten zugleich mit ihrem Namen für den Wert

[132] S. u., S. 84ff.

[133] S. o., S. 10f.

[134] Beachtenswert sind einige Bemerkungen, die sich bei Doehaerd, Haut moyen âge, S. 301, hierzu finden.

[135] Einen allgemeinen Überblick über die Literatur bietet Dieudonné, Monetaires, S. 20ff..

dieser Münzen, und sie machten durch Einstanzen des Ortsnamens die Herkunft der Münzen kenntlich. In den Fällen, in denen die Namen von Kirchen oder Klöstern auf den Münzen erscheinen, war nach Ansicht von Engel und Serrure diesen Institutionen vom König als besondere Gunst das Recht zugestanden worden, in einem bestimmten Gebiet Abgaben einzutreiben.[136]

Die Auffassung, daß zwischen der Prägung in den ländlichen Prägeorten und der Art, wie in merowingischer Zeit Abgaben erhoben worden sind, Zusammenhänge bestehen, begegnet, wenn auch in gewandelter Form, bis in die jüngere Zeit hinein. So nimmt Werner an, daß während der Blütezeit der Monetarprägung, also doch wohl im 7. Jh., den Monetaren von „privater Seite" Gold für die Ausmünzung zur Verfügung gestellt worden sei, und daß auf diesem Wege eine „Adäration der Steuern" stattgefunden habe. Werner glaubt, eine solche Adäration vor allem für die grundsteuerpflichtigen *Romani possessores* annehmen zu müssen.[137] Daß Werner diesen Zusammenhang zwischen Steuererhebung und Münzprägung herstellt, und daß er zudem der romanischen Bevölkerung für dieses Steuersystem eine besondere Bedeutung zuspricht, ist wohl ein wesentlicher Grund für die Tatsache, daß er die nördlich der Seine gelegenen Gebiete hinsichtlich der Dichte der Prägeorte anders zu behandeln sucht als die südlichen.[138]

Es soll hier keineswegs die Möglichkeit völlig in Abrede gestellt werden, daß während des 7. Jh. im Untersuchungsgebiet zwischen Münzprägung, Geldzirkulation und der Art, in der Abgaben erhoben worden sind, Beziehungen bestanden. Jedoch begegnen dem Versuch, die Vielzahl der für eine bestimmte Periode der merowingischen Geldgeschichte nachweisbaren Prägeorte allein aus Eigentümlichkeiten der Abgaben- und Steuererhebung zu erklären, erhebliche Schwierigkeiten. Er setzte ein so durchgebildetes und wohlorganisiertes System der Steuerpacht voraus, wie es sich für die damalige Zeit mit ihren verworrenen politisch-staatlichen Zuständen schwer vorstellen läßt.[139] Soweit diese Hypothese aber, wie es bei Werner geschieht, den *Romani possessores* einen besonderen Platz einräumt, gerät sie zu der Tatsache in Widerspruch, daß die sogenannte Monetarlandschaft keineswegs auf die südlich der Seine gelegenen Teile des Merowingerreiches begrenzt geblieben ist.[140]

Die Vorstellung von einem durch die Merowingerkönige mehr oder weniger konsequent gehandhabten Regalienrecht liegt der Auffassung zugrunde, die Zersplitterung des Münzwesens sei durch Übertragung des Münzrechtes an eine Vielzahl weltlicher und geistlicher oder auch nur geistlicher Großer entstanden. Der Gedanke findet sich sowohl bei Maurice Prou als auch bei einer Reihe anderer Numismatiker.

Prou hält es nicht für schwierig, sich vorzustellen, daß „dans les chef — lieux des cités et dans les centres industriels ou commerciaux" Münzen geprägt worden seien.[141] Er gibt aber gleichzeitig zu erkennen, daß das Phänomen der Prägung an den zahllosen übrigen Orten, den *vici*, *castra*, *villae* usw., die Forschung vor schwer zu lösende Probleme stellt.[142] Prou macht keinen Hehl daraus, daß sein eigener Lösungsversuch hypothetisch bleiben muß. Ihm liegt die Vorstellung zugrunde, daß nur die merowingischen Könige und die

136 ENGEL/SERRURE, Traité, 1, S. 97f.. Vgl. DIEUDONNÉ, Monétaires, S. 21f., u. S. 26ff.

137 WERNER, Waage, S. 5.

138 S. o., S. 20f.

139 „Mais il y a dans cette theorie une méconnaissance fâcheuse du caractère capricieux et inégal que prenait á ce moment la levée de l'impôt, un raffinement de comptabilité qui ne convient pas à la dynastie des princes chevelus." DIEUDONNÉ, Monétaires, S. 28.

140 S. o., S. 20f.

141 PROU, Monnaies mérovingiennes, S. LXIX. Vgl. DIEUDONNÉ, Monétaires, S. 23.

142 PROU, Monnaies mérovingiennes, S. LXIXf.

Kirche das Recht hatten, Münzen schlagen zu lassen. Prou vermutet deshalb, daß es sich bei all den zahllosen Orten mit ephemerer Prägung um Siedlungen handelte, die auf königlichem oder auf kirchlichem Land gelegen waren.[143]

Bis zu seiner vollen Konsequenz geführt erschien der Gedanke von der Handhabung des Regalienrechtes jedoch schon bei Soetbeer,[144] also bereits einige Zeit vor der Publikation der grundlegenden Arbeiten von Prou. Soetbeer trat der Ansicht entgegen, daß einzelne Munizipien und größere Grundeigentümer sowie geistliche Stiftungen aus eigener Machtvollkommenheit Münzen hätten prägen lassen. Er glaubte, daß in „rechtlicher Beziehung . . . während der merowingischen Herrschaft die Ausübung des Münzregals von den Verhältnissen in den letzten Zeiten des römischen Reiches nicht wesentlich verschieden gewesen . . . und sämtliche Ausmünzungen . . . unter besonderer königlicher Genehmigung stattgefunden" hätten.[145] Soetbeer ging von der Tatsache, aus, daß in späterer Zeit sowohl in Frankreich als auch in Deutschland „unzählige Male" gleichzeitig Markt-, Zoll- und Münzrecht verliehen worden und daß hieraus „die fraglichen Ausmünzungen an so zahlreichen Orten" auch schon in merowingischer Zeit zu erklären seien.[146]

Gegen diese Auffassungen wandte sich, soweit sie darauf hinausliefen, an jedem der nachgewiesenen Münzorte einen Markt zu vermuten, schon Georg Waitz.[147] Aber auch er hielt am Gedanken des weitgehend funktionierenden Münzregals fest.[148]

In der Literatur war die Frage, ob und gegebenenfalls in welcher Weise die Merowingerkönige das Münzregal handhabten, lange Zeit umstritten.[149] Sie wird heute, zweifelsohne zu Recht, im negativen Sinne entschieden.[150] Damit entfällt aber auch die Möglichkeit, in der Wirkungsweise dieses Regals eine, sei es auch zunächst nur rechtlich-formale, Erklärung für die auffallende Dezentralisierung des merowingischen Münzwesens zu finden.

In den geschichtswissenschaftlichen Publikationen, die von ihrem Gegenstand her eine eingehendere Beschäftigung mit dem sozialökonomischen Aspekt der gestellten Frage erwarten lassen, herrschen, soweit sie ihn beachten, zwei mehr oder weniger entgegengesetzte Tendenzen vor. Die eine neigt dazu, die Vielzahl der Prägeorte im Sinne entwickelter Ware-Geld-Beziehungen, beachtlicher städtischer Wirtschaftsformen und eines entsprechenden Marktverkehrs zu interpretieren. Als Vertreter dieser Richtung sind Dopsch und seine Schüler vor allem zu nennen. Von der anderen Richtung hingegen wird versucht, die große Anzahl nachweisbarer Münzateliers als Zeichen der sinkenden Bedeutung der Städte und des zunehmenden ökonomischen Gewichtes des Landes zu deuten.

Dopsch wollte in den *vici* Gauvororte erkennen, an denen sich der *mallus publicus* befand, die Grafen Gericht hielten, das Treuegelöbnis der freien Untertanen empfingen und gegebenenfalls die Aushebung der waffenfähigen Mannschaft vornahmen. Sie waren seiner Ansicht nach „wie die *civitates* auch Mittelpunkte des wirtschaftlichen Verkehrs, hier fand der Austausch der wirtschaftlichen Produktion, die wechselseitige Bedarfsdeckung und Güterversorgung statt . . .".[151] Dopsch glaubte, daß im Münzwesen die „außerordentlich große Bedeutung" plastischen Ausdruck fand, die die *vici* der Gaugemeinden während der Merowingerzeit besaßen.[152] Er wollte damit die Erklärung der „bisher

143 Ebenda, S. LVIII.

144 SOETBEER, Beiträge, S. 296. Zu den Auffassungen Soetbeers DIEUDONNÉ, Monétaires, S. 31f.

145 SOETBEER, Beiträge, S. 296.

146 Ebenda, S. 300.

147 WAITZ, Verfassungsgeschichte, S. 309.

148 Ebenda, S. 308ff.

149 DIEUDONNÉ, Monétaires, S. 43ff.

150 Ebenda, S. 45. Skeptisch äußerte sich bereits vor Jahrzehnten LESNE, Propriété, S. 271ff.

151 DOPSCH, Grundlagen 2, S. 398f.

152 Ebenda, S. 397.

schier rätselhaften Erscheinung" gefunden haben, daß in den Legenden so vieler Münzen gerade die Bezeichnung *vicus* erscheint.[153]

Kloß, ein Schüler von Dopsch, deutete die Vielzahl der Münzateliers, die nicht nur in den Städten, bei den Märkten, sondern auch „auf dem platten Lande" existierten, ganz im Sinne einer regen Geldzirkulation und eines großen Bedarfs an Münzgeld.[154]

Die andere Tendenz ist in der Literatur vor allem in jüngerer Zeit zu bemerken. Sie findet sich vorzugsweise in Arbeiten, deren Autoren das numismatische Material wesentlich gründlicher und sorgfältiger nutzten, als es Dopsch und seine Schüler taten. Zu nennen sind Le Gentilhomme, der sich in zahlreichen Untersuchungen mit dem Münzwesen der Merowingerzeit befaßte, sowie R. Doehaerd, deren wirtschafts- und sozialgeschichtliche Arbeiten zur Merowinger- und Karolingerzeit Beachtung verdienen.

Le Gentilhomme hebt die beträchtlichen Unterschiede hervor, die während des 7. Jh. zwischen der Münzprägung im Süden des Frankenreiches und in Neustrien, Austrasien, Burgund sowie im nördlichen Aquitanien bestanden.[155] Während sich in den südlichen Gebieten in stärkerem Maße, gebunden an die *civitates*, Münzateliers des Fiskus erhielten, wuchs im Norden die Zahl der privaten Prägestellen.[156] Le Gentilhomme vertritt die Auffassung, daß diese Zersplitterung der Prägung „dans le domaines ruraux des villae ... atteste la signification domaniale d'une grande partie du monnayage mérovingien."[157]

Die Beobachtung Le Gentilhommes fand Dietrich Claude bestätigt, als er sich mit den Verhältnissen des westgotischen Spanien beschäftigte: Im städtearmen Galizien wurden in zahlreichen Orten Münzen geschlagen; dagegen blieb die Prägung im Süden und Osten des Westgotenreiches im wesentlichen auf die Städte beschränkt.[158]

Jedoch machte Claude ebensowenig wie Le Gentilhomme den Versuch, dieses bemerkenswerte Phänomen eingehender und von den ökonomischen Grundlagen her zu untersuchen, obwohl sich wesentliche Ansätze hierzu bereits in den Arbeiten Blochs finden: „La grande raison du morcellement monétaire, c'est que la monnaie circule peu. Il faut donc, à chaque petit groupe tournant autour d'un marché local, son atelier monétaire."[159] Als ein Moment, das die Wirksamkeit der ökonomischen Faktoren beförderte, betrachtete Bloch zudem die Schwäche der königlichen Gewalt. Sie hätte das Anwachsen der Zersplitterung noch zusätzlich begünstigt.[160] In jüngster Zeit hat Doehaerd einen Teil dieser Gedanken wieder aufgegriffen und weitergeführt. Sie formulierte, ausgehend von dem rapiden Anwachsen der Zahl der Prägeorte die These, daß dieses Anwachsen gleichermaßen von der „circulation extrêment lente" und der Geringfügigkeit der Münzmenge, die von diesen lokalen Prägungen in Umlauf gebracht worden sind, zeuge.[161]

Es ist in keiner Weise zu bezweifeln, daß die ephemere Prägung in einer Vielzahl von Orten ebenso als Zeichen eines Bedürfnisses nach Münzgeld zu werten ist wie die kontinuierliche Prägung in den *civitates* und in einigen anderen Siedlungen. Jedoch wird jeder Versuch, die Funktion der Gesamtheit dieser Prägeorte und der emittierten Münzen zu bestimmen, wesentlich stärker, als es bisher geschehen ist, den grundlegenden Unterschied beachten müssen, der zwischen den einen und den anderen bestand.

153 Ebenda.
154 Kloss, Geldvorrat, S. 93.
155 Le Gentilhomme, Monnayage, S. 21ff.
156 Ebenda, S. 23.
157 Ebenda. Vgl. Dieudonné, Les monétaires, S. 41.
158 Claude, Geldgeschichte, S. 249.
159 Bloch, Esquisse, S. 33. Vgl. ebenda, S. 22.
160 Ebenda, S. 16ff.
161 Doehaerd, Haut moyen âge, S. 301.

Es ist offensichtlich, daß dieser Unterschied von der bisherigen Forschung ganz unzureichend berücksichtigt wurde und daß es gerade deshalb zu erheblichen Fehlschlüssen kam. So war die zweifelsohne nicht haltbare Charakterisierung der *vici*, wie sie sich bei Dopsch findet, nur möglich, weil die Tatsache völlig übersehen wurde, daß im weitaus überwiegenden Teil dieser Siedlungen ganz gewiß nur vorübergehend und kurzfristig Münzen geprägt worden sind.[162] Wäre dieser nicht eben bedeutungslose Umstand von Dopsch beachtet worden, so hätte er schwerlich dazu kommen können, die *vici* mit nachgewiesener Münzprägung in ihrer Bedeutung den *civitates* anzunähern. Ebenso konnte nur das völlige Ignorieren dieses Umstandes dazu verleiten, die Münzateliers auf dem „platten Lande“ so unbedenklich als Beweis einer „regen Geldzirkulation“ anzusehen, wie Kloß das tat.

Der Versuch, der unternommen worden ist, die im Untersuchungsgebiet nachweisbaren Münzstätten zu kartieren und dabei gleichzeitig Orte mit kontinuierlicher und zeitweiliger Prägung zu scheiden, führte zu einigen nicht unwesentlichen Beobachtungen. Am Kartenbild fällt zunächst auf, daß die Orte mit zeitweiliger Prägung wohl insofern Beziehungen zu den großen Wasserläufen des Untersuchungsgebietes aufweisen, als ihr weitaus größter Teil in jenen beiden Räumen lag, die von diesen Flüssen, vor allem von ihren Mittel- und Unterläufen, erschlossen werden: In der nordostfranzösischen Landschaft um Oise, Marne, Seine und Yonne und in der westfranzösischen um Mayenne, Sarthe, Loir und Loire. Aber diese Orte häufen sich durchaus nicht an diesen Flußläufen, sondern sie sind über den gesamten zwischen ihnen liegenden Raum verstreut. Diese Beobachtung wird zu dem Schluß berechtigen, daß sich bei weitem nicht alle Siedlungen mit zeitweiliger Prägung in bevorzugter Verkehrslage befanden.[163]

Wichtiger als dieser Umstand ist jedoch ein anderer: Das Kartenbild gibt zu erkennen, daß die Orte mit zeitweiliger Prägung keineswegs entfernt von den Siedlungen mit kontinuierlicher Prägung lagen, sondern daß beide Typen unmittelbar nebeneinander auftraten. Das wird besonders deutlich am Beispiel von Le Mans und seiner Umgebung, zeigte sich aber auch bei Tours, Amboise, Paris, Senlis, Meaux usw.[164]

Das dichte Nebeneinander von Prägeorten mit kontinuierlicher und mit zeitweiliger Prägung läßt es nahezu ausgeschlossen erscheinen, daß in der Periode ihres Auftretens eine lokale Münzzirkulation von einiger Bedeutung existierte. Die Tatsache, daß im Untersuchungsgebiet zumindest während der ersten Hälfte des 7. Jh. offensichtlich dort geprägt wurde, wo aus irgendwelchen Gründen ein Bedürfnis nach Münzgeld auftrat, zwingt viel eher zu der Annahme, daß damals eine solche Zirkulation fehlte oder doch nur unzureichend ausgebildet war: Eben weil die Münzen, jedenfalls die Goldmünzen, die Trienten, nicht im lokalen Bereich umliefen, weil sie nicht oder nur ungenügend von einem Platz mit ständiger, stabiler Prägung aus in einem mit diesem wirtschaftlich verknüpften Raum zirkulierten, wurden überall dort Münzen geschlagen, wo aus im einzelnen natürlich nicht mehr genau rekonstruierbaren Gründen ein plötzliches, zumeist offensichtlich zeitweiliges Bedürfnis nach ihnen entstand.

Möglicherweise ist hier eine wesentliche Ursache jenes Unterschiedes zu suchen, den Le Gentilhomme beobachtete, als er die Münzverhältnisse des nördlichen Teils des Merowingerreiches mit denen des südlichen verglich.[165]

Dieser Schluß zieht einen weiteren nach sich: Selbst wenn keine anderen Gründe gegen

162 Karte Nr. 1.

163 Ebenda.

164 Ebenda.

165 S. o., S. 22 und S. 35.

eine entsprechende Interpretation sprächen, so ergäbe allein diese offensichtlich nicht oder nur rudimentär vorhandene lokale Geldzirkulation, daß auch eine lokale Warenzirkulation – eine Warenzirkulation, die agrarische mit nichtagrarischen Wirtschaftszweigen verband – nicht sonderlich entwickelt gewesen sein kann. Damit stellen sich aber dem Versuch, in der Masse der Siedlungen mit Münzprägung Marktorte sehen zu wollen, allein von den Aussagen des numismatischen Materials her erhebliche Schwierigkeiten in den Weg.

Die Goldtrienten, mit deren Prägung, wie noch auszuführen sein wird, die Erscheinung der Dezentralisation des Münzwesens und der ephemeren Prägung in besonderer Weise verbunden war, dienten demnach, so wird die Aussage des Kartenbildes zusammengefaßt werden dürfen, nicht in erster Linie der Vermittlung eines lokalen Marktverkehrs, der aus einer entwickelten Arbeitsteilung zwischen agrarischer und handwerklich-gewerblicher Produktion erwuchs, sondern ihre vorrangige Funktion war offensichtlich eine andere.

Über die Umlaufgebiete der Münzen vermögen die Münzschatzfunde Auskunft zu geben. Es ist bereits darauf hingewiesen worden, daß insgesamt 19 Funde erfaßt worden sind.[166] Im „Verzeichnis der Münzschatzfunde" werden 15 dieser Funde behandelt.[167] Es gibt Auskunft über den jeweiligen Fundort, den Zeitpunkt, zu dem die Bildung des Schatzes abgeschlossen gewesen sein muß, über das Datum seiner Entdeckung, die Fundumstände sowie über die Herkunftsorte der Münzen und ihre Anzahl. Vier Münzschatzfunde erscheinen nicht im Verzeichnis, da sie bisher nicht in einer Form publiziert worden sind, die ihre Auswertung im Rahmen der vorliegenden Arbeit ermöglichte. Es handelt sich um die Funde von Nietap, Mons, Orléans und Fessenheim. Sie werden nach der vorliegenden Literatur an entsprechender Stelle direkt im Text behandelt.

Entsprechend deutlich erkennbaren unterschiedlichen Fundräumen lassen sich fünf Gruppen von Münzschatzfunden unterscheiden. Lediglich der Fund, der in der Umgebung von Orléans gemacht worden ist, läßt sich wegen seiner räumlichen Sonderstellung in keine dieser Gruppen einordnen.

Die Schätze von Escharen,[168] Wieuwerd[169], Nietap, Dronrijp[170] und Mons bilden eine niederländisch-friesische Fundgruppe. Sie ist, von der Zeit der Anhäufung der Schätze her gesehen, zugleich die älteste.

Der Münzschatz von Wieuwerd enthielt keine Münze des Untersuchungsgebietes,[171] im Fund von Escharen fanden sich ein in Amiens und zwei in Orléans geprägte Trienten.[172] Der Fund von Dronrijp enthielt einen Trienten von Orléans und einen weiteren, der in Ruan (59), einem von Orléans nicht allzu entfernt gelegenen Ort, geprägt worden ist.[173] Die Masse der in den Münzschätzen von Escharen und Wieuwerd enthaltenen Münzen kam aus der Provence, dem Rhônetal und dem Rhein-Maas-Gebiet. Der Fund von Wieuwerd enthielt außerdem neben Geprägten italienischer Herkunft eine Münze aus Konstantinopel.[174]

Nietap liegt im Nordwesten der niederländischen Provinz Drenthe. Hier ist 1899 ein Münzschatz entdeckt worden, dessen Zusammensetzung große Ähnlichkeit mit denen von

[166] S. o., S. 30.
[167] Anhang Nr. III.
[168] Anhang Nr. III, Nr. 1.
[169] Ebenda, Nr. 2.
[170] Ebenda, Nr. 3.
[171] Ebenda, Nr. 2.
[172] Ebenda, Nr. 1.
[173] Ebenda, Nr. 3.
[174] Ebenda, Nr. 2.

Escharen und Wieuwerd aufwies. Er bestand aus insgesamt 26 Goldmünzen, die in Konstantinopel, in Münzstätten des Rhône-Saône-Tales, in an der Maas gelegenen sowie in Mainz geprägt worden waren. Hinzu kommt, und dadurch unterscheidet er sich von den beiden anderen Funden, eine größere Anzahl von Münzen eines Ateliers, das sich im niederländisch-friesischen Raum selbst befunden haben muß. Münzen aus dem Untersuchungsgebiet gehörten offensichtlich nicht zum Bestand des Schatzes.[175] Er ist, nach neueren Untersuchungsergebnissen, etwa zwischen 630 und 635 deponiert worden und also nur wenig jünger als der Fund von Wieuwerd.[176]

Das Schatz von Mons gehört nur bedingt zur friesisch-niederländischen Fundgruppe, da dieser Ort in der belgischen Provinz Hennegau liegt. Er wurde 1820 entdeckt, und ist der Forschung nur lückenhaft bekanntgeworden. Seine Bildung dürfte um 640 abgeschlossen gewesen sein.[177] Soissons ist die einzige Siedlung des Untersuchungsgebietes, von der mit Sicherheit gesagt werden kann, daß eine hier geprägte Münze Eingang in den Schatz von Mons gefunden hat. Er enthielt neben in Narbonne geprägten westgotischen Münzen auch Münzen aus Rodez.[178]

Zur Fundgruppe des Rhein-Maas-Gebietes gehören der Münzschatzfund von Saint-Aubin[179] und der von Fessenheim.

Der Fund von Saint-Aubin bestand aus 28 merowingischen Trienten. Aus dem Untersuchungsgebiet kamen je eine in Meaux (15) und in Vendeuvre (45a) und vielleicht je eine in Tours (113), Brulon (80) und Lieusaint (14) geprägte Münze. Außerdem wird wahrscheinlich die eine oder andere der 5 Pfalzmünzen (PALATI MO) im Untersuchungsgebiet geschlagen worden sein.[180] Aus 5 verschiedenen Prägestätten des Saône-, Mosel- und Maasgebietes[181] stammten 8 Münzen.

Fessenheim liegt bei Straßburg; der hier gehobene Münzschatz[182] ist im vergangenen Jahrhundert entdeckt worden. Sein tatsächlicher Bestand ist nicht bekannt, da er nur bruchstückhaft erhalten geblieben ist. Er soll aus 60 merowingischen Münzen bestanden haben, von denen ein großer Teil aus Straßburg, also aus der unmittelbaren Nähe des Fundortes, kam. Außerdem werden Boppard und Mainz als Prägeorte genannt. Es gibt kein Anzeichen dafür, daß Münzen des Untersuchungsgebietes zum Münzschatz von Fessenheim gehört haben. Die Deponierung des Fundes wird auf etwa 645 angesetzt.[183]

Die englische Fundgruppe umfaßt 3 Münzschatzfunde. Der älteste dieser 3, der von Sarre,[184] enthielt keine Münzen des Untersuchungsgebietes, sondern setzte sich ausschließlich aus *solidi* und Trienten zusammen, die in Marseille und Arles geprägt worden waren.[185] Zum Schatz von Sutton Hoo[186] gehörten insgesamt 37 merowingische Trienten, davon kam

175 Lafaurie, Escharen, S. 175. Derselbe, Wieuwerd, S. 84.

176 Lafaurie, Escharen, S. 176.

177 Derselbe, Wieuwerd, S. 88. Derselbe, Routes, S. 254.

178 Ebenda.

179 Anhang Nr. III, Nr. 4.

180 Ebenda.

181 Ebenda.

182 Zusammenfassend äußert sich zu diesem Fund Lafaurie, Fessenheim, S. 432 ff. Der Aufsatz von Leitzmann in der „Numismatischen Zeitschrift", auf den Lafaurie verweist, war mir nicht zugänglich.

183 Lafaurie, Fessenheim, S. 433.

184 Anhang Nr. III, Nr. 5.

185 Ebenda.

186 Ebenda, Nr. 6.

je einer aus 10 sicher identifizierten Prägeorten[187] des Untersuchungsgebietes; bei drei weiteren ist die Zuweisung nicht völlig gesichert.[188] Ein beträchtlicher Teil der Münzen stammte aus der Provence, dem Rhône-Saône-Gebiet sowie dem Rhein-Mosel-Maas-Raum, eine ist in Quentowic geprägt worden.[189] Der letzte der zur englischen Fundgruppe gehörenden Schätze, der Münzschatz von Crondall,[190] dürfte seiner Entstehungszeit nach von den dreien der jüngste sein. Er bestand aus 101 Münzen, 19 davon waren merowingische Trienten. Von diesen stammten 2 aus dem Untersuchungsgebiet; der eine war in Paris, der andere in Amiens geprägt worden.[191] Aus Orten des Maas-Mosel-Gebietes bzw. aus Chalon-sur-Saône kamen 7 weitere, und ebenfalls insgesamt 7[192] waren in Quentowic emittiert worden. Nur einer stammte aus Aquitanien, nämlich aus Rodez. Münzen aus der Provence fehlten völlig; dafür enthielt der Fund eine große Anzahl angelsächsischer Gepräge sowie einige in Friesland hergestellte Stücke.[193]

Insgesamt 10 Schatzfunde der östlichen und nördlichen Nachbargebiete[194] des Untersuchungsraumes sowie Englands sind nach Auskünften befragt worden, die sie über den Geldumlauf des späten 6. und der ersten Hälfte des 7. Jh. zu geben vermögen.

Von diesen 10 Schatzfunden ließen sich in 4, nämlich in denen von Wieuwerd, Nietap, Fessenheim und Sarre, überhaupt keine Münzen des Untersuchungsgebietes nachweisen. Von den übrigen 6 enthielt der von Mons offensichtlich nur eine einzige Münze dieses Gebietes; in 3 weiteren, nämlich in denen von Escharen, Dronrijp und Crondall fanden sich Münzen von je 2 Siedlungen.

Bei 8 der 10 Funde machten also, so wird dieses Ergebnis zusammengefaßt werden dürfen, Gepräge des Untersuchungsgebietes rein zahlenmäßig einen auffallend geringen Anteil aus. Sie kamen zudem nahezu ausschließlich aus seinen nördlichen und seinen südlichen Grenzgebieten, aus Amiens, Soissons und Orléans. Eine Ausnahme hiervon macht nur der eine Triens von Paris, der sich im Schatz von Crondall fand.

Nur 2 Schatzfunde gibt es unter den 10, auf die diese Aussagen nicht zutreffen: der von Saint-Aubin und der von Sutton Hoo. In beiden befanden sich Münzen aus einer größeren Anzahl von Prägeorten des Untersuchungsgebietes, und in beiden Fällen waren unter diesen Orten mehrere, die eine räumlich zentrale Lage einnahmen: Meaux und Lieusaint (?) im Falle des Fundes von Saint-Aubin, Paris, Arpajon (5) und Sens im Falle des Fundes von Sutton Hoo. Da keiner dieser beiden Schätze außergewöhnlich groß war, läßt sich diese Besonderheit nicht einfach mit dem Hinweis auf eine höhere Gesamtzahl ihres Münzbestandes erklären.

In den 10 Schatzfunden lassen sich insgesamt nur Münzen aus 17 Orten des Untersuchungsgebietes nachweisen. Unter ihnen sind Siedlungen mit kontinuierlicher und mit ephemerer Prägung gleichermaßen vertreten. Paris, Amiens, Soissons, Laon (?), Meaux, Lieusaint (?), Sens, Troyes, Orléans, Tours und Angers gehörten zu den Orten mit kontinuierlicher, Ruan, Brulon (?), Quesney, Arpajon, Chambly und Vendeuvre zu denen mit ephemerer Prägung. Den Aussagen der bisher untersuchten Schatzfunde ist demnach kaum ein Hinweis zu entnehmen, der darauf hindeutet, daß Münzen, die in Siedlungen mit ephemerer Prägung

187 Angers, Troyes, Ressons-sur-Matz, Montigny, Paris, Tremblay-les-Gonesse, Chemilly, Laon, Arpajon, Sens.

188 Gevellas, eine zweite Münze aus Angers und eine aus der Gegend von Le Mans.

189 Anhang Nr. III, Nr. 6.

190 Ebenda, Nr. 7.

191 Ebenda.

192 Ebenda.

193 Ebenda.

194 Zu den Fundmünzen im heutigen Belgien vgl. auch Vercauteren, Monnaie, S. 280f.

ausgegeben worden sind, ihrer Funktion nach wesentlich verschieden von den anderen zu behandeln seien.

Die Zahl der im niederländisch-friesischen Raum, im Rhein-Maas-Gebiet und auf den britischen Inseln gefundenen Goldmünzen des Untersuchungsgebietes war, gemessen an der ausgegebenen Gesamtmenge, verschwindend gering. Besonders auffallend ist, daß auch die Plätze, die als Prägeorte eine überragende Bedeutung besaßen, also Paris, Orléans und Rouen, in den Münzschätzen der behandelten Fundgebiete nur sehr schwach vertreten sind. Weiter scheint beachtenswert, daß Gepräge aus den Randgebieten des Untersuchungsraumes häufiger in diesen Schätzen begegnen als die der zentraler gelegenen Münzorte. Besonders arm an im Untersuchungsgebiet geschlagenen Trienten sind die niederländisch-friesische und die angelsächsische Fundgruppe. Das ist insofern wichtig, als diese Schätze zu den ältesten der bisher behandelten gehören. Die Auskünfte der Münzschätze begegnen sich mit denen der Einzelfunde. Sutherland führt unter den von ihm zusammengestellten Münzen einen von Eligius in Paris und zwei in *Locus Sanctus*, der wohl mit Lieusaint identisch ist, geprägte Trienten auf.[195] Bei Lafaurie finden sich Angaben zu einem in Irland gefundenen Trienten aus Le Mans.[196] Werner nennt einen bei Speyer gefundenen Trienten aus Orléans und einen weiteren, der in Laon geprägt und in der Gegend von Hannover entdeckt worden ist.[197]

Die Auskünfte der Münzfunde veranlassen in ihrer Gesamtheit zu dem Schluß, daß Münzen des Untersuchungsraumes im späten 6. und in der ersten Hälfte des 7. Jh. nur im geringen Maße in seine östlichen und nördlichen Nachbargebiete sowie in das angelsächsische England abflossen. Von einer wirklichen Zirkulation solcher Münzen in diesen Räumen kann gewiß nicht die Rede sein.

Den bisher behandelten drei Fundgruppen, der niederländisch-friesischen, der des Maas-Rhein-Gebietes sowie der englischen, ist neben der bemerkenswerten Tatsache, daß Münzen des Untersuchungsgebietes nur einen sehr kleinen Teil ihres Bestandes ausmachten, eine zweite außerordentlich aufschlußreiche Erscheinung gemeinsam: Siedlungen des Rhône-Saône-, Mosel-Rhein- und Maas-Gebietes lieferten die weitaus meisten Stücke dieser Schätze.

Eine in seinem Grundbestand weitestgehend ähnliche Zusammensetzung wies der einzige Münzschatz auf, der im Rhône-Saône-Raum selbst, nämlich in Buis, gefunden worden ist.[198] Mehr als die Hälfte aller Orte, von denen sich Münzen in diesem Schatz ermitteln ließen, lagen im Rhône-Saône-Tal oder im Maas-Mosel-Gebiet. Ihre Ateliers lieferten zudem weit mehr Münzen als die übrigen: Von Chalon-sur-Saône fanden sich allein 9, von Lyon 3, von Mâcon und Marseille je 2 Trienten im Schatz von Buis.[199] Nur 3 Münzen aus Orten des Untersuchungsgebietes ließen sich mit Sicherheit nachweisen, nämlich zwei in Troyes und ein in Soulas geprägter Triens.[200] Soulas (52) liegt etwa 15 Kilometer sö. von Orléans, wenig südlich der Loire.[201]

Sollte es zutreffen, daß das von Le Gentilhomme nicht eindeutig bestimmte *Petraficta* mit Pierrefitte (57) identisch ist, so hätte aus der gleichen Gegend noch ein weiterer Triens den Weg in den Schatz von Buis genommen.[202]

195 Sutherland, Gold coinage, S. 24.
196 Lafaurie, Escharen, S. 185.
197 Werner, Grabfunde, S. 123.
198 Anhang Nr. III, Nr. 8. Le Gentilhomme, Buis, S. 100.
199 Anhang Nr. III, Nr. 8.
200 Ebenda.
201 Karte Nr. 1.
202 Anhang Nr. III, Nr. 8. Karte Nr. 1.

Trotzdem wäre die Zahl von 3 Prägeorten, die mit insgesamt 4 Münzen in dem Fund vertreten waren, außerordentlich gering, und die Beobachtung, daß aus dem Untersuchungsgebiet, vor allem aber aus seinen zentraleren Teilen, nur verschwindend wenige Münzen in seine östlichen und nördlichen Nachbargebiete gelangten, wird durch den Fund von Buis nachdrücklich bestätigt. Außerordentlich gering ist in diesem Fund auch die Zahl der Münzen aquitanischer Herkunft. Mit Sicherheit konnte Le Gentilhomme nur 2 Trienten dieser Provenienz bestimmen. Der eine kam aus Clermont, der andere aus Vrillé.[203]

Es entsteht ein weitgehend anderes Bild, wenn die letzten beiden großen, ausschließlich aus Goldmünzen bestehenden Schatzfunde auf Aussagen zur Geldzirkulation und zur Bewegung der während des 7. Jh. geprägten Goldmünzen geprüft werden.

Die Münzschatzfunde von Baugisière[204] und von Bordeaux[205] wurden beide im westlichen bzw. im südwestlichen Frankreich entdeckt. Bei beiden liegt der Zeitpunkt, zu dem ihre Bildung abgeschlossen gewesen sein muß, in der zweiten Hälfte des 7. Jh. Der Fund von Bordeaux[206] ist offensichtlich etwas jünger als der von Baugisière.[207] Beide Münzschätze bieten einer wissenschaftlichen Auswertung bis heute schwerwiegende Probleme; jedoch dürfte durch das von Lafaurie erarbeitete Verzeichnis der merowingischen Münzen des Fundes von Bordeaux[208] eine gesicherte Grundlage für die Behandlung der auf den vorangehenden Seiten aufgeworfenen Fragen vorhanden sein.

Beim Fund von Baugisière mußte von den Angaben Le Gentilhommes[209] ausgegangen werden, die keine eingehendere Analyse bieten. Sein Verzeichnis nennt 62 Orte, von denen der Schatz von Baugisière Münzen enthielt.[210] Im Untersuchungsgebiet lagen 25 dieser Orte. Münzen aus Paris und Orléans waren in beträchtlicher Anzahl enthalten; daneben werden solche aus Rouen, Le Mans, Rennes, Angers, Blois, Rezé, Essonnes, Soissons und Senlis genannt.[211] Sie begegnen in den Schätzen der bisher behandelten Fundgruppen überhaupt nicht oder nur als Ausnahmen.[212]

Der Fund von Bordeaux enthielt Münzen von insgesamt 38 merowingischen Prägeorten, 9 davon lagen im Untersuchungsgebiet.[213] Mit einer auffallend großen Anzahl, nämlich mit 7 Trienten, war Rouen vertreten, aus Paris kamen nach den Angaben Lafauries 3.[214]

Die westfranzösisch-aquitanische Fundgruppe, zu der die Münzschätze von Baugisière und Bordeaux zusammengefaßt werden können, unterscheidet sich demnach durch einige Eigenschaften erheblich von den 4 vorher behandelten.

In den niederländisch-friesischen und in der englischen Fundgruppe sowie in der Fundgruppe des Rhône-Saône- und des Maas-Rhein-Raumes stellten Münzen des Untersuchungsgebietes eine Ausnahme dar, in der westfranzösisch-aquitanischen dagegen gehörten sie zum Grundbestand der Schatzfunde. In den Schätzen von Baugisière und von Bordeaux fanden sich Münzen einer großen Zahl von Prägeorten dieses Gebietes. Jeder der beiden enthielt Trienten der 6 bedeutendsten dieser Prägeorte: Paris, Orléans, Rouen,

203 Anhang Nr. III, Nr. 8.
204 Ebenda, Nr. 9.
205 Ebenda, Nr. 10.
206 Ebenda.
207 Ebenda, Nr. 9.
208 Ebenda, Nr. 10.
209 Le Gentilhomme, Buis, S. 98, Karte, sowie S. 114, Anm. 7.
210 Anhang Nr. III, Nr. 9.
211 Ebenda.
212 S. o., S. 37 ff.
213 Anhang Nr. III, Nr. 10.
214 Ebenda.

Tours, Le Mans und Angers.[215] Münzen des Untersuchungsgebietes machten offensichtlich zudem auch ihrer absoluten Zahl nach einen erheblichen Anteil des Fundes von Baugisière aus.[216] In beiden Schätzen der westfränkisch-aquitanischen Fundgruppe übertrafen Münzen aquitanischer Herkunft zahlenmäßig die aus anderen Teilen des Merowingerreiches offensichtlich bei weitem. Für den Fund von Bordeaux nennt Lafaurie allein 40 in dieser Siedlung selbst sowie 10 in Cahors geprägte Trienten.[217] Diese Tatsache überrascht insofern nicht, als sie mit der Lage der Fundorte korrespondiert: In der Nähe dieser Fundorte tätige Münzstätten waren besonders stark an den hier gemachten Schatzfunden beteiligt. Es ist jedoch außerordentlich aufschlußreich, daß aquitanische Münzen, die in der niederländisch-friesischen, der englischen, der Fundgruppe des Rhein-Maas- und des Rhône-Saône-Gebietes ebensowenig ins Gewicht fielen wie die des Untersuchungsgebietes, mit eben diesen Münzen im westfränkisch-aquitanischen Fundraum gemeinsam auftraten. Das gemeinsame Auftreten im einen Fundraum deckt sich also mit dem gemeinsamen Fehlen in den anderen.[218]

Mit dieser Feststellung haben die Ausführungen den Punkt erreicht, an dem nochmals auf eine Eigentümlichkeit jener Schatzfunde einzugehen ist, die aus den östlichen und nördlichen Nachbargebieten des Untersuchungsraumes sowie aus England kommen. In diesen Funden dominierten eindeutig Münzen aus Siedlungen der Provence, des Rhône-Saône-Tales und des Maas-Mosel-Rhein-Gebietes.[219] Es wird nun weder als ein bloßer Zufall noch schlechthin als ein Ergebnis lückenhafter Überlieferung gewertet werden können, daß, so wie die neustrisch-aquitanischen Münzen in den Schätzen der genannten vier Fundgruppen entweder überhaupt fehlten oder nur wenig ins Gewicht fielen, diejenigen, die hier vorherrschten, wiederum in der westfranzösisch-aquitanischen Fundgruppe eine Randerscheinung darstellten. Nur Münzen aus Marseille, Autun und Chalon-sur-Saône sind bisher mit Sicherheit sowohl im Fund von Baugisière als auch in dem von Bordeaux nachgewiesen worden. Die Gesamtzahl dieser Münzen war aber offenbar gering. Lafaurie nennt für den Fund von Bordeaux je einen in Autun und Chalon-sur-Saône sowie vier in Marseille geprägte Trienten.[220] Im Fund von Baugisière fanden sich außer den in diesen drei Orten gefertigten Exemplaren auch Münzen aus Lyon.[221]

Für keinen der beiden Schatzfunde ist dagegen bisher erwiesen, daß er Gepräge auch nur eines der am Rhein und an der Maas gelegenen Orte enthalten hätte, in denen während der ersten Hälfte des 7. Jh. geprägt worden ist. Weder Köln noch Maastricht werden genannt, und es fehlen auch die Münzen aus Huy, aus Verdun und aus Mainz.[222] Als einziger Münzort des gesamten Maas-Mosel-Rhein-Raumes war in der westfranzösisch-aquitanischen Fundgruppe offenbar Trier vertreten, denn zum Münzschatz von Baugisière soll ein in dieser *civitas* geprägter Triens gehört haben.[223] Daß bei diesen Erscheinungen kaum an Zufälligkeiten gedacht werden kann, verdeutlicht schließlich nicht zuletzt die Tatsache,

215 Ebenda, Nr. 9 und Nr. 10.
216 Ebenda, Nr. 9.
217 Ebenda, Nr. 10.
218 Vgl. LAFAURIE, Escharen, S. 191ff., sowie die Karte ebenda, S. 192.
219 S. o., S. 37ff.
220 Anhang Nr. III, Nr. 10.
221 Ebenda, Nr. 9.
222 Münzen aus Köln enthielten die Funde von Escharen und Dronrijp, Münzen aus Maastricht die von Escharen, Wieuwerd, Dronrijp und Buis. Münzen aus Huy fanden sich in Escharen, in Dronrijp und Sutton Hoo, Münzen aus Verdun in Saint-Aubin, aus Mainz in Dronrijp; ebenda, Nr. 1, 2, 3, 4, 6 und 8.
223 Ebenda, Nr. 9.

daß offensichtlich auch Münzen byzantinischer Herkunft sowie Imitationen solcher Münzen in der westfranzösisch-aquitanischen Fundgruppe nur ganz selten vorkamen.[224]

Das Ergebnis der Analyse, die vorgenommen wurde, um die Umlaufgebiete der Trienten zu ermitteln, läßt sich zusammenfassen: Die Schatzfunde bieten nur schwache Anhaltspunkte dafür, daß Münzen des Untersuchungsgebietes in Burgund, im Maasgebiet, in den rechtsrheinischen Teilen des Merowingerreiches, in Friesland und im angelsächsischen England umgelaufen oder in größerer Zahl in diese Gebiete abgeflossen seien. Ein einziger Schatzfund, nämlich der bei Sutton Hoo in der englischen Grafschaft Suffolk entdeckte, wies eine Zusammensetzung auf, die von diesen Ergebnissen stark abweicht. Er enthielt, und zwar in einem auffallend ausgewogenen Verhältnis, sowohl Münzen aus Neustrien und aus Aquitanien als auch solche aus dem Rhône-Saône-Raum und aus den Gebieten um Maas und Rhein.[225]

Gerade der Fund von Sutton Hoo stellt jedoch nicht nur wegen seiner Zusammensetzung eine Sondererscheinung dar. Der Schatz ist kein „merchant's hoard",[226] sondern ein Grabfund. Er ist der einzige aller ausgewerteten Funde, der als solcher ganz eindeutig bekannt ist.[227] Das Grab, das als Königsgrab gedeutet wird,[228] enthielt neben den Münzen eine ungewöhnlich reiche Ausstattung.[229] Schon allein die Tatsache, daß es sich bei dem Schatz von Sutton Hoo um einen Grabfund handelt, läßt es nicht zu, seinen Münzbestand als direktes Spiegelbild einer um die Zeit seiner Deponierung vor sich gehenden Münzzirkulation zu werten.[230] Andere Momente, die den Aussagewert dieses Fundes erheblich mindern, kommen hinzu. So muß es unbedingt auffallen, und es ist mit gutem Grund auf diesen Umstand aufmerksam gemacht worden,[231] daß sich von jedem der merowingischen Prägeorte – der Schatz enthielt ausschließlich merowingische Trienten – nur eine einzige Münze fand und daß die Zahl von 37 Münzen durch 3 Münzplatten so ergänzt worden ist, daß sich die Gesamtzahl von 40 ergab.[232] Es ist zudem wahrscheinlich, daß der Münschatz, der neben einer Vielzahl anderer Goldschmiedearbeiten und weiterer wertvoller Gegenstände zur Ausstattung des Grabes gehörte, bereits im Merowingerreich gesammelt und als Geschenk in das angelsächsische England gebracht worden ist.[233]

So sehr also das Schiffsgrab von Sutton Hoo die Archäologie bereits beschäftigt hat, so sehr es sie wahrscheinlich noch beschäftigen wird und so wesentlich seine Auskünfte insgesamt sein mögen, so liegt doch kein ausreichender Grund vor, wegen der Aussagen des Münzbestandes gerade dieses Fundes die ihnen recht eindeutig entgegenstehenden Aussagen einer Vielzahl anderer in Frage zu stellen. Die mutmaßliche Art und Weise der Anhäufung dürfte es gemeinsam mit seiner außergewöhnlichen Zusammensetzung vielmehr unmöglich machen, ihn als repräsentativ für die Zirkulation merowingischer Trienten zu werten.

224 Ebenda, Nr. 9 und Nr. 10. Auf das Fehlen solcher Goldmünzen im gesamten Frankreich macht auch Lafaurie, Escharen, S. 180f., aufmerksam.

225 Ebenda, Nr. 6.

226 Bruce-Mitford, Sutton-Hoo, S. 56.

227 Anhang Nr. III, Nr. 1–10. Vgl. Bruce-Mitford, Sutton Hoo, S. 56.

228 Ebenda.

229 Ebenda, S. 15ff.

230 Ebenda, S. 56. Bruce-Mitford hält es für wahrscheinlich, daß East Anglia zu der Zeit, zu der das Schiffsgrab angelegt wurde, noch außerhalb jenes Teils des angelsächsischen England lag, in dem Münzen geprägt wurden, oder zumindest zirkulierten. Vgl. Sutherland, Gold coinage, S. 67ff.

231 Bruce-Mitford, Sutton Hoo, S. 56.

232 Ebenda, S. 56ff.

233 Ebenda, S. 56 und S. 59.

Für die Trienten, die aus neustrischen und aquitanischen Münzorten kamen, war das gemeinsame Auftreten in den Schatzfunden des westfranzösisch-aquitanischen Raumes sowie das gemeinsame Fehlen in den Schätzen der übrigen Fundgruppen charakteristisch. Es ließ sich dagegen nicht feststellen, daß sich die Münzen, die aus Orten mit ephemerer Prägung kamen, in dieser Beziehung grundsätzlich anders verhalten hätten als diejenigen, die aus Orten mit kontinuierlicher Prägung stammten.

Die Gemeinsamkeiten in der Zirkulation neustrisch-aquitanischer Goldmünzen lassen die Frage entstehen, ob hier nicht etwas sichtbar wird, was mit der nötigen Zurückhaltung als ein gemeinsames Wirtschaftsgebiet bezeichnet werden kann, denn es müssen ökonomische Beziehungen bestanden haben, die durch Münzgeld vermittelt bzw. realisiert worden sind.

Die Münzschätze der niederländisch-friesischen und der englischen Fundgruppe sowie der Fundgruppen des Rhône-Saône- und des Maas-Rhein-Raumes enthielten neben Münzen von in diesen Gebieten selbst liegenden merowingischen Prägestätten mit großer Regelmäßigkeit Münzen byzantinischer Herkunft bzw. in südgallischen Ateliers gefertigte Imitationen solcher Münzen.[234] Eine Ausnahme hiervon machen neben dem eine Sonderstellung einnehmenden Fund von Sutton Hoo nur die Münzschätze von Dronrijp und Saint-Aubin[235] sowie der sehr unvollkommen beschriebene Schatzfund von Fessenheim bei Straßburg.[236]

Seit die Forschung intensiv darum bemüht ist, das für die Beantwortung entsprechender Fragen grundlegende numismatische Material umfassend und systematisch zu nutzen, wird das gemeinsame Auftreten von Münzen, die aus dem Byzantinischen Reich kamen, und von merowingischen Münzen aus der Provence, dem Rhône-Saône-Tal, dem Rhein- und Maas-Gebiet als Anzeichen der Existenz eines Verkehrs- und Handelsweges gedeutet, der den Vorderen Orient und das Mittelmeerbecken mit dem friesisch-angelsächsischen Raum verband.[237]

Die Münzschatzfunde lassen mit Sicherheit erkennen, daß im späten 6. und während der ersten Hälfte des 7. Jh. zwischen byzantinisch-vorderorientalischen und west- sowie nordwesteuropäischen Gebieten Güter getauscht wurden. Dieser Tausch vollzog sich über einen Weg, der östlich des Untersuchungsgebietes, aber auch östlich von Aquitanien verlief.[238] Eine eingehende Beschäftigung mit diesen Beziehungen gehört selbstverständlich nicht zum Problemkreis dieser Arbeit. Ihre Thematik erfordert es aber zu fragen, ob, in welcher Weise und in welchem Ausmaß das Untersuchungsgebiet an diesen Beziehungen teilhatte. Sie schließt außerdem die Fragen nach der Bedeutung ein, die diese Beziehungen gegebenenfalls für die Wirtschaft des Untersuchungsgebietes besaßen, und welche Auskunft sie über den Charakter dieser Wirtschaft zu geben vermögen.

Es liegt auf der Hand, daß mit diesen Fragen der große Komplex jener Hypothesen berührt wird, deren Begründung mit dem Namen Pirennes verknüpft ist.

Drei Gründe vor allem bewegen zu der Aussage, daß die vorgestellten Münzschatzfunde wenig über Beziehungen erkennen lassen, die das Untersuchungsgebiet mit dem Mittelmeer im allgemeinen und mit dem byzantinisch-vorderorientalischen Raum im besonderen verbunden hätten.

234 Anhang Nr. III, Nr. 1 (Escharen), Nr. 2 (Wieuwerd), Nr. 5 (Sarre), Nr. 7 (Crondall) und Nr. 8 (Buis); Lafaurie, Routes, S. 254 (Mons).

235 Anhang Nr. III, Nr. 3 und 4.

236 S. o., S. 38.

237 Lafaurie, Escharen, S. 188ff. Derselbe, Routes, S. 247f. und S. 254. Lafaurie u. a., Wieuwerd, S. 86ff. Vgl. Adelson, Routes, S. 271ff. Völckers, Münzfunde, S. 31.

238 Vgl. Zadoks-Josephus Jitta, Muntslag, S. 6ff. Sutherland, Gold coinage, S. 22ff. Lafaurie, Escharen, S. 187ff. Derselbe, Pièces, S. 297.

An erster Stelle ist hier ein weiteres Mal darauf hinzuweisen, daß in der westfranzösisch-aquitanischen Fundgruppe byzantinische Münzen ganz fehlten, daß aber auch Münzen, die in den bedeutenden Prägeorten der Provence und des Rhône-Saône-Gebietes geschlagen worden sind, offensichtliche Ausnahmen darstellten.[239] Das ändert sich selbst dann nicht grundlegend, wenn auch die bisher für das Untersuchungsgebiet und Aquitanien bekanntgewordenen Funde einzelner Goldmünzen berücksichtigt werden.[240]

Weiter ist hier der Ort, auf eine Erscheinung einzugehen, die schon in der Beweisführung Pirennes eine gewisse Rolle spielte: Pirenne war der Meinung, daß es bis zur Karolingerzeit eine den griechischen Osten und den von Germanen eroberten Westen verbindende, auf dem Gold basierende Währungseinheit gegeben habe. Er glaubte, daß die erobernden Germanen durch wirtschaftliche Notwendigkeiten gezwungen gewesen seien, das römische Geldsystem beizubehalten, und er verwies, um seine Hypothesen zu stützen, auf die Erscheinung bestimmter Imitationen.[241]

Im späten 6. und während der ersten Hälfte des 7. Jh. war es in einigen merowingischen Prägestätten üblich, Münzen zu imitieren. Diese Imitationen folgten den Vorbildern zweier Münzgruppen, nämlich einmal den Münzen der oströmisch-byzantinischen Kaiser und zum anderen denen bestimmter Ateliers der Provence und des Rhône-Saône-Tales.[242]

Es ist bereits gesagt worden, daß Imitationen oströmisch-byzantinischer Münzen in den meisten Schätzen der niederländisch-friesischen und der englischen Fundgruppe enthalten waren.[243] Sie fehlten dagegen in den beiden großen, wohl in der zweiten Hälfte des 7. Jh. verborgenen westfranzösisch-aquitanischen Funden.[244] Angefertigt wurden solche Imitationen überwiegend, wenn nicht sogar ausschließlich, in den provençalischen Münzorten sowie in denen des Rhône-Saône-Tales.[245] Die Ateliers von Marseille, Arles, Uzès und Viviers waren anscheinend am weitaus stärksten an der Prägung dieser pseudoimperialen Münzen beteiligt; diese kamen aber auch aus Venasques, Valence, Vienne, Die (Drôme).[246] Es muß unbedingt auffallen, daß solche Imitationen allem Anschein nach in den aquitanischen Ateliers und in den Ateliers des Untersuchungsgebietes überhaupt nicht hergestellt worden sind.

Die Imitationen der zweiten Gruppe sind auf Münzen provençalischer Orte gefertigt. Münzen von Marseille und Arles dienten diesen Imitationen vor allem als Vorbild. Sie entstanden vorzugsweise in Prägeorten des Rhône-Saône-Tales sowie des Maas- und des Niederrheingebietes.[247] Von der großen Anzahl der Prägeorte des Untersuchungsgebietes ist dagegen bisher nur für Troyes, Soissons und Voncq, also ausschließlich für Siedlungen des äußersten Ostens und Nordostens, belegt, daß sie diese Imitationen in Umlauf brachten.[248]

239 S. o., S. 41 f.
240 Lafaurie, Escharen, S. 191 ff.
241 Pirenne, Geburt, S. 101 ff.
242 Adelson, Routes, S. 276 und S. 282 f.
243 S. o., S. 44.
244 S. o., S. 41 f.
245 Adelson, Routes, S. 282. Prou, Monnaies mérovingiennes, S. XV ff.
246 Ebenda.
247 Lafaurie, Escharen, S. 182, nennt Saint-Jean-de-Maurienne, Vienne, Mâcon, Chalon-sur-Saône, Langres, Voncq und Tiel.
248 Ebenda. Vercauteren, Étude, S. 117 f. und S. 449. Le Gentilhomme, Monnayage, S. 25 ff. Die von Le Gentilhomme am gleichen Ort zusammengestellten Nachweise von Siedlungen, an denen Münzen von Chalon imitiert worden sind, läßt das Maas-Mosel-Rhein-Gebiet ganz stark in den Vordergrund treten.

Die Beobachtungen zur Lage jener Orte, von denen die Imitationen der oströmisch-byzantinischen Münzen einerseits, der provençalischen andererseits vor allem ausgingen, korrespondiert also mit den Aussagen der Goldmünzfunde des späten 6. und des 7. Jh. und mit der räumlichen Verteilung bestimmter Fundmünzen. Sie lassen ebenso wie das räumliche Auftreten oströmisch-byzantinischer und provençalischer Münzen erkennen, daß eine Verbindung bestand, die den Vorderen Orient, die Provence und das Rhône-Saône-Tal mit dem Maas-Rhein-Gebiet, Friesland und dem angelsächsischen England verband. Sie deuten dagegen kaum darauf hin, daß das Untersuchungsgebiet und Aquitanien in diese Verbindung einbezogen gewesen wären.

Schließlich ist drittens erneut anzuführen, daß jene Fundgruppen, denen die Forschung bisher vor allem ihr Wissen von der Existenz eines nordwesteuropäisch-vorderorientalische Verkehrsweges verdankt, also die niederländisch-friesische und die englische sowie die Fundgruppen des Rhône-Saône- und Maas-Rhein-Gebietes, auffallend wenige Münzen enthielt, die aus neustrischen oder aus aquitanischen Prägeorten kamen.[249]

Die Analyse jener Schatzfunde des 7. Jh., die merowingische Goldmünzen enthielten, ging von der Frage nach den Umlaufgebieten der Münzen des Untersuchungsgebietes aus. Sie wurde abgeleitet von der Beobachtung, daß in der Zeit, in der hier Goldmünzen geprägt wurden, zwei Typen von Prägeorten existierten: Neben einer kleinen Anzahl von Orten mit kontinuierlicher Prägetätigkeit ließ sich eine große Anzahl von Siedlungen ermitteln, in denen offensichtlich nur vorübergehend, zumeist mehr oder weniger kurzfristig, Münzen geschlagen worden sind.

Es zeigte sich, daß die Goldtrienten nicht innerhalb des gesamten politisch-staatlichen Verbandes des Merowingerreiches umliefen, sondern daß ihr eigentliches Zirkulationsgebiet auf einen Teil dieses Verbandes beschränkt geblieben ist. Die Schatzfunde lassen erkennen, daß im Untersuchungsgebiet geprägte Trienten in einem Raum umliefen, der sich etwa von der Somme bis zu den Pyrenäen und von der Atlantikküste bis zum Oberlauf der Marne und der Loire erstreckte. Das Einzugsgebiet des Münzschatzes von Baugisière umfaßte den gesamten Untersuchungsraum. Es reichte von Rouen im Nordwesten über Soissons bis nach Reims im Osten, von Saint-Lô und Rennes bis an die Marne und an die mittlere Seine. Nur ein kleines Teilgebiet des zu untersuchenden Raumes, das zwischen oberer Marne und Yonne gelegen war, nahm vielleicht eine Sonderstellung ein. Münzen aus Troyes, Sens, Auxerre, Arcis-sur-Aube, Avallon usw. waren offensichtlich nicht im Fund von Baugisière enthalten. Südlich der Loire konzentrierten sich die Prägeorte, deren Trienten in den Schatz Eingang gefunden hatten, besonders auffallend zwischen Vienne und Dordogne.[250]

Der Fund von Bordeaux erfaßt den Untersuchungsraum mit seinem Münzbestand nicht ganz so vollständig wie der von Baugisière. Immerhin reicht auch sein Einzugsgebiet noch von Rouen, Avranches und Port-Saint-Père im Westen bis nach Paris und Orléans, und er schloß Séez, Le Mans, Angers und Tours mit ein. Der äußerste Süden des Merowingerreiches gehörte wohl enger zum Einzugsgebiet dieses Fundes als zu dem von Baugisière.[251]

Die Aussagen derjenigen Schatzfunde, die zu einer niederländisch-friesischen, einer englischen, einer westfranzösisch-aquitanischen Fundgruppe sowie zu den Fundgruppen des Rhein-Maas- und des Saône-Rhône-Gebietes zusammengefaßt worden sind, lassen dagegen kaum den Schluß zu, daß die im Untersuchungsgebiet emittierten Trienten im burgundisch-provençalischen Raum oder im Maas-Rhein-Gebiet wirklich umgelaufen

[249] S. o., S. 37 ff.

[250] Le Gentilhomme, Buis, Karte auf S. 98. Anhang Nr. III, Nr. 9.

[251] Higounet, Bordeaux, Karte auf S. 231. Anhang Nr. III, Nr. 10.

wären, und sie sprechen geradezu gegen die Annahme, daß es eine Zirkulation dieser Münzen in den östlich des Rheins gelegenen Teilen des Merowingerreiches, in Friesland und im angelsächsischen England gegeben hätte. Es kann wohl nicht einmal davon gesprochen werden, daß sie in nennenswertem Maße in diese Gebiete abgeflossen wären.

Soweit sich aus der Zusammensetzung der Schatzfunde und aus der Lage der einzelnen Prägeorte Aufschlüsse über die Funktion der merowingischen Münzen gewinnen lassen, wird festgestellt werden dürfen, daß die Goldtrienten offensichtlich Beziehungen vermittelten, die das Untersuchungsgebiet mit Aquitanien bzw. mit den südwestlichen Teilen des Merowingerreiches verbanden. Die Schatzfunde lassen erkennen, daß Neustrien und Aquitanien während der ersten Hälfte des 7. Jh. durch warenwirtschaftliche Beziehungen verknüpft waren, die mit Hilfe von Geld in Gestalt der Goldmünzen vermittelt worden sind. Sie deuten etwas wie einen neustrisch-aquitanischen Wirtschaftsraum an.

Bisher ist kein Goldmünzen enthaltender Fund von einiger Gewichtigkeit[252] bekanntgeworden, dessen Fundort im Untersuchungsgebiet selbst gelegen hätte. Diese auffallende Fundleere, die auch durch die wenigen hier entdeckten Einzelmünzen fremder Herkunft nicht ausgefüllt wird, deutet, kombiniert mit der Tatsache, daß in Prägeorten des Untersuchungsgebietes gefertigte Münzen in großer Zahl im südwestlichen Frankreich gefunden wurden, darauf hin, daß den Trienten die Tendenz eigen war, in den zwischen unterer Loire und Pyrenäen gelegenen Raum abzufließen.[253]

Es deutet nichts darauf hin, daß sich die in Orten mit kontinuierlicher und die in Orten mit ephemerer Prägung ausgegebenen Münzen in der Zirkulation unterschiedlich verhalten hätten. Das, was über die Zirkulationssphäre der Münzen gesagt wurde, trifft auf alle gleichermaßen zu.

Dem Verzeichnis Le Gentilhommes ist zu entnehmen, daß sich im Schatz von Baugisière Trienten aus insgesamt 25 Münzorten des Untersuchungsgebietes befunden haben müssen.[254] Von diesen 25 gehörten 14 zu den Orten, in denen höchstwahrscheinlich kontinuierlich Münzen geschlagen wurden.[255] Die übrigen 11, also etwas weniger als die Hälfte, dürften zu den Siedlungen mit ephemerer Prägung gehört haben. Der Fund von Bordeaux enthielt Trienten von insgesamt 9 Siedlungen des Untersuchungsgebietes,[256] 6 davon, nämlich Rouen, Tours, Le Mans, Angers, Orléans und Paris, waren Orte mit eindeutig belegbarer kontinuierlicher Prägung.[257]

Auch die Zusammensetzung der Münzschätze der übrigen Fundgruppen spricht nicht dafür, daß die Umlaufgebiete der Trienten aus Orten mit kontinuierlicher Prägung grundsätzlich anders beschaffen gewesen wären als die der übrigen.

[252] Eine Ausnahme macht ein Schatz von wenigen Münzen, der wohl in der Umgebung von Orléans gefunden worden ist. Er soll um 620 vergraben worden sein und ausschließlich Münzen aus der Gegend des Fundortes enthalten haben. Vgl. LAFAURIE, Routes, S. 249. DERSELBE, Escharen, S. 173.

[253] Dieses Bild ähnelt der Situation, die HÄVERNICK als charakteristisch für die deutschen Verhältnisse von 940 bis etwa 1125 bescheibt: Trotz zahlreicher Münzstätten und bekannter Ausprägungen nur sehr wenige Inlandfunde, meist mit Geprägen der nächsten Münzstätten und fast ohne fremde Beimischungen. HÄVERNICK, Epochen, S. 7, Anm. 7.

[254] Vgl. die Angaben im Anhang Nr. III, Nr. 9.

[255] Ebenda: Rouen, Tours, Le Mans, Noyen-sur-Sarthe, Rennes, Angers, Blois, Vendôme, Orléans, Paris, Essonnes, Soissons, Senlis, Rezé.

[256] Ebenda, Nr. 10.

[257] S. o., S. 22 ff.

2. Die Phase der Silberprägung

Im Verlaufe des 7. Jh. vollzog sich im merowingischen Geldwesen eine Wandlung, die bereits Karl Theodor von Inama-Sternegg als ein „Ereignis von eminent nationalökonomischer Bedeutung“ bezeichnete:[258] Die Goldwährung wurde durch die Silberwährung verdrängt; an die Stelle des goldenen Trienten trat der silberne Denar. Das geschah im Verlaufe eines Zeitraumes, der etwa vom Anfang des zweiten Viertels bis zum Ende des 7. Jh. reichte.[259] Die Prägung des Denars setzte nicht überall zur gleichen Zeit ein; die Emission der Trienten wurde an den verschiedenen Plätzen des Merowingerreiches unterschiedlich lange fortgesetzt. Für die Interpretation des gesamten Vorganges dürfte die Tatsache nicht unwesentlich sein, daß die Ateliers der Provence offensichtlich am längsten an der Emission der Trienten festhielten und daß sie im Rheingebiet länger beibehalten wurde, als in den westlicher gelegenen Teilen des Merowingerreiches.[260]

Insgesamt gesehen soll das Silber um 680 im Zahlungsverkehr bereits überwogen haben.[261] Diese Datierung wird durch die Zusammensetzung der in das 8. Jh. gehörenden Münzschatzfunde bestätigt. Die ältesten dieser Funde, die etwa zwischen 720 und 730 vergraben worden sind, bestehen bereits ausschließlich aus Denaren.[262]

Das Problem des Überganges von der Geld- zur Silberwährung, die ökonomischen, sozialen und politischen Faktoren, die diesen Wechsel verursacht haben dürften, sind bisher in der Literatur nicht speziell und eingehend behandelt worden. Sie werden jedoch in einer großen Anzahl von Arbeiten wirtschaftsgeschichtlicher, numismatischer oder auch allgemeinhistorischer Natur berührt.

Drei Grundvorstellungen, die mitunter einander gegenübergestellt, bisweilen aber auch miteinander verknüpft werden, spielen in den entsprechenden Gedanken, Hypothesen und Lehrmeinungen gegenwärtig eine besondere Rolle.[263]

Die erste geht von der Vermutung aus, daß für den Übergang von der Gold- zur Silberwährung eine allmähliche Verringerung des Goldvorrates, der im Merowingerreich und in anderen westeuropäischen Gebieten zur Verfügung stand, verantwortlich zu machen sei.[264] Das Silber wäre demnach sozusagen aus Mangel an die Stelle des Goldes getreten. Neben dem Versiegen des Goldzuflusses[265] wird häufig das Abfließen des Edelmetalles – Bloch

[258] Inama-Sternegg, Wirtschaftsgeschichte, S. 620. Lafaurie, Monnaies d'argent, S. 115, bezeichnet den Vorgang als „révolution économique“.

[259] Hävernick, Epochen, S. 5, sagt, daß der Denar um 630 von den Franken geschaffen worden sei. Vgl.: Derselbe, Münzreformen, S. 146. Zur Datierung des Überganges von der Gold- zur Silberwährung, vgl. weiter Suhle, Münz- und Geldgeschichte, S. 25; Völckers, Münzfunde, S. 31 f.; Lafaurie, Escharen, S. 171; Le Gentilhomme, Monnayage, S. 51; Grierson, Commerce, S. 125. Vercauteren, Monnaie, S. 284; Nau, Stadt und Münze, S. 43.

[260] Le Gentilhomme, Monnayage, S. 25, S. 28, S. 33 u. S. 53; Lafaurie, Routes, S. 256 f. Diepenbach, Münzprägungen, S. 145 ff. Vgl. Hävernick, Münzgeschichte, S. 7 ff. Derselbe, Münzreformen, S. 147, sowie Bloch, Esquisse, S. 13.

[261] Claude, Geldgeschichte, S. 248 f. Vgl. Lafaurie, Numismatique, S. 30.

[262] Vgl. Anhang Nr. III, Nr. 11 und Nr. 12.

[263] Gegen die früher üblichen Erklärungen, die das Phänomen als ein rein politisches oder gar als ein ethnisches werteten, wandte sich bereits Prou: „Mais pour la substitution, qui d'ailleurs s'est faite lentement, de l'argent à l'or, c'est une révolution qui a des causes purement économiques.“ Prou, Monnaies mérovingiennes, S. CV f.

[264] Ebenda; Derselbe, Monnaies carolingiennes, S. XXX. Gariel, Monnaies, 1, S. 8 f. Bloch, Problème, S. 1 ff. Derselbe, Esquisse, S. 23 ff. Lombard, Bases, S. 144. Salin Civilisation, 1, S. 134. Doehaerd, Reformes, S. 13 ff. Lütge, Wirtschaftsgeschichte, S. 96.

[265] Suhle, Münz- und Geldgeschichte, S. 25. Bloch, Problème, S. 8 ff. Lombard, Bases, S. 142 ff. Doehaerd, Reformes, S. 14.

sprach von der „fuite de l'or"[266] nach dem Orient – als ein Moment genannt, das zu dieser Verringerung des Goldbestandes geführt haben soll.[267] Pirenne führte diesen Gedanken bis zu der Ansicht, Pippin und Karl der Große hätten auf die Goldmünzen verzichten *müssen*, weil die Notwendigkeit sie dazu zwang. Diese Notwendigkeit aber habe sich aus dem Verschwinden des Goldes aus Gallien ergeben.[268]

Weiter werden zur Erklärung des Wechsels Veränderungen angeführt, die im Wirtschaftsgefüge Westeuropas von der spätrömischen bis zum Beginn der karolingischen Zeit eingetreten sind. Der Übergang von der Gold- zur Silberwährung wird als Begleiterscheinung einer umfassenden und tiefreichenden ökonomischen Regression betrachtet, die mit dem allgemeinen Zurücktreten geldwirtschaftlicher Erscheinungen, dem Niedergang der Städte sowie dem angewachsenen Gewicht agrarischer Produktions- und Lebensformen einhergegangen sein soll.[269] Nach Meinung Le Gentilhommes war die Silbermünze den Bedürfnissen einer Wirtschaft, die stark agrarisch geprägt war, besser angepaßt als die Goldmünze.[270] Der französische Numismatiker räumte friesisch-angelsächsischen Einflüssen deshalb einen gewichtigen Anteil am Aufhören der Goldprägung und an der allgemeinen Verbreitung des Denars ein.[271]

Soweit es um eine wirtschaftliche Rückentwicklung als Ursache des Überganges von der Gold- zur Silberwährung geht, finden sich Gedanken ähnlicher Natur bereits bei Pirenne: „Die neue monometallische Silberwährung entspricht dem wirtschaftlichen Rückschritt, den das Land vollzogen hat."[272] Pirenne sah im Übergang von der Gold- zur Silberwährung eines der Zeichen, die den Untergang der antiken Gesellschaft, den endgültigen Bruch mit ihren Wirtschafts- und Lebensformen sichtbar werden ließen.[273]

Es fehlte und fehlt nicht an Stimmen, die Bedenken der einen oder anderen Art gegen diese Erklärungsversuche vorbrachten.[274] Die eindringlichere Beschäftigung mit dem der Forschung zur Verfügung stehenden numismatischen Material, das in den letzten Jahrzehnten dank der Leistungen der Numismatik und Geldgeschichte beträchtlich vergrößert wurde, gab zudem sowohl der Kritik als auch der weiterführenden Erörterung der Problematik eine tragfähigere Basis, als sie früher vorhanden gewesen ist. Die Wirkungen dieser veränderten Forschungssituation beginnen sich abzuzeichnen. So mehrten sich in der letzten Zeit die Stimmen, die es für schwierig halten, den Übergang von der Gold- zur Silberwährung schlechthin als Folge einer ökonomischen Regression oder gar als bloße Auswirkung der Verringerung des Goldbestandes zu deuten.[275] In den entsprechenden Arbeiten deutet sich die Tendenz an, die Erklärung eher in entgegengesetzter Richtung zu suchen.[276] Auf zwei

266 Bloch, Esquisse, S. 23. Vgl. Adelson, Routes, S. 274f.

267 Prou, Monnaies carolingiennes, S. XXX. Doehaerd, Reformes, S. 14. Lombard, Bases, S. 142ff. Bloch, Économie-nature, S. 10.

268 Pirenne, Les villes, S. 36ff.

269 Pirenne, Geburt, S. 247. Vgl. hierzu Vercauteren, Monnaie, S. 296 und die dort angegebene Literatur.

270 Le Gentilhomme, Buis, S. 102.

271 Ebenda. Derselbe, Sceattas, S. 69ff.

272 Pirenne, Geburt, S. 247.

273 Ebenda, S. 101ff.. Derselbe, Les villes, S. 14ff. und S. 27ff.

274 Lot, L'histoire, bes. S. 77ff. Grierson, Fonction, S. 359. Vercauteren, Monnaie, S. 296ff. Doehaerd, Haut moyen âge, S. 303ff. und S. 314f.

275 Vercauteren, Monnaie, S. 296ff. Doehaerd, Haut moyen âge, S. 303ff. und S. 314ff. Grierson, Fonction, S. 359.

276 Doehaerd, Haut moyen âge, S. 318f. Lewis, Commerce, S. 280. Lafaurie, La monnaie bordelaise, S. 294. Derselbe, Monnaies d'argent, S. 115.

Tatsachen wird in den entsprechenden Arbeiten hingewiesen; sie zu beachten dürfte für den weiteren Gang der Untersuchungen bedeutsam sein. Die erste ist, daß im Merowingerreich während einer erheblichen Zeitspanne ausschließlich Goldmünzen geprägt worden sind. Während der ersten Hälfte des 7. Jh. waren das in erster Linie die goldenen Drittelstücke, die Trienten.[277] Die zweite ergibt sich aus dieser ersten: Es hat eine Phase von ins Gewicht fallender Dauer gegeben, während der im Merowingerreich nur diese verhältnismäßig hochwertigen Münzen als Zirkulationsmittel zur Verfügung standen. Demnach waren zeitweilig nur Münzen im Verkehr, die wegen ihres großen Wertes wenig oder nicht geeignet waren, Tauschhandlungen zu vermitteln, die den Bedürfnissen des täglichen Lebens dienten.[278] Das Münzsystem jener Zeit spricht also eher gegen als für das Vorhandensein einer entwickelten und differenzierten Ware-Geld-Wirtschaft. Gerade deshalb aber ist die Frage zu stellen, ob das Auftreten des Denars und die auffallende Tatsache, daß er im Laufe eines halben Jahrhunderts zur nahezu ausschließlich geprägten Münze werden konnte, nicht eher auf eine wirtschaftliche Belebung und auf ein Anwachsen warenwirtschaftlicher Erscheinungen schließen läßt, als auf ihre zunehmende Bedeutungslosigkeit. Es drängt sich weiter die Überlegung auf, ob die Goldstücke nicht durch eine Münze, eben den Denar, verdrängt worden sind, die „peut pénétrer dans les usages d'une population moins fortunée, a qui le troc ne suffit plus comme moyen d'échange."[279]

Das Bemühen, die Aussagen der in merowingischer Zeit geprägten Denare und der entsprechenden Münzfunde in gleicher oder in ähnlicher Weise zu nutzen, wie es mit den Goldprägungen des 7. Jh. geschah, stößt gegenwärtig noch auf beträchtliche Schwierigkeiten. Sie erwachsen vor allem aus der Tatsache, daß eine große Anzahl dieser Münzen nicht so beschriftet ist, daß der Ort, an dem sie geprägt worden sind, ohne weiteres bestimmbar wäre. Den Denaren fehlt häufig die Beschriftung entweder ganz oder sie tragen nur Bruchstücke von Legenden,[280] und nicht eben selten kommt es vor, daß die Beschriftung zu einem einzigen Buchstaben verkürzt worden ist.[281] Schlechte handwerkliche Ausführung der Stempel oder ihre übermäßig lange Verwendung tun ein übriges, um die Bestimmung der Prägeorte zu erschweren.[282]

Der Forschung sind gegenwärtig acht Schatzfunde bekannt, die merowingische Denare enthielten. Für die bedeutendsten fünf von ihnen, nämlich für die Funde von Saint-Pierre-les-Etieux[283], Bais[284], Plassac[285], Cimiez[286] und Savonnières[287], liegen Publikationen vor, die es möglich machten, sie in das „Verzeichnis der Münzschatzfunde" aufzunehmen. Die Veröffentlichungen zu drei weiteren, wenig umfangreichen Funden erlaubten das dagegen nicht. Es handelt sich um die Funde von Nohanent, Rouen und Barbuise. Sie werden im

277 S. o., S. 19ff.

278 Werner, Waage, S. 6f. Lütge, Wirtschaftsgeschichte, S. 96. Grierson, Fonction, S. 359. Derselbe, Commerce, S. 126. Vercauteren, Monnaie, S. 296. Lafaurie, La monnaie bordelaise, S. 294. Derselbe u. a., Wieuwerd, S. 79.

279 Lafaurie, Escharen, S. 171. Derselbe, La monnaie bordelaise, S. 294.

280 Lafaurie, Routes, S. 262f. Vgl. Derselbe, Numismatique, S. 38.

281 Vgl. Chabouillet, Catalogue, S. 55ff. Lafaurie, Monnaies d'argent, S. 101f.

282 Lafaurie, Routes, S. 262f. Der Verf. gibt an, daß von mehr als der Hälfte der durch die von ihm genannten Funde bekanntgewordenen Denare bisher die Herkunft nicht bestimmt werden konnte. Derselbe, Monnaies d'argent, S. 104 und S. 127.

283 Anhang Nr. III Nr. 11.

284 Ebenda, Nr. 15.

285 Ebenda, Nr. 12.

286 Ebenda, Nr. 13.

287 Ebenda, Nr. 14.

Rahmen der gegebenen Möglichkeiten an entsprechender Stelle im laufenden Text behandelt.

Eine größere Anzahl von offensichtlich noch in die Merowingerzeit gehörenden Denaren ist am Strand von Domburg auf der vor der Scheldemündung gelegenen Insel Walcheren gefunden worden. Es handelt sich hierbei jedoch nicht um einen wirklichen Schatzfund, sondern um eine Anzahl gehäuft auftretender Einzelmünzen. Sie sind im Verlaufe eines langen Zeitraumes, dessen Dauer nicht bestimmt werden kann, auf die Insel gelangt.[288] Diese Funde nehmen also eine deutliche Sonderstellung ein, und sie werden deshalb zunächst außerhalb der folgenden Ausführungen bleiben müssen.

Der Versuch, die Umlaufgebiete der merowingerzeitlichen Silbermünzen zu bestimmen, geht, da diese Angabe völlig eindeutig ist, zweckmäßigerweise von der räumlichen Anordnung ihrer Fundplätze aus.

Von den genannten acht Fundorten liegen vier im Untersuchungsgebiet: Rouen und Bais an seiner westlichen, Barbuise an seiner östlichen, Savonnières an seiner südlichen Grenze.[289] Drei weitere, nämlich Saint-Pierre-les-Etieux, Nohanent und Plassac, liegen zwischen Loire und Pyrenäen, also im aquitanisch-westfranzösischen Raum.[290] Der letzte der acht Fundorte, Cimiez, ist im äußersten Südosten Frankreichs, in der Nähe von Nizza, zu finden.[291] Wird diese Anordnung der Fundplätze mit der der früher betrachteten merowingerzeitlichen Goldmünzen verglichen,[292] so zeigt sich ein bemerkenswerter Unterschied: Alle Orte, an denen aus Denaren bestehende Münzschätze gefunden worden sind, lagen innerhalb der Grenzen des Merowingerreiches. Diese Schätze wurden zudem ausnahmslos in jenem Teil des ehemaligen merowingischen Herrschaftsgebietes entdeckt, der südlich der Somme, westlich der Maas und nördlich der Pyrenäen gelegen war.[293] Es gibt nur eine Ausnahme, die sich nicht in dieses Bild fügt: die Einzelfunde von Walcheren. Auf sie muß deshalb hier erneut hingewiesen werden, obwohl sie sicher nicht gewichtig genug sind, um das Grundsätzliche der angestellten Beobachtung wirklich in Frage zu stellen.[294]

Jene auffallende Erscheinung, daß in der Provence, im Rhône-Saône-Raum und im Maas-Rhein-Gebiet geprägte Münzen in beträchtlicher Zahl in Räume gelangten, die außerhalb der Grenzen des Reiches lagen,[295] ist demnach für die Zeit, in der diese Denare umliefen, kaum mehr zu beobachten.

Ein entsprechender Vergleich läßt außerdem die Vermutung entstehen, daß Denare dieser Herkunft in größerer Zahl als ihre Vorgänger, die Trienten, nach Aquitanien und Neustrien gelangten. Denn während die Münzschätze von Baugisière und Bordeaux offenbar nur ganz wenige Trienten aus der Provence und dem Rhône-Saône-Tal enthielten,[296] fanden sich im Schatz von Saint-Pierre je acht Denare aus Chalon-sur-Saône und aus Marseille, im Schatz von Bais sieben aus Chalon, acht aus Marseille sowie einer aus Autun, und im Schatz von Plassac einer aus Chalon.[297] Der nur schlecht bekannte Schatz von

288 Lafaurie, Routes, S. 263f. Unter den am Strand von Domburg entdeckten Silbermünzen befanden sich auch Sceattas; Le Gentilhomme, Sceattas, S. 76ff.

289 Lafaurie, Jura, Karte auf S. 410.

290 Ebenda.

291 Ebenda. Février, Développement, S. 80.

292 S. o., S. 37ff.

293 Lafaurie, Jura, Karte auf S. 410.

294 Le Gentilhomme, Monnayage, S. 32, sagt, daß die ältesten dieser Münzen byzantinischer Herkunft oder in Marseille geprägte Imitationen byzantinischer Münzen seien. Von den jüngsten dagegen wäre der größte Teil aus Dorestad gekommen. Andere stammten aus Rouen, Quentowik, Dinant, Namur, Huy, Maastricht, Metz, Trier, Köln und Mainz.

295 S. o., S. 38ff.

296 S. o., S. 41ff.

297 Anhang Nr. III, Nr. 11, Nr. 15 und Nr. 12.

Nohanent enthielt ebenfalls Denare, die in Chalon geprägt worden sind.[298] Die unvollkommenen Informationen über einen Teil der diesem Vergleich zugrundeliegenden Münzschätze erlaubt es zur Zeit leider noch nicht, in diesem Punkt zu gesicherten Ergebnissen der einen oder der anderen Art zu gelangen. Andererseits bestätigen die beschriebene Anordnung der Fundräume und die durch sie in ihren Grundzügen erkennbar werdenden Umlaufgebiete der merowingischen Denare früher gewonnene Ergebnisse in zumindest einem wesentlichen Punkt: Es ist festgestellt worden, daß die im Untersuchungsgebiet geprägten Trienten, den Aussagen der Schatzfunde nach zu urteilen, ebensowenig in den östlichen Teilen des Merowingerreiches, in Friesland und im angelsächsischen England umgelaufen sein können wie die aquitanischen.[299] Die bisher ermittelten Fundräume merowingischer Denare machen, eben weil sie nahezu ausnahmslos zwischen Somme, Maas und Pyrenäen gefunden worden sind, deutlich, daß sich die Umlaufgebiete dieser Silbermünzen mit denen der Trienten in ihren Grundzügen deckten.

Eine eingehendere Betrachtung der acht Funde läßt solche Erscheinungen der Stabilität und Kontinuität auch noch in anderer Beziehung erkennen.

Im westfranzösich-aquitanischen Raum, woher die beiden großen Funde merowingischer Trienten von Baugisière und Bordeaux kommen, sind drei der insgesamt acht Schätze merowingischer Denare entdeckt worden. Die Einzugsgebiete der beiden bedeutendsten dieser drei, nämlich des Fundes von Saint-Pierre bei Bourges[300] und des Fundes von Plassac[301], decken sich weitgehend mit denen der beiden Goldfunde. Sowohl in dem von Saint-Pierre als auch in dem von Plassac fanden sich Denare aus Rouen, Paris, Orléans, Tours, Le Mans neben solchen aus Bourges, Poitiers und Limoges. Der Fund von Saint-Pierre enthielt außerdem Denare aus Saint-Denis, aus Blois und aus Vienne-en-Val, der von Plassac solche aus Rennes, Angers, Jublains und vielleicht auch aus Troyes.[302]

Der dritte der aus dem westfranzösisch-aquitanischen Raum stammenden Funde wurde um 1877 in Nohanent bei Clermont-Ferrand[303] entdeckt. Sein Bestand ist bisher nur ungenügend bekannt,[304] jedoch muß er wenigstens 20 merowingische Denare und elf Sceattas enthalten haben. Ein Teil der Denare kam aus der Gegend, in der der Schatz entdeckt worden ist. Eine dieser Münzen trug den Namen des Nordebertus,[305] der Anfang des 8. Jh. Bischof von Clermont gewesen ist.[306] Im Schatz von Nohanent fanden sich weiter neben in Chalon-sur-Saône geprägten Denaren auch einige, die aus Paris kamen.[307] Gerade wegen dieses gemeinsamen Auftretens der aus Clermont direkt und aus seiner Umgebung kommenden Münzen und der Münzen von Paris läßt auch dieser Fund, obwohl die Informationen über ihn außerordentlich dürftig sind, erkennen, daß die merowingischen Denare

298 Lafaurie, Routes, S. 264. Derselbe, in: BSFN 12/1957, Nr. 2, S. 99f. Derselbe, Monnaies d'argent, S. 214, verzeichnet zwei hier geprägte Denare.

299 S. o., S. 37ff.

300 Anhang Nr. III, Nr. 11.

301 Ebenda, Nr. 12.

302 Ebenda, Nr. 11 und Nr. 12.

303 Nohanent, Dép. Puy-de-Dôme, c. Clermont-Ferrand.

304 Lafaurie, Routes, S. 262 und S. 264. Derselbe, in: BSFN, 12/1957, Nr. 2, S. 99f. Derselbe, Monnaies d'argent, S. 112–115, und S. 214–218.

305 Lafaurie, Routes, S. 264. Derselbe in: BSFN, 12/1957, Nr. 2, S. 99f. Derselbe, Monnaies d'argent, S. 215, Nr. 15.

306 Duchesne, Fastes, 2, S. 38. Lafaurie, Monnaies d'argent, S. 216.

307 Lafaurie, Routes, S. 264. Derselbe, Monnaies d'argent, führt sieben Denare aus Chalon-sur-Saône, zwei aus Paris, fünf aus Marseille, zwei aus Clermont, drei aus unbestimmten Ateliers und acht Sceattas auf.

des Untersuchungsgebietes ebenso wie seine Trienten mit den Münzen aus Aquitanien gemeinsam umliefen, daß sie ein gemeinsames Zirkulationsgebiet hatten. Zum gleichen Ergebnis führt eine Analyse der Münzschätze, die aus dem Untersuchungsgebiet selbst stammen.

Es ist bisher kein Trienten enthaltender Münzschatz bekanntgeworden, der im Untersuchungsgebiet entdeckt wurde. Die Funde bestehen bisher aus einer Anzahl von Einzelmünzen. Dagegen führt die Numismatik gegenwärtig vier Funde merowingischer Denare, die zwischen Somme, Loire, Bretagne und Maas entdeckt worden sind. Der größte dieser vier ist der Schatz von Bais.[308] In diesem Schatz fanden sich zahlreiche Denare jener Münzorte des Untersuchungsgebietes, die schon durch ihre reiche und kontinuierliche Prägung von Trienten aufgefallen waren. Er enthielt 23 Denare aus Paris, 14 aus Rouen, 12 aus Orléans, 11 aus Rennes und 6 aus Le Mans.[309] Zu ihm gehörten außerdem noch Denare einer ganzen Anzahl anderer Prägeorte des Untersuchungsgebietes. Zu nenen sind Tours, Blois, Jublains, Meaux und Soissons.[310] Das Einzugsgebiet des Fundes von Bais umfaßte ebenso wie das der drei westfranzösisch-aquitanischen Denarfunde das gesamte Untersuchungsgebiet, und es reichte ebenfalls bis nach Aquitanien. Es ist sicher, daß Denare, die in Bourges, in Limoges, in Poitiers und in Melle geprägt worden sind, zu seinem Bestand gehörten.[311] Die Anzahl der direkt aus der *civitas* Poitiers und aus ihrer Umgebung kommenden Münzen muß, gemessen selbst an der Zahl der in Paris, Rouen und Orléans geprägten, sogar besonders hoch gewesen sein.[312]

Die bisher zur räumlichen Anordnung der Fundplätze und zur Zusammensetzung der Funde merowingischer Denare angestellten Beobachtungen lassen zwei Aussagen zu: Die eine besagt, daß die merowingischen Denare im Unterschied zu den Trienten offensichtlich kaum noch die Tendenz zeigten, über die Grenzen des Reiches hinweg abzufließen. Diese Aussage bezieht sich vor allem auf Unterschiede, die die Umlaufgebiete der in der Provence und im Rhône-Saône-Tal geprägten Trienten einerseits und der von hier kommenden Denare andererseits erkennen lassen. Mit dem Übergang von der Gold- zur Silberwährung verschwand offenbar jene auffallende Erscheinung, daß Münzen aus diesen Gebieten, und zwar gemeinsam mit byzantinischen, nach Friesland und in das angelsächsische England abströmten.[313]

Die zweite Aussage von einigem Gewicht, die sich aus der räumlichen Anordnung der Fundplätze und aus der Zusammensetzung der Funde ergibt, ist eben jene über die Stabilität und die Kontinuität der Umlaufgebiete der Trienten und Denare, die im neustrisch-aquitanischen Raum emittiert worden sind. Diese Stabilität und Kontinuität, die augenscheinlich über den Wechsel von der Gold- und Silberprägung hinwegreichten, lassen darauf schließen, daß jenes einheitliche Wirtschaftsgebiet, von dem früher gesprochen worden ist, ebenfalls eine gewisse Stabilität besaß und daß ökonomische Beziehungen, die vielleicht schon in der ersten Hälfte des 7. Jh. ausgebildet worden waren, bis an den Anfang des 8. Jh. erhalten blieben.

Die Aussage, daß merowingische Denare wenig, und zwar noch weniger als die Trienten, Neigung zeigten, über die Grenzen des Reiches abzufließen, ergab sich aus der Anordnung ihrer Fundplätze. Es ist darauf hingewiesen worden, daß dieser Aussage ein hohes Maß an

[308] Anhang Nr. III, Nr. 15.
[309] Ebenda.
[310] Ebenda.
[311] Ebenda.
[312] Ebenda. Im Verzeichnis von Prou/Bougenot werden dreiundsiebzig Denare dieser Herkunft aufgeführt.
[313] S. o., S. 37 ff.

Sicherheit zukommt. Sie ist jenen Unsicherheiten nicht ausgesetzt, die anderen Schlüssen wegen der oft fragwürdigen oder unmöglichen Identifizierung der Prägeorte anhaften. Sie würde nur dann wirklich beeinträchtigt und müßte korrigiert werden, wenn neue Funde merowingerzeitlicher Denare dieses Bild von der räumlichen Anordnung ihrer Fundplätze erheblich verändern sollten.

Das gleiche Maß an Sicherheit kommt den Aussagen zu, die über Stabilität und Kontinuität der Umlaufgebiete der neustrisch-aquitanischen Trienten einerseits und ihrer Nachfolger, der merowingischen Denare, andererseits gemacht worden sind. In diesem Falle ist die Sicherheit dadurch gegeben, daß eine beträchtliche Anzahl der Prägeorte sowohl der Trienten als auch der Denare von der numismatischen Forschung eindeutig bestimmt werden konnte.

Es darf jedoch nicht unbeachtet bleiben, daß die Funde merowingischer Denare der Behandlung einer Reihe anderer Fragen zur Zeit noch keine genügend gesicherte Grundlage bieten können. Die Gründe hierfür sind sehr wesentlich im hohen Anteil der Münzen zu suchen, deren Herkunft bisher nicht zu bestimmen war. Dieser Anteil ist mitunter außerordentlich hoch. Er macht bei den Funden von Bais und von Plassac nahezu ein Viertel ihres Gesamtbestandes aus.[314] Die Funde von Rouen, Barbuise und Nohanent wiederum sind überhaupt nur so schlecht bekannt, daß sie, abgesehen von im Allgemeinen bleibenden Aussagen über die Umlaufgebiete, die sich auf die Lage der Fundorte und die Bestimmung des einen oder anderen Prägeortes stützen, kaum wirklich verwertbar sind. Diese Forschungssituation hat zur Folge, daß zu einigen Erscheinungen, die richtig zu erfassen für die Gesamtproblematik des Überganges von der Gold- zur Silberwährung ohne Zweifel erhebliche Bedeutung haben, nur mehr oder weniger begründete Vermutungen geäußert werden können.

Der Versuch, die Umlaufgebiete der merowingischen Denare zu bestimmen und das Ergebnis mit dem für die Trienten ermittelten zu vergleichen, konzentrierte sich bis zu dieser Stelle auf Erscheinungen der Kontinuität und der Stabilität. Nur nebenher wurde auf Indizien eingegangen, die darauf hindeuten, daß mit dem Übergang von der Gold- zur Silberwährung wahrscheinlich nicht unwichtige Veränderungen im Umlauf dieser Münzen einhergingen.[315]

Bei den Ausführungen über die Umlaufgebiete, die den in Neustrien und Aquitanien geprägten Trienten eigen waren, wurde gesagt, daß diese Münzen zwar gemeinsam umliefen, daß aber die innerhalb des Untersuchungsgebietes geprägten die Neigung hatten, nach Aquitanien abzufließen.[316] Dieser Schluß ergab sich aus der Tatsache, daß die beiden großen Münzschätze, die allein Trienten des Untersuchungsgebietes in erheblicher Zahl enthielten, nämlich die Funde von Baugisière und Bordeaux, im westfranzösisch-aquitanischen Raum entdeckt worden sind.[317] Der nördlich der Loire gelegene Teil des ehemaligen Merowingerreiches dagegen hat bisher nichts auch nur annähernd Vergleichbares aufzuweisen. Die ermittelten Einzelfunde von Trienten unterstreichen die Beobachtung vom Abfließen eher, als daß sie sie entkräften.[318]

Die Gewichtigkeit, die diese Beobachtung unter Umständen erlangen kann,[319] veranlaßt dazu, nochmals auf einen schon berührten Unterschied einzugehen, der bei einem Vergleich

[314] Anhang Nr. III, Nr. 15 und Nr. 12.

[315] S. o., S. 51ff., die Ausführungen zu einer eventuellen Verschiebung der bevorzugten Umlaufgebiete von in der Provence und im Rhône-Saône-Tal geprägten Münzen.

[316] S. o., S. 47.

[317] S. o., S. 41.

[318] Anhang Nr. III, Nr. 16.

[319] Vgl. HÄVERNICK, Epochen, S. 6ff.

von bevorzugten Fundplätzen der Trienten einerseits, der merowingischen Denare andererseits zutage tritt.

Von den früher vorgeführten acht Schätzen merowingischer Denare sind vier im Untersuchungsgebiet entdeckt worden,[320] drei kommen aus dem westfranzösisch-aquitanischen Raum, wo auch die beiden großen Trientenfunde gehoben worden sind.[321] Der achte ist der aus fast 2000 merowingischen Denaren und einer Anzahl Sceattas bestehende Fund von Cimiez bei Nizza.[322] Das Untersuchungsgebiet hat also einen beträchtlichen Anteil an den bisher bekanntgewordenen Funden merowingischer Denare aufzuweisen. Ein Vergleich der Anzahl jener Münzen, die zu den einzelnen Schätzen gehörten, ergibt, daß die zwischen Somme und Loire gefundenen keineswegs kleiner waren, als die aus dem westfranzösisch-aquitanischen Raum kommenden. Der in Bais im Département Mayenne entdeckte bestand aus insgesamt 400 Denaren und Sceattas. Ihm steht der Fund von Plassac mit insgesamt 104 gegenüber.[323] Hinzu kommen für das Untersuchungsgebiet der Schatz von Savonnières, zu dem 45, allerdings nahezu ausnahmslos in der näheren Umgebung des Fundortes geprägte Denare gehörten,[324] der Fund von Barbuise, der aus neun Silbermünzen und einem Ring bestand,[325] sowie der von Rouen, für den genaue, seinen Gesamtbestand angebende Zahlen nicht genannt werden können.[326]

Das gleiche trifft auf den bei Nohanent in der Nähe von Clermont-Ferrand entdeckten Schatz merowingischer Denare zu.[327]

Die ungenügenden Kenntnisse, die die Forschung gegenwärtig noch von den Funden merowingischer Denare besitzt, lassen keine völlig exakten Zahlenangaben über den Bestand der einzelnen Münzschätze zu. Trotzdem dürften die angeführten Vergleichszahlen ausreichen, um gemeinsam mit den Beobachtungen über die räumliche Verteilung der Fundplätze die Aussage zu belegen, daß die im Untersuchungsgebiet geprägten merowingischen Denare nicht, wie offensichtlich ihre Vorgänger, die Trienten, die Neigung hatten, nach Aquitanien abzufließen.

Die entsprechenden Verzeichnisse zeigen, daß Denare einer ganzen Anzahl von Prägeorten des Untersuchungsgebietes im westfranzösisch-aquitanischen Raum gefunden worden sind und daß umgekehrt ebenso Denare dieses Raumes im Gebiet zwischen Somme und Loire entdeckt wurden. Denare aus beiden Teilgebieten des Merowingerreiches traten in den gleichen Funden auf: Die Münzen von Rouen, Le Mans, Orléans, Paris, Saint-Denis und die von Bourges, Clermont, Poitiers und Limoges im Fund von Saint-Pierre, die von Bourges, Poitiers, Limoges und Melle und die von Rouen, Le Mans, Orléans, Paris, Sens

320 S. o., S. 51.

321 Ebenda.

322 Anhang Nr. III, Nr. 13.

323 Ebenda, Nr. 12.

324 Ebenda, Nr. 14.

325 Le Gentilhomme, Procès-verbaux 1945, S. XIf. Der Schatz wurde in einem merowingerzeitlichen Grab bei Barbuise, Dép. Aube, gefunden. Eine der Münzen, die nach Le Gentilhomme im zweiten Viertel des 8. Jh. geprägt worden sind, kam aus Clermont. Fünf der übrigen acht stammen mit einiger Wahrscheinlichkeit aus Chalôns-sur-Marne. Sie sind alle mit dem gleichen Stempel geprägt worden. Die Herkunft der übrigen drei Münzen ist unbekannt. Vgl. Lafaurie, Escharen, S. 157.

326 Le Gentilhomme, Notes, S. 56ff., macht folgende Angaben: Rouen, 3 Denare; Tours, St. Martin, 2 Denare; Bourgueil, 1 Denar; Angers, 1 Denar; Paris, 1 Denar; Marseille, 1 Denar; Poitiers, 1 Denar. Hinzu kommen mehrere Stücke, deren Herkunft noch ungeklärt ist, sowie eine Anzahl von Sceattas. Lafaurie, Monnaies d'argent, S. 1, Anm. verweist darauf, daß mehrere Stücke dieses „Schatzes" aus Savonnieres kommen.

327 S. o., S. 52f.

und Meaux wiederum in dem von Bais.[328] Wird dieses Fundbild mit dem der Trienten verglichen, so läßt sich mit einem gewissen Recht sagen, daß eigentlich erst mit dem Einsetzen des Umlaufs von Denaren im Merowingerreich so etwas wie eine wirkliche Münzzirkulation existierte. Erst jetzt waren offenbar wirtschaftliche Bedingungen vorhanden, die zur Folge hatten, daß die Münzen im neustrisch-aquitanischen Raum in differenzierterer Weise die Funktion des Zirkulationsmittels erfüllten.

Wird die Karte, auf der die Prägeorte des Untersuchungsgebietes in ihrer Gesamtheit verzeichnet sind,[329] mit derjenigen verglichen, die ausschliießlich die Prägeorte mit nachgewiesener Silberprägung ausweist,[330] so ist auch bei flüchtigstem Betrachten ein auffallender Unterschied nicht zu übersehen: Die Zahl der Orte, die auf der zweiten Karte erscheinen, ist um ein Vielfaches geringer als die, die von der ersten ausgewiesen wird. Auf der zweiten Karte erscheint mit 34 Orten nur noch ein knappes Sechstel der Prägeorte. Geblieben sind die bedeutendsten Zentren der Goldprägung: Paris, Orléans, Rouen, Le Mans und Tours; geblieben ist ein großer Teil der *civitates* überhaupt, nämlich 16 von insgesamt 27.[331] Da bei dreien dieser insgesamt 27 *civitates* – es handelt sich um Beauvais, Evreux und Lisieux – auch keine Goldprägung nachgewiesen werden konnte,[332] beträgt die Anzahl der Bischofssitze mit nachgewiesener Silberprägung genau zwei Drittel derjenigen mit nachgewiesener Goldprägung. Geblieben sind neben den *civitates* noch einige andere Siedlungen, die durch Kontinuität und Quantität ihrer Goldprägung auffielen. Amboise und Blois sind an dieser Stelle vor allem zu nennen.[333] Aus dem Kartenbild verschwunden ist dagegen die Vielzahl von Orten, bei der die wenigen bekannten Münzen und die wenigen nachweisbaren Münzmeister – häufig sogar nur ein einziger – neben anderen Indizien auf eine ephemere oder nur sehr sporadische Prägetätigkeit hindeuten.[334]

Es dürften kaum Ausführungen vonnöten sein, um zu begründen, weshalb diesem vom Kartenbild sichtbar gemachten Phänomen einer rapiden Verringerung der Prägeorte Aufmerksamkeit geschenkt wird. Zwei Problemkreise werden dabei notwendigerweise in den Mittelpunkt des Interesses zu rücken sein.

Erstens wird vorrangig und vor allen weiteren Betrachtungen und Interpretationsversuchen gefragt werden müssen, ob der Eindruck, den die Kartenbilder vermitteln, den tatsächlichen historischen Gegebenheiten gerecht wird, ob die Aussagen, die sie machen, dem Zustand, der in der Münzprägung Ende des 7. und zum Beginn des 8. Jh. herrschte, tatsächlich entspricht. Erst nachdem auf diese Frage eine Antwort gefunden worden ist, wird daran gedacht werden können, dem zweiten Problemkreis, nämlich den Fragen nach den eventuellen Ursachen der beschriebenen Veränderung, nachzugehen.

Die Exakthcit des zweiten Kartenbildes ist, soweit es um die Ermittlung der Gesamtzahl der Orte geht, an denen Denare geprägt worden sind, zweifelsohne in Frage zu stellen. Der wichtigste Grund hierfür dürfte durch früher gemachte Ausführungen deutlich geworden sein: Die Schwierigkeiten, vor denen die Forschung noch heute bei der Identifizierung und Zuordnung eines erheblichen Teils der merowingischen Denare steht, wirkt sich ganz selbstverständlich auf jeden Versuch aus, die Orte ihrer Prägung zu erfassen und zu kartographieren. Auf der Karte erscheinen deshalb ganz gewiß weniger Orte, als eigent-

328 Anhang Nr. III, Nr. 11 und Nr. 15.

329 Karte Nr. 1.

330 Karte Nr. 2.

331 Zur Anzahl der im Untersuchungsgebiet vorhandenen Bistümer s. o., S. 30. Zu den Orten mit nachgewiesener Silberprägung vgl. die Karte Nr. 2.

332 S. o., S. 30.

333 Karte Nr. 2.

334 S. o., S. 28.

lich erscheinen müßten. Die Zahl der Siedlungen, in denen während der Merowingerzeit Denare ausgegeben worden sind, war zweifellos größer. Aus dieser methodisch schwerwiegenden Feststellung erwächst folgerichtig die Frage, von deren Beantwortung die gesamte weitere Behandlung der mit Hilfe des Kartenbildes konstatierten Erscheinung abhängig zu machen ist: Hat es die Verringerung der Prägeorte in der Zeit des Überganges von der Gold- zur Silberwährung überhaupt gegeben, oder gerät die Forschung an diesem Punkt in Gefahr, der komplizierten Quellensituation zum Opfer zu fallen?

Es ist eine seit langem bekannte und anerkannte Tatsache, daß die Anzahl der Prägeorte während der Regierungszeit der ersten karolingischen Könige nur noch einen Bruchteil derjenigen ausmachte, die während des 7. Jh. existierten.[335] Aber bis in die jüngste Zeit hinein ist diese Verringerung der Prägeorte, die also tatsächlich irgendwann eingetreten ist, mit den auf eine Reform des Münzwesens abzielenden Maßnahmen eben dieser ersten Karolinger in Verbindung gebracht worden.[336]

Die numismatische Forschung gibt die Gesamtzahl der Orte, an denen im Merowingerreich entweder ständig oder vorübergehend Münzen geprägt worden sind, heute mit rund 800 an.[337] Für das Untersuchungsgebiet betrug die Zahl der mit einiger Sicherheit bestimmten und kartographierten 189, also ein knappes Viertel der Gesamtzahl.[338] Die Karte Nr. 2 weist für das Untersuchungsgebiet 34 Orte aus, in denen vor dem Beginn der Regierungszeit Pippins des Jüngeren Denare geprägt worden sind.[339] Diese Angaben stützen sich auf die Verzeichnisse von Prou und Belfort sowie auf die gegenwärtig vorhandenen Nachrichten zu den Münzfunden. Unter den 34 Siedlungen mit nachgewiesener Silberprägung befinden sich einige, die erst seit dem Übergang zur Silberwährung als Prägeorte nachweisbar sind. Es ist damit zu rechnen, daß die Prägung an diesen Plätzen erst begann, als der Denar den Trienten schon weitgehend verdrängt hatte. Fünf Orte sind zu nennen. Sie sind über das gesamte Untersuchungsgebiet verstreut: Alluyes (65), Avigneau (46a) Châteaudun (67), Jumièges (70) und Ville-en-Tardenois (37a).[340] Das noch unterhalb Rouen an der Seine gelegene Kloster Jumièges ist erst 654 gegründet worden,[341] und es ist aus diesem Grunde wahrscheinlich, daß die Münzprägung hier gleich mit den Denaren einsetzte.

Im Kartenbild fehlt eine bei Prou aufgeführte, nicht zu identifizierende Siedlung der *civitas Parisiorum*,[342] und es fehlt außerdem eine weitere, die in der *civitas Rotomagensium*, also in der Umgebung von Rouen, gelegen war.[343] Insgesamt gäbe es demnach also 36 Orte des Untersuchungsgebietes, für die eine Prägung von Denaren während der Merowingerzeit mit Sicherheit belegt werden kann. Die Münzschatzfunde lassen jedoch erkennen, daß die Zahl dieser Orte um einiges größer gewesen sein muß. Sie war es vor allem in der *civitas Parisiorum*; sie war es aber auch in der *civitas Rotomagensium*. Der Fund von Bais enthielt Denare zweier Siedlungen, von denen bisher nicht mehr bekannt ist, als daß sie

335 Suhle, Münz- und Geldgeschichte, S. 27ff. Le Gentilhomme, Monnayage, S. 56 und S. 59. Doehaerd, Reformes, S. 19f. Lafaurie, Numismatique, S. 29, sagt, daß wenigstens an fünfzig Plätzen Galliens geprägt worden sei.

336 Suhle, Münz- und Geldgeschichte, S. 27ff. Le Gentilhomme, Monnayage, S. 59. Vgl. Bloch, Esquisse, S. 20ff.

337 S. o., S. 18f.

338 Ebenda.

339 Karte Nr. 2.

340 Ebenda.

341 Zur Datierung Böhne, W., in: LTheolk, 8, Sp. 446f.

342 *LVDEDIS VICO*: Prou, Monnaies mérovingiennes, Nr. 880.

343 Ebenda, Nr. 279.

in der *civitas Parisiorum* gelegen haben müssen.[344] Im Münzschatz von Plassac fanden sich 8 Denare aus bisher unbekannten Orten dieser *civitas* und 5 aus der *civitas Rotomagensium*.[345] Aber die Gesamtzahl der Orte mit nachweisbarer Silberprägung bleibt selbst dann noch weit unter der für das Untersuchungsgebiet ermittelten Anzahl jener Orte, an denen Gold geprägt worden ist, wenn angenommen wird, daß jeder einzelne der zuletzt aufgeführten 13 Denare aus einer jeweils anderen Siedlung kam.

Für alle übrigen Teile des Merowingerreiches, die um die Wende des 7. zum 8. Jh. eine Münzprägung aufzuweisen hatten,[346] konnten nur rund 30 Siedlungen ermittelt werden, in denen zu dieser Zeit Denare emittiert wurden.[347] Aus den Angaben der Münzfunde läßt sich aber auch in diesem Fall erschließen, daß in erheblich mehr Siedlungen einzelner *civitates* Denare geprägt worden sind, als beim heutigen Forschungsstand kartographiert werden können. Besonders groß ist die Anzahl dieser Siedlungen offensichtlich bei den *civitates Biturigum* (Bourges) und *Pictavorum* (Poitiers). Der Schatz von Saint-Pierre enthielt 11 Denare aus Siedlungen der *civitas Biturigum* und 7 aus der *civitas Pictavorum*, von denen bisher unklar ist, wo sie geprägt worden sind.[348] Beim Schatz von Bais betrugen diese Zahlen 10 und 8,[349] bei dem von Plassac 19 und 11.[350] Der Schatz von Bais enthielt außerdem 2 Denare, von denen lediglich bekannt ist, daß sie in einer Siedlung der *civitas Arvernorum* (Clermont) geprägt worden sind,[351] der Schatz von Plassac 2, die jeweils in einer anderen unbekannten Siedlung der *civitas Lemovicum* (Limoges) ausgegeben worden waren.[352]

Trotzdem liegt es auf der Hand, daß auch, bezogen auf jene Teile des Merowingerreiches, die neben dem Untersuchungsgebiet eine Prägetätigkeit aufzuweisen hatten, die hohe Zahl der für die Periode der Goldprägung ermittelten Münzorte keineswegs erreicht wird. Hier aber muß auf eine weitere Schwierigkeit hingewiesen werden.

Die Herkunft der soeben angeführten Denare ist zwar nicht so genau zu klären, daß der Ort ihrer Prägung angegeben werden könnte; sie ließ sich aber doch soweit bestimmen, daß gesagt werden kann, aus welchem Teilgebiet des Merowingerreiches die Münzen kamen. Diese Auskunft würde, wenn sie in jedem Fall bekannt wäre, immerhin ausreichen, um mit ihrer Hilfe die absolute Zahl der Prägeorte eines Teilgebietes, also auch der des Untersuchungsgebietes, annähernd zu ermitteln. Nun gibt es aber eine beträchtliche Anzahl von Denaren, für deren räumliche Einordnung bisher jeder Anhaltspunkt fehlt. Sie lassen sich deshalb nicht einmal einem der Teilgebiete zuweisen. Hier ist natürlich zu fragen, ob diese Münzen überhaupt in irgendeiner Weise verwandt werden können, um Auskunft über die mutmaßliche Anzahl der Orte mit Silberprägung zu erlangen, und um dann schließlich etwas über das Zahlenverhältnis auszusagen, das zwischen den Orten mit nachgewiesener Gold- und mit Silberprägung bestand. Das zu tun dürfte möglich sein,

[344] Anhang Nr. III, Nr. 15.
[345] Ebenda, Nr. 12.
[346] S. o., S. 17.
[347] Nach Prou und Belfort Lyon, Chalon-sur-Saone, Vienne, Marseille, Bourges, Clermont-Ferrand, Riom, Le Puy, Bordeaux, Poitiers, Brioude, Brioux, Nanteuil, Saint-Maixent und Narbonne. Dazu kommen nach den Aussagen der Münzschatzfunde noch Decize, Cesset, Mehun, Vouzeron, Ahun, Banassac, Metz, Melle, St. Même, St. Jouin, Jailly, Neuvic, Uzès, Arles und Vienne. Vgl. hierzu Anhang Nr. III, Nr. 11–15.
[348] Ebenda, Nr. 11.
[349] Ebenda, Nr. 15.
[350] Ebenda, Nr. 12.
[351] Ebenda, Nr. 15.
[352] Ebenda, Nr. 12.

wenn nichts anderes versucht wird, als auf der Grundlage des Materials die größtmögliche Zahl dieser Orte annähernd zu errechnen.

Um diese Zahl zu ermitteln, wurden alle Denare, deren Herkunft völlig unklar ist, so behandelt, als kämen sie jeweils aus einem anderen Prägeort.

Neben den bereits genannten Stücken, für die nur Angaben über die *civitas* gemacht werden konnten, aus der sie kamen, gibt es noch 300 Denare, deren Herkunft gänzlich unklar ist. Der Münzschatz von Saint-Pierre enthielt 17, der Münzschatz von Bais 95, der Münzschatz von Plassac 45, der Münzschatz von Cimiez 56 und der Münzschatz von Savonnières 9 Denare,[353] über deren Herkunft überhaupt nichts bekannt ist. Das sind insgesamt 222 Stücke. Prou führt in seiner Liste der „Monnaies d'argent d'attributions incertaines" zudem rund 80 weitere Denare mit nicht bestimmbarem Prägeort auf, die zu keinem dieser Münzschätze gehört haben.[354]

Der Versuch, die größte mögliche Zahl jener Siedlungen zu errechnen, in denen während der Merowingerzeit auch nach dem Übergang zur Silberwährung Münzen geprägt worden sind, sollte Hinweise zu dem Verhältnis erbringen, das zwischen der Anzahl der Orte mit mutmaßlicher Silber- und denen mit nachgewiesener Goldprägung bestand. Es zeigte sich, daß selbst dann, wenn von der sehr unwahrscheinlichen Voraussetzung ausgegangen wird, daß jeder einzelne Denar, dessen Herkunft ganz unbestimmt ist oder für den lediglich ein Prägeraum in Gestalt des Gebietes einer *civitas* benannt werden kann, einen jeweils anderen Prägeort repräsentierte, für die Orte mit Silberprägung nur eine Zahl zustandekommt, die etwas mehr als halb so groß ist wie die der Orte mit nachgewiesener Goldprägung. Diese Zahl ist mit etwa 450 anzugeben; das gesuchte Verhältnis hätte demnach also eins zu zwei betragen. Aus Gründen, die in der Art der Berechnung liegen, dürfte diese Relation für die Orte mit Silberprägung eher zu günstig als zu ungünstig bemessen sein. Es versteht sich zudem, daß diese Angaben lediglich Annäherungswerte darstellen. Als absolute Größen sind sie keinesfalls verwertbar.

Zwei Aussagen allgemeiner Art werden an dieser Stelle, wenn auch mit gebührender Vorsicht, gemacht werden dürfen.

Die erste betrifft die absolute Anzahl jener Plätze, an denen in merowingischer Zeit im Untersuchungsgebiet Denare geprägt worden sind. Die vorangehenden Ausführungen dürften deutlich gemacht haben, daß eine solche Zahl beim gegenwärtigen Forschungsstand nicht, und zwar auch nicht ungefähr, bestimmt werden kann. Sie ist größer gewesen, als sie im Kartenbild ausgewiesen wird, aber – und das berührt bereits die zweite Aussage – sie muß kleiner, und zwar erheblich kleiner gewesen sein als die Anzahl der Orte mit nachgewiesener Goldprägung.

So wie in all den Teilen des Merowingerreiches, die eine eigene Münzprägung aufzuweisen hatten, ist auch im Untersuchungsgebiet die Goldmünze im Verlaufe der zweiten Hälfte des 7. Jh. durch die Silbermünze verdrängt worden. Dieser Vorgang war offensichtlich mit einem anderen, nämlich mit einer deutlichen Verringerung der Prägeorte, verknüpft.[355] Wenn diese zweite Aussage richtig ist, und dafür spricht einiges, so liegt es nahe daran zu denken, daß gleiche oder zumindest einander bedingende Faktoren beide Erscheinungen auslösten. An dieser Stelle sind deshalb einige weitere Beobachtungen mitzuteilen, die für die Klärung der Ursachen beider Erscheinungen bedeutsam sein können.

353 Anhang Nr. III, Nr. 11, Nr. 15, Nr. 12 und Nr. 13.

354 Prou, Monnaies mérovingiennes, S. 558–580. Dieses Verzeichnis enthält Angaben zu einer großen Anzahl von Denaren, die zum Münzfund von Cimiez gehörten. Sie sind in der Zahl von achtzig Stücken selbstverständlich nicht enthalten, da dieser Fund besonders erfaßt worden ist.

355 Vgl. Lafaurie, Routes, S. 225.

Werden die 34 Plätze, die als „Prägeorte mit nachgewiesener Silberprägung" auf der Karte erscheinen,[356] eingehender auf den Siedlungstyp hin angesehen, den sie verkörpern, so zeigt sich, daß unter ihnen Siedlungen, denen bedeutende kirchliche Institutionen ihr Gepräge gaben, einen hervorragenden Platz einnahmen. Es wurde bereits gesagt, daß 16 der 34 Prägeorte mit nachgewiesener Silberprägung *civitates* gewesen sind. Bei diesen 16 Siedlungen ist der Rang, den sie als kirchlich-religiöse Zentren besaßen, von vornherein gegeben. Sie waren nicht nur Sitz der Episkopalkirche, sondern sie beherbergten auch eine, zumeist beträchtliche, Anzahl anderer kirchlicher Einrichtungen.[357]

Bereits während der Zeit, während der vorwiegend Goldmünzen geprägt wurden, sind nicht nur Trienten mit den Namen der *civitates* in Umlauf gebracht worden. An den bedeutendsten der Bischofssitze ließen die Episkopalkirchen und mitunter auch die großen Klöster schon damals im eigenen Namen Münzen prägen.[358] Diese Erscheinung setzte sich in der Zeit fort, in der überwiegend Denare im Umlauf waren, und es macht ganz den Eindruck, als hätte sie sich jetzt noch verstärkt. So ist für die Episkopalkirchen von Le Mans, Rouen und Sens, für die Klöster Saint-Martin und Saint-Maurice in Tours und Saint-Denis bei Paris sowie für die Kirchen Sainte-Melaine in Rennes und Saint-Croix in Orléans bezeugt, daß sie im eigenen Namen Denare schlagen ließen. Der Münzschatz von Plassac enthielt zudem 5 Denare unbestimmter kirchlicher Ateliers.[359]

Von den 34 Orten mit sicher nachgewiesener Silberprägung sind also 16 ohne jede Einschränkung als kirchlich-religiöse Zentren zu bestimmen. Sie waren Bischofssitze, und zum Teil nicht nur das, sondern auch Sitze bedeutender klöstlicher Einrichtungen. Unter den übrigen 17 Siedlungen sind noch wenigstens 3, nämlich das bereits erwähnte Jumièges, Saint-Denis bei Paris und das in einiger Entfernung von Le Mans gelegene Kloster Saint-Calais,[360] die zu den bedeutendsten Klöstern der Zeit gehörten.

Sollten die Beobachtungen über den besonderen Platz, den kirchlich-religiöse Zentren in der Silberprägung behaupteten, nicht gänzlich in die Irre gehen, so lassen sie einige aufschlußreiche Verallgmeinerungen zu:

Die erste, von der ausgegangen wurde, ist, daß weit mehr als die Hälfte aller im Untersuchungsgebiet mit Sicherheit während der Periode der vorherrschenden Silberprägung nachweisbaren Münzorte bedeutende kirchlich-religiöse Zentren gewesen sind. Sie waren, und das trifft für ihre Mehrzahl zu, Bischofssitze oder Sitz eines der bedeutenden Klöster, oder, wie etwa Paris, Reims, Orléans und Tours, beides zugleich.

Zweitens ist die große Kontinuität und Stabilität bemerkenswert, mit der die kirchlich-religiösen Zentren von der Zeit vorherrschender Gold- bis zur Zeit vorherrschender Silberprägung ihre Eigenschaft als Prägeort bewahrten. Es sind nur wenige andere Plätze, von denen ähnliches gesagt werden kann.

Selbstverständlich muß gerade bei der Erörterung des wichtigen Problems der Verringerung der Anzahl der Prägeorte beachtet werden, daß sie der wiederholt erwähnten Gefahr einer Fehlinterpretation infolge unsicherer oder gänzlich fehlender Herkunftsbestimmung bei einer beträchtlichen Anzahl von Münzen unterliegt. Möglicherweise ist die Gefahr eines einseitig verzerrten Schlusses sogar besonders groß, wenn die Münz-

[356] Karte Nr. 2.

[357] Vercauteren, Études, S. 65f., zu Reims; S. 111ff. zu Soissons, und allgemein S. 377ff. Ewig, Kirche, S. 45ff.

[358] Anhang Nr. I: Angers, Saint-Aignan und Saint-Mesmin in Orléans, Senlis, Saint-Martin in Tours. Auf einer Münze der Medardus-Abtei in Soissons weist Kaiser, Untersuchungen, S. 175, hin.

[359] Ebenda sowie Anhang Nr. III, Nr. 11, 12, 14 und 15.

[360] Anhang Nr. I.

prägung kirchlicher Einrichtungen in den Mittelpunkt der Untersuchung rückt. Mit dieser Gefahr muß gerechnet werden, weil die Bestimmung von Denaren der *civitates* oder anderer kirchlicher Zentren weniger Schwierigkeiten bieten dürfte als die anderer Orte. Bessere handwerkliche Voraussetzungen für ihre Herstellung und damit sorgfältigere Ausführung könnten hierbei ebenso im Spiel sein wie die Tatsache, daß diese Siedlungen wegen ihrer großen Bedeutung, ihrer häufigeren Erwähnung in den Quellen überhaupt, vor allen aber in den schriftlichen, allgemein bekannter sind als andere. Jedoch ist allein die Möglichkeit, daß von einer sich andeutenden zahlenmäßigen Verringerung der Prägeorte die bedeutenden kirchlich-religiösen Zentren weniger betroffen sein könnten als andere, so bemerkenswert, daß auf sie unbedingt hinzuweisen war.

In den vorangehenden Ausführungen ist wiederholt davon gesprochen worden, daß die ins 7. Jh. gehörenden Funde von Goldmünzen auffallend wenig von Beziehungen erkennen lassen, die das Untersuchungsgebiet und Aquitanien mit dem friesisch-angelsächsischen Raum verbunden hätten. Werden die Aussagen der Funde merowingerzeitlicher Silbermünzen mit diesem Ergebnis verglichen, so ergibt sich eine gewichtige Veränderung insofern, als in diesen Funden mit den sogenannten Sceattas ein neues Element erscheint.[361] Bei den Sceattas handelt es sich wie bei den Denaren um Silbermünzen. Wesentlich für die Frage nach den äußeren ökonomischen Beziehungen des Untersuchungsgebietes ist jedoch die Tatsache, daß sie angelsächsischer bzw. friesischer Herkunft sind. Mit der Prägung der Sceattas ist im angelsäschsischen England am Beginn der zweiten Hälfte des 7. Jh. begonnen worden; die ältesten ließ König Pada von Mercien emittieren (655).[362] Sceattas wurden aber frühzeitig auch im friesischen Stammesgebiet geprägt. Die numismatische Forschung hat in den letzten Jahrzehnten nachgewiesen, daß eine ganze Anzahl bestimmter Typen dieser Münzen, die früher als angelsächsisch angesehen wurden, in Wirklichkeit friesischen Ursprungs sind.[363] Die Sceattas waren während anderthalb Jahrhunderten wichtigstes Zahlungsmittel der Angelsachsen und der Friesen.[364] Sie treten im ehemaligen friesischen Stammesgebiet in zahlreichen Schätzen auf,[365] begegnen aber auch – und gerade hierin besteht eine gewichtige Veränderung gegenüber der Periode der Goldzirkulation – in den Funden des Untersuchungsgebietes und Aquitaniens.

Von den früher genannten 8 Schätzen merowingerzeitlicher Silbermünzen[366] enthielten die meisten Sceattas, und zwar in durchaus beachtenswerter Zahl. Im Schatz von Saint-Pierrre-les-Etieux fanden sich 10,[367] im Schatz von Bais 32, von denen 4 Imitationen auf Denare von Rennes waren,[368] im Schatz von Plassac 15,[369] im Schatz von Cimiez 53[370] und im Schatz von Nohanent wenigstens 11[371] solcher Silbermünzen angelsächsisch-frie-

361 Zu diesen Münzen allgemein sowie zur Etymologie des Wortes vgl.: Wörterbuch der Münzkunde, S. 591; Suhle, Münz- und Geldgeschichte, S. 26; Le Gentilhomme, Sceattas, S. 67ff.; Zadoks-Josephus Jitta, Muntslag, S. 10. Lafaurie, Monnaies d'argent, S. 137ff.

362 Le Gentilhomme, Sceattas, S. 69; Wörterbuch der Münzkunde, S. 591f.; Sutherland, Gold coinage, S. 43 und S. 54f.

363 Zadoks-Josephus Jitta, Muntslag, S. 10, sagt, daß die Friesen im 3. Viertel des 7. Jh. dem angelsächsischen Beispiel gefolgt seien. Zu den unterschiedlichen Typen Le Gentilhomme, Sceattas, S. 67ff.

364 Wörterbuch der Münzkunde, S. 591.

365 Ebenda.

366 S. o., S. 50ff.

367 Anhang Nr. III, Nr. 11.

368 Ebenda, Nr. 15.

369 Ebenda, Nr. 12.

370 Ebenda, Nr. 13.

371 S. o., S. 52ff.

sischer Herkunft. An anderer Stelle wurde bereits gesagt, daß der Schatz von Rouen nur ungenügend bekannt ist.[372] Die Angaben von Le Gentilhomme lassen aber keinen Zweifel daran aufkommen, daß dieser Fund ebenfalls Sceattas enthielt. Nicht unwichtig ist, daß eine der angelsächsischen Münzen eine Imitation auf in Rennes geprägte Denare darstellt.[373] Der in Savonnières bei Tours entdeckte kleine Münzschatz enthielt keine Sceattas;[374] jedoch ist bei der Interpretation dieser Tatsache zu bedenken, daß dieser Fund eine Sonderstellung einnimmt. Er bestand ausschließlich aus Münzen der nächsten Umgebung des Fundortes,[375] und diese seine Zusammensetzung läßt darauf schließen, daß er in einem Milieu angehäuft worden ist, dem weiträumigere Verbindungen fehlten.

Offenbleiben muß die Frage des Vorhandenseins angelsächsischer bzw. friesischer Sceattas im Fund von Barbuise. Seine Zusammensetzung ist bisher nicht genügend bekannt, um diese Frage mit ja oder mit nein zu beantworten.[376]

In England hat es keine Kontinuität der Münzprägung gegeben. Die Prägung endete hier mit dem Zusammenbruch der römischen Herrschaft. Erst für das späte 6. bzw. für die Wende des 6. zum 7. Jh. lassen sich Anzeichen einer angelsächsischen Prägung erkennen. Sie geht von Canterbury aus und verrät während ihrer Anfänge in handwerklich-technischer Hinsicht starken fränkisch-merowingischen Einfluß. Geprägt wurden in dieser Zeit, wie im Merowingerreich auch, Goldmünzen.[377] Der wohl um die Mitte des 7. Jh. vergrabene Schatz von Crondall bestand zu über 50 Prozent aus solchen angelsächsischen Goldmünzen.[378] Es gibt bisher keinerlei Anzeichen dafür, daß von diesen im angelsächsischen England geprägten Goldmünzen Exemplare in das Untersuchungsgebiet gelangt wären. Diese Beobachtung korrespondiert also in gewisser Weise mit der früher geschilderten, daß während des 7. Jh. im Untersuchungsgebiet emittierte Goldmünzen nur im geringen Maße, und fast will es so scheinen, nur ausnahmsweise bis in angelsächsisches Gebiet gelangten. Allerdings mag dabei weniger schwer wiegen, daß angelsäschsische Goldmünzen nicht in Neustrien und Aquitanien gefunden worden sind, als eben gerade die entgegengesetzte Tatsache. Die angelsächsische Prägung ist während der ersten Hälfte des 7. Jh. zweifelsohne sehr viel geringer gewesen als die fränkisch-merowingische.[379] So muß schon wegen der unterschiedlich großen Menge der Goldmünzen, die diesseits und jenseits des Kanals in den Umlauf gelangten, die Möglichkeit ihres Auftretens in entfernteren Regionen verschieden groß gewesen sein.

Zusammenfassung

Auf den vorangehenden Seiten ist versucht worden, dem numismatischen Material Aussagen abzugewinnen, die der Untersuchung schriftlicher Quellen als Fragestellungen grundlegenderer Art zu dienen vermögen. Die wichtigsten Ergebnisse seien zusammengefaßt:

372 S. o., S. 50.
373 Le Gentilhomme, Notes, S. 56ff.
374 Anhang Nr. III, Nr. 14.
375 Ebenda.
376 S. o., S. 54.
377 Sutherland, Gold coinage, S. 31ff. Vgl. Le Gentilhomme, Sceattas, S. 67f., sowie oben, S. 19.
378 Anhang Nr. III, Nr. 7.
379 Vgl. Sutherland, Gold coinage, S. 15 u. S. 67, die Zusammenstellung der angelsächsischen Prägeorte dieser Zeit.

Als methodisch-konzeptioneller Ausgangspunkt der Untersuchungen ist wegen ihrer Gewichtigkeit die Tatsache bestimmt worden, daß im Untersuchungsgebiet während des gesamten 7. Jh. Münzen geprägt worden sind. Die Prägetätigkeit war nicht, wie etwa in Gallien während der römischen Herrschaft, an wenigen Orten konzentriert, sondern sie wurde in einer Vielzahl von Siedlungen unterschiedlichen Charakters, unterschiedlicher Größe und unterschiedlicher Bedeutung ausgeübt. Es darf als gesichert gelten, daß die Prägetätigkeit an den weitaus meisten dieser Plätze nur eine ephemere, den Anschein des Zufälligen tragende, gewesen ist. Die Anzahl der Siedlungen, in denen ständig Münzen geschlagen worden sind, machte im besten Falle ein Sechstel der Gesamtzahl der Orte mit sicher nachgewiesener Münzprägung aus. Nur diese Orte, deren Anzahl also sehr klein gewesen ist, können als wirkliche Münzorte angesehen werden. Nur sie dürften etwas wie ein Münzatelier mit einem entsprechenden Kreis handwerklich Tätiger besessen haben. Unter den Prägeorten des Untersuchungsgebietes nahmen die *civitates* einen hervorragenden Platz ein. Der größere Teil der Orte mit nachgewiesener oder zu vermutender kontinuierlicher Prägung waren *civitates*, und nahezu alle *civitates* des Untersuchungsgebietes sind mit Sicherheit als Prägeorte zu belegen. Zwei von den drei Prägeorten, die wegen ihrer langen Reihe der erhaltenen Münzen, der beträchtlichen Zahl der nachweisbaren Monetare und aus einigen anderen Gründen als die bedeutendsten Münzorte des gesamten Merowingerreiches bezeichnet werden dürfen, nämlich Paris und Orléans, waren *civitates* des Untersuchungsgebietes.

Die Tatsache, daß in sehr vielen Orten nur vorübergehend und in außerordentlich zufällig anmutender Weise Münzen geprägt worden sind, läßt es, verbunden mit einigen anderen Umständen, als nahezu ausgeschlossen erscheinen, daß bereits während des 7. Jh. eine enge Verbindung zwischen Münze und Markt bestand, daß Münzort gleich Marktort gewesen ist. Gegen diese enge Verbindung spricht ebensosehr, daß über einen längeren Zeitraum nur hochwertige, für den Kauf und Verkauf von Gütern des täglichen Bedarfs wenig geeignete Goldmünzen geprägt worden sind.

Der Versuch, die bevorzugten Umlaufgebiete der im Untersuchungsgebiet geprägten Goldtrienten zu ermitteln, ergab, daß diese Münzen nicht im gesamten Merowingerreich umgelaufen sein können, sondern daß ihre Zirkulation auf einen Teil dieses Reiches beschränkt gewesen sein dürfte. Dieses Umlaufgebiet ist allem Anschein nach, wenn den Aussagen der Schatzfunde nur im entferntesten zu trauen ist, nahezu mit den Reichsteilen Neustrien und Aquitanien identisch. Nicht zu übersehende Anzeichen deuten zudem darauf hin, daß den Trienten des Untersuchungsgebietes die Tendenz eigen war, nach Aquitanien abzufließen. Es spricht dagegen nichts dafür, daß Münzen des Untersuchungsgebietes in den Teilen des merowingischen Reiches zirkuliert wären, die östlich des Rheins gelegen waren. Sie liefen offensichtlich auch nicht im friesischen Stammesgebiet oder im angelsächsischen England um, und selbst die Zahl der Münzen, die in diese Gebiete abflossen, war offensichtlich gering.

Die Münzschatzfunde geben demnach für die Periode der Goldprägung nicht zu erkennen, daß Beziehungen intensiver Natur das Untersuchungsgebiet mit dem friesisch-sächsischen und dem angelsächsischen Raum verbunden hätten. Sie beweisen dagegen eindeutig, daß ein Verkehrsweg existierte, der Byzanz und den Vorderen Orient mit der Provence, dem Rhône-Saône-Tal, dem Maas-Rhein-Gebiet und dem friesisch-angelsächsischen Raum verknüpfte. Aber auch in diesem Fall sprechen die Münzfunde nicht dafür, daß das Untersuchungsgebiet an Beziehungen ökonomischer Natur teilgehabt hätte, die über diesen Weg liefen. Vergleichbares ist für Aquitanien zu sagen. Dagegen widerspiegeln die Münzfunde eine Münzzirkulation, die es nahe legt, an das Existieren eines, wenn auch nur schwach ausgebildeten, neustrisch-aquitanischen Wirtschaftsgebietes zu denken.

Im Verlaufe des Untersuchungszeitraumes, also während des 7. Jh., wurde das Münzsystem, das zunächst vorrangig auf dem Gold basierte, von der Silberwährung abgelöst. Die Ursachen dieses Vorganges sind bisher nicht geklärt; jedoch überwiegen seit längerem Ansichten, die diese Ursachen im sozialökonomischen Bereich zu finden suchen. Trotz erheblicher Schwierigkeiten, die der räumlichen Einordnung einer beträchtlichen Anzahl von Denaren gegenwärtig noch entgegenstehen, lassen sich einige Beobachtungen mitteilen, die für die Klärung des Phänomens wesentlich sein dürften:

Es deutet alles darauf hin, daß sich die bevorzugten Umlaufgebiete der im Untersuchungsgebiet geprägten Denare weitgehend mit denen der Trienten deckten. Jedoch beweist die Lage der einzelnen Fundorte, daß die Denare nicht mehr, wie vermutlich die Trienten, einseitig in den aquitanischen Raum abflossen. Die Fundverteilung läßt auf eine wechselseitige Bewegung der im neustrisch-aquitanischen Raum geprägten Denare schließen, und diese Tatsache wiederum könnte auf eine intensivierte Münzzirkulation hinweisen.

Von grundlegender Bedeutung ist die Beobachtung, daß sich mit dem Übergang zur Silberwährung die Anzahl der Prägeorte offensichtlich stark verringerte und daß kirchliche Institutionen und kirchlich-religiöse Zentren an der Prägung merowingischer Denare offenbar einen außergewöhnlichen Anteil hatten.

Nahezu gleichzeitig mit dem Übergang zur Silberwährung erscheint in den Funden des Untersuchungsgebietes ein neues Element, die angelsächsisch-friesischen Sceattas. So läßt das numismatische Material jetzt deutlich erkennen, daß zwischen dem Untersuchungsgebiet und dem angelsächsisch-friesischen Raum ins Gewicht fallende ökonomische Beziehungen bestanden haben müssen. Für die Beurteilung dieser Beziehungen ist bedeutsam, daß die Sceattas in großer Zahl im Untersuchungsgebiet entdeckt worden sind, während umgekehrt ein Abfließen der hier geprägten Denare in den angelsächsisch-friesischen Raum kaum konstatiert werden kann.

KAPITEL II

WARE, WARENVERKEHR UND HANDELSPLATZ

Einleitendes

Die Tatsache, daß im Untersuchungsgebiet während des gesamten 7. Jh. Münzen geprägt worden sind und daß diese Münzen umliefen, spricht dafür, daß die ökonomische Grundstruktur dieses Gebietes keine rein naturalwirtschaftliche gewesen ist. Dieser Struktur müssen Elemente der Warenwirtschaft eigen gewesen sein. Jedoch weisen die Prägung der Münzen sowie ihre Zirkulation nur allgemein darauf hin, daß Waren produziert und getauscht wurden; sie lassen aber nicht erkennen, welcher Art diese Waren gewesen sind. Die Münzfunde, die Zusammensetzung der Münzschätze und ihre Fundplätze vermögen wohl Aufschlüsse über Verkehrswege und Handelsverbindungen zu bieten, aber sie geben keine direkten Auskünfte über die Güter, die auf diesen Wegen transportiert worden sind. Das numismatische Material bleibt weitgehend stumm, wenn es darum geht, diese oder ähnliche Fragen zu beantworten. Es kann sie entstehen lassen, aber es kann sie nicht lösen. Hierzu bedarf es nach wie vor der Aussagen anderer, vor allem schriftlicher Quellen.

1. Grund und Boden als Objekt von Kauf und Verkauf

In den Viten und Chroniken, den Miracula und Gesta, vor allem aber in den Urkunden und Formelsammlungen begegnet Land unter den Objekten von Kauf und Verkauf an hervorragender Stelle. Aus den verschiedensten Teilen des Untersuchungsgebietes sind, gesehen sowohl von den beteiligten Personen als auch von der Lage der Ländereien her, Nachrichten über entsprechende Vorgänge erhalten. Allerdings läßt sich bei weitem nicht in allen Fällen belegen, daß diese Geschäfte mit Hilfe von Münzgeld abgewickelt worden sind. Die Quellen begnügen sich häufig mit der Angabe, der Kauf sei „*dato precio*" oder „*per pecuniam*" erfolgt.

Die Bischöfe Bertichramnus (586–616) und Hadoindus (627–650) von Le Mans hatten „*dato precio*" bzw. „*data pecunia*" eine beträchtliche Anzahl vollständiger Siedlungen mit allem Zubehör, daneben aber auch einzelne Landstücke, Wiesen und Weinländereien erworben.[1] Diese Güter lagen zumeist in der näheren und weiteren Umgebung ihres Bischofssitzes.[2]

„*Per pecuniam*" verschaffte sich ein Amtsvorgänger des Bischofs Palladius von Auxerre eine Siedlung in der Gegend von Nièvre. Palladius verfügte über sie im Jahre 634, als er bei der *civitas* Auxerre ein Kloster gründete.[3] Vigilius, ebenfalls Bischof von Auxerre (um 675)[4], hatte außerhalb der Mauern seiner *civitas* gelegene Hofstellen „*dato precio*",

[1] Teil B, Nr. 35 und Nr. 38.

[2] Ebenda.

[3] Ebenda, Nr. 37.

[4] Duchesne, Fastes, 2, S. 447 f.

sieben *mansi* und andere Liegenschaften im *pagus* von Sens „*per multam pecuniam*" gekauft.[5]

Eine eingehendere Prüfung der Quellen ergibt, daß sich für alle Kircheninstitutionen, bei denen eine ins Gewicht fallende urkundliche Überlieferung bis in das 7. Jh. zurückreicht, Erwerbungen von Ländereien mit entsprechendem Zubehör „*dato precio*" oder „*per pecuniam*" nachweisen lassen. Nicht nur die Bischöfe von Le Mans und von Auxerre haben ihr Grundeigentum und das ihrer Kirche auf diesem Wege vermehrt, sondern die angeführten Urkunden dieser Vertreter des kirchlichen Feudaladels widerspiegeln eine Erscheinung, die durch grundlegendere ökonomische Vorgänge hervorgerufen wurde. Eben daraus aber erwuchs ihre allgemeine, das gesamte Untersuchungsgebiet erfassende Verbreitung.

Leodebod, Abt des Klosters Saint-Aignan in Orléans, hatte „*dato precio*" Hofstellen mitsamt den darauf stehenden Gebäuden erworben. Sie befanden sich innerhalb des Mauerringes der *civitas*.[6] Auf die gleiche Weise hatte er sich ausgedehnte Ländereien mit zugehörigen Gebäuden und abhängigen Leuten verschafft, die südlich Orléans gelegen waren.[7] In der Gegend von Bourges erlangte er „*dato precio per venditionis titulus*" das Eigentum an einer *villa*.[8]

Mit *mansi dominici*, *terrationes* und abhängigen Leuten soll im Jahre 671 der Abt Huntbertus das Kloster Maroilles beschenkt haben. Die Güter waren im *pagus* von Laon gelegen, und Huntbert hatte sie, wenn man der Schenkungsurkunde trauen darf, einst ebenfalls „*dato precio per venditionis titulum*" erworben.[9]

Das Kloster Saint-Denis erwarb „*pro vindicionis titolum*" eine *villa*, die „*in page Cameliacinse*" gelegen war.[10] Dieser *pagus* hatte seinen Namen von Chambly erhalten, einem Ort, der etwas oberhalb der Mündung der Oise in die Seine liegt.[11]

Einem Kleriker Audoinus bestätigte Childebert III., daß er in „*pago Tellao*" Güter „*data sua pecunia per vindicionis titolum*" gekauft hatte.[12] Die Gauangabe weist darauf hin, daß es sich hierbei um Ländereien handelte, die zwischen unterer Seine und Somme gelegen waren.[13]

Die Forschung besitzt dank des Werkes des Flodoard einen außergewöhnlich reichen Bestand an Urkunden des Bistums Reims.[14] Wegen der Fülle des dadurch zur Verfügung stehenden Materials sind die Erwerbungen von Grund und Boden „*dato pretio*" oder „*rebus emptis*", die sich, beginnend mit dem späten 6. und endend mit dem ausgehenden 7. Jh., von nahezu allen Bischöfen dieser *civitas* nachweisen lassen, von durchaus exemplarischer Bedeutung. Sie vermögen einen Eindruck von dem Umfang zu vermitteln, den solche Geschäfte gehabt haben mögen, und sie lassen ahnen, in welchem Ausmaß das heute noch rekonstruierbare Bild durch den Verlust an Quellen in anderen Fällen entstellt sein mag. Die Bischöfe Egidius (bis Ende 590)[15], Romulfus (um 600)[16], Somnatius (etwa 613–

[5] Teil B, Nr. 42.

[6] Ebenda, Nr. 40.

[7] Ebenda.

[8] Ebenda.

[9] Ebenda, Nr. 41.

[10] MG. DD. Merov., S. 84, Nr. 94, Urkunde Theuderichs IV. vom 3. März 726.

[11] Longnon, Texte, S. 127 u. 172. Derselbe, Atlas, Karte VII.

[12] Teil B, Nr. 16.

[13] Longnon, Texte, S. 98. Derselbe, Atlas, Karte VII.

[14] Holtzmann, Kaiserzeit, S. 293.

[15] Duchesne, Fastes, 3, S. 83.

[16] Ebenda, S. 84.

etwa 630)[17], Leudegiselus (um 635)[18], Reolus (etwa 674–etwa 690)[19] und Rigobertus (um 700)[20] vermehrten die Güter ihrer Kirche auf diesem Wege um eine erhebliche Anzahl kompletter *villae* oder auch um Anteile an solchen, um Wiesen, Wälder und um andere Ländereien. Zu diesen Erwerbungen gehörten, wie bei anderen Kircheninstitutionen auch, in dem einen oder anderen Fall auch Manzipien.[21] Die Güter waren über den gesamten zwischen Oise, Aisne und Marne gelegenen Raum verstreut.[22] Sie erfaßten also einen wichtigen Teil des Untersuchungsgebietes.

Die Aussage, daß „*dato pretio*", „*data pecunia*" oder auf vergleichbare Weise Land erworben wurde, findet sich nun aber durchaus nicht nur, wie die bisher vorgeführten Quellen glauben machen könnten, in Verbindung mit kirchlichen Grundherrschaften. Sie begegnet auch in Urkunden, die von weltlichen Grundeigentümern sprechen. Allerdings erscheint diese Personengruppe, da für sie die Überlieferung allgemein wenig günstig ist, seltener, und – bezeichnenderweise – ausschließlich in Königsurkunden. Es handelt sich bei diesen Urkunden entweder um Bestätigungsurkunden oder um Schenkungen, die einen entsprechenden Vorgang erwähnen.

Als Chlothar III. das von seiner Mutter Balthilde am Oberlauf der Somme errichtete Kloster Corbie[23] ausstattete, verwandte er hierzu auch Güter, die ein Frodinus einst von Hursinus „*dato pretio*" erhalten hatte. Frodinus hatte sie später dem Fiskus im Tausch gegen andere überlassen. Die Güter lagen in der Nähe von Amiens.[24] Einen Kauf, durch den Ragnesindus „*in pago Pinsciacinse*", – das ist die Umgebung von Poissy-sur-Seine westlich von Paris –[25] gelegene Güter erworben hatte, bestätigte Childebert III. (695–711).[26] Von Grimoald (643–661/62?) schließlich ist bekannt, daß er an der Aisne gelegene Güter „*dato pretio*" von Godetrude gekauft hatte. Er übertrug diese Güter später dem Kloster Stablo-Malmedy.[27]

Die verschiedenen Arten der Urkunden sowie die Urkundenformulare stellen aus naheliegenden Gründen das Auskunftsmittel dar, dem für die zu behandelnde Zeit und den zu behandelnden Raum die instruktivsten Angaben über Kauf und Verkauf von Grund und Boden abzugewinnen sind. Neben diesen diplomatischen gibt es aber auch einige wenige erzählende Quellen, die, ohne daß sie, wie etwa die Reimser Kirchengeschichte des Flodoard, Urkundentexte direkt wiedergeben, doch den angeführten Urkunden Ähnliches berichten. Zu nennen sind die Vita des Lonochilius und der Agnofleda, die „Gesta sanctorum patrum Fontanellensis coenobii" und die Vita des Reimser Bischofs Nivardus. Alle drei Quellen erzählen von Geistlichen, die während des 7. Jh. lebten, und alle drei haben Vorgänge im Auge, die ins Untersuchungsgebiet gehören.

Die Vita des Lonochilius und der Agnofleda[28] berichtet, Lonochilius hätte Land „und alles, was notwendig war, um ein Kloster zu errichten," durch *argentum* erworben, also

[17] Ebenda.
[18] Ebenda.
[19] Ebenda, S. 85.
[20] Ebenda.
[21] Teil B, Nr. 53–57.
[22] Ebenda.
[23] HAUCK, Kirchengeschichte, 1, S. 275, Anm. 1.
[24] Teil B, Nr. 4.
[25] LONGNON, Atlas, Karte VII. DERSELBE, Texte, S. 109.
[26] MG.DD. Merov, S. 70f., Nr. 79.
[27] Ebenda, Nr. 39.
[28] Nach EWIG, Teilreiche, II, S. 103, Anm. 62, ist sie am Beginn des 8. Jh. aufgezeichnet worden.

gekauft.[29] Dieses *argentum* hätte er von König Chlothar II. (584–629) erhalten.[30] Das gleiche erzählen die „Gesta sanctorum patrum Fontanellensis coenobii" von Wandregisel, dem Gründer des Klosters Fontenelle bei Rouen. Das Werk ist sehr wahrscheinlich zwischen 833 und 840 im gleichen Kloster verfaßt worden, und sein Verfasser benutzte auch „für die frühen Zeiten gute urkundliche und historiographische Quellen."[31] Nach dem Bericht der Quelle hätte sich Wandregisel die *possessio Bothmariacas* sowie den eigentlichen Platz für den Klosterbau *„per uenditionis titulum"* verschafft.[32] Der Verfasser bedient sich hier durchaus der Wendung, wie sie in Kaufurkunden üblich war, und es scheint deshalb nicht gänzlich ausgeschlossen, daß ihm eine solche tatsächlich vorgelegen hat. Das Kloster Fontenelle ist im Jahre 649 von Wandregisel gegründet worden,[33] und um diese Zeit muß also der Kauf des Landes erfolgt sein.

In der Vita des Nivardus von Reims[34] wird erzählt, daß das *episcopium* zu der Zeit, zu der Nivardus zum Bischof gewählt wurde, *„rebus et facultatibus ex maxima parte a sui dignitate collapsum"* war. Nivardus habe deshalb nicht eher geruht, als bis er unter anderem auch durch den Kauf von in den verschiedensten Gegenden gelegenen Gütern die *urbs* wieder zu ihrem früheren Ansehen zurückgeführt hatte.[35]

Die bisher vorgenommene Analyse der Quellen ergab, so wird verallgemeinert werden dürfen, daß Grund und Boden der unterschiedlichsten Nutzungsart als Acker-, Wiesen- und Weideland, als Anbaufläche für spezielle und anspruchsvolle Kulturen wie Wein, als Haus- und Hofstelle innerhalb und außerhalb des Mauerringes der *civitates*, bebaut und unbebaut, unter einer Form veräußert worden ist, die nur als Verkauf gedeutet werden kann. Nicht im Tausch, nicht als Geschenk und auch nicht im Erbgang, sondern *dato pretio* oder *per pecuniam* wechselte dieses Land den Eigentümer. Das Hauptproduktionsmittel der feudalen Gesellschaft hat demnach mit seinem vielgestaltigen Zubehör im Raum zwischen Somme und Loire während des 7. Jh. nicht nur de jure eine Ware dargestellt, sondern es ist tagtäglich in vielen Fällen und in bedeutendem Umfang als eine solche behandelt worden.

Hätte die vorliegende Arbeit lediglich die Frage zu beantworten, ob es im Untersuchungsgebiet warenwirtschaftliche Erscheinungen gab und welche Güter, welche Naturprodukte, welche Ergebnisse menschlicher Tätigkeit also den Charakter von Waren besaßen, so genügte es festzustellen, daß Grund und Boden hierzu gehörten. Diese Antwort stellt aber im besten Fall ein Teilergebnis dar, da das Anliegen keineswegs ausschließlich von dieser Fragestellung bestimmt wurde. Es geht vielmehr darum, Vorstellungen vom Entwicklungsstand und der Intensität vorhandener Ware-Geld-Beziehungen zu schaffen und nach Möglichkeit den Einfluß zu bestimmen, den sie auf die Wirtschaft überhaupt und auf die sozialökonomischen Zustände ausübten. In diesem Zusammenhang ist selbstverständlich zu prüfen, welche dieser Beziehungen, und gegebenenfalls mit welcher Ausschließlichkeit, mit Hilfe des Münzgeldes vermittelt wurden, welche seiner vier wesentlichen Funktionen[36] also dieses Geld vor allem erfüllte.[37]

29 Teil B, Nr. 93.
30 Ebenda.
31 Löwe, Karolinger, I, S. 344f.
32 Teil B, Nr. 68.
33 Hauck, Kirchengeschichte, 1, S. 273.
34 Sie wurde im 9. Jh. von dem Mönch Almann verfaßt, besitzt aber „einen gewissen Wert" durch Urkundenauszüge: Levison, Vorzeit, S. 128, Anm. 308.
35 Teil B, Nr. 50.
36 Marx, Kapital, 1, S. 109ff.
37 Doehaerd, Haut moyen âge, S. 319ff.

Es dürfte aufgefallen sein, daß bei keinem der nicht eben wenigen bisher vorgeführten Landverkäufe wirklich schlüssig belegt worden ist, daß er mit Hilfe der während des 7. Jh. in den zahlreichen Münzstätten des Untersuchungsgebietes geprägten *solidi*, Trienten oder Denare abgewickelt wurde. Die Quellen sagten immer wieder, daß „mit Geld" (*per pecuniam*) gezahlt worden sei, aber sie gaben nicht an, worin dieses Geld bestand. Es wird deshalb gefragt werden müssen, ob, in welchen Fällen und in welcher Form Münzgeld bei solchen Geschäften eingesetzt worden ist. Der Beweis, daß es tatsächlich geschah, läßt sich sowohl mit bereits herangezogenen als auch mit noch zu befragenden Quellen erbringen.

Aus dem Testament des Bischofs Bertichramnus von Le Mans ergibt sich, daß er für seine bereits erwähnten umfangreichen Landerwerbungen erhebliche Summen an gemünztem Geld zahlte. Er gab für ein in der Nähe seiner *civitas* gelegenes Landstück 40 *solidi*,[38] die *villa Pauliacus* – das ist wahrscheinlich Poillé-en-Mason im Department Sarthe – hatte er für 300 *solidi*,[39] eine jenseits der Loire gelegene *villa* für 100 *solidi*[40] gekauft. Einige andere Siedlungen kosteten ihn insgesamt 440 *solidi*.[41]

Die von dem Schreiber des Testaments gewählten Formulierungen: „... *datos quadraginta solidos*", „*data pretio hoc est solidos centum quadraginta*", „*data solidos centum*" „*datos solidos CCC*"[42] lassen keinen Zweifel zu, daß diese *solidi* tatsächlich gezahlt worden sind.

Ebenso eindeutig sind die Angaben einer anderen, bisher noch nicht behandelten Quelle, nämlich eines 634 ausgestellten Testaments des Diakons Adalgisel aus Verdun.[43] Adalgisel verfügte testamentarisch über ausgedehntes Grundeigentum sowie über beachtliche Geldbeträge. Zu den Kircheninstitutionen, die er mit diesem Geld bedachte, gehörte das Kloster Saint-Martin in Tours. Der Diakon überließ diesem Kloster „*sexcentos ... solidos*", die er von einem *dux Bobo* für eine *portio* erhalten hatte.[44]

Es gibt also, allerdings nur wenige, Quellen, die ausdrücklich feststellen, daß Geld in Form von Münzen dazu verwandt wurde, um durch Kauf erworbenes Land zu bezahlen. Aber diese Zeugnisse berechtigen keineswegs dazu, alle jene Quellenstellen, in denen schlicht „*dato pretio*", „*per pecuniam*" oder vergleichbare Wendungen gebraucht werden, ohne weiteres im gleichen Sinne zu interpretieren. In diesen Fällen können auch andere Wertgegenstände, etwa Gold oder Silber in Barrenform oder Schmuck, benutzt worden sein, um den Preis für gekauftes Land zu entrichten. Denkbar ist auch, und dafür gibt es Beispiele aus etwas späterer Zeit und aus anderen Teilen des Frankenreiches, daß mit Sachwerten ganz anderer Natur gezahlt worden ist.[45] Selbst dort aber, wo der Kaufpreis eines Landstückes oder auch ausgedehnter Ländereien in einer Quelle ausdrücklich mit Hilfe von *solidi* angegeben wird, ist er gewiß nicht immer auch in dieser Münze beglichen worden. An dieser Stelle sind noch einmal die Berichte Flodoards über die Landerwerbungen der Bischöfe von Reims heranzuziehen. Flodoard berichtet von dem bereits erwähnten Bischof Rigobertus, er hätte 500 *solidi* gezahlt, um die *villa Cartobra*, das ist Chartreuse bei Soissons, zu erwerben, und für 140 bzw. 100 *solidi* hätte der gleiche Bischof jeweils einen Anteil an zwei in der Nähe von Reims gelegene Siedlungen gekauft.[46] Dieser Bericht

[38] Teil B, Nr. 35.
[39] Ebenda.
[40] Ebenda.
[41] Ebenda.
[42] Ebenda.
[43] Levinson, Testament, S. 118.
[44] Teil B, Nr. 36; Levinson, Testament, S. 131f.
[45] Doehaerd, Haut moyen âge, S. 325, verweist auf einen Kauf durch das Kloster Fulda im Jahre 827. Es zahlte u. a. mit Waffen, Vieh und Schmuck.
[46] Teil B, Nr. 57.

läßt eine Frage entstehen: Rigobertus bekleidete das Amt des Bischofs von Reims um die Wende des 7. zum 8. Jh.[47] Zu dieser Zeit war aber nach der heute einhellig vertretenen Auffassung[48] die gängige, die vorherrschende, die sehr wahrscheinlich allein im merowingischen Reich geprägte Münze bereits der silberne Denar. Goldmünzen, Trienten, mögen hier und da noch vorhanden gewesen sein, aber in der Zirkulation stellten sie ganz gewiß nur noch eine Ausnahmeerscheinung dar.[49] Flodoard sagt aber nun bei allen Geldbeträgen, die er für diese späte Zeit nennt, daß sie in *solidi* gezahlt worden seien. Zwei Erklärungen bieten sich an, um den zwischen beiden Tatsachen bestehenden Widerspruch zu lösen: Entweder erfolgte der Übergang von der Gold- zur Silberwährung in Reims und damit in Teilen des Untersuchungsgebietes später, und zwar erheblich später, als anderswo, oder das, was Flodoard zu den Landerwerbungen des Bischofs Rigobert sagt, bedarf einer Präzisierung. Gegen die erste Möglichkeit, nämlich gegen die Annahme einer krassen Sonderstellung von Reims mit seiner Umgebung hinsichtlich des Überganges von der Gold- zur Silberwährung, spricht, daß nicht nur für diese *civitas*, sondern auch für Laon und einige andere im nordöstlichen Teil des Untersuchungsgebietes gelegene Orte in merowingischer Zeit geprägte Denare sicher nachgewiesen sind.[50] Allerdings fällt auf, daß in den großen, aus Denaren bestehenden Münzschätzen der späten Merowingerzeit Münzen aus dieser Gegend nicht oder doch nur spärlich vertreten waren.[51] Trotzdem spricht, so will es scheinen, mehr für eine andere Lösung des scheinbaren Widerspruches, der zwischen der Angabe Flodoards und dem Bild besteht, das die Forschung von den um 700 vorzugsweise umlaufenden Münzen heute besitzt. Um diese Lösungsmöglichkeit zu verdeutlichen, muß eine andere, bisher noch kaum verwertete Quellengruppe zu Rate gezogen werden.

Es gibt drei bedeutende Formelsammlungen, die wegen der zeitlichen und räumlichen Umstände ihrer Entstehung Aufschlüsse über Vorgänge des 7. Jh. zu geben vermögen: die Sammlung von Angers, Markulfs Formelsammlung und die Formeln von Bourges.[52] Zwei dieser drei, nämlich die beiden zuerst genannten, enthalten jeweils mehrere Formulare, die als Muster einer Beurkundung des Verkaufs von Inmobilien gedacht waren. Sie lassen, insofern völlig mit den bereits vorgestellten Urkunden übereinstimmend, erkennen, daß in unterschiedlichster Weise genutztes Land ver- bzw. gekauft worden ist. Sie erwähnen den Verkauf von Land schlechthin[53] oder von Ackerland;[54] sie sahen aber auch vor, daß Grundstücke, die innerhalb des Mauerringes einer *civitas* gelegen waren, verkauft wurden.[55] Außerdem finden sich Formulare zur Beurkundung des Verkaufs vollständiger Siedlungen mit allen Pertinenzien, nämlich Gebäuden, abhängigen Leuten, Wäldern sowie Acker-, Wein- und Wiesenland.[56]

Aus denjenigen Bestandteilen der einzelnen Urkundenformulare, die der Preisangabe als Vorlage zu dienen hatten, lassen sich drei Varianten herausfinden. Sie lauten: *„precium, in quod mihi conplacuit, hoc est soledus tantus“*,[57] bzw. *„accepi a vobis in pretio, iuxta quod*

47 S. o., S. 67.
48 S. o., S. 48ff.
49 S. o., S. 48.
50 Anhang Nr. I, Angaben zu Reims, Lieuvillers und Meaux. Aus Ville-en-Tardenois sö. von Reims ist ein *obolus* erhalten.
51 Anhang Nr. III.
52 Buchner, Beiheft, S. 50–52.
53 Teil B, Nr. 21b.
54 Ebenda, Nr. 27.
55 Ebenda, Nr. 26.
56 Ebenda, Nr. 25.
57 Ebenda, Nr. 21a.

mihi conplacuit, auri soledus tantos ...";[58] *„taxato precio, hoc est in quod mihi conplacuit, valente soledos tantus ...*"[59] und schließlich *„et accipi proinde precio de vobis in quod nobis conplacuit, hoc est in argento soledos tantos ...*"[60]

Es ist augenscheinlich, daß den drei soeben wiedergegebenen Urkundenmustern verschiedene Formen entsprechen, unter denen während der Merowingerzeit der Preis für gekauftes Land entrichtet werden konnte und bei entsprechenden Transaktionen auch tatsächlich entrichtet worden ist: Das geschah entweder, indem *„soledus tantos*", also eine bestimmte Anzahl von Münzen, gezahlt wurden; es konnte weiter geschehen, indem der Verkäufer Sachwerte erhielt, die *„valente soledos tantus*", den Wert einer bestimmten Anzahl von Münzen ausmachten, und es konnte drittens schließlich erfolgen, indem dem Eigentümer *„in argento soledos tantos*" in ungemünzter Form, vielleicht als Barren, vielleicht als Schmuck verarbeitet, vielleicht aber auch in einer anderen Gestalt, ausgehändigt wurden.

Von den drei angeführten Formularvarianten sah nur die erste vor, daß wirklich mit Münzgeld – genannt wird der *solidus*; der Denar erscheint nirgends – gezahlt wurde. Die beiden anderen billigen der Münze, dem *solidus*, nur die Funktion einer Recheneinheit, des Wertmessers, zu. Sie tritt hier nicht als Zirkulationsmittel auf. Die Eigenschaft des Wertmessers blieb dem *solidus* sehr lange, nämlich bis weit in die Karolingerzeit hinein, erhalten. Noch in der um die Mitte des 8. Jh. zusammengestellten Formelsammlung von Tours[61] findet sich die Wendung *„valentem solidos tantos*"[62], und in der noch jüngeren Sammlung von Sens[63] wird die Angabe über den Preis in die Form gebracht: *„hoc est tam in argentum quam in amactum valente solidos tantos tantum*".[64] Dieses Formular läßt also die Wahl zwischen ungemünztem und gemünztem[65] Silber, und eben wegen dieser Möglichkeit der Wahl mußte der *solidus* als Recheneinheit bzw. als Wertmesser mit erscheinen.

Daß während des 7. Jh. im Untersuchungsgebiet bei Landverkäufen alle drei von den Urkundenformularen vorgesehenen Zahlungsarten praktiziert wurden, zeigen die Quellen, die über tatsächlich vollzogene Verkäufe von Grund und Boden Auskunft geben. Die Testamente des Bischofs Bertichramnus[66] und des Diakons Adalgisel[67] bezeugen Landverkäufe bzw. -käufe, in denen mit *solidi* gezahlt worden ist. Das Testament des Bertichramnus ist 616, das des Adalgisel 634 abgefaßt worden. Die darin erwähnten Landkäufe des einen gehören ebenso wie die Landverkäufe des anderen jeweils in eine etwas frühere Zeit, das heißt, sie wurden auf jeden Fall vor 634 vollzogen. Damit gehören sie aber einer Periode an, in der der *solidus* sicher noch eine reale, bei Zahlungen tatsächlich verwandte Münze gewesen ist.[68]

Nicht wegen der Käufer, wohl aber wegen der gekauften Ländereien sind Erwerbungen anzuführen, die die Äbte Rigobert und Erlefrid machten. Diese Äbte standen um 700 bzw. am Beginn des 8. Jh. dem Kloster Saint-Bertin vor. Das Kloster liegt außerhalb des Untersuchungsgebietes, aber die erworbenen Güter gehören hierher. Der Abt Rigobert

58 Ebenda, Nr. 26 .
59 Ebenda, Nr. 21b.
60 Ebenda, Nr. 21c.
61 Buchner, Beiheft, S. 53
62 Mg. Form., S. 138, Nr. 5.
63 Buchner, Beiheft, S. 53.
64 Mg. Form., S. 186, Nr. 2.
65 Zur Bedeutung von *amactum*: Wörterbuch, 1, Sp. 532.
66 S. o., S. 69.
67 S. o., S. 69.
68 S. o., S. 19ff.

kaufte im Jahre 704 für 1500 *solidi „inter aurum et argentum“* eine *portio.*[69] Zu dieser *portio* gehörten neben Ackerland Rechte an Wäldern, Wiesen, Weiden und Gewässern, und es gehörten dazu auch Mühlen und andere Gebäude sowie Manzipien und Viehherden mit ihren Hirten.[70] Die Ländereien waren im *pagus* von Thérouanne[71] gelegen, als Verkäufer wird ein Eodbertus genannt.[72] Vier Jahre später zahlte Abt Erlefrid für zwei Teile einer *portio* 1500 *solidi* ebenfalls *„inter aurum et argentum.“*[73] Der Verkäufer war ein Darmundus, die von ihm verkauften Güter lagen im Vermandois und im *pagus* von Noyon, also im nördlichsten Teil des Untersuchungsgebietes. In der Urkunde werden Ackerland und Weinländereien, Wälder, Wiesen und Weiden, Gewässer, Mühlen und andere Gebäude, Manzipien sowie *„peculiis, cultis et incultis“* aufgeführt.[74]

Die beiden Äbte von Saint-Bertin bezahlten die augenscheinlich sehr ausgedehnten und mit sehr reichen Pertinenzien ausgestatteten Liegenschaften mit Edelmetall, Gold und Silber in ungemünzter Form, so wie es als eine Möglichkeit in den Formelsammlungen vorgesehen ist.

Als Wertmesser, als bloße Recheneinheit, nicht aber als tatsächlich gezahlte Münze wird der *solidus* schließlich auch dort verstanden werden müssen, wo Flodoard von Zahlungen spricht, die in die Zeit um 700 oder sogar in eine noch spätere Zeit zu setzen sind: Der Bischof Rigobert hat für die von ihm erworbenen Ländereien wohl nicht 500, 140 oder 100 *solidi* gezahlt, sondern er beglich diesen Preis, indem er seinen entsprechenden Wert in Gestalt anderer Sachwerte, vielleicht als ungemünztes Edelmetall, vielleicht aber auch in anderer Form, übergab.

Die in den Testamenten, Schenkungs- und Bestätigungsurkunden so häufig begegnenden Wendungen *„dato pretio“* und *„per pecuniam“* dagegen finden sich in den drei oben angeführten Formelsammlungen nicht. Sie treten auch nicht in den Kaufurkunden auf. Offensichtlich wurden sie nur dann benutzt, wenn ein Eigentümer über Land, das er irgendwann einmal gekauft hatte, durch Testament oder Schenkung erneut verfügte oder wenn ein solcher Kauf von einem der merowingischen Könige bestätigt wurde.[75] In all diesen Fällen kam es aber lediglich darauf an zu versichern, daß das Land durch Kauf an den Eigentümer gelangt war, bzw. ihn in diesem Eigentum zu bestätigen. Es gab deshalb keinen Grund, den Preis und die Art und Weise, in der er früher einmal entrichtet worden war, erneut zu benennen.

Eine Untersuchung der einschlägigen Quellen hat ergeben, daß im Gebiet zwischen Somme und Loire Grund und Boden während des 7. Jh. zu den Gütern gehörten, die ge- und verkauft wurden. Für alle Teile dieses Gebietes ließen sich entsprechende Vorgänge nachweisen; alle Arten genutzten Landes mit ihrem Zubehör begegneten als Kaufobjekt. Als Käufer traten sehr häufig Kircheninstitutionen auf, jedoch lassen sich auch Personen weltlichen Standes, die Land durch Kauf erwarben, nachweisen. Die Erscheinung beweist in ihrer Gesamtheit, daß in der damaligen politischen Kernlandschaft des Frankenreiches die Mobilität des Grund und Bodens eine beträchtliche war.[76] Der Kauf von Land war nicht fest an die Zahlung von Münzgeld gebunden; sicher aber ist, daß die Realisierung solcher Transaktionen auch mit seiner Hilfe erfolgte. Bemerkenswert erscheint, daß nur

69 Teil B, Nr. 44.
70 Ebenda.
71 Longnon, Texte, S. 128. Derselbe, Atlas, Karte VII.
72 Teil B, Nr. 44.
73 Ebenda, Nr. 45.
74 Ebenda.
75 S. o., S. 65ff.
76 Vgl. hierzu auch Ganshof, Aspects, S. 88

der goldene *solidus*, nicht aber der silberne Denar als bei solchen Käufen tatsächlich gezahlte Münze begegnet, obwohl der Denar durchaus am Ende des Untersuchungszeitraumes bereits die ausschließlich zirkulierende Münze gewesen ist.

2. Der Verkauf und Kauf von Menschen, der sogenannte Sklavenhandel

Die historische Forschung hat, sobald sie sich zu der Ansicht bekannte, daß während des Frühmittelalters der Okzident und der Orient durch nennenswerte Handelsbeziehungen miteinander verbunden waren, selbstverständlich die Frage nach den Gütern gestellt, die der Orient vom Okzident empfing. Neben dem Gold[77] sind in diesem Zusammenhang häufig versklavte Menschen genannt worden, die als Ware sowohl in byzantinisches als auch in arabisch beherrschtes Gebiet gelangt sein sollen. Es ist immer wieder gesagt worden, daß Menschen neben dem Gold des Exportgut gewesen seien, das der Orient vor allem vom Okzident begehrte und als Gegenwert seiner eigenen Waren auch erhielt.[78]

Eine tragfähige Grundlage erhielt diese Ansicht für Teilgebiete Europas erstmalig durch das aus eindringlichen Untersuchungen erwachsene Buch Ch. Verlindens.[79] So rechnet die Forschung heute nicht mehr unbegründet mit einem Sklavenhandel, der bestimmte europäische Gebiete während der Merowinger- und der Karolingerzeit mit dem arabischen Spanien und mit Teilen des Orients verband.[80]

Das Werk Verlindens besitzt in doppelter Hinsicht umfassenden Charakter: Es versucht nicht nur dem Teilaspekt des Sklavenhandels, sondern der Bedeutung, die die Sklaverei im Mittelalter generell besaß, gerecht zu werden, und es ist zudem so konzipiert, daß es das gesamte Europa behandeln wird. Aber das Werk ist unvollendet, denn sein zweiter und dritter Band stehen bis jetzt aus.[81] Es dürfte einleuchten, daß ein so beschaffenes Werk nicht alle Aspekte behandeln kann, die im Zusammenhang mit dem Verkauf und Kauf von Menschen interessieren.

Im Jahre 626 oder 627 trat in Clichy bei Paris auf Veranlassung König Chlothars II. eine Synode zusammen. Zu den Geistlichen, die an dieser Synode teilnahmen, gehörten die Bischöfe von Sens, Reims, Bayeux, Le Mans, Angers, Nantes, Chartres, Auxerre, Avranches, Châlons-sur-Marne, Paris, Noyon, Meaux, Soissons, Senlis und Orléans. Ihre Beschlüsse enthalten ebenso wie die der zwischen 639 und 654 in Chalon tagenden Bestimmungen, die sich mit dem Verkauf von Menschen befassen. Sie untersagen diesen Verkauf keineswegs strikt, aber sie versuchen, ihm doch bestimmte Grenzen zu setzen. Die Synode von Clichy verbot zunächst einmal generell, daß Christen an Juden oder an andere Ungläubige verkauft wurden. Sie räumt jedoch ein, daß, „wenn irgendein Christ durch Not gezwungen" sei, seine christlichen Manzipien zu veräußern, er sie anderen Christen überlassen dürfe.[82] Die Beschränkung des Verkaufs wird damit begründet, daß, wenn solche Manzipien Ungläubigen oder Juden verkauft würden, sie ihrer *communio* be-

[77] S. o., S. 48f.

[78] Pirenne, Geburt, S. 92, bezeichnet die Slaven als die Hauptware, die von orientalischen Kaufleuten exportiert worden sei. Ihm schloß sich Verlinden, Samo, S. 1093f., an. Lombard, Bases, S. 155. Vercauteren, La vie, S. 470f. Lewis, Commerce, S. 288. Roth, Handel, S. 358. Ganshof, Aspects, S. 92. Früher schon Scheffer-Boichorst, Syrer, S. 545. Vgl. Verhulst, Handel, S. 6, S. 11 u. S. 22f.

[79] Verlinden, Esclavage.

[80] Ebenda, S. 668ff. und S. 706ff. Vgl. Verlinden, Großhandel, S. 4–16.

[81] Verlinden, Esclavage, S. 17ff.

[82] Teil B, Nr. 32, 13.

raubt würden. Deshalb sollte in diesem Falle der Kauf ungültig sein.[83] Die gleiche Bestimmung findet sich nahezu wörtlich wieder in den Beschlüssen einer Synode, die zwischen 627 und 630 unter dem Vorsitz des Bischofs Sonnatius von Reims abgehalten worden ist.[84]

Die um die Mitte des 7. Jh. in Chalon-sur-Saône tagende Synode variierte sie dagegen in bemerkenswerter Weise. Die Beschlüsse dieser Synode sprechen nicht mehr nur allgemein davon, daß christliche Manzipien nur an Christen verkauft werden dürften, sondern sie verbieten auffallenderweise, Manzipien „*extra finibus vel terminibus, qui ad regnum domni Chlodouei regis pertinent*“, zu verkaufen.[85] Das *regnum*, von dem hier die Rede ist, war das Herrschaftsgebiet Chlodwigs II. (640–657), dem nach dem Tode Dagoberts I. neben Neustrien auch Burgund zugefallen war. Das Verbot wird ähnlich wie das durch die Synode von Clichy erlassene begründet: Es bestünde die Gefahr, daß durch einen solchen Handel christliche Manzipien in die Gefangenschaft oder in die Knechtschaft von Juden gerieten.[86]

Außer den Konzilsakten geben einige Stücke der Formelsammlungen zu erkennen, daß es während des 6. und des 7. Jh. üblich war, unfreie Menschen, *servi* und *ancillae*, gesondert vom Grund und Boden zu verkaufen. Das für den Untersuchungszeitraum und die Untersuchungszeit wichtigste dieser Zeugnisse bietet die Formelsammlung des Markulf. Gegenstand des vorgesehenen Verkaufs waren *servi* und *ancillae*. Der Verkäufer hatte zu versichern, daß es sich bei dem zu Verkaufenden weder um einen Dieb noch um einen Geflohenen handelte und er hatte außerdem dafür zu bürgen, daß er nicht an Epilepsie litt. Der Kaufpreis sollte in einer festzusetzenden Anzahl vollwertiger und vollgewichtiger *solidi* entrichtet werden.[87]

In der Sammlung von Bourges findet sich nichts, was verwertbar wäre; dagegen enthält die Sammlung von Angers, also die älteste der drei, mehrere Formulare, die der Abfassung entsprechender Urkunden dienen sollten. Das erste sieht einen Selbstverkauf vor: Jemand der des Diebstahls bezichtigt worden war, verkaufte sich selbst, um auf diese Weise die ihm zur Last gelegte Schuld zu tilgen. Er empfing als Preis „*soledos tantos*“.[88] Ebenfalls einen Selbstverkauf, wenn vermutlich auch aus anderen Gründen, bezeugt eine zweite Formel: Ein Ehepaar verkaufte sich selbst „*cum omni peculiare*“, nämlich mit „*manso et terra vel viniolas.*“ Als Preis sollten die Verkäufer empfangen, „*quod nobis conplacuit, hoc est in auro valente soledos tantus* . . .“[89] Die letzte schließlich der zu berücksichtigenden Formel betrifft den Verkauf einer *vernacula*. In diesem Falle sollte der Kaufpreis „*in argento uncias tantas*“ gezahlt werden.[90]

Den Aussagen der Konzilsakten und der Formelsammlungen sind Bestimmungen zuzuordnen, die sich in dem in anderem Zusammenhang bereits mehrfach zitierten[91] Testament des Bischofs Bertichramnus von Le Mans finden. Dieses Testament enthält neben seinen vielen Verfügungen über Immobilien, Geldbeträge und andere Sachwerte eine höchst bemerkenswerte Bestimmung ganz anderer Art. Sie besagt, daß der Bischof durch testamen-

[83] Verlinden, Esclavage, S. 39 und S. 672ff.
[84] Teil B, Nr. 33.
[85] Ebenda, Nr. 34. Roth, Handel, S. 358, glaubt, daß durch dieses Verbot der Zwang entstand, nichtchristliche Sklaven für den Verkauf nach dem Süden und dem Orient zu beschaffen, und er verweist in diesem Zusammenhang auf Samo.
[86] Teil B, Nr. 34.
[87] Ebenda, Nr. 28.
[88] Mg. Form., S. 5, Nr. 2
[89] Ebenda, S. 12, Nr. 25
[90] Ebenda, S. 7, Nr. 9.
[91] S. o., S. 65f.

tarische Verfügung alle jene Männer und Frauen der *villa Boalcha* aus dem *servitium* entließ, die er selbst aus der Gefangenschaft freigekauft hatte. Diese Männer und Frauen waren früher *ingenui* gewesen. Zu der Zeit, zu der Bertichramnus sein Testament erließ, dienten sie ihm „*pro pretio*".[92] Sie hatten dem Bischof ganz offensichtlich den Preis abzuarbeiten, den er einst gezahlt hatte, um sie aus der Gefangenschaft zu lösen. Die Quelle macht also keinen Hehl daraus, daß Bertichramnus nicht allein aus christlich-ethischer Gesinnung, sondern ebensosehr aus ökonomischen Beweggründen dazu veranlaßt wurde, Gefangene freizukaufen: Er hatte die Absicht, sie als Arbeitskräfte zu nutzen. Die *villa Boalcha* wird als *Bonalpha*, das ist Bonnelles im Departement Seine-et-Oise, gedeutet. Die zitierten Bestimmungen des Testaments weisen damit in eine Gegend, zu der Bertichramnus bzw. die Episkopalkirche von Le Mans auch anderweitig Beziehungen unterhielten.[93]

Aus den bisher angeführten Quellen, deren Aussagen zumeist in direkter Beziehung sowohl zum Untersuchungsgebiet als auch zum Untersuchungszeitraum stehen, ergibt sich, daß es im Raum zwischen Somme und Loire während des 7. Jh. keine außergewöhnliche Erscheinung gewesen sein kann, daß Menschen ge- und verkauft, daß sie also als Ware behandelt worden sind. Genannt werden zumeist Unfreie, nämlich *mancipia*, *servi* und *ancillae*; aber es begegnet auch, daß Freie durch Verkauf in die Unfreiheit gerieten. In der Formelsammlung von Angers finden sich Beispiele dafür, daß Freie durch Selbstverkauf in die Abhängigkeit gerieten; die ehemaligen *ingenui* aus dem Testament des Bertichramnus dagegen wurden offensichtlich durch offene Gewalt, vielleicht im Verlaufe einer der inneren kriegerischen Auseinandersetzungen, zu Gefangenen. Der Bischof nutzte diese ihre Situation, um sich Arbeitskräfte zu verschaffen. Das Testament bezeugt zudem, daß bei solchen Geschäften durchaus sowohl die verkauften Menschen als auch ihr Käufer innerhalb des Untersuchungsgebietes ansässig waren. Das gleiche ist zweifelsohne zumeist bei Verkäufen der Art der Fall gewesen, wie sie mit Hilfe der vorgeführten Urkundenformulare beurkundet wurden. Die Verkauften verließen also den Untersuchungsraum nicht, sie passierten keineswegs seine Grenzen. Daraus ergibt sich aber, daß die sozialökonomischen Zustände nicht nur so beschaffen waren, daß Eigentümer von *servi*, *ancillae*, *mancipia* immer wieder gezwungen wurden, diese zu verkaufen, sondern es muß zugleich im Untersuchungsgebiet selbst ein Interesse bestanden haben, Unfreie zu kaufen. Das Beispiel des Bischofs Bertichramnus zeigt, bei welchen sozialen Gruppen diese Interesse vor allem zu suchen ist, und es lehrt zugleich, von welchen Motiven es genährt wurde.

Es will scheinen, daß zu diesen Beobachtungen die Bestimmungen der oben genannten drei Synoden, vor allem aber die der Synode von Chalon-sur-Saône, außerordentlich gut passen. Sie ließen das Bestreben erkennen, Unfreie, die von ihrem bisherigen Eigentümer zum Verkauf gestellt werden mußten, in einem bestimmten Raum, dem neustrisch-burgundischen, festzuhalten. Es sollte verhindert werden, daß solche Menschen in andere Teilreiche oder gar in andere Reiche verkauft wurden.

Einen positiven Beweis, daß aus dem Untersuchungsgebiet während des 7. Jh. Menschen in größerer Zahl als Sklaven in weit entfernt liegende Gegenden gebracht worden wären, liefern die bisher vorgeführten Quellengruppen dagegen nicht; es sei denn, man läßt allein die Tatsache, daß es verboten war, Christen an Juden oder an andere Ungläubige zu verkaufen, als einen solchen gelten.

Bei den Geschäften, deren Objekt unfreie Menschen waren, wurde zumindest teilweise

92 Teil B, Nr. 35.

93 Ebenda. Das Kloster Saint-Denis empfing seit der Herrschaft Dagoberts I. jährlich „*vaccae cento soldaris ... de pago Cinemaneco ...*": Lauer/Samaran, Nr. 37. Urkunde Chilperichs II. vom 12. oder 16. 3. 716. Vg. Levillain, Études, IV, S. 284 ff.

Münzgeld verwandt, wie der in den Formelsammlungen in diesem Zusammenhang erwähnte *solidus* beweist. Die älteren Formeln, nämlich die der Sammlung von Angers, lassen noch eine Beziehung zwischen dem Verlust der Freiheit durch Verkauf und dem damals praktizierten Strafvollzug erkennen.

In der frühmittelalterlichen Hagiographie spielt das Motiv der Gefangenenbefreiung, vor allem aber das des Freikaufens Gefangener, ganz allgemein eine erhebliche Rolle.[94] Es überrascht deshalb nicht, daß auch den Heiligen, die durch ihr Wirken in besonderer Weise mit der Geschichte des Untersuchungsgebietes verknüpft sind, entsprechende Verdienste nachgesagt werden. Der durchaus toposhafte Charakter, der solchen Erzählungen häufig allzu unverkennbar anhaftet, wird allerdings davor bewahren, bestimmten Angaben, etwa Zahlen oder Bemerkungen sehr summarischer Art, großes Gewicht beizulegen.

Über den Bischof Betharius von Chartres[95] erzählt seine im 9. Jh. verfaßte Vita,[96] daß er 500 *solidi* dazu verwandt habe, um Gefangene freizukaufen. Betharius soll im Verlaufe eines Feldzuges, den Theuderich II. (596–613) von Burgund gegen den Reichsteil Chlothars II. unternahm, den burgundischen Truppen in die Hände gefallen sein. Während der Gefangenschaft sei er auf wunderbare Weise in den Besitz des Geldes gelangt, und er habe es umgehend dazu benutzt, um Gefangene aus der Gewalt der feindlichen Truppen zu befreien, in deren Händen auch er sich befand.[97] Verlinden bemerkt zu dieser Erzählung, es sei ihr nicht mehr zu entnehmen, als daß man sich im 9. Jh. noch daran erinnerte, daß früher Menschen, die keinen heiligen Betharius fanden, tatsächlich versklavt worden seien.[98] Trotzdem hat der kleine informative Rest der Erzählung, so scheint es, durchaus seinen Wert. Er widerspiegelt, auf welche Weise Menschen im Inneren des Frankenreiches noch zur Zeit des Betharius, die zugleich die Zeit des Bischofs Bertichramnus von Le Mans war, ihrer Freiheit beraubt wurden, und er macht zugleich etwas sichtbar, was Gefangene damals durchaus noch begehrenswert erscheinen ließ: Sie verschafften die Möglichkeit, zu Geld zu gelangen.

Die sogenannte Chronik des Fredegar berichtet über Theudebert II. (596–612), der nach dem Tode seines Vaters Childebert II. die Herrschaft in Austrasien übernommen hatte, er habe zeitweilig Bilichild zur Frau gehabt. Diese Bilichild aber sei von Brunechilde, der Mutter Theudeberts, „*a neguciatoribus*“ gekauft worden.[99] Über die Herkunft dieser Frau sowie über die der Kaufleute gibt die Quelle keine Auskunft. Dafür läßt sich erschließen, daß die Verbindung des Theudebert mit der Bilichild etwa auf die Jahre 607 bis 608 zu datieren ist.[100]

Von der Königin Balthilde, der Frau Chlodwigs II. (640–657), der nach dem Tode Dagoberts I. die Nachfolge in Neustrien und Burgund angetreten hatte, ist dagegen bekannt, daß sie angelsächsischer Herkunft war.[101] Balthilde war ebenfalls, und zwar, wie ihre Lebensbeschreibung ausdrücklich betont, „zu einem wohlfeilen Preis“ gekauft worden.[102] Die Vita, die früh und sehr wahrscheinlich in dem von der Königin selbst in der Nähe von Paris gegründeten Kloster Chelles verfaßt worden ist,[103] berichtet über den

[94] Graus, Gewalt, S. 61ff., bes. S. 94ff.
[95] Duchesne, Fastes, II, S. 428, Verlinden, Esclavage, S. 666.
[96] Levison, Vorzeit, S. 124, Anm. 290.
[97] Teil B, Nr. 78.
[98] Verlinden, Esclavage, S. 666.
[99] Teil B, Nr. 58.
[100] Ebenda.
[101] Ebenda, Nr. 76. Ewig, Privileg, S. 106.
[102] Teil B, Nr. 76.
[103] Levison, Vorzeit, S. 128.

Handel mit Menschen jedoch nicht nur an Hand von Balthildes eigenem Schicksal. Ihr Autor zählt zu den größten Verdiensten der Balthilde, daß sie den Verkauf von Christen zu verhindern suchte. Sie hätte *praeceptiones* erlassen, die verboten, daß innerhalb des fränkischen Reiches gefangene Christen in ein anderes Reich gebracht würden. Die Königin hätte außerdem veranlaßt, daß Gefangene freigekauft wurden, von denen sie viele, besonders aber solche „*de gente sua*“, zum Eintritt in ein Kloster bestimmte.[104] Es sind vornehmlich zwei Aspekte der Erzählung, die bei der Eröterung des Handels mit Menschen, seiner Gewichtigkeit, seiner sozialen Voraussetzungen und seiner Grenzen aufmerken lassen: Die Vita bezeugt, daß Menschen angelsächsicher Herkunft von diesem Handel, soweit er das Untersuchungsgebiet berührte, besonders betroffen wurden; denn Balthilde selbst war vom angelsächsischen England als Sklavin nach Neustrien gebracht worden, und die Maßnahmen, die sie als Königin einleitete, betrafen Unfreie angelsächsischer Herkunft in besonderer Weise. Zum anderen bestätigt die Erzählung, daß es innerhalb des merowingischen Reiches und besonders im Untersuchungsgebiet soziale Kräfte gab, die zu verhindern suchten, daß hier ansässige Unfreie über die Grenzen nach außen gebracht wurden. Chlodwig II. starb 657, und Balthilde wurde um 665 gezwungen, in das Kloster Chelles einzutreten.[105] Die von ihrer Vita genannten *praeceptiones* müssen also zwischen 657 und 665 erlassen worden sein. Ihre chronologische Einordnung zeigt, daß mit ihnen Beschlüsse erneuert werden sollten, die auf den ihnen zeitlich vorangehenden Synoden gefaßt worden waren.[106]

Daß als Herkunftsland versklavter, ihrer Freiheit beraubter Menschen das angelsächsische England für das Untersuchungsgebiet besondere Bedeutung besaß, bezeugt die Lebensbeschreibung der Königin Balthilde zwar besonders zuverlässig, aber durchaus nicht allein. Auch drei andere Viten, nämlich die Lebensbeschreibungen des Richarius, des Gründers des in der Nähe der Somme gelegene Kloster Saint-Riquier, des Bischofs Eligius von Noyon und des Filibertus, der das bei Rouen gelegene Kloster Jumièges gegründet hat, lassen das erkennen.

Die Vita des Richarius, der um 645 starb, ist spätestens im zweiten Viertel des 8. Jh., vielleicht aber schon am Ende des 7. Jh. geschrieben worden.[107] Sie erzählt von der Absicht des Abtes, „*ultra mare in Saxonia*“ Gefangene freizukaufen.[108]

Ausführlicher, wenn auch im Dargebotenen nicht unbedingt in jeder Einzelheit glaubwürdig, beschreibt die Vita des Eligius die Verdienste, die sich dieser Bischof um die Befreiung versklavter Menschen erwarb. Eligius war von 641 bis 660, dem Jahr seines Todes, Bischof von Noyon. Die Vita verfaßte sein Zeitgenosse Audoin, Bischof von Rouen. Audoins Werk ist allerdings nur in Teilen in einer um die Mitte des 8. Jh. von einem unbekannten Autor geschriebenen umfangreicheren Lebensbeschreibung des Eligius erhalten.[109] Es wird erzählt, daß der Bischof 20, 30, 50, mitunter aber auch 100 Menschen, sowohl Männer als auch Frauen, durch Geld befreit hätte. Unter ihnen wären Römer, Gallier, Briten und Mauren gewesen; vor allem aber hätte Eligius Gefangenen „*ex genere Saxonorum*“ zur Freiheit verholfen.[110] Diese Passage der Vita wird nun allerdings kaum unbesehen benutzt werden dürfen, um für die politischen Kerngebiete des Merowingerreiches auf die Beteiligung an einem lebhaften und räumlich weitreichenden Sklavenhandel zu

104 Teil B, Nr. 77.
105 Ewig, Privileg, S. 106.
106 S. o., S. 73f.
107 Levison, Vorzeit, S. 135.
108 Teil B, Nr. 94.
109 Levison, Vorzeit, S. 127f.
110 Teil B, Nr. 79.

schließen. Jedoch steht die Quelle auch in ihrer jüngeren Fassung dem 7. Jh. noch so nahe, daß die Art und Weise, in der der Anteil der Gefangenen sächsischer Herkunft betont wird, als Reflex tatsächlicher Vorgänge gewertet werden darf.

Auch die Angaben der Vita des Filibertus sind, obwohl sie ausdrücklich gar nichts dergleichen besagen, offensichtlich von dem Wissen geprägt, daß in einer bestimmten Zeit vor allem versklavte Angelsachsen in das Untersuchungsgebiet gebracht wurden. Filibertus starb 685.[111] Seine Vita ist nahezu 100 Jahre nach seinem Tode geschrieben worden; ihre Glaubwürdigkeit wird jedoch hoch geschätzt, da der Autor bei ihrer Abfassung Urkunden in nicht geringer Zahl benutzte.[112] Er erzählt, daß Filibertus sowohl durch königliches Geschenk als auch durch die Freigebigkeit anderer Gläubiger in den Besitz beträchtlicher Geldbeträge gelangt sei. Er hätte dieses Geld genutzt, um Gefangene zu befreien, und zu diesem Zweck Mönche mit Schiffen in überseeische Gebiete geschickt. „. . . Und die Scharen der von ihm freigekauften Gefangenen lobten die Macht Christi."[113]

Die Frage nach dem Handel mit Menschen ging aus von der in der Forschung wiederholt vorgetragenen Ansicht, Sklaven seien eine Ware gewesen, die orientalische Gebiete im Tausch gegen die eigenen Güter vom Okzident empfingen. Einziges Auskunftsmittel, das zu diesem Gegenstand direkte Angaben zu machen vermag, sind die schriftlichen Quellen. Für das Untersuchungsgebiet gehören neben den Konzilsakten und den Formelsammlungen hierzu einige Heiligenviten. Diese Quellen bezeugen, daß im Gebiet zwischen Somme und Loire während des 7. Jh. Menschen gesondert, losgelöst vom Grund und Boden, verkauft worden sind. In der Regel vollzogen sich diese Geschäfte jedoch innerhalb des Untersuchungsgebietes: Sowohl der Verkäufer und der Käufer als auch der Verkaufte waren hier ansässig; der Käufer zumindest war Eigentümer hier gelegener mehr oder weniger umfangreicher Ländereien. Durch Transaktionen dieser Art wurden keinerlei weitreichende wirtschaftliche Beziehungen hergestellt; trotzdem dürften gerade sie jene Form des Verkaufs und Kaufs von Menschen gewesen sein, die aus später zu erörternden Gründen am ehesten zu den Erscheinungen gehörten, die ökonomische und soziale Veränderungen bewirkten. Dagegen lassen die schriftlichen Zeugnisse in ihrer Gesamtheit ebensowenig erkennen, daß das zwischen Somme und Loire gelegene Gebiet während des 7. Jh. Ausgangsraum eines weitreichenden Handels mit Menschen gewesen ist, wie es die Beschlüsse der Synoden und die diplomatischen Quellen für sich genommen tun.

Es wird gefragt werden müssen, ob der Mangel an schriftlichen Quellen, auf die die Forschung, wie gesagt, bei der Behandlung des Gegenstandes ausschließlich angewiesen ist, ihre allgemeine Dürftigkeit, ein Bild von den Dingen entstehen lassen, das den historischen Gegebenheiten nicht gerecht zu werden vermag. Ein Versuch, die wesentlichen Aussagen der Quellen miteinander zu vergleichen und zu kombinieren, läßt diese Frage verneinen.

Die diplomatischen Quellen zeigen, daß im Untersuchungsgebiet einerseits alle ökonomischen und sozialen Voraussetzungen existierten, an die der Kauf und Verkauf von Menschen gebunden war: bestimmte Formen des Privateigentums, der Herrschaft über Menschen, der Ausbeutung. Sie lassen zugleich erkennen, daß ein Interesse an solchen Verkäufen entstanden war, daß sie praktiziert wurden. Es liegt nahe, von dieser Tatsache her zwei andere zu interpretieren, nämlich die, daß einerseits nachweislich versklavte Menschen von außen in das Untersuchungsgebiet gebracht worden sind, und daß andererseits ebenso nachweislich Bestrebungen vorhanden waren, den Verkauf unfreier Menschen über die

[111] Böhme, W., in L Theol K, 8, Sp. 446f.
[112] Levison, Vorzeit, S. 138.
[113] Teil B, Nr. 86.

Grenzen des Merowingerreiches hinaus zu unterbinden. Zwischen diesen Erscheinungen, die von unterschiedlichen Quellengruppen sichtbar gemacht werden, bestand offensichtlich ein innerer Zusammenhang: Sie wurzelten gleichermaßen in dem bei bestimmten sozialen Gruppen oder Schichten vorhandenen Interesse, möglichst günstige Bedingungen für die Vergrößerung der Anzahl jener Arbeitskräfte zu schaffen, die der eigenen Herrschaft unterworfen waren. Es ist offensichtlich nicht die Überlieferung, die es verwehrt, einem bedeutenden Sklavenhandel auf die Spur zu kommen, zu dessen bevorzugten Ausgangsgebieten während des 7. Jh. noch der zwischen Somme und Loire gelegene Raum gehört hätte, sondern das, was die Überlieferung zu erkennen gibt, deutet eher darauf hin, daß hier Verhältnisse vorherrschten, die einem solchen Handel bereits die nötigen sozialen Voraussetzungen entzogen hatten.

3. Kauf und Verkauf von Erzeugnissen menschlicher Arbeitskraft: Agrarprodukte, Lebensmittel, Erzeugnisse des Handwerks

Eines der wenigen zeitgenössischen Schriftstücke, das mit einiger Sicherheit den Verkauf agrarischer Produkte für den Untersuchungszeitraum bezeugt, ist zugleich eines ihrer jüngsten: Eine im Original überlieferte Urkunde Chlodwigs III. aus dem Jahre 692 gibt über einen Streit Auskunft, der seit längerem zwischen dem Kloster Saint-Denis und einem Abt Ermenoald ausgetragen wurde.[114] Ermenoald ist unbekannt; Levillain vermutet, daß er Abt eines der in Paris gelegenen Klöster gewesen sei.[115] Dieser unbekannte Abt war als Mittelsperson an einem Handel beteiligt, den der Abt Chaino von Saint-Denis und der Bischof Ansebercthus von Autun[116] abgeschlossen hatten. Gegenstand dieses Handels waren eine beträchtliche Menge Wein und eine nicht weniger beträchtliche Menge Öl, die Chaino dem Bischof überließ.[117] Gegen Ermenoald wurde vom Abt Chaino vor dem Königsgericht Klage erhoben, weil er die Verpflichtungen, die er gegenüber dem Kloster Saint-Denis eingegangen war, nach einigen Jahren noch immer nicht erfüllt hatte.[118]

Es bedarf keiner langen Ausführungen darüber, daß Saint-Denis in merowingischer Zeit zu den einflußreichsten Abteien des fränkischen Reiches gehörte. Diese Stellung verdankte es nicht allein seiner weit zurückreichenden Geschichte und seiner Bindung an die königliche Dynastie, die zeitweilig außerordentlich eng war, sondern sie wäre ebensowenig denkbar ohne die wirtschaftliche Leistungsfähigkeit seiner Grundherrschaft und ohne die ökonomische Begünstigung, die dem Kloster zeitweilig aus seiner Lage erwuchs.[119] Daß im Zentrum eines solchen grundherrschaftlichen Verbandes früh die Möglichkeit vorhanden war, Überschüsse der agrarischen Produktion zu verkaufen, ist nicht neu. Da zudem Paris mit seiner Umgebung eines der bevorzugten Weinanbaugebiete Neustriens war, überrascht es auch nicht, daß der Wein für die Handelsbeziehungen dieser Gegend zuerst bedeutsam wurde. Eine Urkunde König Pippins aus dem Jahre 753, die dem Kloster Saint-Denis das Recht bestätigt, im *pagus* von Paris allen Zoll von jenen Kaufleuten zu erheben, die den alljährlich beim Kloster stattfindenden Markt besuchten, nennt als

114 Teil B, Nr. 12.
115 Levillain, Études, IV, S. 276, Anm. 1.
116 Teil B, Nr. 12.
117 Ebenda. Levillain, Études, IV, S. 276.
118 Teil B, Nr. 12.
119 Levillain, Études, IV, S. 5ff,. mit entsprechenden Literaturangaben. Zur Stellung des Klosters zur königlichen und zur bischöflichen Gewalt ebenda, III, S. 22ff., bes. S. 339–346. Vgl. Brühl, Palatium, S. 27ff.

einziges Handelsgut ausdrücklich den Wein.[120] Das Kloster Saint-Denis war im letzten Viertel des 7. Jh. ganz gewiß in der Lage, in der eigenen Grundherrschaft erzeugten Wein zu verkaufen, und nahezu ebenso sicher ist, daß der Ansebercthus überlassene Wein ein Produkt dieser Grundherrschaft war. Weit weniger selbstverständlich scheint das dagegen bei dem anderen Produkt, von dem die Urkunde Chlodwigs III. spricht, dem Öl. Die Abtei Saint-Denis überließ, wie gesagt, dem Bischof von Autun eine beträchtliche Menge hiervon. Die Quelle nennt „*milli quingentas liberas*",[121] das sollen etwa 490 kg gewesen sein.[122]

Dieses Öl ist sicher nicht in der Umgebung von Paris erzeugt worden, sondern es dürfte sich hierbei um ein Produkt gehandelt haben, das aus südlicheren Gegenden kam.[123] Die Ausführungen sind damit aber, das dürfte nicht zu übersehen sein, schließlich an einem Punkt angekommen, an dem auf jene Quellen eingegangen werden muß, die dem großangelegten Lehrgebäude Pirennes vor allem als Stütze dienten.

Es sind fünf Urkunden merowingischer Könige überliefert, deren Inhalt Pirenne nutzte, um seine These von einem intensiven, bis an die nördlichen Grenzen des Merowingerreiches führenden Handel mit dem Mittelmeerraum und dem Orient zu belegen.

Drei dieser Urkunden sind für das Kloster Saint-Denis,[124] zwei für das an der Somme gelegene Kloster Corbie[125] ausgestellt worden.

In dem gleichen Jahr, in dem Chlodwig III. den Streit zwischen Saint-Denis und dem unbekannten Abt Ermenoald zu Gunsten des Klosters entschied, bestätigte er Saint-Denis Rechte, die diesem seit einem halben Jahrhundert zustanden. Die Urkunde, die Chlodwig III. über diesen Gegenstand ausstellte, besagt, daß Dagobert I. dem Kloster Saint-Denis eine jährliche Rente von 100 *solidi* „*de Massilia civetati sicut ad cellario fisci potuerant esse exactati*" sowie Zollfreiheit in Marseille selbst und in anderen nicht namentlich genannten Orten seines Reiches zugestanden hätte.[126] Aus der Urkunde geht außerdem hervor, daß Zollfreiheit und jährliche Rente von Sigibert III., Chlothar III., Childerich II. und Theuderich II. bestätigt worden waren.[127] Keine dieser Bestätigungsurkunden ist überliefert; dagegen ist eine jüngere erhalten, die Chilperich II. im Jahre 716 ausgestellt hat.[128]

Es ist sicher, daß die in der Urkunde Chlodwigs III. genannten *missi* des Klosters nicht Geld, sondern bestimmte Güter von Marseille nach Saint-Denis brachten. Das anzunehmen legt allein schon die Tatsache nahe, daß Zollbefreiung und Rentenschenkung direkt miteinander verknüpft wurden. Zudem werden in jener Passage der Urkunde, die die Zollbefreiung betrifft, diese Transporte ausdrücklich erwähnt. Sie untersagt den *judices*, Abgaben zu erheben, „*de carradeci qui hoc inferrire vidintur*".[129] Die Privilegierung bezweckte also, das scheint beachtenswert, nicht schlechthin eine materielle Begünstigung, sondern sie sollte es dem Kloster ermöglichen oder zumindest erleichtern, in den Besitz bestimmter Güter zu gelangen. Etwas recht Entscheidendes allerdings sagt die Urkunde nicht: Sie nennt die Güter nicht, die das Kloster Saint-Denis über viele Jahrzehnte aus

[120] Mg. DD. Karol., Nr. 6 vom 8. Juli 753 (Original).
[121] Teil B, Nr. 12.
[122] Levillain, Études, IV, S. 276.
[123] Scheffer-Boichorst, Syrer, S. 540f. Buchner, Provence, S. 44f.
[124] Teil B, Nr. 13, 14 und 18.
[125] Ebenda, Nr. 5 und Nr. 20.
[126] Ebenda, Nr. 13.
[127] Ebenda.
[128] Ebenda, Nr. 18.
[129] Ebenda, Nr. 13.

Marseille bezog. Um das zu erfahren, muß eine jüngere Quelle herangezogen werden, die, obwohl sie nicht zeitgenössisch ist, erheblichen Wert besitzt.

Im 9. Jh. verfaßte, und zwar vor 835, ein Mönch aus Saint-Denis die „Gesta Dagoberti".[130] Er nutzte für seine Aufzeichnungen eine erhebliche Anzahl Urkunden, die im Klosterarchiv aufbewahrt wurden. Es ist wahrscheinlich, daß ihm auch jene Urkunde, mit der Dagobert I. dem Kloster einen Anteil an den Einnahmen in Marseille zugestand, noch vorgelegen hat.[131]

Der Verfasser der „Gesta" berichtet, König Dagobert hätte von dem Zoll, den er jährlich in Marseille empfing, 100 *solidi* dem Kloster zugesprochen. Außerdem aber hätte er bestimmt, daß die *„actores regii"* für dieses Geld Öl einzukaufen und den *missi* des Klosters auszuhändigen hätten.[132] Weiter erwähnt er ebenso wie die Urkunde Chlodwigs III. aus dem Jahre 692 die Zollbefreiung, sagt aber über diese hinausgehend, daß sie in Marseille, Valence, Fos-sur-Mer, Lyon und in anderen Orten für die sechs Wagen gelten sollte, mit denen das Öl zum Kloster transportiert wurde.[133]

Aus den erhaltenen Quellen ergibt sich mithin das folgende: Den Mönchen von Saint-Denis stand seit der Herrschaft Dagoberts I. das Recht zu, in Marseille alljährlich vom Fiskus bestimmte Güter zu empfangen und diese Güter abgabenfrei zum Kloster zu transportieren. Diese Güter machten einen Wert von 100 *solidi* aus. Das einzige Gut, das, offenbar weil es besonders wichtig war, ausdrücklich genannt wird, ist das Öl. Ob dieses Öl allerdings, wie Pirenne wollte, aus Afrika kam,[134] oder ob es ein Erzeugnis der Provence war,[135] läßt sich mit Hilfe der zur Verfügung stehenden Texte nicht entscheiden.

Ebenso wie dem Kloster Saint-Denis bestätigte Chilperich II. im Jahre 716 dem Kloster Corbie bestimmte Rechte. Sie waren diesem ein halbes Jahrhundert früher von Chlothar III. zugesprochen worden.[136] Der Urkunde Chilperichs ist zu entnehmen, daß, so wie Saint-Denis seit der Herrschaft Dagoberts I. in Marseille, Corbie seit der Herrschaft Chlothars III. in Fos-sur-Mer einen Anteil an den dort zu erhebenden Zolleinnahmen besaß. Die Urkunde, die Chilperich II. für Corbie ausstellte, enthält ein ausführliches Verzeichnis jener Güter, die das Kloster in Fos-sur-Mer empfangen sollte. Genannt werden unter anderem 10000 Pfund Öl, 30 Pfund Pfeffer, 150 Pfund Kümmel, 2 Pfund Gewürznelken, 1 Pfund Zimt, 50 Pfund Datteln, 100 Pfund Feigen, 100 Pfund Mandeln, 100 Pfund Oliven, 150 Pfund Erbsen, 20 Pfund Reis, aber auch *„carta tomi L"*[137], die als Papyrus gedeutet werden.[138]

Diesem Verzeichnis liegen, wie überhaupt der gesamten Bestätigungsurkunde Chilperichs II., Angaben des Abtes von Corbie zugrunde.[139] Die Urkunde Chlothars III. hat bei der Bestätigung entweder nicht vorgelegen oder sie enthielt diese speziellen Angaben noch nicht. Es ist also nicht bekannt, ob bereits bei der ursprünglichen Verteilung die Güter, die von den Beauftragten des Klosters aus Fos-sur-Mer geholt werden sollten, in der gleichen Weise nach Art und Menge festgelegt worden waren. Nicht zu bezweifeln da-

130 Levison, Vorzeit, S. 113.

131 Ebenda. Levillain, Études, IV, S. 282

132 Teil B, Nr. 62.

133 Ebenda.

134 Pirenne, Geburt, S. 89f.

135 Levillain, Études, IV. S. 297. Ganshof, Bureaux, S. 128. Verhulst, Handel, S. 11, vermutet Italien, Spanien und Nordafrika als Herkunftsgebiete.

136 Teil B, Nr. 6 und Nr. 20.

137 Ebenda, Nr. 20.

138 Wörterbuch, 2, Sp. 522.

139 Levillain, Examen, Pièces just., Nr. 15.

gegen ist, daß das Kloster Corbie seine *missi* nahezu seit seiner Gründung in die Provence schickte, um von dort bestimmte Güter herbeischaffen zu lassen. Denn Chlothar III. gewährte dem Kloster, vermutlich 661, Zollfreiheit. Die hierüber ausgestellte Urkunde bestimmte ausdrücklich, daß die Klosterleute, die *„ad cappas comparandas“* oder aus anderen Gründen Fahrten *„in partibus provintiae“* oder in andere Gegenden des Reiches unternahmen, von jeder Zollzahlung befreit sein sollten.[140] Es liegt nahe zu vermuten, daß diese Fahrten in die Provence schon damals dazu dienten, Güter von der Art herbeizuschaffen, wie sie in der Urkunde Chilperichs II. genannt werden, und daß diese Urkunde also Rechte bestätigte, die dem Kloster Corbie tatsächlich von Chlothar III. zugesprochen worden waren.

Von der Forschung sind die soeben vorgeführten Quellen immer wieder zitiert worden, um die Existenz eines blühenden Handels des Okzidents mit dem Orient zu beweisen.[141] Vercauteren glaubte einem Formular der Sammlung Marculfs entnehmen zu können, daß „dans toutes les auberges de la région parisienne les fonctionnaires en mission pouvaient se faire servir, sans difficultés, des épices, des fruits et des confiseries exotiques.“[142] Das betreffende Formular[143] läßt jedoch keinerlei Beziehung zum Pariser Raum erkennen. Nach Pirenne sollte die Urkunde, die Chilperich II. für das Kloster Corbie ausstellte, geradezu helles Licht auf diesen Handel werfen.[144] Näheres Hinsehen zeigt jedoch, daß eine solche Auslegung dieser Quellen durchaus nicht die einzig mögliche ist.

Die Urkunden bezeugen sicher, daß in Neustrien gelegene Klöster während des 7. Jh. ihre *missi* in die Provence sandten, damit sie von hier Naturalprodukte herbeischafften. Öl nahm unter diesen Produkten einen gewichtigen Platz ein. Sicher ist weiter, daß diese Güter von den Klöstern Saint-Denis und Corbie nicht gekauft, sondern daß sie den *missi* von den Beauftragten des Fiskus in Naturalform ausgehändigt wurden. Die Klöster traten also in Marseille und in Fos-sur-Mer nicht als wirkliche Handelspartner auf, sondern sie nahmen ein Geschenk in Empfang; sie profitierten von einer königlichen Gunst. Es ist außerdem sicher, daß für den Transport der Güter eine spezielle Zollbefreiung ausgesprochen wurde. Für einen Teil der Güter, so etwa für die genannten Gewürze und den Papyrus, steht zudem außer Zweifel, daß sie auf irgendeine Weise aus dem Orient gekommen sein müssen. Bei einigen anderen dagegen – dazu gehören die Oliven, die Erbsen und das Öl – ist das höchst unsicher. Es ist erwiesen, daß Öl auch in der Provence erzeugt wurde.[145] Zumindest zeitweilig besaß die Pariser Episkopalkirche hier Land *„propter arbores oliviferas, ad luminaria facienda.“*[146] Zudem ist wahrscheinlich, daß Öl nicht nur aus der Provence und über Marseille, sondern auch aus anderen Gegenden und über andere Wege in die nördlich der Loire gelegenen Gebiete kam.[147] Die überlieferten Urkunden

[140] Teil B, Nr. 5.

[141] PIRENNE, Geburt, S. 86ff. DERSELBE, Les villes, S. 20. VERCAUTEREN, Études, S. 211ff. BÜTTNER, Studien, S. 157; weiter die Literaturangaben im Teil B zu den Nummern 5, 13, 18 und 20. Vgl. VERHULST, Handel, S. 19f.

[142] VERCAUTEREN, Études, S. 447.

[143] Teil B, Nr. 22.

[144] PIRENNE, Geburt, S. 86.

[145] BUCHNER, Provence, S. 44. Vor ihm schon SCHEFFER-BOICHORST, Syrer, S. 540f.

[146] MG. DD. Merov., S. 5f., Nr. 3; Urkunde Childeberts I. vom Januar 528. Vgl. dazu LESNE, Propriété, S. 174f. u. S. 219.

[147] In der Vita Filiberti wird erzählt, daß dem Kloster Noirmoutier mit einem Schiff Öl aus Bordeaux geschickt worden sei. Dieses Öl, das zu Beleuchtungszwecken gedacht war, hätte Filibert von Freunden erhalten, Teil B, Nr. 87. Der Bericht läßt sich schwerlich so verstehen, wie LEWIS, Commerce, S. 274f. es will, daß nämlich Filibert in Bordeaux eine Ladung Öl gekauft hätte.

sowie die „Gesta Dagoberti“ sagen – ein anderer Schluß scheint kaum vertretbar – nur sehr bedingt etwas über einen Warenverkehr, einen Handel aus, wie ihn Pirenne vor Augen hatte. Sie bezeugen sicher, daß bestimmte Güter aus Nordafrika und daß andere aus dem Orient zur provençalischen Küste kamen, aber sie sprechen entschieden gegen einen intensiven, einen stabilen Handel, der bis in den Raum nördlich der Loire gereicht hätte. Es ist jedenfalls nicht gut vorstellbar, daß ökonomisch so leistungsfähige Kircheninstitutionen wie die Klöster Saint-Denis und Corbie, von denen das eine zudem vor seinen Toren einen der damals bedeutendsten, wenn nicht überhaupt den bedeutendsten Jahrmarkt Neustriens stattfinden sah, alljährlich die beschwerliche und langwierige Fahrt in die Provence hätten unternehmen lassen, wenn die dort zu beschaffenden Güter mühelos und mit Gewißheit in ihrer Nähe erreichbar gewesen wären. Nichts, so will es scheinen, spricht eindeutiger gegen das Funktionieren eines Handels im Pirenneschen Sinne, als gerade die Tatsache dieser Fahrten.

An dieser Stelle ist zum Ausgangspunkt, nämlich zu jenem zwischen dem Kloster Saint-Denis und dem Bischof von Autun abgeschlossenen Handel, von dem oben gesprochen wurde, zurückzukehren. Das Kloster bezog kostenlos Öl, verkaufte aber das gleiche Produkt an eine andere Kircheninstitution. Das königliche Privilieg verhalf also dem Kloster Saint-Denis keineswegs nur dazu, seinen eigenen Bedarf an solchen Gütern zu decken, die innerhalb des Wirtschaftsverbandes der klösterlichen Grundherrschaft entweder überhaupt nicht oder nur in unzureichendem Maße zu beschaffen waren. Es erschloß sich mit Hilfe dieses Privilegs außerdem eine Einnahmequelle, indem es über die Befriedigung seines eigenen Bedarfs hinaus die Vermittlung solcher Güter übernahm, und es liegt nahe daran zu denken, daß auch andere Empfänger solcher Privilegien, also etwa das Kloster Corbie, ähnlichen Gebrauch von den ihnen eingeräumten Möglichkeiten machten.

Die überlieferten Königsurkunden des späten 7. Jh. lassen demnach, werden sie über Ware-Geld-Beziehungen befragt, darauf schließen, daß klösterlich-grundherrschaftliche Zentren bei der Realisierung solcher Beziehungen mitunter eine doppelte Funktion erfüllten. Sie verkauften einerseits Güter – genannt wurde bisher der Wein –, die in der eigenen Grundherrschaft erzeugt worden waren; gleichzeitig aber übernahmen sie die Vermittlung von Produkten, die über größere Entfernungen herbeigeschafft werden mußten. Für das Kloster Saint-Denis ist dies bezeugt; für das Kloster Corbie läßt es sich vermuten, und über ein weiteres, das Kloster Stablo-Malmedy, wird noch zu sprechen sein. Hier jedoch scheinen zunächst einige Bemerkungen allgemeineren Charakters am Platze.

Die Tatsache, daß ein mitten im Zentrum der politischen Kernlandschaft des Merowingerreiches gelegenes und in der besonderen Gunst der merowingischen Dynastie stehendes Kloster in eine solche Vermittlerrolle zu geraten vermochte, läßt erneut nach der Existenz eines durchgebildeten, stabilen und differenzierten Handels fragen, der Neustrien während des 7. Jh. mit der provençalischen Küste und mit noch entfernteren Gebieten verbunden haben soll. Es mutet, so wird ein weiteres Mal festgestellt werden müssen, wenig wahrscheinlich an, daß ein solcher Handel dieser Erscheinung Raum geboten hätte. Jedoch bestärkt diese Feststellung lediglich in der Skepsis, die einer entsprechenden Interpretation der betreffenden Urkunden entgegenzubringen geraten erscheint. Anderes dürfte dagegen bemerkenswerter sein.

Wenn jene Erscheinung, daß klösterliche Grundherrschaften Produkte verkauften, die nicht von ihnen erzeugt wurden und deren Erzeugung innerhalb des Wirtschaftsverbandes dieser Grundherrschaften aus geographischen oder anderen Gründen nur sehr bedingt oder überhaupt nicht möglich war, nicht eine rein zufällige, einmalige gewesen ist, wenn jene eingangs zitierte Urkunde Chlodwigs III. sich nicht mit einem sehr ungewöhnlichen Vorgang befaßt, so vermittelt sie Kenntnisse, die für die Gesamtproblematik der frühfeudalen Ware-Geld-Beziehungen bedeutsam sein dürften: Die klösterlich-grundherrschaftlichen Zentren hätten dann auf die Entwicklung und die Intensivierung warenwirtschaftlicher Erscheinungen nicht nur durch die Produktion der eigenen Grundherrschaft, durch Ertragssteigerung und den dadurch anwachsenden Verkauf von Gütern eingewirkt. Sie wären in diese Ware-Geld-Beziehungen nicht nur dadurch eingetreten, daß sie als Verkäufer dieser Güter fungierten, sondern sie wären darüber hinaus wirksam geworden, indem sie den Verkauf von Erzeugnissen übernahmen, die in anderen wirtschaftlichen Verbänden und in anderen Wirtschaftsräumen erzeugt worden waren. Sie hätten damit eine Aufgabe übernommen, die bei höher entwickelten Formen der Warenwirtschaft eine eigene soziale Schicht, die Kaufleute, erfüllte. Das, was die Urkunde Chlodwigs III. für Saint-Denis klar erkennen läßt, und was für andere Klöster vermutet wird, läßt also einerseits auf wenig ausgebildete und undifferenzierte warenwirtschaftliche Erscheinungen schließen. Andererseits aber deutet es darauf hin, daß die großen klösterlich-grundherrschaftlichen Zentren des Untersuchungsgebietes in der späten Merowingerzeit eine Bedeutung besaßen, die keineswegs nur aus ihrer spezifisch grundherrlichen oder aus ihrer spezifisch kirchlich-klösterlichen Tätigkeit erwuchs.

In eine ganz andere Gegend als die für Saint-Denis und Corbie ausgestellten Urkunden führt jenes Privileg, mit dem das Doppelkloster Stablo-Malmedy in spätmerowingischer Zeit ausgestattet war.[148] Dieses Kloster lag nicht im zu untersuchenden Gebiet; aber die Aussagen, die von der zu behandelnden Quelle gemacht werden, betreffen dieses in eindeutiger Weise.

652 oder 653 stellte Sigibert III. von Austrasien eine Urkunde für das genannte Kloster aus.[149] Die Einrichtung war nur wenig vorher von Grimoald, dem Sohn Pippins des Älteren, gegründet worden.[150] Sigibert III. überließ ihr Zolleinnahmen, die im *portus Vetraria* und im *portus Sellis* erhoben wurden. *Portus Vetraria* lag dort, wo sich der *fluvius Taunucus* und der *fluvius Itta* vereinigten.[151] Der Ort ist identisch mit Port-Saint-Père. Er liegt im Departement Loire-Atlantique etwa vier Kilometer nordwestlich des Lac de Grand-Lieu am Tenu, dem *fluvius Taunucus* der Urkunde. Dieser Fluß wiederum mündet unterhalb Nantes in die Loire.[152] Der *portus Sellis* befand sich direkt an der Loire. Er ist identisch mit dem etwa 30 Kilometer oberhalb Nantes gelegenen Château-Ceaux.[153] Der in der Urkunde Sigiberts III. ebenfalls genannte *fluvius Itta* ist wohl der Flußarm, der Tenu und Lac de Grand-Lieu miteinander verbindet.[154] Daß der König des austrasischen Teilreiches um die Mitte des 7. Jh. in jener entfernten Gegend Herrschaftsrechte auszuüben vermochte, ist ein Ergebnis der vorangegangenen Reichsteilungen. Seit dem im Jahre 587 zu Andelot geschlossenen Vertrag gehörte eine Art Exklave südlich der unteren Loire zu Austrasien.[155]

Der Inhalt der Urkunde, die Sigibert III. dem Kloster Stablo-Malmedy überließ, erinnert in manchem an die Privilegien, die Dagobert I. und seine Nachfolger dem Kloster Saint-Denis, Chlothar III. und seine Mutter Balthilde dem Kloster Corbie erteilten.[156]

148 Teil B, Nr. 3.

149 Ebenda.

150 Hauck, Kirchengeschichte, 1, S. 272, Anm. 4.

151 So wird die Aussage, daß der Zoll „*ad portum Vetraria super fluvius Taunuco Ittaque*" erhoben wurde, zu interpretieren sein.

152 Ganshof, Tonlieu, S. 302.

153 Teil B, Nr. 3.

154 Ebenda.

155 Ewig, Teilreiche, II, S. 115f.

156 S. o., S. 80ff.

Hier wie dort wurde im nördlichen Teil des Merowingerreiches gelegenen Klöstern ein Recht auf Zolleinnahmen eingeräumt, die der Fiskus an weit entfernten Handelsplätzen erhob. Hier wie dort handelte es sich bei den Privilegierten um Einrichtungen, die der merowingischen Dynastie oder dem Hochadel des Reiches nahestanden. Hier wie dort schließlich erfolgte die Privilegierung nicht in erster Linie in der Absicht, von den Empfängern an entfernten Orten abzuwickelnde Handelsgeschäfte zu erleichtern. Es dürfte mit dem Text der Urkunde kaum, wie Lewis es versucht, zu beweisen sein, daß Sigibert III. dem Kloster erlaubte, zwei Häfen an der Loire abgabenfrei zu benutzen.[157] Ebensowenig wie Saint-Denis in Marseille und Corbie in Fos-sur-Mer erschien Stablo-Malmedy in Port-Saint-Père und in Château-Ceaux als wirklicher Handels partner, sondern es war genau wie jene Nutznießer des Handels anderer. Aber es gibt auch Bestimmungen, durch die sich die Rechte, die dem Kloster Saint-Denis in Marseille, dem Kloster Corbie in Fos-sur-Mer zustanden, von denen unterschieden, die dem Kloster Stablo-Malmedy in Port-Saint-Père und in Châteaux-Ceaux überlassen worden waren. Sigibert III. gestand dem Doppelkloster nicht nur einen Teil der Einnahmen, sondern jeweils den gesamten Ertrag des Zolls zu.[158] Stablo-Malmedy sollte zudem außer diesen Einnahmen auch Rechte an den *homines* haben, die im *portus Vetraria* und im *portus Sellis* wohnten oder diese bewachten.[159] Den Klöstern Saint-Denis und Corbie wurde ihr Anteil an den Einnahmen in Naturalform ausgehändigt, und es war ausdrücklich festgelegt worden, um welche Güter es sich hierbei handelte.[160] In der Urkunde, die das Kloster Stablo-Malmedy erhalten hatte, wird zwar gesagt, daß die Abgaben, die bisher an den beiden genannten Orten vom Schiffsverkehr und vom Handel erhoben wurden, in Zukunft den Klöstern zustehen sollten, aber über die Natur dieser Einnahmen und die der gehandelten Güter verlautet nichts.[161]

Es gibt Anzeichen, die darauf hindeuten, daß der Handel, der über die skizzierte Strecke lief, Beachtung verdient. Die zitierte Urkunde gibt an, daß *portus Vetraria* und *portus Sellis* ständig bewohnte Plätze gewesen sind, an denen gehandelt wurde: Die Abgaben, die künftig dem Kloster Stablo-Malmedy zustehen sollten, wurden nicht nur schlechthin vom Schiffsverkehr, sondern auch vom Handel erhoben, und an beiden Plätzen wohnten *homines*, die Wachdienste zu leisten hatten. Portus Vetraria, Port-Saint-Père, ist zudem für die Merowingerzeit als Münzort bezeugt. Zwei hier geprägte Münzen wurden gemeinsam mit Münzen aus Angers, Tours, Orlèans, Le Mans, Sees, Rouen und Paris im Schatz von Bordeaux entdeckt.[162] Im zweiten großen Fund merowingischer Trienten, dem bei La Baugisière gehobenen, fanden sich zwar keine Münzen aus Port-Saint-Père, dafür enthielt er in Rezé, dem gegenüber Nantes an der Loire gelegenen Hafenplatz, geprägte Stücke.[163] Auch sie traten gemeinsam mit Münzen aus Angers, Tours, Orlèans, Le Mans, Rouen und Paris auf.[164] Dieser Schatz enthielt außerdem Münzen aus Reims, Soissons, Senlis und Rennes sowie Münzen der Abteien Saint-Calais und Saint-Martin.[165] Der Ort seines Fundes, La Baugisière, liegt wenig südlich des Lac de Grand-Lieu, den ein Wasserlauf mit dem Tenu verbindet. Das Auftreten von Münzen aus den genannten Prägeorten des Untersuchungsgebietes an dieser Stelle zeigt, daß ein aus dem südwestlichen Teil des

[157] Lewis, Commerce, S. 275.
[158] Teil B, Nr. 3.
[159] Ebenda.
[160] S. o., S. 80ff.
[161] Teil B, Nr. 3.
[162] Anhang Nr. III, Nr. 10.
[163] Ebenda, Nr. 9.
[164] Ebenda.
[165] Ebenda.

Merowingerreiches kommender Verkehrs- und Handelsweg zumindest bis in das Zentrum Neustriens führte.

Es ist wesentlich der französischen Archäologie zu danken, daß die Forschung heute die Möglichkeit besitzt, sich von diesem Verkehr und vor allem von der Art der Güter, die auf seinen Wegen vermittelt wurden, ein Bild zu machen. Sie hat den Nachweis erbracht, daß die Erzeugnisse eines im nördlichen Vorland der Pyrenäen beheimateten Handwerks zwischen Somme und Loire weit verbreitet waren. Dieses Handwerk, das wohl gerade während des 7. Jh. eine besondere Blüte erlebte,[166] fertigte Kapitelle, Kanzel- und Grabplatten, Sarkophage und andere Gegenstände aus Marmor, der in den nördlichen Ausläufern der Pyrenäen gebrochen wurde.[167] Solche Kapitelle fanden sich bisher in Jouarre nordöstlich von Paris, in Reims, in Duclair an der unteren Seine, in Chartres, in Mienne,[168] in Pothières an der oberen Seine, in Selles,[169] in Suèvres,[170] in Tours und in Saint-Philbert de Grand-Lieu, Sarkophage dieser Herkunft wurden bisher in Paris, in Saint-Denis und in Soissons entdeckt.[171] In Saint-Denis ist außerdem eine Brüstung gleicher Herkunft gefunden worden.[172] Die durch Kartierung sichtbar gemachten Fundstätten der Erzeugnisse des südwestgallischen Steinmetzhandwerkes lassen Paris und seine Umgebung besonders hervortreten.[173] Sie zeigen eine bemerkenswerte Übereinstimmung mit den Aussagen der Münzfunde, und zwar sowohl mit denen der Schatz- als auch mit denen der Einzelfunde: Münzen, die in Gegenden geprägt worden waren, in denen sich jene Handwerkserzeugnisse fanden, traten in den südwestfranzösisch-aquitanischen Münzfunden besonders regelmäßig auf.[174]

Die Forschungen der Archäologie, ihre speziellen Untersuchungsmethoden und Möglichkeiten führen also zu der gesicherten Erkenntnis, daß handwerklich-gewerbliche Erzeugnisse aus dem südwestlichsten Teil des Merowingerreiches während des 7. Jh. in das Untersuchungsgebiet gebracht wurden. Es handelte sich hierbei vorzugsweise um Gegenstände, die zur Ausgestaltung von Gebäuden, vor allem von kirchlichen, genutzt worden sind. Dieses Ergebnis ist unter verschiedenen Aspekten aufschlußreich; jedoch interessiert hier, ausgehend von den Fragen, die die für Stablo-Malmedy ausgestellte Urkunde offen ließ, zunächst einmal der Weg, auf dem die Handwerkserzeugnisse nach dem Norden gelangten. Die Angaben der Urkunde und die Auskünfte der Münzfunde sprechen gleichermaßen dafür, daß die Marmorerzeugnisse zu den Gütern gehörten, die den *portus Vetraria* und den *portus Sellis* auf dem Wasserwege passierten. Sie erreichten also, vom Süden kommend, die Loire nicht, indem sie der Küste folgten,[175] sondern sie gelangten über binnenländische Wasserwege, zu denen auch der Tenu gehörte, hierher.

Die Existenz einer solchen Verbindung, ihre offensichtliche Bedeutung legen nun allerdings die Vermutung nahe, daß die Erzeugnisse des aquitanischen Steinmetzhandwerks nicht die einzigen waren, die auf diesem Weg nach Norden gelangten. Es fällt auf, daß ein

166 Fossard, Chapiteaux, S. 69–85, bes. S. 84.

167 Fossard, Chapiteaux, S. 69ff. Hubert, Routes, S. 29. Derselbe, Voies, S. 186. Higounet, Bordeaux, S. 225f.

168 Eure-et-Loir. Fossard, Chapiteaux, S. 70. Higounet, Bordeaux, Karte 18 auf S. 224.

169 Südlich Orléans: Higounet, Bordeaux, Karte 18 auf S. 224.

170 Unterhalb Orléans an der Loire: ebenda.

171 Ebenda.

172 Toussaint, Seine, S. 43.

173 Higounet, Bordeaux, Karte 18 auf S. 224.

174 S. o., S. 37ff. sowie Anhang Nr. III, Nr. 16.

175 Dies wird zumeist als selbstverständlich angesehen. Vgl. Lewis, Commerce, S. 249ff. und S. 286.

keineswegs überall vorhandenes oder direkt erreichbares Gut, das den Menschen aller sozialer Schichten und Gruppen unentbehrlich gewesen sein muß, für den Untersuchungszeitraum von den Quellen nur sehr selten erwähnt wird. Gemeint ist das Salz. Salz wird in einer Anzahl von Urkunden karolingischer Herrscher, mit denen ihre Empfänger von der Zollzahlung befreit wurden, ausdrücklich genannt. Urkunden dieser Art sind, wenngleich nur in geringer Zahl, auch aus merowingischer Zeit erhalten; vom Salz jedoch sprechen sie nicht. Die für Stablo-Malmedy ausgestellte Urkunde Sigiberts III. gibt den Anlaß zu fragen, wie während des 7. Jh. das benötigte Salz beschafft wurde, auf welche Weise dieses wichtige Gut die Verbraucher erreichte.

Von den schon einmal angeführten „Gesta Dagoberti" wird der Inhalt einer Urkunde wiedergegeben, die hier zu interessieren hat. Sie besagt, daß Dagobert I. dem Kloster Saint-Denis Güter schenkte, die zuvor „*Sadregiselus dux Aquitanorum*" besessen hätte. Zu diesen Gütern gehörten Ländereien „*cum salinis supra mare.*"[176] Ähnliche Angaben finden sich in der Vita Lantberti, der Lebensbeschreibung jenes Abtes von Saint-Wandrille (Fontenelle), der später Erzbischof von Lyon wurde und zwischen 683 und 688 starb.[177] Die Vita ist nicht zeitgenössisch; sie wurde erst um 800 geschrieben. Aber sie zeichnet sich ebenso wie die bereits zitierte Geschichte der Äbte des Klosters Fontenelle dadurch aus, daß sie Auszüge von Urkunden enthält.[178] In der Vita findet sich die Notiz über eine Schenkung, die dem Kloster während der Abtzeit des Lantbert gemacht worden ist. Der Tradent wird nicht genannt, aber es wird gesagt, daß er am Meer gelegenes Land schenkte. Auf diesem Land befanden sich „*areae salinarum piscationumque*".[179]

Beide Nachrichten, deren Glaubwürdigkeit anzuzweifeln kein Grund vorliegt, besagen übereinstimmend, daß Klöstern am Meer gelegenes Land geschenkt worden ist. In beiden Fällen befanden sich auf diesem Land Einrichtungen, die der Salzgewinnung dienten. Die Klöster Saint-Denis und Saint-Wandrille verfügten also spätestens seit diesen Schenkungen über die Möglichkeit, innerhalb des eigenen Wirtschaftsverbandes gewonnenes Salz zu verbrauchen. Das Ganze ist mit jener Landschenkung vergleichbar, durch die die Pariser Episkopalkirche mehr als 100 Jahre früher in der Provence zum Landeigentümer geworden war.[180] Nur diente dieses Land nicht der Gewinnung von Salz, sondern der Beschaffung des Öls, das für Beleuchtungszwecke gebraucht wurde.

Es bedarf wohl keiner langen Ausführungen, um die Auffassung zu begründen, daß diese Art, Güter zu beschaffen, deren Produktion an bestimmte geographisch-klimatische Voraussetzungen gebunden war, ausgesprochen naturalwirtschaftlichen Charakters gewesen ist: Produktion und Konsumtion erfolgten im gleichen Wirtschaftsverband; ein Austausch fand nicht statt; die Güter blieben Gebrauchswerte; sie verwandelten sich auf dem Wege vom Produzenten zum Konsumenten nicht in Waren. Zu fragen allerdings bleibt, ob diese Art, entsprechende Güter zu beschaffen, die allein praktizierte gewesen ist. Der bereits angeführte Handel des Klosters Saint-Denis mit Wein und Öl[181] zeigt zudem, daß die Möglichkeiten, die eine außergewöhnliche Privilegierung oder eine spezielle Produktion boten, schnell über die bloße Befriedigung des eigenen Bedarfs hinaus genutzt zu werden vermochten.

Am 24. Oktober der Jahre 834 oder 835 bestätigte Pippin I. von Aquitanien das unterhalb Orléans an der Loire gelegene Kloster Saint-Mesmin im Besitz von Grundstücken.

[176] Teil B, Nr. 66.
[177] Levison, Vorzeit, S. 138f.
[178] Ebenda, S. 139.
[179] Teil B, Nr. 92.
[180] S. o., S. 82. Vgl. zum Problem generell Lesne, Propriété, S. 219.
[181] S. o., S. 79ff.

Diese Grundstücke waren „*in portu Vitrariae in pago Erbadilico super fluvium Taunuco*" gelegen.[182] Dem Kloster dienten sie vorzüglich, um Schiffe zu be- und entladen; es nutzte sie aber auch zu anderen Zwecken. In der Urkunde wird außerdem gesagt, daß das Kloster diese *areae* künftig ohne Beeinträchtigung besitzen sollte, und daß kein Graf oder *missus* irgendeine Abgabe von ihnen erheben dürfe. Den *homines* und *missi* des Klosters sollte es erlaubt sein, sowohl wegen des Salzes als auch wegen anderer dringender Bedürfnisse sicher und ohne Zollzahlung zu kommen und zu gehen.[183] Einer Urkunde Ludwigs des Frommen ist zu entnehmen, daß diese „*areae Salinarum ad onerandas naves*" dem Kloster von Pippin und Karl dem Großen zugesprochen worden waren.[184]

Der Text dieser Urkunden gibt zwei bemerkenswerte Auskünfte: Die vom Süden kommende Flußverbindung, die über den Tenu zur Loire führte, wurde mehr als 150 Jahre, nachdem Sigibert III. jene Urkunde für das Doppelkloster Stablo-Malmedy ausgestellt hatte, noch immer genutzt, und die Urkunden geben außerdem zu erkennen, daß unter den Gütern, die auf diesem Wege transportiert wurden, das Salz wenigstens seit der Zeit König Pippins einen bestimmten Platz einnahm.

Es sind einige weitere Urkunden kirchlicher Empfänger ähnlichen Inhalts, jedoch ohne so detaillierte Ortsangaben überliefert. Sie zeigen, daß Fahrten, wie sie die *missi* des Klosters Saint-Mesmin wegen des Salzes unternahmen, damals keine außergewöhnliche Erscheinung gewesen sind. Zwei Beispiele seien vorgeführt. Am 25. Februar 831 beurkundete wiederum Pippin I. von Aquitanien, daß die Mönche des Klosters Cormery das Recht haben sollten, auf Loire, Vienne, Charente und Tenu sowie auf anderen Flüssen des Reiches zwei Schiffe zollfrei verkehren zu lassen. Über das Ziel der Fahrten wird nichts gesagt.[185] Das andere Beispiel liefert das Kloster Saint-Benoit, das etwa 30 Kilometer oberhalb Orléans an der Loire lag. Für dieses Kloster stellte Ludwig der Fromme 818 eine Urkunde aus. Er bestätigte das durch König Pippin und Karl den Großen zugestandene Recht, auf der Loire und auf anderen nicht mit Namen genannten Flüssen vier Schiffe „*propter sal et cetera commercia*" zollfrei verkehren zu lassen.[186] Die Zahl der in Urkunden dieser Art genannten Schiffe war mitunter sehr groß: Das Kloster Saint-Martin in Tours besaß Zollfreiheit für 12 Schiffe.[187]

Die schriftlichen Quellen beweisen, daß seit der frühen Karolingerzeit Fahrten die Loire abwärts und den Tenu entlang gemacht wurden, um Salz zu holen. Sie beweisen weiter, daß Port-Saint-Père dieser Verbindung als Hafen, Umschlagplatz und Ort des Handelns diente. Die Fahrten galten ohne Zweifel dem Salz, das an der Baie von Bourgneuf und an der Küste der Saintonge gewonnen wurde: Es gilt als sicher, daß an der Küste der Saintonge und an anderen Abschnitten der Atlantikküste bereits in einer sehr weit zurückliegenden Periode, gewiß aber vor dem 7. Jh., in großem Umfang Salz gewonnen wurde.[188] Andererseits ist, und zwar eben durch die Urkunde Sigiberts III., deren Empfänger Stablo-Malmedy war, gesichert, daß jene über den Tenu laufende Route mitsamt dem Handelsplatz Port-Saint-Père schon in der Mitte des 7. Jh. in Blüte stand. Daß sie damals noch nicht, wie nachgewiesenermaßen 100 Jahre später, dazu benutzt worden sein soll, um das an der nahen Küste gewonnene Salz in das Loiregebiet und von dort weiter nach Norden zu bringen, ist kaum vorstellbar. Es darf eher mit einer an Sicherheit grenzenden

[182] Chart. et dipl. Pippin I., Nr. 21 vom 24. Oktober 834 oder 835.

[183] Ebenda.

[184] Bouquet, 6, Nr. 146, S. 556, BM, Nr. 955, mit Datierung: Februar 16.

[185] Chart. et dipl. Pippin I. Nr. 17.

[186] Recueil St.-Benoit, Nr. 15, S. 33.

[187] BM, Nr. 632; Urkunde Ludwigs des Frommen vom 30. August 816.

[188] Clouzot, Les marais, bes. S. 100.

Wahrscheinlichkeit gesagt werden, daß neben den Erzeugnissen eines im äußersten Südwesten des Merowingerreiches arbeitenden spezialisierten Handwerks an der Atlantikküste gewonnenes Salz zu den Gütern gehörte, die bereits während des 7. Jh. auf dem Weg über den Tenu zur Loire gebracht worden sind. Das Salz gehörte vermutlich sogar damals schon zu den für diesen Weg wichtigsten Gütern.

Es ist sicher nicht völlig verfehlt festzustellen, daß die für das Untersuchungsgebiet aufschlußreichsten und bemerkenswertesten Auskünfte von den drei vorgeführten Zollprivilegien nicht zu erlangen sind, wenn sie, wie bisher zumeist, im Sinne einer echten Handelstätigkeit der privilegierten Klöster interpretiert werden. Eher können sie besonderes Interesse dann beanspruchen, wenn sie, ihrem tatsächlichen Charakter entsprechend, als schlichte Verleihung von Rechten auf bestimmte Zolleinnahmen aufgefaßt werden: Innerhalb eines Zeitraumes, der sich im besten Falle über ein halbes Jahrhundert erstreckte, wurden drei der königlichen Dynastie oder der Hocharistokratie des Merowingerreiches eng verbundene Klöster mit Privilegien ausgestattet, die in der Provence beziehungsweise an der unteren Loire und südlich ihres Mündungsgebietes gelegene Handelsplätze betrafen. Alle drei lagen, zwei von ihnen sogar ganz erheblich, nördlich der Loire. Was, so wird zu fragen sein, veranlaßte diese auffallende Art der Privilegierung? Welche wirtschaftlichen, sozialen, politischen Motive lösten sie aus, und wie ist sie unter allgemeineren Aspekten zu beurteilen?

Die Urkunde des Klosters Stablo-Malmedy[189] läßt keinen Zweifel daran, daß gewichtiger Grund der Privilegierung die Einnahmequelle war, die dem Kloster auf diese Weise erschlossen wurde. Die Privilegierung erfolgte ganz offensichtlich in der Absicht, dem Kloster Geldeinnahmen zu verschaffen. Ob allerdings die Abgaben in Port-Saint-Père und in Château-Ceaux als Münzgeld erhoben wurden, ob dieses also dem Kloster sofort zur Verfügung stand, oder ob es, wie Saint-Denis in Marseille und Corbie in Fos, Naturalien, – gedacht werden mag an Salz – empfing, die erst verkauft oder vertauscht werden mußten, ist kaum zu entscheiden. Saint-Denis jedenfalls nutzte die Möglichkeiten der Privilegierung auch in dieser Weise.[190]

Von den drei privilegierten Klöstern hatte Saint-Denis die Rechte am frühesten zugesprochen bekommen. Da sie auf Dagobert I. zurückgingen,[191] dieser Herrscher aber 638 gestorben ist, muß das Kloster wenigstens seit 638 an den Zolleinnahmen in Marseille beteiligt gewesen sein.[192] Die Urkunde von Stablo-Malmedy ist zwischen dem 19. Januar 652 und dem 18. Januar 653[193] ausgestellt worden, und Corbie führte seine Rechte auf Chlothar III. zurück.[194] Er starb 673.[195] Die Privilegierungen erfolgten also alle in der Zeit, in der die Goldmünze, der Triens, in der Geldzirkulation noch vorherrschte.[196] Es ist bereits gesagt worden, daß die in den Münzorten des Untersuchungsgebietes geprägten Trienten die Tendenz hatten, in den westfranzösisch-aquitanischen Raum abzufließen.[197]

189 Teil B, Nr. 3.
190 S. o., S. 79 ff.
191 S. o., S. 80 ff.
192 Dagobert I. übte erst seit 629, dem Todesjahr seines Vaters Chlothar II., die Herrschaft über die Provence aus: Buchner, Provence, S. 12 f. Die Verleihung der Rechte an Saint-Denis kann also nur zwischen 629 und 638 erfolgt sein.
193 Teil B, Nr. 3.
194 Ebenda, Nr. 6 und Nr. 20.
195 Buchner, Provence, S. 14, vermutet, daß Chlothar III. „den Staatsstreich Grimoalds 662 benutzt hat, das weit vom eigentlichen Austradien abliegende Land in Besitz zu nehmen."
196 S. o., S. 18 ff.
197 S. o., S. 47.

An anderer Stelle wurde zudem die Vermutung geäußert, daß diese Erscheinung Wirkung eines nicht unbeträchtlichen ökonomischen Gefälles gewesen ist.

Der gesamte westlich von Rhein, Saône und Rhône, südlich der Somme und nördlich der Pyrenäen gelegene Teil des Merowingerreiches war in bestimmter Hinsicht ökonomisch zwar einheitlich beschaffen: Die Ausbildung von Ware-Geld-Beziehungen hatte überall gleichermaßen ein Niveau erreicht, das eine eigenständige, kontinuierliche Münzprägung bedingte. Diese dem gesamten Gebiet und *nur* ihm gemeinsame Erscheinung trennte es zugleich auffällig und eindeutig von anderen Räumen merowingischer Herrschaft.[198] Auch hier wird von einem ökonomischen Gefälle gesprochen werden müssen. Die entscheidende Stufe in diesem Gefälle bildete jene Grenze, die ehemals dem Römischen Reich einverleibte Gebiete von den von dieser Herrschaft freigebliebenen schied. Aber dieses ökonomische Gefälle setzte sich, wenn auch abgeschwächt und in gewandelter Form, offensichtlich innerhalb des westlichen Teilgebietes fort. Seine südlich der Loire gelegenen Gebiete, ganz wesentlich also Aquitanien und die Provence, besaßen während des 7. Jh. ein leistungsfähigeres, spezialisierteres Handwerk und eine differenziertere Arbeitsteilung sowie eine insgesamt höher stehende städtische Kultur als der nördlich der Loire gelegene Raum. Manches spricht, so will es scheinen, dafür, daß jene auffallenden Privilegierungen aus diesem ökonomischen Gefälle einerseits, aus einer spezifischen politischen Situation andererseits zu erklären sind: Alle bedachten Institutionen lagen nördlich der Loire, und sie befanden sich zudem in einem Gebiet, das von den Grundlagen der politisch-staatlichen Gewalt her gesehen die Kernlandschaft des Reiches ausmachte; alle privilegierten Klöster waren den Repräsentanten dieser Macht in irgendeiner Weise besonders verbunden; zumindest in einem Falle, nämlich in dem des Klosters Corbie, wurde das Recht eingeräumt, bei den Fahrten von der Provence nach Norden staatliche Transportmittel, Zugtiere, Fahrzeuge und Lebensmittel in Anspruch zu nehmen;[199] alle Privilegien erloschen zudem während der ersten Hälfte des 8. Jh., also mit dem Übergang der staatlich-politischen Repräsentanz von der merowingischen auf die karolingische Dynastie.

Frühere Ausführungen dürften gezeigt haben, daß Geld wie überhaupt die warenwirtschaftlichen Formen der gesellschaftlichen Kommunikation im Untersuchungsgebiet während des 7. Jh. sehr wesentlich genutzt wurden, um Veränderungen in der Verteilung des Grundeigentums sowie in der Herrschaft über Menschen durchzusetzen. Sie dienten darüber hinaus aber auch dazu, kirchlich-religiös bestimmte Lebens- und Organisationsformen auszubauen und wirkungsvoller zu gestalten. Es ist die Frage zu stellen, ob die betreffenden Privilegien nicht gerade in diesen Zusammenhang einzuordnen sind: Die auffallende Beteiligung der drei Klöster an den Zolleinnahmen südlicher Handelsplätze wäre demnach als eine Maßnahme zu verstehen, die darauf zielte, bestimmten Kircheninstitutionen des weniger leistungsfähigen Nordens einen Zugang zu den größeren materiellen Ressourcen des Südens zu verschaffen und sie auf diese Weise im Interesse bestimmter politisch einflußreicher Gruppen leistungsfähiger im Sinne der vor sich gehenden Wandlungen zu machen. Die Wirksamkeit dieser Maßnahmen war allerdings wohl wenigstens an zwei Voraussetzungen gebunden: Die ökonomischen Verhältnisse mußten so beschaffen sein, daß sie diese Form der Begünstigung trotz ihres Aufwandes und ihrer Schwerfälligkeit immer noch als Vorteil erscheinen ließen. Das aber konnte nur so lange der Fall sein, wie andere, eigene Möglichkeiten bestehenden Bedürfnissen nicht gerecht zu werden vermochten. Das Interesse an dieser Privilegierung mußte dann aber, wie es tatsächlich auch geschehen ist, mit anwachsender eigener ökonomischer Leistungsfähigkeit schwinden.

198 S. o., S. 17 ff.
199 Teil B, Nr. 20

Wahrscheinlich ist der Grund dafür, daß diese außergewöhnliche Art der Privilegierung während des 8. Jh. außer Gebrauch kam, hier viel eher zu suchen als in einem, wie Pirenne es wollte, Erlöschen des Mittelmeerhandels.

Die zweite Voraussetzung betrifft die Beschaffenheit der politischen Macht: Sie mußte garantieren, daß eine solche Art der Privilegierung reale Ergebnisse zeitigte. Das konnte aber nur der Fall sein, so lange die zentrale politisch-staatliche Repräsentanz in der Lage war, in den südlich der Loire gelegenen Reichsteilen Abgaben einzutreiben beziehungsweise ihre Eintribung durchzusetzen. Solchen Bestrebungen dürfte aber gerade die politische Situation des späten 7. und des beginnenden 8. Jh. wenig günstig gewesen sein: Aquitanien löste sich unter politischer Führung seiner Herzöge mehr und mehr vom Reichsverband,[200] und in der Provence suchten einflußreiche regionale Kräfte nicht ohne Erfolg eine eigenständige Herrschaft aufzubauen.[201]

Drei Erzeugnisse lassen sich nach den bisherigen Ausführungen nennen, deren Beschaffung für Konsumenten des Untersuchungsgebietes während des 7. Jh. am ehesten mit Kauf und Verkauf verbunden waren: Der Wein, das Öl und das Salz.[202] Es fällt auf, daß es sich bei allen dreien um Güter handelte, deren Produktion an besondere natürliche Voraussetzungen gebunden war. Ein viertes Gut gehört von den Bedingungen seiner Beschaffung her in die gleiche Gruppe: Als der Bischof Bertichramnus von Le Mans im Jahre 616 testamentarisch über seine umfangreichen und weitverstreuten Immobilien verfügte,[203] traf er auch Bestimmungen über ein Gebäude in Bordeaux. Er ordnete an, daß die *missi* seiner Kirche sowie die der Peter und Paul geweihten Basilika in diesem Gebäude immer dann ein *receptaculum* haben sollten, wenn sie *„pro piscibus negotiandum"* nach Bordeaux kamen.[204] Es ist also während der ersten Hälfte des 7. Jh. üblich gewesen, Leute der Episkopalkirche von Le Mans und vielleicht auch anderer in dieser *civitas* gelegenen Kircheninstitutionen nach Bordeaux zu schicken, damit sie dort Fische kauften. Die Art des Zeugnisses, seine Echtheit, bürgt für die Zuverlässigkeit dieser Information. Weniger gut steht es in dieser Hinsicht dagegen um eine andere, eine erzählende Quelle. In der Vita Sadalbergae, der Lebensbeschreibung der ersten Äbtissin des Marienklosters in Laon, wird berichtet, der Archidiakon Basinus hätte der Sadalberga einst einen Fisch von erstaunlicher Größe gebracht, *„dato dumtaxat pretio"*.[205] Die Vita ist erst in karolingischer Zeit,[206] vermutlich im 9. Jh.,[207] verfaßt worden. Deshalb dürfte die zitierte Passage, die Bestandteil einer Wundererzählung ist, als Auskunftsmittel für jene Zeit in ihren Details eher geeignet sein als für die zweite Hälfte des 7. Jh., der Lebenszeit der Sadalberga.[208]

Aus dem Testament des Bischofs Bertichramnus von Le Mans folgt, daß der Kauf von Fischen für das Untersuchungsgebiet während der ersten Hälfte des 7. Jh. Bedeutung hatte. Andere schriftliche Quellen bezeugen zudem, daß der Fisch damals als Nahrungsmittel für bestimmte Gruppen der Bevölkerung immerhin ein solches Gewicht besaß, daß seine Beschaffung ähnlich wie die des Salzes und des Öls Einfluß auf die Erwerbung von Immobilien hatte. Der in anderem Zusammenhang bereits zitierten Vita Lantberti ist zu entnehmen, daß das Kloster Fontenelle am Meer gelegene Ländereien erwarb, die teils der

200 Ewig, Teilreiche, II, S. 130ff.
201 Buchner, Provence, S. 23ff.
202 S. o., S. 79ff.
203 S. o., S. 65 und S. 69.
204 Teil B, Nr. 35.
205 Ebenda, Nr. 96.
206 Levison, Vorzeit, S. 137f.
207 Vercauteren, Études, S. 330, Anm. 1.
208 Levison, Vorzeit, S. 137f.

Salzgewinnung, teils der Fischerei dienten.[209] Das Kloster Saint-Germain-des-Prés, dessen Geschichte mit der in die Mitte des 6. Jh. gehörenden Errichtung einer dem Vincentius geweihten Basilika begann,[210] soll seit dieser Zeit ausgedehnte Fischereirechte in der Seine besessen haben.[211]

Jene Anordnung, die Bertichramnus über das Gebäude in Bordeaux traf, vermag jedoch, so spärlich sie für sich genommen auch ist, vor allem einige Ergebnisse zu bestätigen, die sich aus anderen Quellen ergaben: Sie bestärkt in der Ansicht, daß während des 7. Jh. solche Produkte im Handel eine erhebliche Rolle spielten, deren Beschaffung an bestimmte natürliche Voraussetzungen gebunden war. Sie zeigt zudem ein weiteres Mal, daß Kircheninstitutionen die zur Beschaffung entsprechender Güter nötigen Transaktionen selbständig und von eigenen Leuten ausführen ließen. Weiter sagt die Quelle ausdrücklich, daß zwischen dem Untersuchungsgebiet und dem äußersten Südwesten des Merowingerreiches Handelsbeziehungen bestanden, die Güter nach dem Norden vermittelten. Im Unterschied zu den behandelten Zollprivilegien, die zwar zumeist, aber ohne Grund, als Beweis für eine Handelstätigkeit ihrer Empfänger angeführt werden, bezeugt diese Quelle, daß nördlich der Loire gelegene Kircheninstitutionen in den südlichen Teilen des Merowingerreiches als Handelspartner auftraten. Es sollte nicht völlig übersehen werden, daß diese Quelle nicht von der Provence oder dem Saône-Rhône-Tal, sondern von Gegenden spricht, die auch durch Quellen anderer Natur als zum Untersuchungsgebiet in Verbindung stehend bezeugt sind.[212]

Da jede Warenproduktion eine gesellschaftliche Teilung der Arbeit voraussetzt,[213] stellen Kauf und Verkauf dort, wo sie begegnen, ein Indiz dieses Phänomens dar.[214] Seine Erscheinungsformen allerdings sind sehr verschiedenartiger Natur gewesen. So kann die Tatsache kaum einem Zweifel unterliegen, daß der Handel mit Wein, Öl, Salz und Fischen aus einer gesellschaftlichen Teilung der Arbeit erwuchs, aber diese Arbeitsteilung war im weitaus höheren Maße durch Faktoren des geographischen Milieus bedingt, als durch die Gegebenheiten des Produktionsprozesses, das Ausmaß seiner Spezialisiertheit und der erreichten Arbeitsproduktivität. Sie verband Wirtschaftsräume mit unterschiedlicher Produktion, ließ zwischen ihnen Handelsbeziehungen entstehen; aber sie führte nur sehr bedingt zu einer Warenzirkulation innerhalb eines bestimmten Wirtschaftsraumes, zu einem Nahhandel. Beziehungen dieser Art, ihr Aufkommen und ihre Intensität werden wesentlich, ja entscheidend durch eine ganz andere Erscheinungsform der gesellschaftlichen Arbeitsteilung, nämlich durch die Trennung des Handwerks von der Landwirtschaft, beeinflußt. Um ihr nachzuspüren, ihre Existenz oder Nichtexistenz zu erörtern, soll zunächst dem Indiz des Kaufs und Verkaufs, des Handels mit handwerklich-gewerblichen Produkten nachgegangen werden.

Die Zahl der schriftlichen Quellen, die mit eindeutiger Beziehung zum Untersuchungsgebiet Angaben über den Kauf und Verkauf von Handwerkserzeugnissen machen, ist gering. Ihre Auskünfte sind zudem, wie nicht anders zu erwarten, von sehr unterschiedlichem Wert. Es lassen sich drei Gruppen von Erzeugnissen ermitteln, die nach den Aussagen dieser Quellen Gegenstand von Kauf und Verkauf gewesen sind. Kleidungsstücke, Steinmetzarbeiten und Gegenstände des Schmiedehandwerks sind zu nennen.

209 S. o., S. 87.

210 Hauck, Kirchengeschichte, 1, S. 233f. Brühl, Palatium, S. 8.

211 MG. DD. Merov., S. 7, Nr. 5, Urkunde Childeberts I. vom 6. Dezember 556.

212 S. o., S. 86ff.

213 Marx, Kapital, 1, S. 56.

214 Vgl. Müller-Mertens, Skizze, S. 572.

Im ersten Viertel des 7. Jh. war Winebaudus Abt des Klosters St. Lupus in Troyes.[215] In seiner Vita wird berichtet, er hätte als er sich einst in Paris aufhielt, Gefangene aus einem Kerker befreit. Winebaudus soll, so wird weiter erzählt, die Befreiten mit Speise und Trank versorgt und sie schließlich auch mit Kleidungsstücken versehen haben. Diese Kleidungsstücke hätte er *„dato pretio . . . mercatus.“*[216] Das Motiv der Gefangenenbefreiung – Graus bezeichnet es geradezu als ein ‚Modewunder‘ der Merowingerzeit[217] – zeigt, daß die Erzählung stark dem Topos verhaftet ist. Trotzdem gibt es – vorausgesetzt, der Autor hat tatsächlich im 7. Jh. gelebt – keinen Grund, seinen Bericht über den Kleiderkauf in Frage zu stellen. Denn es ist kaum anzunehmen, daß er die Wirkung seiner Wundererzählung leichtfertig dadurch herabgesetzt hätte, daß er gerade an Stellen fabulierte, die einerseits allzu profan und andererseits zu leicht zu überprüfen waren.

In der Urkunde, mit der Chlothar III. um 660 das Kloster Corbie von der Zollzahlung befreite,[218] wird davon gesprochen, daß die Fahrten der Klosterleute, wenn nicht ausschließlich, so doch zu einem gewichtigen Teil dazu dienten, *cappae* zu beschaffen.[219] Die *cappa* war eine Oberbekleidung, im vorliegenden Fall also die Oberbekleidung von Mönchen.[220] Zu fragen ist, woher diese Kleidungsstücke nach Corbie gebracht worden sind. Die zitierte Urkunde spricht davon, daß die Zollbefreiung für die Fahrten der *missi* in die Provence sowie *„per reliqua loca“* gelten sollte.[221] Es ist jedoch aus verschiedenen Gründen unwahrscheinlich, daß die Bekleidung der Mönche von Corbie in der Provence beschafft worden sein soll. Zunächst ist darauf zu verweisen, daß in dem sehr detaillierten Verzeichnis jener Güter, die das Kloster jährlich in Fos-sur-Mer in Empfang nehmen sollte, weder *cappae* noch überhaupt irgendwelche Textilien genannt werden.[222] Weiter spricht auch die Art der Textilien kaum dafür, daß sie aus diesen südlichsten Teilen des Reiches nach Norden gebracht wurden. Schließlich darf nicht übersehen werden, daß der Text der Urkunde selbst die Möglichkeit offenläßt, daß diese Bekleidungsstücke aus anderen Gegenden kamen, denn die Fahrten der missi gingen ja eben nicht nur in die Provence, sondern auch *„per reliqua loca.“*

Es gibt wohl kaum einen Weg, um definitiv zu entscheiden, wo die *cappae* der Mönche von Corbie tatsächlich hergestellt worden sind. Deshalb kann auch nicht festgestellt werden, ob die Textilproduktion innerhalb des Untersuchungsgebietes während des 7. Jh. an bestimmten Plätzen bereits so entwickelt war, daß sie als spezialisiertes Gewerbe für den Handel arbeitete. Diese Möglichkeit ist nicht völlig auszuschließen, sie läßt sich aber auch nicht zur Gewißheit machen. Die Bestimmung der Urkunde allerdings, die Zollbefreiung sollte nicht nur für die Fahrten der *missi* in die Provence, sondern auch bei Reisen in andere Gegenden oder an andere Plätze Gültigkeit haben, läßt in Verbindung mit anderen Beobachtungen eine eher in entgegengesetzte Richtung weisende Vermutung aufkommen.

Es ist früher dargelegt worden, daß die Schatzfunde, die zwischen Somme und Pyrenäen entdeckt worden sind, mit dem Übergang von der Gold- zur Silberwährung ein neues Element aufzuweisen beginnen. Sie enthielten jetzt regelmäßig *sceattae*, also Silbermünzen angelsächsischer oder friesischer Herkunft.[223] Dieses in der Münzzirkulation des Merowin-

215 Teil B, Nr. 97.
216 Ebenda.
217 Graus, Gewalt, S. 61 ff., bes. S. 151.
218 S. o., S. 82.
219 Teil B, Nr. 5.
220 Wörterbuch, 2, Sp. 236 ff.
221 Teil B, Nr. 5.
222 Ebenda, Nr. 20.
223 S. o., S. 61 f.

gerreiches neue Element deutet darauf hin, daß in den Beziehungen dieses Reiches zum angelsächsisch-friesischen Raum Veränderungen eingetreten waren. Die *cappae* werden in einer Urkunde erwähnt, die um 660, wahrscheinlich im Jahr 661, ausgestellt worden ist. Ihr Empfänger, das Kloster Corbie, war am Oberlauf der Somme gelegen. Nur wenig entfernt, in der Luftlinie kaum 100 Kilometer, lag dicht an der Mündung eines anderen Flusses, der Canche, Quentowic.[224] Dieser Ort besaß zu der Zeit, zu der die Urkunde für Corbie ausgestellt worden ist, zweifelsohne bereits eine gewisse Bedeutung, und diese Bedeutung wuchs im Verlaufe des 8. Jh. noch ganz erheblich.[225] Sein Aufstieg war mit der Ausweitung und Intensivierung eines Handels und eines Verkehrs verbunden, die schließlich große Teile des Frankenreiches mit dem angelsächischen England, mit Friesland und mit den skandinavischen Ländern verbanden. Es liegt nahe zu vermuten, daß das Kloster Corbie zu diesem in seiner Nachbarschaft gelegenen *portus Quentowic* früh Beziehungen unterhielt, und es liegt außerdem nahe anzunehmen, daß dieser Platz an der Kanalküste zu jenen nicht namentlich genannten *loca* gehörte, von denen die Urkunde Chlothars III. spricht. Die *cappae* aber könnten durchaus friesischer oder angelsächsischer Herkunft gewesen sein, denn zumindest von Friesland ist ja bekannt, daß es früh eine eigene leistungsfähige Textilproduktion besaß.[226]

Auf die Frage, ob und gegebenenfalls welche Erzeugnisse des im Untersuchungsgebiet ansässigen Handwerks während des 7. Jh. Gegenstand von Kauf und Verkauf gewesen sind, führte die vorgeschlagene Interpretation und Bewertung des Urkundentextes allerdings zu einem rein negativen Ergebnis: Die Bekleidungsstücke der Mönche von Corbie wären ihr zufolge nicht innerhalb, sondern jenseits seiner Grenzen erzeugt worden.

In der zweiten Hälfte des 10. Jh. schrieb Adso von Montiér-en-Der die Vita des Frodebertus.[227] Frodebert war einst Abt des Klosters Montier-la-Celle bei Troyes; er starb um 673.[228] Über seine Bestattung berichtet Adso folgendes: Bei einem berühmten Mann, Walbertus mit Namen, sei, um den Abt in würdiger Weise zu bestatten, ein steinerner Sarg (*lapideum monumentum*) gekauft worden. Dieser Sarkophag sei jedoch für Frodeberts Größe zu kurz bemessen gewesen. Die Gehilfen aber, die Walbertus angewiesen hatte, den Sarkophag an die Beauftragten des Klosters zu übergeben, hätten sich, durch göttliche Fügung veranlaßt, hierbei geirrt und den zu kleinen Sarkophag mit einem größeren, den Walbertus für sich selbst gefertigt hatte, vertauscht.[229]

Diese Erzählung gibt beachtenswerte und aufschlußreiche Auskünfte über die Existenzformen und die Produktionsumstände des frühmittelalterlichen Handwerks im Untersuchungsgebiet: Sie belegt die Existenz eines selbständigen, mit der landwirtschaftlichen Produktion in keiner Weise mehr verbundenen Handwerks; ein Handwerker arbeitet mit Unterstützung mehrer Gehilfen; seine Produktion ist, obwohl dies bei dem speziellen Gewerbe, um das es sich handelt, eigentlich zu erwarten wäre, keine uneingeschränkte Kundenproduktion, denn seine Hilfskräfte geraten immerhin in Gefahr, einen falschen Sarkophag unter demnach mehreren vorhandenen auszuwählen. Aber die Entstehungsumstände der Vita, das eindeutige Wissen um ihren Verfasser, lassen es geraten erscheinen anzunehmen, daß Adso die Einzelheiten und konkreten Umstände, mit denen er seine Wundergeschichte ausstattete, aus den Zuständen seiner eigenen Zeit ableitete. Über diese, nicht über das späte 7. Jh., dürfte sein Bericht im Detail Auskunft geben. Der große

[224] Dhondt, Problèmes, S. 183f.

[225] Ebenda, S. 197ff.

[226] Rohwer, Handel, S. 26ff. Jankuhn, Handel, S. 211, und die dort genannte Literatur.

[227] Levison, Vorzeit, S. 137.

[228] Ebenda.

[229] Teil B, Nr. 49.

zeitliche Abstand, der ihren Verfasser von seinem Gegenstand trennt, mindert den Wert der Quelle also beträchtlich, wenn sie nach Informationen über die Zeit des Frodebert befragt wird.[230] Trotzdem bestehen auffallende Übereinstimmungen zwischen der Erzählung Adsos und bestimmten Forschungsergebnissen französischer Archäologen.

In den letzten Jahrzehnten ist eine beträchtliche Anzahl merowingerzeitlicher Begräbnisplätze untersucht worden. Nicht wenige davon liegen im Untersuchungsgebiet.[231] Ein erheblicher Anteil der freigelegten und untersuchten Gräber war mit Sarkophagen ausgestattet, die aus einheimischen Material gearbeitet worden waren.[232] Während des 7. Jh. muß diese Bestattungssitte noch in voller Blüte gestanden haben.[233] Ein beträchtlicher Teil dieser Sarkophage war an Plätzen hergestellt worden, die als ausgesprochene Zentren des Steinmetzhandwerks anzusehen sind.[234] Ihr Standort wurde weitgehend von entsprechenden natürlichen Voraussetzungen, deren wichtigste das Vorhandensein eines geeigneten Steins war, bestimmt.[235] In den bedeutendsten dieser Produktionsstätten wurde ganz offensichtlich unter Bedingungen einer technischen Arbeitsteilung produziert.[236]

Archäologische Untersuchungen haben ergeben, daß in der Umgebung von Paris eine Anzahl entsprechender Werkstätten tätig gewesen ist. Sarkophage, die durch ihr Material erkennen lassen, daß sie von hier kamen, fanden sich nach den Angaben Salins nicht nur in der Nähe dieser *civitas*, sondern sie wurden auch an der unteren Seine und in der Normandie nachgewiesen.[237]

Ein sehr bedeutendes Zentrum dieser Produktion befand sich bei Châtillon-sur Seine.[238] Der Ort liegt im Norden des Départements Côte-d'Or; er befindet sich also bereits außerhalb der Grenzen des Untersuchungsgebietes. Die in der Nähe dieses Ortes betriebenen Steinbrüche wurden während des gesamten 7. Jh. ausgebeutet, und in zahlreichen Gräbern verschiedener Begräbnisplätze sind Sarkophage entdeckt worden, die von hier kamen.[239] Sie fanden sich, und hier wird die Erzählung Adsos interessant, in besonders großer Zahl auch in der Umgebung von Troyes.[240] Zehn Kilometer südlich dieser Stadt wurde ein Begräbnisplatz entdeckt, von dem Scapula sagt, es wäre einer der an Sarkophagen reichsten der Gegend.[241] Auf Troyes bezieht sich der Bericht Adsos über die Bestattung des Abtes Frodebert. Der Verfasser dürfte in seiner Motivwahl von dem Wissen beeinflußt worden sein, daß Erzeugnisse dieses Handwerks für bestimmte Teile der Bevölkerung jener *civitas* 300 Jahre früher tatsächlich erhebliche Bedeutung besaßen. Es ist keineswegs ausgeschlossen, daß der Abt Frodebert in einem Sarkophag bestattet worden war und daß dieser im 10. Jh. noch existierte. Der Bericht Adsos spiegelt sicher, wenn auch nicht unbedingt in

230 Das wird auch dadurch nicht entscheidend gebessert, daß Adso Aufzeichnungen des 9. Jh. benutzte. Vgl. LEVISON, Vorzeit, S. 137.

231 TOUSSAINT, Seine-et-Oise, S. 89 ff. DERSELBE, Aube, S. 93 ff. SCAPULA, Clerey, S. 132 ff. DERSELBE, Butte, S. 77 ff. SALIN, Civilisation, 2, S. 103 ff.

232 TOUSSAINT, Seine-et-Oise, S. 95 u. 112. SALIN, Civilisation, 2, S. 109 f. SCAPULA, Butte, S. 81 ff. DERSELBE, Clerey, S. 132.

233 SCAPULA, Butte, S. 85.

234 POULAIN, L'extraction, S. 29 ff. TOUSSAINT, Seine-et-Oise, S. 112.

235 POULAIN, L'extraction, S. 35.

236 Ebenda, S. 34 f.

237 SALIN, Civilisation, 2, S. 109 f.

238 SCAPULA, Butte, S. 81. DERSELBE, Clerey, S. 132.

239 SCAPULA, Butte, S. 77 ff. DERSELBE, Clerey, S. 132 ff. DERSELBE, Gyé, S. 148. DERSELBE, Sablière, S. 248.

240 TUOSSAINT, Aube, S. 194.

241 SCAPULA, Butte, S. 85

seinen Einzelheiten, Gegebenheiten des 7. Jh. wider. Insofern gewährt er der Forschung Zugang zu Erkenntnissen, die ohne ihn nur über archäologische Untersuchungen möglich wären: Im Untersuchungsgebiet waren nicht nur die kostbaren Steinmetzerzeugnisse verbreitet, die aus dem Vorland der Pyrenäen kamen. Salin hat sicher Recht, wenn er feststellte, daß die aus dem Marmor der Pyrenäen gearbeiteten Sarkophage den „saints personnages et aux grands de ce monde" vorbehalten waren,[242] und ebenso sicher dürfte sein, daß die Kapitelle, die Kanzelplatten und die anderen aus diesem kostbaren Material gefertigten Gegenstände innerhalb des Untersuchungsgebietes nur bei den Kirchen, Klöstern oder vergleichbaren Einrichtungen verwandt wurden, deren Bau von wirtschaftlich besonders leistungsfähigen sozialen Kräften getragen worden ist. Es gab ein einheimisches Steinmetzhandwerk, dessen Produkte einen erheblichen Teil des weniger exklusiven Bedarfs deckten.

Neben den vereinzelten Hinweisen, die die schriftlichen Quellen auf einen Kauf und Verkauf, auf einen Tausch von Textilien und von Erzeugnissen des Steinmetzgewerbes geben, lassen gewisse Indizien darauf schließen, daß auch Arbeiten der Gold- wie der Kunstschmiede überhaupt Objekte vergleichbarer Transaktionen gewesen sind. Das bemerkenswerteste dieser schriftlichen Zeugnisse sei hier vorgestellt: Um das Jahr 700 erließ eine offensichtlich sehr begüterte Frau, Erminethrudia, ein Testament. Sie verfügte darin unter anderem auch über eine Anzahl von Erzeugnissen des Kunstschmiedehandwerks, die künftig Kircheninstitutionen gehören sollten, die ihren Sitz in Paris hatten. Das Testament nennt einen silbernen Krug „*valente soledus duodece*", eine silberne *gavata*,[243] „*valente soledus duodece*", ein goldenes Kreuz, „*valente soledus septe*", einen goldenen Ring, „*valente soledus quatuor*", einen weiteren Ring, der den Namen der Eigentümerin trug, ein Zaumzeug, „*valente soledus duodece*" und ein silbernes *missurium*,[244] „*valente soledus quinquaginta*".[245] Ermintrude verschenkte außerdem noch eine goldene Fibel, eine Anzahl silberner Löffel, einen Wagen und einige andere Gegenstände.[246]

Dieses Verzeichnis darf sicher Interesse beanspruchen, weil es Aufschlüsse über den Reichtum, über das Eigentum an Wertgegenständen gibt, die sich während des 7. Jh. in den Händen einzelner Angehöriger der sozialen Oberschichten befanden. Es sollte ihm jedoch auch, und vielleicht sogar vorrangig, aus anderen Gründen Aufmerksamkeit geschenkt werden: Der goldene Ring, den Erminethrudia verschenkte, trug ihren Namen. Er war also entweder für sie angefertigt worden, oder ein Handwerker hatte ihn zumindest entsprechend bearbeitet. Noch bemerkenswerter aber scheint fast, daß die meisten der vergebenen Gegenstände mit ihrem Wert benannt wurden.

In den schriftlichen Quellen jener Zeit befinden sich Nachrichten über die Anfertigung, über den Besitz und auch über das Verschenken von Wertgegenständen verhältnismäßig häufig;[247] über ihren Kauf oder Verkauf dagegen fehlen sie. Es mangelt nicht an Mitteilungen darüber, daß Vertreter des weltlichen oder des kirchlichen Adels Goldschmiede in ihre Dienste nahmen, um sie Kirchen ausschmücken, Grabdenkmäler errichten oder Kultgegenstände anfertigen zu lassen.[248] In all diesen Fällen wurde die Arbeitskraft des Handwerkers, seine Kunstfertigkeit, zeitweilig gemietet. Aber das Produkt seiner Tätigkeit wurde nicht im echten Sinne zur Ware, da diese Tätigkeit als Lohnwerk ausgeführt wurde.

242 Salin, Civilisation, 2, S. 108.
243 Wohl eine Schale.
244 Teil B, Nr. 43.
245 Ebenda.
246 Ebenda.
247 Teil B, Nr. 23, 24, 43, 60.
248 Ebenda, Nr. 60, 61, 63, 75, 81 und 83.

Dieser Handwerker war nur sehr bedingt, und vor allem weniger durch das Ergebnis seiner produktiven Tätigkeit als vielmehr durch die Konsumtion und die Reproduktion seiner Arbeitskraft, an den Markt gebunden. Er war eher Verkäufer von Arbeitskraft und Arbeitsfähigkeit als Verkäufer von Produkten. Das Verzeichnis im Testament der Erminethrudia aber, die sorgfältige Benennung der einzelnen Gegenstände mit ihrem Wert, deuten darauf hin, daß Erzeugnisse des Kunstschmiedehandwerks auch gehandelt, daß sie ge- und verkauft worden sind. Es müssen Erfahrungen vorgelegen haben, die es möglich machten, die aufgewandte Gesamtarbeit annähernd zu bestimmen,[249] und es müssen Vorstellungen darüber vorhanden gewesen sein, welcher Preis zu erlangen war, wenn ein solcher Gegenstand verkauft oder vertauscht wurde. Es liegt nahe anzunehmen, daß solche Erfahrungen und Vorstellungen in der Zeit, in der Erminethrudia lebte, am ehesten dadurch zustandekamen, daß entsprechende Geschäfte praktiziert wurden, daß also die Wertangabe als Reflex tatsächlicher Tauschhandlungen verstanden werden darf.

4. Die sozialen Träger der Ware-Geld-Beziehungen

Das Urteil über den Charakter, die ökonomische Gewichtigkeit, die allgemeine gesellschaftliche Bedeutung der Ware-Geld-Beziehungen einer bestimmten historischen Epoche darf nicht nur davon bestimmt werden, ob und welche Münzen geprägt wurden, wo und wie sie zirkulierten, welche Güter gehandelt und welche Leistungen menschlicher Arbeitskraft mit Hilfe von Geld vermittelt wurden. Dieses Urteil ist vielmehr sehr weitgehend davon abhängig zu machen, welche sozialen Schichten und Gruppen von diesen Beziehungen erfaßt waren, diese Beziehungen im eigenen Interesse zu nutzen vermochten oder sie als ihre gesellschaftlichen Träger realisierten.

In der Literatur wurde bis in die jüngste Zeit hinein den Kaufleuten, vor allem den Kaufleuten orientalischer Herkunft, ein hervorragender Platz eingeräumt.[250] Von der Möglichkeit oder der Unmöglichkeit, solche Kaufleute nachweisen zu können, wurde in nicht wenigen Arbeiten die Beurteilung der ökonomischen Struktur des 7. Jh. abhängig gemacht.[251]

Die zur Verfügung stehenden Quellen allerdings zeigen sich überraschend zurückhaltend, wenn sie auf Angaben über Kaufleute geprüft werden.

Zu den ältesten der eindeutigen Zeugnisse gehört wiederum das Testament des Bischofs Bertichramnus von Le Mans. Sein Aussteller bestimmt darin, daß die „*aecclesia sancta Caenomannica*“ künftig außer den Weinländereien, die ihm der Bischof Licinus geschenkt hatte, auch jene besitzen sollte, die von ihm selbst auf Grund und Boden angelegt worden waren, den er „*de Sargite quondam necutiante*“ erworben hatte. Weiter wird darin gesagt, daß Bertichramnus, weil „*ipse ager parum habebat vineolas*“, viele solche „*de negotiantibus, quam de reliquis*“ gekauft hätte.[252]

Etwas jünger vielleicht als das Testament des Bischofs Bertichramnus ist eine Quelle, die in der Literatur wiederholt angeführt worden ist, wenn in den *civitates* lebende Kaufleute nachgewiesen werden sollten.[253] Von Chlothar II. wurde, möglicherweise im Jahre 627,[254]

249 Marx, Kapital, 1, S. 53ff.

250 Scheffer-Boichorst, Syrer, S. 521–550. Bréhier, Colonies, S. 1–39. Pirenne, Fin, S. 127ff. Derselbe, Geburt, S. 78ff. Lombard, Bases, S. 142ff. Vercauteren, La vie, S. 467f. Salin, Civilisation, 1, S. 142ff. Kaiser, Untersuchungen, S. 175. Vgl. Verhulst, Handel, S. 17f.

251 Vgl. Lombard, Bases, S. 144.

252 Teil B, Nr. 35.

253 Vercauteren, La vie, S. 464f. Vgl. Claude, Geldgeschichte S. 243f.

254 Teil B, Nr. 2.

ein Testament bestätigt, das „*a Johanne quondam neguciante*“ erlassen worden war. Dem nur bruchstückhaft überlieferten Text ist zu entnehmen, daß dieser Johann testamentarisch über Land, Gebäude und abhängige Leute verfügt hatte, und es ergibt sich aus der Quelle außerdem, daß diese Immobilien mit zugehörigen Unfreien zu einem Teil an das Kloster Saint-Denis, zu einem anderen an nicht genannte Kircheninstitutionen gingen, die ihren Sitz ebenfalls in oder bei der *civitas* Paris hatten.[255] Das Fragment sagt weder, wo die Immobilien gelegen waren, noch macht es Angaben zur Heimat des „Kaufmanns“ Johann. Es läßt sich mit seiner Hilfe also nicht beweisen, daß Johann Güter in Paris besaß,[256] und ebenso kann im besten Falle vermutet werden, daß er in Paris ansässig gewesen ist.

Natürlich liegt es nahe anzunehmen, daß Johann ebenso wie jener im Testament des Bertichramnus erwähnte Sargitis, eben weil sie als „Kaufleute“ bezeichnet werden, nicht in einer dörflichen, sondern in einer Siedlung anderer Art lebten. Da beide Kaufleute Beziehung zu einer *civitas* besaßen, liegt es außerdem nahe daran zu denken, daß sie in dieser auch ansässig gewesen sind. Aber zwingend ist dieser Schluß keineswegs.

Eine dritte Quelle besagt dagegen eindeutig, daß ein *negociator* Grundeigentümer in einer *civitas* gewesen ist: Als Leodebod, Abt des Klosters Saint-Aignan zu Orléans, im Jahre 651 Liegenschaften vergab, verfügte er auch über Hofstellen, die im *oppidum*[257] dieser *civitas* gelegen waren. Diese Hofstellen hatte der Aussteller der Urkunde einst „*de heredibus Pauloni negociatoris*“ gekauft.[258] Sie waren bebaut, und Leodebod vergab sie mitsamt den darauf befindlichen Gebäuden und den diese Gebäude bewohnenden Menschen, den „*acolae ibidem residentes*“.[259]

Ein Kaufmann wird auch erwähnt in einer auf den Namen König Dagoberts gefälschten Urkunde: Der *negociator* dieses Königs, Salomon mit Namen, soll dem Tor „*iuxta carcerem Glaucini*“ in Paris vorgestanden haben.[260] Die Fälschung wurde während der Herrschaft Ludwigs des Frommen angefertigt. Sie sollte die Ansprüche des Klosters Saint-Denis auf bestimmte Zolleinnahmen begründen.[261] Als Auskunftsmittel über die Situation in der *civitas* Paris während des 7. Jh. ist sie kaum zu gebrauchen.

Die vorgeführten Bestimmungen aus dem Testament des Bertichramnus, aus dem Fragment der Urkunde Chlothars II. und aus der Urkunde Leodebods enthalten die Aussagen über Kaufleute, die sich sowohl eindeutig auf das zu untersuchende Gebiet als auch auf den zu untersuchenden Zeitraum beziehen. Es sind zugleich die Quellenstellen, die nicht nur allgemein von Kaufleuten, sondern von namentlich genannten Personen in bestimmten Umständen sprechen. Bei allen anderen Zeugnissen ist das entweder in abgeschwächter Weise oder überhaupt nicht der Fall.

Im Jahre 710 entschied Childebert III. Streitigkeiten um Einnahmen, die der alljährlich zum Dionysiusfest stattfindende Markt erbrachte, zugunsten des Klosters Saint-Denis.[262] Childeberts III. für das Kloster ausgestellte Urkunde besagt, daß die Einnahmen „*de omnes neguciantes aut Saxonis, vel quascumquelibit nacionis*“ erhoben würden.[263] Sie waren dem Kloster zuerst von König Dagobert zugesprochen worden; jedoch fehlt ein ausdrücklicher Beleg dafür, daß der Markt von Saint-Denis auch damals bereits von Kauf-

255 Ebenda.
256 Vercauteren, La vie, S. 464f.
257 Teil B, Nr. 40.
258 Ebenda.
259 Ebenda.
260 Ebenda, Nr. 64.
261 Ebenda.
262 Ebenda, Nr. 17.
263 Ebenda.

leuten sächsischer Herkunft besucht worden wäre. Aber die Urkunde Childeberts III. belegt immerhin mit Sicherheit, daß wenigstens seit etwa 700 sächsische Kaufleute den am frühesten bezeugten Markt des Untersuchungsgebietes aufsuchten. Über einheimische Kaufleute dagegen sagt sie nichts.

Mit dieser Urkunde sind die schriftlichen Quellen erschöpft, die in eindeutiger Beziehung zum Untersuchungsgebiet und zum Untersuchungszeitraum von *negociantes*, von „Kaufleuten" sprechen. Es gibt noch einige Aussagen allgemeiner Natur. Ihre Angaben können sich auf das Untersuchungsgebiet beziehen, sie müssen es aber nicht. Die meisten dieser Texte sind in anderem Zusammenhang bereits angeführt worden: Fredegar berichtet, daß Bilichild, die Frau Theudeberts II., „*a neguciatoribus*" gekauft worden sei.[264]

Zu verweisen ist zudem auf den bekannten Bericht der gleichen Quelle über Samo. Samo soll viele Kaufleute zusammengerufen haben und mit ihnen zu den Slaven gezogen sein, um Handel zu treiben.[265] An einer anderen Stelle erzählt der Autor schließlich, daß viele „*neguciantes Francorum*" von eben diesen Slaven getötet worden seien.[266]

Überraschend wenig, eigentlich sogar überhaupt nichts, sagen die schriftlichen Quellen dagegen über die Tätigkeit orientalischer Kaufleute im Untersuchungsgebiet aus.[267] Das ändert sich auch dann nicht grundsätzlich, wenn die früher erörterten Verbote der Konzilien, Christen an Juden oder an andere Heiden zu verkaufen,[268] hier mit angeführt werden.

Spätestens im Jahre 641 verfaßte Jonas, ein Mönch aus dem Kloster Bobbio, die Vita des 615 verstorbenen Columban.[269] Jonas berichtet, daß Columban eines Tages mit seinen Begleitern in die Nähe von Orléans gekomen sei. Er hätte zwei Boten in die *urbs* geschickt, damit sie dort zum Leben notwendige Dinge beschafften. Die beiden hätten jedoch nichts erreicht, da die Furcht vor dem König Theuderich alle Einwohner beherrschte. Schließlich wäre ihnen eine Frau „*ex genere Sirorum*" begegnet, deren Mann „*ex eodem Sirorum genere*" seit vielen Jahren erblindet war.[270] Jonas setzt die Erzählung dann mit einem Bericht über die Heilung des Blinden durch Columban fort.[271] Die von Theuderich II. beabsichtigte Vertreibung Columbans gehörte in das Jahr 610,[272] und auf die gleiche Zeit ist die von Jonas geschilderte Episode zu datieren. Jonas war ein Zeitgenosse von Columban; er kam zwei Jahre nach dessen Tod, also um 617, in das Kloster Bobbio. Er hat zudem längere Zeit in verschiedenen Gegenden Galliens gelebt.[273] Seine Erzählung über in einer der bedeutendsten *civitates* des Untersuchungsgebietes wohnende Syrer ist also durchaus glaubwürdig; sie bezeugt mit Sicherheit, daß zumindest in Orléans in der ersten Hälfte des 7. Jh. noch Menschen orientalischer Herkunft lebten. Daß aber syrische Kaufleute im

264 Ebenda, Nr. 58.

265 VERLINDEN, Samo, S. 1091, vermutet, daß Samo aus der Gegend von Soignies im belgischen Hainaut kam. Er sieht in ihm einen der abenteuernden Kaufleute, die zu allen Zeiten in wenig zivilisierten Ländern existierten; ebenda, S. 1092.

266 Teil B, Nr. 59. VERHULST, Handel, S. 14.

267 Die Zeugnisse, die über das Auftreten orientalischer, vor allem aber syrischer Kaufleute im Merowingerreich Auskunft geben, sind von SCHEFFER-BOICHORST, Syrer, S. 521–550, und bald darauf noch einmal von BRÉHIER, Colonies, S. 1–39, zusammengestellt worden. Ihre Angaben decken sich insofern mit den oben vorgetragenen, als auch sie nur eine einzige Belegstelle beizubringen vermochten, die sich auf Verhältnisse des Untersuchungsgebietes im 7. Jh. bezieht. Für das vorangehende Jahrhundert sind die Nachrichten etwas zahlreicher.

268 S. o. S. 73 ff.

269 LEVISON, Vorzeit, S. 133f.

270 Teil B, Nr. 69.

271 Ebenda.

272 LEVISON, Vorzeit, S. 132.

273 Ebenda, S. 133f.

Handel des Untersuchungsgebietes eine erhebliche Rolle gespielt haben sollen, ist dieser Erzählung gewiß nicht zu entnehmen.

Zu gleichen Ergebnissen gelangte Verhulst. Er wies darauf hin, daß aus der Merowingerzeit insgesamt nur zwei Texte bekannt seien, in denen ausdrücklich von syrischen Kaufleuten gesprochen wird.[274] Verhulst betonte zwar, daß „die Handelsaktivität der Syrer im Westen bis ins 5. Jh. hinein von nicht zu unterschätzender Bedeutung gewesen"[275] sei, aber insgesamt gelangte er zu dem begründeten Schluß, daß „ihre Rolle im Laufe des 6. Jhs. mehr und mehr zurückging, so daß ihr Verschwinden um 700 eben doch kein abrupter Vorgang war, der besondere Erklärung erforderte".[276]

Die eindeutigsten, die konkretesten und die deshalb aufschlußreichsten Angaben zu Kaufleuten, die während des 7. Jh. im Untersuchungsgebiet nachweisbar sind, machen die drei eingangs vorgestellten Urkunden. Ihnen sind vier bemerkenswerte Tatsachen gemeinsam: Sie betreffen Vorgänge, die in die erste Hälfte des Jahrhunderts gehören; alle belegen Beziehungen zu einer der jeweils bedeutendsten der *civitates* des Untersuchungsgebietes; alle bezeugen das Aufgeben von Grundeigentum durch *negociatores* vermittels Verkauf, Schenkung oder durch Erbgang, und keines der Schriftstücke stellte schließlich diese *negociantes* als eigentliche Vermittler von Ware-Geld-Beziehungen, als Besucher von Märkten oder anderen Handelsplätzen, als Käufer und Verkäufer von Gütern des täglichen Bedarfs vor. Als Besucher von Handelsplätzen des Untersuchungsgebietes treten dagegen die in der Urkunde Childeberts III. erwähnten *neguciantes* sächsischer Herkunft auf, die wenigstens seit dem späten 7. Jh. zum Markt von Saint-Denis gekommen sein müssen.

Gerade wegen der Interpretation der vorgeführten Quellen, wegen ihres richtigen Verständnisses und einer vertretbaren Bewertung ihrer Aussagen ist es notwendig, an dieser Stelle nochmals auf etwas einzugehen, was bei der Erörterung des Kaufs und Verkaufs von Gütern bereits berührt worden ist: Die Episkopalkirche von Le Mans schickte, und zwar in der gleichen Zeit, in der der „Kaufmann" Sargitis dem Bischof Bertichramnus Land verkaufte, ihre *missi* nach Bordeaux, damit sie dort Fische kauften; die *missi* des Klosters Corbie wurden zum Beginn der zweiten Hälfte des 7. Jh. auf die Reise geschickt, damit sie den Mönchen nötige Kleidungsstücke beschafften; und zwei oder drei Jahrzehnte später verkaufte das Kloster Saint-Denis Wein und Öl an den Bischof von Autun. Es ist nicht zu übersehen, daß der Verbraucher der Waren an ihrer Beschaffung selbst einen erheblichen Anteil hatte. In vielen Fällen scheinen die Güter den Weg direkt vom Produzenten zum Konsumenten genommen zu haben. Sie wurden gehandelt, ohne daß Kaufleute an diesen Geschäften beteiligt gewesen sind. Der Warenverkehr, die Warenzirkulation ist also keineswegs, und zwar – die Beispiele zeigen es – weder am Anfang, noch am Ende des 7. Jh., eine Domäne berufsmäßiger Kaufleute gewesen. Sie wurden zumindest ebensosehr von den Waren produzierenden und den Waren konsumierenden Institutionen und Personengruppen realisiert, die sie mit eigenen Mitteln und durch den Einsatz eigener Kräfte bewerkstelligten.

In der Vita des Lonochilius und der Agnofleda[277] wird von einem Ereignis berichtet, das sich in einer der Pfalzen Chlothars II. zugetragen haben soll. Es war Winter, und Agnofleda wollte Feuer beschaffen, damit Lonochilius sich wärmen könnte. Sie ging zum Ofen, wo das Brot *„ad opus regi"* gebacken wurde, und bat den *pistor* um Feuer.[278] Es folgt eine

274 Für Bordeaux ist der syrische Kaufmann Eufron zum Ende des 6. Jh. bezeugt. In Paris erkaufte sich der syrische Kaufmann Eusebius das Amt des Bischofs, VERLUST, Handel, S. 17.

275 Ebenda, S. 18.

276 Ebenda.

277 Teil B, Nr. 93.

278 Ebenda.

Wundererzählung. Ihr Erzähler geht von der ihm offensichtlich selbstverständlichen Vorstellung aus, daß es an den königlichen Pfalzen Menschen gab, die ausschließlich oder doch vor allem damit beschäftigt waren, Brot zu backen. Es gibt tatsächlich kaum einen Grund zu bezweifeln, daß diese Vorstellung den Gegebenheiten jener Zeit entsprach: An Plätzen, an denen einerseits ständig Menschen in beträchtlicher Anzahl versammelt waren, an denen andererseits aber auch die Erträge eines grundherrschaftlichen Wirtschaftsverbandes zusammenflossen, waren die Voraussetzungen besonders günstig, um handwerkliche Tätigkeit in spezialisierter, arbeitsteiliger Weise auszuführen. Der *pistor*, von dem die Quelle berichtet, war ein Handwerker, der seine Tätigkeit als spezielles Gewerbe ausübte. Er arbeitete insofern von der landwirtschaftlichen Produktion getrennt, hatte sich von ihr gelöst, als er ausschließlich gewerbliche, nicht agrarische Arbeitsgänge ausführte. Aber trotzdem – und gerade das ist wesentlich – produzierte er keine Waren, fehlte ihm die Beziehung zum Markt. Das Brot, das Produkt seiner Tätigkeit, blieb im gleichen Wirtschaftsverband, in dem es hergestellt worden war. Es wurde nicht getauscht, nicht verkauft, und es ist gut denkbar, daß sein Bäcker nie zu Geld gelangte, und daß er nie als Käufer landwirtschaftlicher Erzeugnisse auftrat. Obwohl der *pistor*, von dem die Vita des Lonochilius erzählt, ein spezialisierter Handwerker war, blieb er durch die Art, in der sich seine Arbeitskraft realisierte und in der sie reproduziert wurde, mit der agrarisch-grundherrschaftlichen Produktion verbunden: Durch sie, nicht über den Markt, wurde er mit Arbeitsmitteln und Rohstoffen versorgt, und auf dem gleichen Wege gelangte er in den Besitz der ihm nötigen Lebensmittel. Die Verselbständigung dieses Bäckers gegenüber der agrarischen Produktion stellte eine erste, die unterste Stufe der Trennung des Handwerks von der Landwirtschaft dar. Sie hatte noch nicht dazu geführt, daß dieser Handwerker zu den sozialen Trägern der Ware-Geld-Beziehungen gehörte. Er verkaufte so wenig wie er kaufte. Die Auskünfte der Vita korrespondieren mit den Angaben jener Quellen, die über den Handel mit gewerblichen Produkten berichteten. Auch sie ließen nicht erkennen, daß Güter eines ausgesprochenen alltäglichen Massenkonsums bereits zu den regelmäßig gehandelten Erzeugnissen gehört hätten.

Die Frage aber, welche Güter sich in Waren verwandelt hatten, berührt nur einen Aspekt des Prozesses der Trennung des Handwerks von der Landwirtschaft. Er ist zudem bereits behandelt worden. Einen ganz anderen, keineswegs weniger beachtenswerten betrifft die Frage, ob und in welchem Maße dieser Trennungsprozeß zur Bildung eines Marktes geführt hatte oder ob er eine solche Bildung zumindest förderte. Das Beispiel des Pistors aus der Pfalz Chlothars II. zeigt, daß das eine nicht notwendigerweise mit dem anderen verbunden sein mußte.

Die von Adso im 10. Jh. verfaßte Lebensbeschreibung des Abtes Frodebert[279] schildert die Arbeitsweise und die Arbeitsbedingungen eines Steinmetzmeisters, wie sie nicht denkbar sind ohne bereits recht differenzierte und entwickelte Arbeitsteilung: Walbert arbeitete direkt in oder doch in der Nähe der *civitas*; er verfügte dort über entsprechende Räumlichkeiten, ihm standen Gehilfen zur Seite. Die Gestalt von Walbert ist an der Tätigkeit eines Handwerkers orientiert, der sich in jeder Beziehung von der landwirtschaftlichen Produktion gelöst hatte, mit ihr auch *räumlich* nicht mehr verbunden war. Handwerker wie Walbert und seine Gehilfen waren gezwungen, Lebensmittel und landwirtschaftliche Produkte zu kaufen, und sie mußten außerdem die Möglichkeit haben, die Rohstoffe, mit denen sie arbeiteten, in oder bei der *civitas* zu erlangen. Die Handwerker des 7. Jh. dagegen, deren steinerne Erzeugnisse an zahlreichen Orten gefunden worden sind, produzierten, soweit sie innerhalb des Untersuchungsgebietes tätig waren, unter ganz anderen Bedin-

[279] S. o., S. 94.

gungen. Es bedarf keiner Diskussion darüber, daß sie Waren herstellten. Ihre Erzeugnisse wurden eben nicht, wie etwa die des erwähnten Bäckers, in dem Wirtschaftsverband, in dem sie hergestellt worden waren, gebraucht.[280] Sie wurden getauscht beziehungsweise verkauft. Aber die Untersuchungen der Archäologen sprechen sehr dafür, daß die Produktionsstätten dieser Steinmetze in ländlicher Umgebung lagen, daß ein wesentlicher Teil der Produktion sich dort vollzog, wo die geeigneten Rohstoffe vorhanden waren.[281] Sie arbeiteten zumindest zum Teil im oder beim Steinbruch.[282] Gerade diese Beobachtung ist geeignet, eine Reihe von Fragen entstehen zu lassen. Es wird zu fragen sein, in welchem Verhältnis diese Arbeiter zu den Eigentümern des Geländes standen, auf dem der für ihre Arbeit unentbehrliche Rohstoff gewonnen wurde. Darauf wiederum folgt die Frage nach dem Eigentümer des Produktes ihrer Arbeit. Sollten die Handwerker, die in der Umgebung von Paris bei Chatillon-sur-Seine und anderswo Sarkophage und andere Steinmetzerzeugnisse herstellten, wie anzunehmen naheliegt, grundherrschaftliche Rohstoffe verarbeitet haben, so ist es wahrscheinlich, daß nicht sie selbst, sondern der Grundherr ihre Produkte verkaufte. In diesem Falle wäre aber auch daran zu denken, daß diese Handwerker wohl Waren produzierten, daß sie selbst aber keineswegs als Käufer von Gütern auftraten, sondern daß sie ihre Lebensmittel ebenso wie die Rohstoffe vom Grundherrn empfingen.

Obwohl sich keiner von beiden wirklich aus dem grundherrschaftlichen Verband gelöst hatte, charakterisierten die Situation des in der königlichen Pfalz arbeitenden Bäckers und die der Steinmetzen insofern unterschiedliche Entwicklungsstufen der Trennung des Handwerks von der Landwirtschaft, als die einen Waren produzierten, der andere aber nicht. Als Käufer landwirtschaftlicher Produkte dagegen dürften beide gleichermaßen unbedeutend gewesen sein.

Wiederum einen anderen Typ des Handwerks und zugleich eine weitere Stufe der Trennung des Handwerks von der Landwirtschaft verkörperte der sogenannte Wanderhandwerker. Über seine Arbeitsbedingungen und seine Lebensweise informiert eine schriftliche Quelle, die Vita Eligii,[283] in für jene Zeit außergewöhnlicher Vielfalt. Ihre Angaben werden zudem durch andere Quellen, sowohl schriftlicher als auch gegenständlicher Natur, bestätigt.[284] Eligius war ausgebildeter Goldschmied. Sein Vater hatte ihn in Limoges bei dem Goldschmied Abbo, der damals zugleich das Münzatelier dieser *urbs* leitete, unterrichten lassen.[285] Später wechselte Eligius, gewiß nicht ohne Grund, von Aquitanien in die politische Kernlandschaft des Reiches. Er arbeitete an vielen Orten des Untersuchungsgebietes, und für eine Vielzahl von Auftraggebern: In Tours war er im Auftrage Dagoberts I. tätig, um die Grabstätte des heiligen Martin auszugestalten.[286] In Paris arbeitete er an den Gräbern des Germanus und der Genovefa,[287] und seine Dienste wurden auch vom Kloster Saint-Denis in Anspruch genommen. Weiter ist belegt, daß Eligius zeitweilig in Soissons, Beauvais und in der Umgebung von Lille gearbeitet hat.[288] Eligius war ein freier Handwerker;[289] er war weder rechtlich noch ökonomisch gebunden.

280 Zur Definition des Gebrauchswertes Marx, Kapital, 1, S. 50ff.

281 Poulain, L'extraction, S. 29ff. Vgl. Salin, Civilisation, 2, S. 108ff.

282 Poulain, L'extraction, S. 35.

283 Levison, Vorzeit, S. 127f.

284 Teil B, Nr. 63 und 73. Toussaint, Seine, S. 43.

285 Vita Eligii, I, 3. Ponton d'Amécourt, Abbon, S. 299ff.

286 Teil B, Nr. 81.

287 Ebenda, Nr. 80 u. 81.

288 Vita Eligii, II, 7.

289 Zur Frage der freien wandernden merowingerzeitlichen Goldschmiede Driehaus, Goldschmiede, S. 3ff. Zu Eligius ebenda, S. 402ff.

Seine soziale Situation unterschied sich insofern sicher von der des Bäckers aus der Königspfalz; sie unterschied sich aber wohl auch von der der einheimischen Steinmetzhandwerker. Es ist gewiß dem nicht alltäglichen Lebensweg des Eligius zu danken, daß der Forschung solche für das 7. Jh. ungewöhnlichen Einsichten in die Lebensumstände eines Handwerkers möglich sind. Aber diese Einsichten dürften in ihren Grundzügen durchaus repräsentativ sein für die Situation einer Vielzahl von Kunstschmieden, die im Untersuchungsgebiet tätig waren. Es gibt zudem Nachrichten, die darauf schließen lassen, daß auch ein Teil der in den Quellen nicht eben selten[290] erwähnten Bauhandwerker unter ähnlichen Bedingungen arbeitete. Vom Bischof Ansbert von Rouen wird jedenfalls berichtet, er habe eine bei seiner *civitas* gelegene Kirche restauriert, um die Gebeine des Audoin dort beisetzen zu lassen. Für die nötigen Bauarbeiten hätte er aus verschiedenen Gegenden Handwerker herbeigeholt.[291]

In der Literatur ist es üblich, von Wanderhandwerkern zu sprechen.[292] Diese Bezeichnung sagt insofern etwas Charakteristisches aus, als sie der Mobilität dieser Handwerker, dem Zwang, dem sie unterworfen waren, ihre Arbeit bei ständigem Ortswechsel auszuüben, gerecht wird. Sie ist jedoch nicht geeignet, über die sozialen Ursachen dieser Mobilität etwas auszusagen.

Der wandernde Kunstschmied etwa, wie ihn die Lebensbeschreibung des Eligius schildert oder wie er durch die Spuren der zeitweiligen Tätigkeit zahlreicher Monetare an den weniger bedeutenden Münzorten des Untersuchungsgebietes faßbar wird,[293] der wandernde Bauhandwerker, der nach Rouen kam, weil hier eine Kirche zu restaurieren war, hatten sich zweifelsohne erheblich weiter von der landwirtschaftlichen Produktion gelöst als der Pfalzbäcker oder die Steinmetze. Die wandernden Kunstschmiede und die Bauhandwerker waren ökonomisch selbständig, denn hierauf beruhte ihre Beweglichkeit. Sie waren wohl immer auch persönlich frei, und die wichtigsten ihrer Produktionsinstrumente dürften ihr Eigentum gewesen sein.[294] Aber um zu beurteilen, in welchem Maße diese Handwerker marktbildend wirkten und ihre Tätigkeit also die Entwicklung von Ware-Geld-Beziehungen tatsächlich förderte, sind noch andere Faktoren in die Betrachtung einzubeziehen.

Die Wanderhandwerker suchten die Siedlungen auf, an denen ihre Arbeitskraft gerade gebraucht wurde. Es fehlte also an Plätzen, die so beschaffen waren, daß sie spezialisierten Handwerkern bestimmter Tätigkeitsbereiche beständig und kontinuierlich Arbeitsmöglichkeiten geboten hätten. Diese Handwerker arbeiteten – auch das wird von den Quellen bezeugt[295] – zumeist mit dem Material, das ihnen ihre Auftraggeber zur Verfügung stellten. Sie kauften keine Rohstoffe. Sie produzierten nicht einmal Waren, sondern sie vermieteten ihre Arbeitskraft, ihre Erfahrung, ihre Kunstfertigkeit. Die marktbildende Wirkung der unter diesen Bedingungen produzierenden Handwerker kann also nur eine begrenzte gewesen sein. Marktbildend, die Warenzirkulation fördernd und die Tauschbeziehungen zwischen „Stadt“ und „Land“ vertiefend, war ihre Tätigkeit aber sicher auch aus anderen Gründen nur in Maßen: Handwerker wie Eligius arbeiteten häufig am königlichen Hof, am Hof eines Bischofs oder in einem Kloster. Sie waren also

290 Teil B, Nr. 75, 82 und 95. Wörterbuch, 1, Sp. 995f.

291 Teil B, Nr. 75.

292 Salin, Civilisation, 3, S. 212. Werner, Fernhandel, S. 568ff. Preidel, Handel, S. 20ff. Roth, Handel, S. 331 u. S. 344ff. Mit kritischen Vorbehalten Driehaus, Goldschmiede, S. 400f

293 Ponton d'Amécourt, Cenomannicum, I, S. 293 u. S. 315; II, S. 293. Werner, Fernhandel, S. 570. Heidrich, Münzprägung, S. 79ff.

294 Werner, Fernhandel, S. 568ff. Vgl. Roth, Handel, S. 344ff.

295 Teil B, Nr. 81 und Nr. 83. Werner, Fernhandel, S. 570ff. Vgl. Derselbe, Waage, S. 7.

zumeist an den Zentren frühfeudaler Grundherrschaften tätig. Sie mögen deshalb nicht eben selten in die naturalwirtschaftliche Versorgung der grundherrlichen familia einbezogen gewesen sein, ohne daß sie eigentlich zu ihr gehörten.

Es gibt nun allerdings auch deutliche Anzeichen dafür, daß im Untersuchungsgebiet während des 7. Jh. noch ein vierter, der am weitreichendsten von der Landwirtschaft getrennte Typ handwerklicher Produktion ausgebildet war, nämlich der des räumlich von der Landwirtschaft getrennten, seßhaften, mit eigenen Produktionsmitteln und -instrumenten produzierenden gewerblichen Arbeiters. Von Eligius wird berichtet, daß er eines Tages, als er bereits Bischof von Noyon war und durch diese *civitas* ging, einen Schaden in einer Kirchenwand entdeckte. Er hätte darauf befohlen, daß sofort ein *artifex*, ein Handwerker, herbeigerufen werde, der diesen Schaden zu beheben hätte.[296] Diese Erzählung setzt voraus, daß der Autor der Quelle mit in den *civitates* ansässigen Handwerkern rechnete: Der Befehl, auf der Stelle einen solchen herbeizuholen, hatte für ihn augenblicklich nichts Befremdliches.

In oder bei den bedeutenderen Siedlungen, zu denen die civitates zweifelsohne zu zählen sind, hat es sicher Werkstätten bestimmter Handwerkszweige gegeben. Von der französischen Numismatik wurde schon vor langer Zeit darauf hingewiesen, daß in den bedeutenden Prägeorten des Merowingerreiches nicht nur die eigentlichen Monetare, also die Handwerker, deren Namen auf den Münzen erscheinen, an der Herstellung der Münzen beteiligt gewesen sind.[297] Ponton d'Amécourt stellte im Verlaufe seiner Untersuchungen zum Münzwesen der Diözesen Le Mans und Tours bereits am Ende des vorigen Jahrhunderts fest,[298] daß der Monetar häufig mit einem anderen Handwerker, dem Graveur, zusammengearbeitet hat. Der Graveur fertigte die Stempel an, die der Monetar bei der Prägung verwandte.[299] Neuere Forschungen bestätigten diese Ergebnisse: Lafaurie stellte eine Gruppe von Trienten zusammen, die mit vom gleichen Graveur oder, wie es bei Lafaurie heißt, im gleichen „atelier de gravure" gearbeiteten Stempeln geprägt worden sind.[300] Zu einer dieser Gruppen gehörten neben Trienten, die in Paris selbst geprägt worden waren, auch solche aus Arpajon und Essonnes.[301] Beide Orte liegen etwas südlich von Paris, und es überrascht deshalb nicht sonderlich, daß dort prägende Monetare mit Stempeln arbeiteten, die in einer Pariser Werkstatt gefertigt worden sein dürften. Nach den Angaben Lafauries gehörten aber zur gleichen Münzgruppe auch in Vaiges ausgegebene Trienten. Vaiges liegt westlich von Le Mans, also in beträchtlicher Entfernung von Paris. Es mag auffallen, aber es ist keineswegs ausgeschlossen, daß in oder bei Paris gefertigte Handwerkserzeugnisse oder ein von hier kommender Handwerker diesen Weg vom Zentrum Neustriens bis nach Le Mans und in seine weitere Umgebung zurückgelegt haben. Während des 7. Jh. gab es Beziehungen, die die civitas Paris mit dem neustrisch-bretonischen Grenzraum verbanden,[302] und auch der Münzbestand der Schatzfunde läßt solche Beziehungen erkennen.[303]

Münzen wurden also im Untersuchungsgebiet unter Bedingungen einer technischen

296 Teil B, Nr. 82.

297 PROU, Monnaies mérovingiennes, S. LXXXII.

298 PONTON D'AMÉCOURT, Cenomannicum, I, II und III. DERSELBE, Touraine, S. 100ff.

299 PONTON D'AMÉCOURT, Touraine, S. 100ff.

300 LAFAURIE, Routes, S. 232ff.

301 LAFAURIE, in: BSFN, 8/1953, Nr. 4, S. 187.

302 Teil B, Nr. 35: Bischof Bertichramnus von Le Mans verfügt über ein Haus in Paris. SPRANDEL, Civitas, S. 32ff.

303 Anhang Nr. III, Nr. 9: Der Schatz enthielt neben Münzen aus Le Mans und seiner Umgebung auch solche aus Paris und in seiner Nähe gelegenen Orten. Ebenso Nr. 10.

Arbeitsteilung und einer entsprechenden Spezialisierung gefertigt: Die Stempel und die Münzen wurden durchaus nicht immer von den gleichen Handwerkern und in den gleichen Werkstätten gearbeitet. Ponton d'Amécourt stellte Beispiele zusammen, die bezeugen, daß ein Monetar mit Prägestempeln von zwei, drei oder noch mehr Graveuren arbeitete.[304] Außer bei Paris zeichnet sich bei Tours, Orléans, Le Mans, aber wohl auch bei Amboise die Tätigkeit entsprechender Werkstätten ab.[305] In den bedeutendsten Prägeorten vollzog sich auch die Herstellung der Münzen selbst in arbeitsteiliger Weise. Die Prägung wurde hier unter der Leitung eines Monetars ausgeführt, dem Hilfskräfte oder weniger qualifizierte Arbeiter zur Seite standen.[306] Mit der Existenz fester, ortsgebundener Ateliers ist mit einiger Sicherheit in all den Prägeorten zu rechnen, die eine kontinuierliche Münzprägung aufzuweisen hatten.[307] Von diesen stabilen, kontinuierlich betriebenen Produktionsstätten aus mögen immer wieder Monetare, Graveure und andere Vertreter des Gold- und Kunstschmiedehandwerks als fluktuierende, wandernde Handwerker ausgezogen sein, um einen größeren Raum zu bereisen. Das ändert jedoch nichts an der Tatsache, daß solche Werkstätten Erscheinungen eines wirklich seßhaften Handwerks gewesen sind.

Was von der Numismatik auf ihrem eigenen Forschungsgebiet bereits vor 100 Jahren in den Grundzügen erkannt worden ist, daß nämlich das Kunstschmiedehandwerk des Untersuchungsgebietes während des 7. Jh. Spezialisierung und Arbeitsteilung kannte, ist in jüngster Zeit durch Untersuchungen auf anderen Gebieten bestätigt worden. Nach dem Krieg sind sowohl in Saint-Denis bei Paris als auch in Paris selbst eingehendere Grabungen vorgenommen worden.[308] Sie legten eine größere Anzahl von Grabstätten frei, von denen mehrere in den Untersuchungszeitraum gehören. Es fanden sich Kunst- und Goldschmiedearbeiten, die von hoher Kunstfertigkeit zeugen und einen eigenen Stil erkennen ließen. Die Tatsache dieses eigenen Stils, die eigenständige Technik, das verarbeitete Material führten neben einigen anderen Beobachtungen zu dem Ergebnis, daß in der *civitas* Paris selbst oder in ihrer nächsten Umgebung ansässige Kunst- und Goldschmiedewerkstätten tätig gewesen sind.[309] Aus diesen Werkstätten kamen Arbeiten, die vor allem für das späte 7. und das 8. Jh. eine hochentwickelte Eisen- und Edelmetallverarbeitung erkennen lassen.[310]

Natürlich liegt es nahe, diese Ergebnisse der archäologischen Forschung zu den Bestimmungen des Testaments der Erminethrudia in Beziehung zu setzen.[311]

Die Forschung rückte bei ihren bisherigen Versuchen, die Stellung des Handwerks in der frühmittelalterlichen Gesellschaft zu klären, häufig seine rechtliche Stellung in den Mittel-

[304] Ponton d'Amécourt, Touraine, S. 101.

[305] Ebenda, S. 87ff.

[306] Derselbe, Cenommanicum, II, S. 70ff.

[307] Derselbe, Touraine, S. 87ff. Die hier beschriebenen Erscheinungen verdeutlichen die Eigenschaft, die neben Tours auch Paris und Rennes als Zentren der mit der Münzprägung in Verbindung stehenden handwerklichen Tätigkeiten hatten. Lafaurie in: BSFN, 8/1953, Nr. 4, S. 187. Der Verf. spricht hier von „ateliers centraux".

[308] Salin, Sépultures, S. 93ff. Vgl. Derselbe, Civilisation, 1, S. 132.

[309] Salin, Sépultures, S. 119f. Vgl. Salin/France-Lanord, Fer, S. 86, S. 165ff. und S. 182f.

[310] Salin, Sépultures, S. 121. Salin/France-Lanord, Fer, S. 132. Anhand der Beigaben der sogenannten Goldschmiedegräber von Poysdorf und Wittislingen, des Arnegundis-Grabes von Saint-Denis und einiger anderer Gräber befaßte sich Driehaus mit dem Problem der Arbeitsteilung und der Spezialisierung im merowingerzeitlichen Goldschmiedehandwerk. Er gelangte zu dem Schluß, daß diese Beigaben auf die Existenz zweier getrennter Handwerkszweige, nälich auf den des Metallgießers und auf den des eigentlichen Schmiedes, schließen lassen. Driehaus, Goldschmiede, S. 391ff.

[311] S. o., S. 96f.

punkt. Die Frage nach der Freiheit oder Unfreiheit des einzelnen Handwerkers erschien demzufolge zumeist als das eigentliche Kernproblem, das zu erörtern war.[312] Im bewußten Gegensatz hierzu ist in den vorangehenden Ausführungen versucht worden, die sozialökonomischen Lage der Handwerker, das Ausmaß ihrer Verselbständigung gegenüber der Landwirtschaft als den für die Entwicklung von Ware-Geld-Beziehungen und die Bildung eines Marktes für landwirtschaftliche Erzeugnisse entscheidenden Faktor herauszustellen. Von diesem Gesichtspunkt aus betrachtet dürfte die zuletzt vorgeführte Erscheinungsform handwerklicher Produktion diejenige gewesen sein, von der während des 7. Jh. innerhalb des Untersuchungsgebietes die größten Wirkungen ausgingen. Die Handwerker dieses Typs hatten sich am weitesten von der landwirtschaftlichen Produktion gelöst. Ihre Tätigkeit vollzog sich in deutlicher räumlicher Trennung vom ländisch-dörflichen Milieu in Siedlungen eines eigenständigen, nicht dörflich-agrarischen Typs. Sie dürften aus ihrer gesamten Situation heraus am ehesten und am konsequentesten als Tauschpartner für die Landwirtschaft, als Käufer agrarischer Erzeugnisse aufgetreten sein.

Sollte in den ersten Abschnitten des Kapitels geprüft werden, welche Güter, welche Erzeugnisse menschlicher Arbeitskraft während des 7. Jh. als Waren fungierten und welche Leistungen durch Geld vermittelt wurden, so war in seinen letzten Teilen zu untersuchen, welche sozialen Schichten und Bevölkerungsgruppen von den Ware-Geld-Beziehungen erfaßt wurden, welche zu den Produzenten von Waren gehörten und welche dieser Schichten als ihre Käufer oder Verkäufer auftraten. Es dürfte aufgefallen sein, daß in diesem zuletzt erörterten Zusammenhang eine wichtige Bevölkerungsgruppe nicht genannt worden ist: Die an Zahl bedeutendste aller sozialen Schichten, die der bäuerlichen Produzenten, fehlte. Tatsächlich gibt es in den Quellen kaum Spuren, die darauf schließen lassen, daß die Bauern an den Ware-Geld-Beziehungen teilgehabt hätten. Nichts deutet darauf hin, daß sie Erträge ihrer Wirtschaften mit einiger Regelmäßigkeit verkauften, und ebensowenig spricht dafür, daß sie Erzeugnisse des Handwerks kauften. Es ist selbstverständlich nicht völlig auszuschließen, daß bäuerliche Produzenten mitunter das eine oder andere Produkt tauschten oder daß sie in bestimmten Situationen Güter verkauften. So ist durchaus anzunehmen, daß bei dem einen oder dem anderen der vorgeführten Geschäfte mit Immobilien der verkaufende Teil den bäuerlichen Schichten angehörte. Zudem ist es sicher, daß neben dem spezialisierten Handwerk der Kunst- und Goldschmiede ein dörfliches Schmiedehandwerk existierte, das eiserne Geräte herstellte und sogar Reparaturen an solchen Geräten ausführte.[313] Die Leistungen solcher Handwerker sind sicher auch von bäuerlichen Produzenten in Anspruch genommen worden. Jedoch deutet das Bild von den nachweisbaren warenwirtschaftlichen Erscheinungen darauf hin, daß bei der Realisierung von Beziehungen dieser Art der Naturaltausch eine erhebliche Rolle spielte. Der Eindruck von einer noch wenig von den Ware-Geld-Beziehungen erfaßten bäuerlichen Bevölkerung korrespondiert mit der Beschaffenheit des Münzsystems, wie sie während des größten Teils des 7. Jh. vorherrschte. Sie korrespondiert mit der Art der vor allem als Waren begegnenden Güter und nicht zuletzt mit den Existenzformen des Handwerks, wie sie sich für jene Zeit nachweisen ließen. Alle diese Faktoren lassen gleichermaßen wenig Raum für

312 Lot, L'histoire urbaine, S. 70f. Vercauteren, Études, S. 434ff. Derselbe, La vie, S. 466f. Doehaerd, Impots, S. 83ff. Roth, Handel, S. 344f Driehaus, Goldschmiede, S. 401, vertritt die Ansicht, daß „der freie Handwerker zur Zeit Gregors eine Seltenheit" gewesen sei. Unter dem Aspekt der Ausbildung vollentwickelter Städte befaßt sich Jankuhn in: Frühformen, S. 9f., mit dem Ausscheiden gewerblich tätiger Menschen aus agrarischen Siedlungen.

313 Werner, Fernhadel, S. 560f. Salin, Civilisation, 1, S. 424. Salin/France-Lanord, Fer, S. 207ff. Roth, Handel, S. 329.

die Vorstellung von einer Waren erzeugenden, an den Markt gebundenen, auf den regelmäßigen Kauf handwerklicher Erzeugnisse angewiesenen bäuerlichen Wirtschaft.

Es gab bisher kaum Möglichkeiten, sich mit Hilfe schriftlicher Aufzeichnungen über Leistungen und Verpflichtungen abhängiger bäuerlicher Produzenten während des 7. Jh. zu informieren. Um so wertvoller ist eine Quelle, die erst in jüngster Zeit bekannt geworden ist.[314] Sie gehört in die zweite Hälfte des 7. Jh. und betrifft das Kloster Saint-Martin in Tours.[315] Sie enthält Aufzeichnungen über Verpflichtungen von mehr als 900 *coloni*.[316] Es ist bemerkenswert, daß die von diesen *coloni* entrichtete Rente ausschließlich in Naturalform aufgebracht wurde: in verschiedenen Getreidearten und in Holz.[317] Den Ausführungen Gasnaults ist zu entnehmen, daß die weitaus größte Zahl der neunhundert *coloni* germanische Namen trug.[318]

Das Verzeichnis ist zu einmalig, zu ungewöhnlich, um daraus weitreichende Schlüsse auf die um die Mitte des 7. Jh. vorherrschenden Formen der Feudalrente zu ziehen. Zudem fehlen bisher Anhaltspunkte, die es ermöglichen könnten, das Gebiet genauer zu bestimmen, auf das sich seine Angaben beziehen. Aber sie sind insofern aufschlußreich und korrespondieren mit dem, was über das Verhältnis der bäuerlichen Produzenten zu Austausch, Handel, Markt und Geld ausgeführt worden ist, als sie keinerlei Indizien enthalten, die auf Geldabgaben weisen.

5. Die Zentren der Ware-Geld Beziehungen und des Handels

Bei der Erörterung der Frage nach den im Untersuchungsgebiet während des 7. Jh. ge- und verkauften Gütern wurde erwähnt, daß Dagobert I. bestimmte Zolleinnahmen teilweise dem Kloster Saint-Denis überließ.[319] Darüber hinaus stattete Dagobert das Kloster damals zugleich mit einer Zollbefreiung aus.[320] Sie sollte es ermöglichen, den in Marseille in Naturalform empfangenen Anteil an den Einnahmen nach Saint-Denis zu schaffen, ohne daß für den Transport Abgaben entrichtet werden mußten. Als Orte, an denen die Befreiung zu beachten war, wurden die *civitates* Marseille, Valence, Fos und Lyon namentlich benannt.[321]

Ein halbes Jahrhundert nach der Ausstattung Dagoberts I. empfing Saint-Denis erneut ein Zollprivileg. Eine im Original überlieferte Urkunde gibt darüber Auskunft, daß Theuderich III. (673–690) dem Kloster Zollfreiheit bei allen Zollstätten einräumte, die in Neustrien, in Austrasien und in Burgund gelegen waren. *Civitates*, *castella*, *portus* und *trexitus* werden als Plätze genannt, an denen damals Zollabgaben erhoben zu werden pflegten.[322] Die Befreiung galt sowohl für Land- als auch für Wasserfahrzeuge, die vom Kloster kamen oder zu diesem unterwegs waren; sie galt aber auch für alle, deren Ziel oder Ausgangspunkt eine *villa* der klösterlichen Grundherrschaft war.[323] Gerade die letzte der wiedergegebenen

[314] Gasnault, Documents, S. 82–93. Derselbe, Documents comptables, S. 1ff.
[315] Gasnault, Documents, S. 91ff. Derselbe, Documents comptables, S. 4–6.
[316] Gasnault, Documents, S. 89. Derselbe, Documents comptables, S. 8f.
[317] Weizen, Spelt, Gerste, Hafer, Gasnault, Documents, S. 89. Derselbe, Documents comptables, S. 10f.
[318] Gasnault, Documents, S. 89. Derselbe, Documents comptables, S. 9.
[319] S. o., S. 80 f.
[320] Teil B, Nr. 13 u. Nr. 62.
[321] Ebenda.
[322] Ebenda, Nr. 10. Vgl. Ganshof, Tonlieu, S. 301.
[323] Ebenda.

Bestimmungen läßt erkennen, daß es bei dieser erneuten Privilegierung des Klosters Saint-Denis nicht nur um eine schlichte Bestätigung oder Erneuerung von Rechten ging, die ihm seit der Herrschaft Dagoberts I. zustanden. Die Privilegierung des Klosters durch Theuderich III. bezweckte offensichtlich eine Präzisierung dieser Rechte, ihre Anpassung an veränderte Bedingungen.

Die Bestimmungen des für Saint-Denis ausgestellten Zollprivilegs Theuderichs III. sind jedoch keineswegs nur von Bedeutung, weil sie Veränderungen erkennen lassen, die im Verlaufe eines halben Jahrhunderts in der wirtschaftlichen Situation dieses Klosters selbst eingetreten waren. Sie verdienen Beachtung vielmehr gerade dann, wenn die Frage nach den Zentren der Ware-Geld-Beziehungen, die Frage nach den Plätzen, an denen diese Beziehungen vorzugsweise realisiert wurden, untersucht werden soll.

Die Zahl der aus merowingischer Zeit überlieferten Urkunden, die eine Befreiung von der Zollzahlung verbriefen, ist nicht sehr groß.[324] Die von Theuderich III. für Saint-Denis ausgestellte Urkunde gehört hinsichtlich ihrer Überlieferung zu den unanfechtbarsten, hinsichtlich ihrer Bestimmungen zu den eindeutigsten.[325] Ihr Text besagt, wie bereits zitiert, daß *civitates*, *castella*, *portus* und *trexitus* die bevorzugten Plätze der Zollerhebung waren.[326] Der Urkunde Theuderichs III. ist eine Stück aus den Formulae Marculfi an die Seite zu stellen.[327] Empfänger der dem Formular zugrunde liegenden Urkunde war eine unbekannte Kathedralkirche. Diese Kirche sollte von der Zollzahlung befreit sein, wo immer innerhalb des Reiches „*misi sui mercare videntur*". Das Formular enthält die Bestimmung über die Land- und Wasserfahrzeuge, wie sie sich im Privileg für Saint-Denis fand; dagegen sind als Orte, an denen die Abgaben erhoben wurden, nur die *civitates* ausdrücklich genannt. Es sollten von der privilegierten Kirche künftig weder in den *civitates* „*aut pagos*" Zölle erhoben werden.[328] Im Text dieses Urkundenformulars wird also die Beziehung zwischen Zollbefreiung und Handel ausdrücklich hergestellt,[329] und die *civitates* werden wiederum als Siedlungen kenntlich gemacht, denen für Zollerhebung, Verkehr und Gütertransport besondere Bedeutung zukam.

Außer den soeben behandelten und den früher in anderem Zusammenhang bereits vorgeführten Zollprivilegien der Klöster Stablo-Malmedy und Corbie[330] gibt es drei weitere Quellen, in denen sich Angaben über eine Befreiung von Zollzahlungen finden. Zwei dieser Quellen gehen auf merowingische Immunitätsprivilegien zurück.

Zwischen 769 und 774 bestätigte Karl der Große dem Kloster Saint-Médard in Soissons den Besitz der Immunität.[331] Der von Karl ausgestellten Urkunde ist zu entnehmen, daß die Immunität einst von einem König Chlothar verliehen worden war, und daß diese Verleihung eine Befreiung von der Zollzahlung und von anderen öffentlichen Abgaben einschloß.[332]

Von den vier Merowingerkönigen, die den Namen Chlothar trugen, dürfte der von Karl Martell um 717 eingesetzte und dieses Amt nur ganz kurze Zeit bekleidende als Aussteller

[324] Sie wurden, wie die merowingischen Zollprivilegien überhaupt, zusammengestellt und eingehend behandelt von Ganshof, Tonlieu, S. 296ff.; bes. S. 297ff. die Zusammenstellung.

[325] Die Urkunde ist im Original überliefert; Lauer/Samaran, Nr. 18. Zu ihrem Inhalt Levillain, Études, IV, S. 264ff.

[326] Teil B, Nr. 10.

[327] Ebenda, Nr. 31.

[328] Ebenda.

[329] Ebenda.

[330] S. o., S. 81ff.

[331] Teil B, Nr. 1.

[332] Ebenda.

des Immunitätsprivilegs kaum in Frage kommen. Eher ist an Chlothar I. zu denken, der 561 starb. Er war als einer seiner Gründer mit der Geschichte des Klosters Saint-Médard in besonderer Weise verbunden.[333] Der Inhalt der zweiten Immunitätsurkunde wird von Almann, dem Verfasser der Lebensbeschreibung des Bischofs Nivardus[334] von Reims, überliefert. Almann berichtet, König Childebert habe der Reimser Kirche zu der Zeit, zu der Nivardus dem Bistum vorstand, ein Immunitätsprivileg erteilt. Dieses Privileg soll der Kirche auch Befreiung von der Zollzahlung eingeräumt haben.[335] Die Urkunde Childeberts muß um das Jahr 657 ausgestellt worden sein.[336]

Weder die Urkunde Karls des Großen, noch die Lebensbeschreibung des Nivardus enthalten eingehendere Angaben über den Inhalt der merowingischen Privilegien, auf die sie zurückgehen. Sie bieten deshalb auch keine eingehenderen Aufschlüsse über die Zölle, die Art ihrer Erhebung oder die Zollstätten.

Die letzte der drei Quellen, die neben den früher behandelten Auskünfte über Zollprivilegien geben, findet sich wiederum in der Formelsammlung Markulfs.[337] Ihr Inhalt stellt die Urkunde, die dem Formular zugrunde lag, an die Seite der von Dagobert I. für Saint-Denis und von Chlothar III. für Corbie ausgestellten:[338] Ihr Empfänger ist ein nicht bekannter Bischof. Seiner Kirche wurde für Fahrten nach Marseille und *„per reliquos portos infra regno nostro"* Zollfreiheit gewährt.[339] Die Befreiung sollte gelten *„ubicumque missi sui marcare videntur"*.[340] Neun Orte des Rhône-Saône-Raumes werden als Zollstätten mit Namen genannt; bei den weitaus meisten dieser neun handelt es sich um *civitates*.[341] Die Freiheit von der Zollzahlung war nicht unbegrenzt; sie galt für eine feste Anzahl von Fahrzeugen im Jahr.[342] Der Aussteller der Urkunde ist nicht bekannt.[343] Diese Formel aus der Sammlung Markulfs zeigt, daß außer den im Untersuchungsgebiet gelegenen Klöstern Saint-Denis und Corbie noch andere Kircheninstitutionen des Merowingerreiches Fahrten in die Provence unternahmen, um für Beleuchtungszwecke benötigte Produkte, also Öl oder anderes, zu beschaffen.[344] Wenn die Urkunde in der Gestalt, in der sie das Formular aus der Sammlung Markulfs überliefert, auch keinerlei direkte Beziehungen zum Untersuchungsgebiet erkennen läßt, so sind ihre Angaben doch insofern von Interesse, als sie aus den hierher gehörenden Zollprivilegien gewonnene Erkenntnisse in bestimmter Hinsicht bestätigt: Sie stellen eine eindeutige Beziehung zwischen der Befreiung von der Zollzahlung und dem Handel kirchlicher Institutionen her, und sie zeigen, daß *civitas* und *portus* für die Ware-Geld-Beziehungen während des 7. Jh. von besonderer Bedeutung gewesen sind.

Mit diesen Ausführungen ist der Punkt erreicht, an dem die Aussagen der schriftlichen Quellen ein weiteres Mal zu denen des numismatischen Materials in Beziehung gesetzt werden müssen. Es stellt sich heraus, daß zwischen beiden einerseits aufschlußreiche Gemeinsamkeiten bestehen, daß sie andererseits aber auffallend von einander abweichen.

[333] Ebenda.
[334] S. o., S. 68.
[335] Teil B, Nr. 50
[336] Vercauteren, Études, S. 58
[337] Teil B, Nr. 30.
[338] S. o., S. 80ff.
[339] Teil B, Nr. 30.
[340] Ebenda.
[341] Ebenda: Marseille, Fos, Arles, Avignon, Sorgues, Valence, Vienne, Lyon, Chalon-sur-Saône. Vgl. Ganshof, Tonlieu, S. 301.
[342] Ebenda.
[343] Ebenda. [344] Ebenda.

Das vollständige Formular der Zollbefreiungsurkunde, das von der zitierten Urkunde Theuderichs III. für Saint-Denis wiedergegeben wird, enthielt in der zweiten Hälfte des 7. Jh. den ausdrücklichen Hinweise darauf, daß *civitates*, *castella*, *portus* und *trexitus* die Plätze waren, an denen Zölle erhoben wurden.[345] Auf den Monetarmünzen des 7. Jh. erscheinen, soweit sie entsprechende Angaben aufzuweisen haben, *civitas*, *castellum* (*castrum*), *portus* und *vicus* als Bezeichnung für die Prägeorte.[346] Drei der vier Siedlungstypen, denen durch die Zollurkunde eine besondere Funktion bei Verkehr und Gütertransport eingeräumt wurde, nämlich *civitas*, *castellum* und *portus*, begegnen also sowohl auf den Münzen, als auch in den Zollurkunden. Der vierte dagegen, der *vicus*, der auf den Münzen so sehr häufig erscheint, fehlt im Formular der merowingischen Zollurkunde. Beobachtungen, die früher zu den Beziehungen zwischen kontinuierlicher und ephemerer Münzprägung einerseits und den einzelnen Siedlungstypen andererseits angestellt wurden,[347] zeigen, daß es die Forschung bei diesen Übereinstimmungen und Abweichungen kaum mit einer zufälligen Erscheinung zu tun haben dürfte: Die Siedlungen, die im Formular der Zollurkunde ausdrücklich als Zollstätten benannt werden, sind zugleich diejenigen, in denen am kontinuierlichsten Münzen geprägt worden sind. Auszunehmen ist natürlich der *trexitus*. Bei den *civitates*, die in der Zollurkunde gewiß nicht zufällig an erster Stelle stehen, ist diese Beziehung ganz klar und eindeutig. Der weitaus größte Teil der Siedlungen mit kontinuierlicher Prägung gehört hierher.[348] Von den neun *castra* des Untersuchungsgebietes, die als Prägeorte faßbar sind, dürften wenigstens drei, also mindestens ein Drittel, zu den Siedlungen mit kontinuierlicher Prägung zu zählen sein.[349] Der *portus* nimmt insofern eine Ausnahmestellung ein, als Prägeorte mit dieser Bezeichnung sehr selten sind. Sie erscheint nur auf den Münzen dreier Siedlungen. Es kann mit dieser geringen Anzahl zu tun haben, daß sich für keinen der Prägeorte mit der Bezeichnung *portus* eine kontinuierliche Münzprägung nachweisen läßt.[350] Bei den *vici* dagegen stellte die kontinuierliche Prägetätigkeit eher die Ausnahme als die Regel dar. Im günstigsten Falle dürfte ein Zehntel der Siedlungen, die auf den Münzen als *vicus* bezeichnet werden, eine stabile, kontinuierliche Münzprägung gekannt haben.[351]

Im vorangehenden Kapitel der Arbeit wurde zu klären versucht, wie sich in der Merowingerzeit Münze und Markt zueinander verhielten.[352] Ausgehend von der Auffassung, daß unter karolingischer Herrschaft beide Institutionen insofern eine Einheit bildeten, als der Münzort zugleich Marktort gewesen ist, wurde die Frage gestellt, ob das 7. Jh. bereits eine ähnliche Beziehung kannte. Die Antwort fiel negativ aus. Es zeigte sich aber, daß in dieser Zeit ein besonders enges Verhältnis zwischen Münze und *civitas* bestand: Zum Bischofssitz gehörte die Münzprägung. Es gab damals offensichtlich im Untersuchungsgebiet kaum eine *civitas*, in der nicht ständig Münzen geprägt worden wären. Da das numismatische Material eindeutig dafür spricht, daß die *civitates* in besonderer Weise und viel intensiver als andere Siedlungen mit geldwirtschaftlichen Erscheinungen zu tun hatten, wurde der Schluß gezogen, daß, wenn überhaupt, so im Falle der *civitates* von der Münzprägung auf die Existenz eines Marktes geschlossen werden könnte.[353] Der Gedanke ist hier, insofern er

345 S. o., S. 107.
346 S. o., S. 29.
347 S. o., S. 23 ff. und S. 29 ff.
348 S. o., S. 23 ff. und S. 29.
349 S. o., S. 23 ff. sowie Anhang Nr. I, die Angaben zu Melun.
350 S. o., S. 32
351 S. o., S. 23 ff. und S. 32.
352 S. o., S. 28 ff.
353 S. o., S. 31.

darauf zielt, die Siedlungen zu ermitteln, die während des 7. Jh. vor allem Zentren des Handels gewesen sind, wieder aufzunehmen und fortzuführen. Die Auskünfte der Zollprivilegien bestätigen die Angaben des numismatischen Materials, denn auch sie räumen den *civitates* einen bevorzugten Platz im System warenwirtschaftlicher Erscheinungen ein. Darüber hinaus aber führen sie, wenn sie mit den Aussagen des numismatischen Materials kombiniert werden, zu dem Schluß, daß neben den *civitates* zwei andere Siedlungstypen, nämlich *castrum* und *portus*, Marktfunktionen ausübten beziehungsweise einen Markt besaßen. Die übereinstimmenden und sich ergänzenden Angaben des numismatischen Materials und der Zollprivilegien machen es in einem hohen Maße wahrscheinlich, daß *civitates*, *castra* und *portus* trotz zwischen ihnen gewiß vorhandener Unterschiede im Untersuchungsgebiet während des 7. Jh. die Siedlungen gewesen sind, bei denen Warenzirkulation und Beziehungen geldwirtschaftlichen Charakters einen besonderen Rückhalt fanden. Sie bildeten ihre hervorragendsten Zentren und Konzentrationspunkte. Diese Tatsache dürfte nicht ohne Gewicht sein für den gesamten Problemkreis der Beurteilung der Ware-Geld-Beziehungen jener Zeit und ihrer gesellschaftlichen Voraussetzungen.

In gleichem Zusammenhang muß noch auf ein weiteres Problem eingegangen werden: In den Zollprivilegien der karolingischen Könige werden die Märkte zumeist ausdrücklich genannt,[354] in den Zollbefreiungen der merowingischen Herrscher fehlen sie. Diese begnügen sich, wie die vorgeführten Zeugnisse gezeigt haben dürften, mit dem Hinweis auf *civitas*, *castrum*, *portus*, *trexitus* und *pagus*. Auf drei Ausnahmen ist jedoch einzugehen. Ein von Childerich II. im Jahre 673 für Montiéren der ausgestelltes Immunitätsprivileg soll die Verleihung der Zollfreiheit eingeschlossen haben.[355] Als Plätze, an denen der Zoll erhoben zu werden pflegte, nennt das Schriftstück *urbs* und *mercatum*.[356] Dieses Diplom ist eine Fälschung des 10. Jh. Bei seiner Anfertigung wurde ein echtes, 683 ausgestelltes Immunitätsprivileg Theuderichs III. benutzt.[357] Diese echte Immunitätsurkunde wiederum – sie stellt die zweite Ausnahme dar – wurde später interpoliert. Zur Interpolation gehören eine Beschreibung der Grenzen des Immunitätsbezirkes sowie ganz offensichtlich auch jene Passage, mit der dem Kloster angeblich Zollfreiheit zugesprochen wurde.[358] Der Wortlaut dieser Passage stimmt mit dem entsprechenden Passus aus der auf den Namen Childerichs II. gefälschten Urkunde überein: Jedwedem *iudex publicus* sollte es untersagt sein, den *rotaticus* zu erheben; *urbs* und *mercatum* werden auch hier als die Plätze bezeichnet, an denen das zu geschehen pflegte.[359] Keine der beiden Immunitätsurkunden des Klosters Montiér-en-Der vermag also etwas über Märkte im 7. Jh. auszusagen: Die eine nicht, weil es sich bei der entscheidenden Stelle um eine jüngere Interpolation handelt, die andere nicht, weil sie erst im 10. Jh. angefertigt worden ist. Ihre echte Vorlage enthielt die betreffende Stelle vielleicht auch damals noch nicht; zumindest ist sie ihr aber erst nach der hier zu erörternden Zeit eingefügt worden. Die dritte Ausnahme schließlich findet sich in der schon früher herangezogenen, von Almann verfaßten Lebensbeschreibung des Bischofs Nivardus von Reims.[360] Der Autor der Quelle erzählt, Nivardus hätte für das durch ihn bei Reims gegründete Kloster Hautvillers eine Immunitätsurkunde Childerichs II. (662–675) erlangt. Diese Urkunde soll ein Verbot eingeschlossen haben, die

[354] S. u., S. 115 ff.
[355] Teil B, Nr. 7.
[356] Ebenda.
[357] Levison, Montiérender, S. 745 ff., bes. S. 753 ff. Ganshof, Tonlieu, S. 296, Anm. 14.
[358] Levison, Montiérender, S. 747 ff., bes. S. 752 f. Ganshof, Tonlieu, S. 297, Anm. 15.
[359] Teil B, Nr. 9.
[360] S. o., S. 68 u. S. 109.

Insassen des Klosters beim Handel und „*in publicis mercatis*" mit Abgaben zu belasten.[361]

Levison, der Herausgeber der Vita, hält die Urkunde, deren Text von Almann wiedergeben wird, für nicht unverdächtig.[362] Die auffallende Formulierung mit den *publici mercatus* verstärkt diese Bedenken durchaus, denn sie ist für jene Zeit ungewöhnlich.[363]

Es gibt kein eindeutiges, unverdächtiges Zollprivileg des 7. Jh., das unter den Plätzen, an denen die Abgabenfreiheit gelten sollte, neben *civitates*, *castella* und *portus* auch die Märkte nennt.[364] Der Markt wird in Zollprivilegien jener Zeit nur in den Fällen eindeutig erwähnt, in denen über die Einnahmen eines bestimmten Marktes, also über den Marktzoll, entschieden wurde. Das bekannteste Beispiel eines solchen Marktes aus dem Untersuchungsgebiet ist das des beim Kloster Saint-Denis stattfindenden Jahrmarktes.[365] Seine Einnahmen waren seit der zweiten Hälfte des 7. Jh. Gegenstand beständiger und heftiger Auseinandersetzungen.[366]

Auf die Frage nach den Ursachen des Unterschieds im Text der merowingischen und der karolingischen Zollprivilegien ist später einzugehen. An dieser Stelle mußte auf die Tatsache, daß die unverdächtigen merowingischen Zollbefreiungen den Markt nicht erwähnen, während er von einer bestimmten Zeit an fester Bestandteil des Formulars der karolingischen Zollprivilegien war, aufmerksam gemacht werden. Denn auch bei dieser Erscheinung dürfte es sich kaum um einen Zufall handeln. Es muß einen Grund gegeben haben, die das eine Formular auskommen ließ, ohne daß es auf den Markt Bezug nahm, während das andere ihn notwendigerweise zu erwähnen hatte.

Auf die Frage nach den Zentren der Ware-Geld-Beziehungen, nach den Plätzen, an denen sich während des 7. Jh. der Handel vor allem konzentrierte, gaben von den schriftlichen Quellen die Zollprivilegien die aufschlußreichsten Auskünfte. Sie bestätigten die Angaben, die das numismatische Material zur Bedeutung der *civitates* machte. Sie ließen darüber hinaus, als ihre Aussagen mit denen des numismatischen Materials kombiniert wurden, den Schluß zu, daß *castrum* und *portus* Eigenschaften besaßen, die sie gemeinsam mit den *civitates* an Bedeutung über die hinaushoben, die andere Siedlungen, etwa der *vicus*, damals für die Ware-Geld-Beziehungen und den Handel besaßen. *Civitas*, *castrum* und *portus* dürften die Siedlungen gewesen sein, die im Untersuchungsgebiet während des 7. Jh. am engsten mit geldwirtschaftlichen Erscheinungen und mit dem Handel verbunden gewesen sind.

Zusammenfassung

Die Ausführungen des Kapitels gingen von der Feststellung aus, daß die ökonomische Grundstruktur des Untersuchungsgebietes keine rein naturalwirtschaftliche gewesen sein kann, da es eine nicht unbeachtliche Münzprägung und eine entsprechende Münzzirkulation besaß. Von dieser aus dem numismatischen Material abgeleiteten Schlußfolgerung ausgehend war mit Hilfe der schriftlichen Quellen zu erörtern, welche Güter als Waren

361 Teil B, Nr. 51.

362 MG. SS. rer. Merov., 5, S. 168, Anm. 6.

363 Vgl. die Belegstellen zu den Märkten bis zum Tode Karls des Kahlen bei Endemann, Marktukunde, S. 11–34. Zur Bedeutung von *publicus mercatus* Schlesinger, in: Marktproblem, S. 56. Dieser Markt wäre demnach „von Haus aus" ein königlicher Markt.

364 Teil B, Nr. 5, 7, 9, 10, 13, 30, 31, 50, 51 und 62, Nr. 7 ist gefälscht, Nr. 9 interpoliert, Nr. 51 verdächtig; vgl. hierzu die Ausführungen auf S. 111f.

365 Teil B, Nr. 17.

366 Levillain, Études, IV, S. 10ff.

fungierten, welche Leistungen mit Hilfe von Geld vermittelt, und welche soziale Schichten und Gruppen von den Ware-Geld-Beziehungen erfaßt wurden. Es war zu klären, welche Auskünfte diese Quellen über die Handelsplätze und über die Märkte zu geben vermögen.

Es stellte sich heraus, daß Grund und Boden, alle Arten genutzten Landes zu den Gütern gehörten, die ge- und verkauft worden sind. Das Hauptproduktionsmittel hatte sich in eine Ware verwandelt und wurde tagtäglich und in allen Teilen des Untersuchungsgebietes als eine solche behandelt. Hervorzuheben ist, daß Kircheninstitutionen oder Personen geistlichen Standes häufig als Käufer, Personen weltlichen Standes häufig als Verkäufer solcher Güter begegnen. Hervorzuheben ist jedoch auch, daß bei Kauf und Verkauf von Land der Preis nicht ausschließlich in Gestalt von Münzgeld beglichen wurde. Hierzu dienten auch andere Sachwerte.

Die schriftlichen Quellen bieten der Auffassung keine ausreichende Stütze, daß ein ausgesprochener Sklavenhandel von Bedeutung gewesen sei. Es scheint so, als wären aus den sozialökonomischen Verhältnissen des Untersuchungsgebietes, aus den die Entwicklungsrichtung dieser Verhältnisse vor allem bestimmenden Faktoren Interessen erwachsen, die darauf gerichtet waren, gegen den Entzug von Menschen, von Arbeitskräften, vorzugehen. Zu dieser Vermutung paßt, daß die Quellen dort, wo sie von einem über seine Grenzen hinausreichenden Handel mit Menschen sprechen, in der Regel besagen, daß solche Menschen durch Kauf in das Untersuchungsgebiet gebracht wurden, während der Verkauf über seine beziehungsweise über die Grenzen des Merowingerreiches überhaupt hinaus erschwert, wenn nicht unterbunden werden sollte.

Zu den gehandelten Gütern, zu den Erzeugnissen menschlicher Arbeitskraft, die ge- und verkauft wurden, gehörten sowohl Produkte der Landwirtschaft als auch solche des gewerblich-handwerklichen Bereichs. In den Vordergrund treten dabei weniger Güter, die Bedürfnisse des täglichen Lebens zu befriedigen hatten und deshalb zum alltäglichen Bedarf gehörten, als vielmehr solche, deren Gewinnung an besondere geographische Bedingungen geknüpft war, sowie Gegenstände, die geeignet schienen, einen bestimmten Sozialstatus zu demonstrieren. Erzeugnisse des Steinmetzgewerbes und des Kunstschmiedehandwerks fallen im hohen Maße in diese Kategorie. Es ist festzuhalten, weil nicht ohne Belang für das Erfassen des Charakters der Ware-Geld-Beziehungen und ihrer Bedeutung, daß die Versorgung mit Produkten, deren Beschaffung in erheblichem Maße an geographische Bedingungen gebunden war, sowohl über Kauf und Verkauf als auch in naturalwirtschaftlichen Formen erfolgte. Das Öl, das Salz, der Fisch gehörten zu diesen Gütern.

Das im ersten Kapitel erfolgte Studium der numismatischen Quellen und der in diesem Zusammenhang angestellte Versuch, die Umlaufgebiete der im Untersuchungsgebiet geprägten Trienten und Denare zu bestimmen, ließ bereits die Vermutung aufkommen, daß dieser Raum in der Periode, in der die Goldprägung vorherrschte, nur schwache ökonomische Beziehungen zu den angelsächsisch-friesischen Gebieten und zu den ostrheinischen Teilen des Merowingerreiches unterhielt. Die genannten Quellen sprechen insgesamt auch kaum dafür, daß dieser Raum größeren Anteil an den offensichtlich existierenden byzantinisch-vorderorientalisch-nordwesteuropäischen Handelsbeziehungen besessen hätte. Es deutete sich viel mehr die Existenz eines neustrisch-aquitanischen Wirtschaftsraumes an. Die Auskünfte der schriftlichen Quellen stimmen mit diesen Ergebnissen überein. Sie verstärken auf jeden Fall die Skepsis, die hinsichtlich eines das Untersuchungsgebiet wirklich erfassenden Handels mit Gütern orientalischer Herkunft oder mit Erzeugnissen des Mittelmeerraumes bestand. Sie stützen die Auffassung, daß während des 7. Jh. die intensivsten und wichtigsten Beziehungen waren-geldwirtschaftlichen Charakters diejenigen gewesen sind, die das Untersuchungsgebiet mit dem Südwesten des Merowingerreiches verbanden.

Die Analyse der schriftlichen Quellen führte zu dem Ergebnis, daß neben einer Personengruppe, deren Angehörige als *negociantes* oder auch als *negociatores* bezeichnet werden, Menschen mit grundherrlich-feudalem Status, Kircheninstitutionen sowie bestimmte Handwerker zu den sozialen Trägern der Ware Geld-Beziehungen gehörten. Es könnte auf auch anderweitig festzustellende, während des 7. Jh. im Untersuchungsgebiet vor sich gehende wirtschaftliche und soziale Wandlungen deuten, daß die von den Quellen erwähnten *negociatores* nicht in erster Linie in Verbindung mit einer echten Warenzirkulation und dem Handel genannt werden, sondern als Verkäufer von Grund und Boden. Es deutet darauf hin, daß während des gesamten Untersuchungszeitraumes kirchlich-grundherrliche Institutionen als Vermittler der zu realisierenden Ware-Geld-Beziehungen eine erhebliche Rolle spielten, daß diese Aufgabe am Beginn des Jahrhunderts so wenig wie an seinem Ende ausschließlich oder auch nur vorwiegend von einer Schicht berufsmäßiger, ökonomisch unabhängiger, persönlich freier Kaufleute wahrgenommen wurde. Es gehört zu den bemerkenswerten Tatsachen, daß sich in den Quellen keine Anzeichen fanden, die dafür sprechen, daß bäuerliche Produzenten in stabiler, ökonomisch bedeutsamer Weise von den Ware-Geld-Beziehungen erfaßt worden waren. Diese Feststellung fügt sich zu den Beobachtungen, die hinsichtlich der Existenzweise und der Produktionsbereiche eines spezialisierten, unter den Bedingungen einer in verschiedenen Formen auftretenden Arbeitsteilung produzierenden Handwerks gemacht worden sind.

Die schriftlichen Quellen bestätigen die Angaben, die das numismatische Material zur ökonomischen Bedeutung der *civitates* machte. Ein in extenso noch auszuführender Vergleich des Formulars der merowingischen mit dem der karolingischen Zollurkunden führte zu einem für die weiteren Ausführungen grundlegenden konzeptionellen Ausgangspunkt: Die unterschiedliche Behandlung des Marktes in diesen Zollprivilegien.

KAPITEL III

NATURALWIRTSCHAFT UND WARE-GELD-BEZIEHUNGEN IM UNTERSUCHUNGSGEBIET WÄHREND DER SPÄTEN MEROWINGER- UND DER FRÜHEN KAROLINGERZEIT. ENTWICKLUNGSRICHTUNG UND ENTWICKLUNGSTENDENZEN

I. Der Markt und das Verhältnis der bäuerlichen Produzenten zu den Ware-Geld-Beziehungen am Ende des 7. und am Ende des 8. Jahrhunderts. Ein Vergleich

1. Die Verdichtung des Netzes der Marktsiedlungen

Im März 769, also etwa ein halbes Jahr nach seinem Herrschaftsantritt, bestätigte König Karlmann dem in seinem Reichsteil gelegenen Kloster Saint-Denis die Zollfreiheit.[1] Die im Original überlieferte Bestätigungsurkunde besagt, daß weder *teloneum* noch *barganaticus, rotaticus, pontaticus, cispitaticus, pulveraticus, salutaticus* und *mutaticus* von den Schiffen, den Landfahrzeugen und den Saumtieren des Klosters eingefordert werden dürften. Die *homines* und die *negotiantes* des Klosters sollten Zollfreiheit besitzen, wo immer im Reichsteil Karlmanns entsprechende Abgaben eingetrieben zu werden pflegten. Als Zollstätten werden *civitates, castella, vici, portus, pontes publici „vel reliquis marcados"* genannt.[2] Um die Bestätigung der Rechte seines Klosters zu erlangen, hatte Abt Fulrad ältere Urkunden, darunter eine solche König Pippins, vorgelegt. Die Urkunde Pippins ist nicht überliefert. Erhalten aber ist, und zwar im Original wie die Urkunde Karlmanns, ein Zollprivileg Theuderichs III., das rund 100 Jahre früher ausgestellt worden war.[3]

Engelbert Mühlbacher wies bereits darauf hin, daß der Text des Privilegs Karlmanns nur noch geringe Anklänge an das von Theuderich III. ausgestellte aufweist.[4] Tatsächlich wurde der Text stark verändert; zu interessieren hat hier vor allem die oben wiedergegebene Neufassung der Passage über die Zollstätten. Die Urkunde des Merowingerkönigs nannte *civitates, castella, portus* und *trexitus*.[5] Ein Vergleich des Diploms Karlmanns mit dem Theuderichs III. ergibt, daß *trexitus* durch *pontes publici* ersetzt wurde. Hinzugefügt worden sind die *vici*, hinzugefügt worden sind aber vor allem die Märkte.

Sechs Jahre nach Karlmann, am 3. Mai 775, verlieh Karl der Große dem nordwestlich Dijon gelegenen Kloster Flavigny Zollfreiheit.[6] Die hierüber ausgestellte Urkunde besagt, daß die *negociantes* des Klosters sowie seine übrigen *homines „in civitatibus marcatis vicis villis pontis portubus"* künftig von der Entrichtung des *teloneum, pontaticus, rotaticus, barganaticus, pulveraticus, mutaticus, ripaticus, salutaticus, laudaticus* und *travaticus* befreit sein sollten.[7] Zu dieser Urkunde Karls des Großen gibt es keine Vorurkunde. Sie wurde auf der „Grundlage des Formulars für Zollbefreiungen selbständig stilisiert"; ihre Arenga ist noch merowingisch.[8] Auch diese Urkunde nennt übereinstimmend mit der

[1] MG. DD. Karol., Nr. 46.
[2] Ebenda.
[3] S. o., S. 107 f.
[4] MG. DD. Karol., Nr. 46. MÜHLBACHER weist die Urkunde, wohl irrtümlich, Theuderich IV. (721–737) zu.
[5] S. o., S. 107.
[6] MG. DD. Karol., Nr. 86. [7] Ebenda. [8] Ebenda.

Karlmanns und abweichend von der Theuderichs III. die *vici*; auch sie nennt wiederum die Märkte.

Annähernd gleichzeitig[9] mit der Urkunde für Flavigny wurde ein Zollprivileg Karls des Großen für Saint-Martin in Tours ausgestellt. Dieses Privileg ist nicht überliefert; seine Bestimmungen sind aber durch eine Bestätigungsurkunde Ludwigs des Frommen vom 30. August 816 bekannt.[10] Karl der Große hätte demnach angeordnet, daß *„carra et saumatica"*, die *„propter utilitatem et necessitatem memorati monasterii per diversos regni sui mercatus mittebantur"*, *von der* Entrichtung des *teloneum* frei sein sollten.[11]

Das Formular der vorgeführten karolingischen Zollprivilegien besitzt eine gegenüber dem der merowingischen veränderte Fassung. Es ist so erweitert worden, daß die Märkte nunmehr ausdrücklich in der Reihe der Zollstätten erschienen.

Die Erweiterung des Textes der karolingischen Urkunden durch Aufnahme der *vici* und vor allem durch Aufnahme der Märkte ist bemerkenswert, aber sie ist nicht die einzige Veränderung, die vorgenommen wurde. Weder bei der Urkunde Karlmanns für Saint-Denis noch bei der Karls des Großen für Flavigny handelt es sich allein um eine schlichte Zollbefreiung. Beide räumten den Klöstern und ihren Leuten nicht nur Freiheit von der Zahlung entsprechender Abgaben ein, sondern sie gestanden ihnen auch das Recht zu, die Zölle, die auf ihren Ländereien erhoben wurden, für sich selbst einzutreiben. Da Saint-Denis innerhalb des Untersuchungsgebietes lag, Flavigny aber nicht, hat hier erneut der Wortlaut des Diploms Karlmanns zu interessieren.

Nach dem Text der von Theuderich III. für dieses Kloster ausgestellten Urkunde sollte die Befreiung von der Zollzahlung sowohl für Fahrzeuge gelten, die vom Kloster selbst kamen oder zu diesem wollten, als auch für solche, deren Ziel oder Ausgangspunkt eine villa der klösterlichen Grundherrschaft war.[12] Der Text der Urkunde Karlmanns dagegen besagt, daß weder von den *homines* des Klosters, *„qui super eorum terras conmanere videntur, nec in eorum villas vel agros nec de homines, qui ad foras in eorum villas ad negotiandum vel vino conparandum adveniunt"*, die entsprechenden Abgaben für den Fiskus eingetrieben werden dürften.[13] Sie sollten dem Kloster selbst zustehen.[14]

Läßt die zitierte Passage der Urkunde Theuderichs III. immerhin die Möglichkeit offen, sie im Sinne einer Befreiung von Gütertransporten ausschließlich innerhalb eines grundherrschaftlichen Verbandes zu interpretieren,[15] so schließt der Text der Urkunde Karlmanns diese Möglichkeit ganz eindeutig aus. Es kann keinem Zweifel unterliegen, daß hier von Kauf und Verkauf, vom Handel gesprochen wird, die in dörflich-grundherrschaftlichen Siedlungen, in zur klösterlichen Grundherrschaft gehörenden Siedlungen ländlich-agrarischen Typs betrieben wurden. Die Urkunde Karlmanns besagt aber noch anderes und nicht weniger Wichtiges. Die Erhebung von Zöllen durch königliche Amtsträger hatte zu unterbleiben; sie sollte künftig dem Kloster auch von Menschen zustehen, die *„ad foras in eorum villas"* kamen, um zu handeln oder Wein zu erwerben.[16] Die sprach-

[9] Zwischen 768 und 774. Zur zeitlichen Einordnung BM, Nr. 631.

[10] Bouquet, 6, S. 508, Nr. 73. BM, Nr. 631.

[11] Bouquet, 6, S. 508, Nr. 73.

[12] S. o., S. 107f

[13] MG. DD. Karol., Nr. 46. Es trifft also nicht zu, daß die in der Spätantike gebräuchliche Bezeichnung forum im Frankenreich bis zum 8. Jh. aufgegeben wurde und hier 744 letztmalig belegt ist, wie Büttner in: Marktproblem, S. 44, meinte. Die Auffassung Büttners wurde von Vercauteren, ebenda, S. 56, unterstützt. Vgl. dagegen Schlesinger in: Frühformen, S. 268, Anm. 13.

[14] MG. DD. Karol., Nr. 46.

[15] Hierzu Kalischer, Beiträge, S. 28ff

[16] MG. DD. Karol., Nr. 46.

lichen Unkorrektheiten des Textes sind nicht so gravierend, daß sie das Verständnis seines Inhalts völlig unmöglich machten: Er spricht von Menschen, die Märkte in zum Kloster gehörenden ländlich-agrarischen Siedlungen besuchten.

In denkbar enger inhaltlicher Beziehung zu dieser Urkunde Karlmanns steht ein Formular aus der wohl zwischen 768 und 775 entstandenen älteren Sammlung von Sens,[17] dem ein von Karl dem Großen ausgestelltes Zollprivileg zugrunde liegt:[18] Niemand „*de iudicaria potestate*" und kein *missus* sollte künftig von dem Empfänger des Privilegs irgendeinen Zoll „*nec nullas vinditas nec rodoticos nec foraticus nec pulveraticus*" erheben dürfen,[19] sondern dieser Empfänger sollte das Recht besitzen, „*in quascumque portus, civitatis seo mercada*" ohne Beeinträchtigung „*suos vinus*" oder andere Güter zu verkaufen.[20]

Die frühen karolingischen Zollprivilegien weisen, so läßt sich das Ergebnis des angestellten Vergleiches zusammenfassen, gegenüber den merowingischen eine Erweiterung auf. Sie ist vor allem darauf zurückzuführen, daß dem Markt in ihrem Formular ein eigenständiger Platz eingeräumt wurde. Der Markt erscheint jetzt in der Reihe der Zollstätten; er begegnet aber vor allem auch als Stätte des Handels in grundherrschaftlich-agrarischen Siedlungen.

Die Forschung hat sich selbstredend die Frage vorzulegen, welches Gewicht, welche Verbindlichkeit der vorgeführten Veränderung des Formulars der Zollprivilegien, der auffallenden Betonung des Marktes durch seinen Text, beizumessen ist. Sie muß vor allem zu klären suchen, ob es sich hierbei um eine bloße Angelegenheit des Formulars selbst oder gar des Stils handelte oder ob diese Änderung als Reflex auf Vorgänge im sozialökonomischen Gefüge, in den wirtschaftlichen Gegebenheiten zu werten ist.

In Karlmanns Urkunde für Saint-Denis tritt zum Novum, das der Markt in der Reihe der Zollstätten darstellt, die konkrete Bestimmung über Märkte in den Villen der klösterlichen Grundherrschaft. Diese Tatsache spricht allein gegen die Annahme, daß es sich bei der Neuerung lediglich um eine Angelegenheit des Formulars handelte. Der Wortlaut des Zollprivilegs, besonders aber die Reihe der genannten Zollstätten blieben zudem zwar in ihrem Grundbestand während der gesamten Periode Karlmanns, Karls des Großen, Ludwigs des Frommen und Karls des Kahlen erhalten; es traten aber Abwandlungen im Detail auf. Gerade sie zeugen vom Bestreben, Veränderungen gerecht zu werden, die in den tatsächlichen Verhältnissen eingetreten waren: Karlmanns Privileg für Saint-Denis wurde von allen seinen Nachfolgern bestätigt; die Bestätigungen Karls des Großen und Karls des Kahlen sind erhalten, die Ludwigs des Frommen ist verloren.[21] Das entsprechende Diplom Karls des Großen stimmt mit dem Privileg Karlmanns im Wortlaut nahzu völlig überein; abgewandelt wurde der Titel des Ausstellers und abgewandelt wurde auch der Geltungsbereich des Privilegs: Da die Bestätigung durch Karl am 14. März 775, also nach der Eroberung des Langobardenreiches, erfolgte, sollte die Zollbefreiung künftig *in Francia et Italia* gelten. Nicht unerheblich ist zudem, daß die Reihe der Abgaben, von deren Zahlung das Kloster befreit sein sollte, gegenüber der entsprechenden Passage im Diplom Karlmanns um *exclusaticum* und *decimum* erweitert worden ist.[22] Stärkere Veränderungen weist dagegen die Bestätigung Karls des Kahlen auf. Sie erfolgte am 21. Januar 845, [23] und entsprechend der völlig veränderten politisch-staatlichen Situation wurde festgesetzt, daß

[17] Buchner, Beiheft, S. 53.
[18] MG. Form., S. 201, Nr. 36.
[19] Ebenda.
[20] Ebenda.
[21] Vgl. Levillain, Études, IV, S. 267.
[22] MG. DD. Karol., Nr. 93.
[23] Chart. et dipl. Charl. II, 1, Nr. 66.

das Zollprivileg diesseits und jenseits der Loire Gültigkeit haben sollte. Zudem wurden zwei Orte, Marseille und der unbekannte *portus Petaria*, ausdrücklich genannt. In der Reihe der Zollstätten erhielten die *vici* den Zusatz *publicus*, und *exclusaticum* und *decimum* erscheinen nicht mehr, wie in der Urkunde Karls des Großen, unter den Abgaben.[24]

Die Analyse der Privilegien anderer Kircheninstitutionen führt zu ähnlichen Ergebnissen. Als Ludwig der Fromme dem Kloster Flavigny seine von Karl dem Großen verliehenen Rechte[25] bestätigte, wurden die gleichen Zollstätten in der gleichen Reihenfolge angeführt,[26] wie sie bereits das Zollprivileg Karls des Großen nannte. Die sprachlichen Unkorrektheiten jener Urkunde allerdings wurden beseitigt und eine Bestimmung neu aufgenommen: Dem Empfänger sollten künftig auch jene Abgaben zustehen, die von Besuchern des beim Kloster selbst stattfindenden Marktes eingefordert wurden.[27] Eine Urkunde Karls des Kahlen wiederum übernimmt die entsprechenden Passagen der Urkunde Ludwigs des Frommen in ihrem Wortlaut.[28]

Der Markt, so wird geschlossen werden dürfen, nahm bereits in den frühen Zollprivilegien der karolingischen Könige einen unvergleichlich größeren Raum ein als in denen der Merowinger. Mehr noch: Es ist festzuhalten, daß der Markt erst während der frühen Karolingerzeit wirklich zum Gegenstand der Zollprivilegien wie der Urkunden überhaupt wurde. Die Veränderung trat mit dem Herrschaftsantritt Karlmanns und Karls des Großen ein; vielleicht vollzog sie sich aber bereits in den letzten Jahren Pippins des Jüngeren.[29] Der Unterschied ist so deutlich ausgeprägt, die gewollte Veränderung so klar erkennbar, daß sie sich nicht mit Zufälligkeiten der Überlieferung oder mit dem unterschiedlichen Umfang des zur Verfügung stehenden Quellenmaterials erklären lassen. Alles spricht dafür, daß sich etwas Neues gebildet, daß Veränderungen eingetreten waren, denen das alte Urkundenformular nicht gerecht zu werden vermochte.

Es muß darauf hingewiesen werden, und diese Tatsache unterstreicht die angestellten Beobachtungen in ihrer Bedeutung, daß der Markt während der Karolingerzeit auch in das Formular der Immunitätsprivilegien aufgenommen wurde.[30] Als Ludwig der Fromme dem an der unteren Seine gelegenen Kloster Fontenelle im Jahre 815 die einst von Karl dem Großen verliehene Immunität bestätigte, wurde ausdrücklich festgelegt, daß diese das Verbot „*aut pontaticos exigendos, aut telonea accipienda, aut rotaticos in quibuslibet locis, civitatibus, ac foris nostris et futuris temporibus*" einschlösse.[31] Auch das ist neu gegenüber den Urkunden der Merowingerzeit. Es wurde früher darauf hingewiesen, daß der Markt in zwei merowingischen Immunitätsprivilegien des Klosters Montiér-en-Der erwähnt wird: Das eine Privileg ist eine Fälschung des 10. Jh., in dem anderen ist die entscheidende Stelle interpoliert.[32] Eine dritte vorgeblich merowingische Immunitätsverleihung, die das Kloster Hautvillers bei Reims betraf, ist ebenfalls verdächtig.[33]

24 Ebenda.

25 S. o., S. 115 f.

26 Ausgestellt am 1. Juli 816 in Aachen. Die Urkunde ist im Worlaut gedruckt bei Sickel, Beiträge, S. 93 f.

27 Ebenda.

28 Ausgestellt am 25. Juni 849; Chart. et dipl. Charl. II., 1, Nr. 117.

29 Unter den dreißig von Mühlbacher gedruckten echten Urkunden Pippins befindet sich nur ein einziges wirkliches Zollprivileg: MG. DD. Karol., Nr. 19. Das Stück ist undatiert; es nennt *civitas* und *portus* als Plätze der Zollerhebung. Empfänger war das Kloster Prüm. Die Urkunde ist durch Abschrift des 10. Jhs. überliefert. Andererseits ist gerade die Vorurkunde Pippins für das entscheidende Diplom Karlmanns verloren; s. o., S. 115.

30 Vgl. auch Endemann, Markturkunde, S. 15.

31 Bouquet, 6, S. 482 f., Nr. 37. BM, Nr. 574, mit der Datierung: 26.10. 815.

32 S. o., S. 111.

33 S. o. S. 111 f.

Die Zollprivilegien, die Behandlung der Zölle in den frühen Urkunden der karolingischen Könige überhaupt, geben zu erkennen, daß sich im Handel, in der Realisierung der Ware-Geld-Beziehungen gegenüber dem 7. Jh. Veränderungen vollzogen hatten. Diese Quellengruppe bezeugt Wandlungen, die zu einer ausdrücklichen terminologischen Berücksichtigung der Märkte führten. Ihrem Charakter gemäß geben diese Zeugnisse die entsprechenden Hinweise jedoch nur allgemein, nur summarisch, ohne daß ihnen Auskünfte über Einzelheiten zu entnehmen wären. Einige der Urkunden, so das eingangs vorgeführte Zollprivileg Karlmanns für Saint-Denis,[34] machen es allerdings möglich, etwas vom Wesen dieser Veränderungen zu erfassen. Es war eine neue Art, ein neuer Typ des Marktes im Entstehen begriffen, der sich sowohl hinsichtlich seiner Lage als auch hinsichtlich der Aufgaben, die er erfüllte, von anderen, älteren unterschied. Das Diplom Karlmanns spricht ausdrücklich davon, daß der Handel, speziell der Handel mit Wein, nicht nur auf den seit einhundertundfünfzig Jahren alljährlich im Herbst beim Kloster Saint-Denis stattfindenden Jahrmarkt oder in der *civitas* Paris abgewickelt wurde, sondern daß er auch in den klösterlichen Villen, auf den „Märkten" solcher Siedlungen, vonstatten ging.[35] Ähnliches besagen Urkunden, mit denen die Erhebung der Abgaben vom Jahrmarkt von Saint-Denis direkt geregelt wurde: Etwa zur gleichen Zeit, zu der Karl der Große dem Kloster Saint-Denis seine Zollfreiheit und das Recht, nicht eindeutiger benannte Zölle zu erheben, bestätigte,[36] erneuerte er auch die Rechte des Klosters an den Einnahmen von dem bei seinen Mauern stattfindenden Jahrmarkt.[37] Er untersagte den königlichen Amtsträgern, die *missi* des Klosters zu behindern, wo immer sie *„infra pagum Parisiacum"* Zoll zu erheben pflegten, *„ab ipso die missa domni Dionisii usque dum ipse mercatus finiat."*[38] Die *missi* sollten die Möglichkeit haben, *„rotaticos vultaticos pontaticos portaticos et ceteros teloneos ac barganiaticos sive infra Parisius et per villas a foris"* ungehindert einzutreiben.[39]

Die Aussagen des numismatischen Materials hatten, kombiniert mit den Angaben der zeitgleichen Zollprivilegien, zu dem Schluß geführt, daß *civitates*, *castra* und *portus* im Untersuchungsgebiet während des 7. Jh. die Siedlungen waren, bei denen Handel und Beziehungen geldwirtschaftlicher Natur einen besonderen Rückhalt fanden.[40] Wenn auch die *civitates* einerseits, die *castra* und *portus* andererseits in dieser Hinsicht von recht unterschiedlicher Bedeutung gewesen sein dürften, so stellen sie doch gemeinsam eine Gruppe bevorzugter Handelsplätze dar. *Civitas*, *castrum* und *portus* waren die Orte, die am ehesten Marktfunktionen erfüllt haben dürften.[41] Mit ihnen, allen voran aber mit den *civitates*, war die Eigenschaft, Handelsplatz, Marktort zu sein, so eng verknüpft, daß beides miteinander identifiziert wurde. Es erübrigte sich, den Markt ausdrücklich zu nennen, da er getrennt von diesen Siedlungstypen kaum existierte oder doch sehr selten war.

In diesem System der Orte mit Marktfunktion vollzogen sich offensichtlich in der Periode des Übergangs der Herrschaft von den Merowingern auf die Karolinger Veränderungen. Es liegt nahe, die vorgeführten karolingischen Zollprivilegien als die frühesten Zeugnisse allgemeinerer Natur aufzufassen, die diese Veränderung reflektierten.

Durch eine Besitzbestätigung Karls des Großen, ausgestellt für das Kloster Saint-Denis,

[34] S. o., S. 115 u. S. 116 f.
[35] Ebenda.
[36] S. o., S. 117.
[37] MG. DD. Karol., Nr. 88, von 774–775.
[38] Ebenda.
[39] Ebenda.
[40] S. o., S. 28 ff.
[41] S. o., S. 107 ff.

wird es möglich, den Beweis für die Richtigkeit dieser Auffassung anzutreten: Ende 774 bestätigte Karl der Große das Kloster Saint-Denis im Besitz der *villa* Faverolles und der *villa* Néron sowie des Forstes von Yveline.[42] Gleichzeitig überließ er ihm die Märkte in den beiden Siedlungen in der Weise, daß es künftig Grafen oder anderen königlichen Amtsträgern untersagt sein sollte, dort *teloneum* oder *freda* ohne Erlaubnis des Abtes einzutreiben.[43]

Faverolles liegt etwa 30 Kilometer nordnordöstlich, Néron etwa 15 Kilometer nördlich von Chartres. Die Rechte der Abtei Saint-Denis an Faverolles und Néron gingen bis auf die Zeit Pippins des Jüngeren zurück: König Karlmann hatte ihr diese Siedlungen bereits drei Jahre früher wegen seines und seines Vaters Pippin Seelenheil zugesprochen, „*quod ipse genitor noster per manus nostras ad ipsa casa dei dudum delegaverat* . . .“[44]

Saint-Denis besaß in der Umgebung von Chartres nicht nur Faverolles und Néron, sondern es verfügte hier über noch andere sehr ausgedehnte Liegenschaften. Pippin der Jüngere hatte dem Kloster auch den in der Bestätigungsurkunde Karls des Großen genannten Forst von Yveline geschenkt.[45] Die Schenkung umfaßte eine Anzahl von in oder bei dem Waldgebiet gelegenen Siedlungen, hier lebende Menschen, Herden und andere Rechte.[46] *Equilina silva*, la forêt d'Yveline,[47] war ein ausgedehntes Waldgebiet, das sich nordöstlich von Chartres erstreckte.[48] Faverolles und Néron lagen etwas südwestlich dieses Forstes.[49] In diesem Gebiet und damit in der unmittelbaren Umgebung der beiden Marktorte und der *civitas* Chartres waren wenigstens seit der frühen Karolingerzeit außer Saint-Denis mehrere andere bedeutende Kircheninstitutionen, vor allem Klöster, begütert. Zu nennen sind vor allem Saint-Germain-des-Prés und das ebenfalls bei der *civitas* Paris gelegene Kloster Fosses, das nordwestlich von Paris gelegene Kloster Argenteuil, das oberhalb Orléans an der Loire gelegene Kloster Fleury (Saint-Benoît-sur-Loire), die Episkopalkirchen von Chartres und von Poitiers.[50] Das gesamte weite Gebiet, das sich nördlich von Chartres in Richtung auf die mittlere Seine erstreckte, war also durchsetzt von Liegenschaften, die kirchlich-grundherrschaftlichen Verbänden gehörten. Selbstverständlich war es durch diese Tatsache entsprechenden ökonomischen, sozialen, rechtlichen und politischen Einflüssen verstärkt ausgesetzt.

Über die Bedeutung, die die *civitas* Chartres während des 7. Jh. für geldwirtschaftliche Erscheinungen und Handel besaß, gab die Münzprägung gewisse Aufschlüsse.[51] Es ist nicht genau bekannt, seit wann in Faverolles und in Néron Markt gehalten wurde. In der Urkunde Karlmanns von 771 werden die beiden Märkte nicht erwähnt; jedoch muß deshalb keineswegs gefolgert werden, daß sie erst zwischen 771 und 774 eingerichtet worden sind.[52] Das Privileg Karls des Großen aus dem Jahre 774 regelte lediglich die Erhebung der von

[42] MG. DD. Karol., Nr. 87, Dez. 774.

[43] Ebenda: „. . . *similiter et mercatis in eisdem villis confluentibus sive mercandi gratia convenientibus, ita ut nullus comes . . . aut teloneum aut freta exigenda . . . sine licentia abbatis . . . audeat.*“

[44] MG. DD. Karol., Nr. 53, Dezember 771

[45] Ebenda, Nr. 28, September 768.

[46] Ebenda.

[47] Longnon, Texte, S. 179

[48] Longnon, Atlas, Karte VII.

[49] Ebenda

[50] MG. DD. Karol., Nr. 28, werden die Kircheninstutitionen genannt, deren Rechte durch die Schenkung an Saint-Denis nicht geschmälert werden sollten. Zu den Besitzungen des Klosters Saint-Germain-des-Prés in dieser Gegend vgl. Polypt. Irmin., 2, Nr. IX: *Breve de Villamilt.*

[51] S. o., S. 27f.

[52] So Endemann, Markturkunde, S. 16.

diesen beiden Märkten einzufordernden Abgaben; es verbriefte dem Kloster Saint-Denis das Recht auf diese. Es ist also durchaus möglich, daß die Märkte bereits einige Zeit existierten, daß sich diese Existenz in den Quellen aber zunächst nicht niederschlug. Erst die Regelung der Abgabenerhebung ließ ihre Behandlung in entsprechender Weise nötig werden.

Die Urkunde Karls des Großen mit ihren Auskünften zu den Märkten von Faverolles und Néron ist von kaum zu überschätzender Bedeutung. Sie macht es der Forschung möglich, die allgemein gehaltenen Angaben der Zollprivilegien des gleichen Herrschers und seines Bruders Karlmann zu verifizieren. Sie ermöglicht es, sich der Verbindlichkeit jener etwa zur gleichen Zeit faßbar werdenden Änderung des Formulars dieser Urkunden zu vergewissern. Die Urkunde bezeugt aber vor allem, daß in der zweiten Hälfte des 8. Jh. Märkte existierten, die mit der Reihe *civitas*, *castrum*, *portus* nicht erfaßt, daß Marktsiedlungen entstanden waren, die zu keinem dieser bis zum Beginn des Jahrhunderts geradezu als Synonyma für solche Siedlungen benutztem Typ gezählt werden konnten. Die Angaben der Urkunde sind nicht zuletzt aber deshalb von erheblicher Wichtigkeit, weil die weiteren urkundlichen Erwähnungen von Märkten im Untersuchungsgebiet ausnahmslos dem 9. Jh. angehören. Erst mit dem Regierungsantritt Karls des Kahlen beginnt eine Periode, in der Verfügungen über Marktsiedlungen, über Märkte oder ihre Einnahmen wiederholt den Gegenstand von Urkunden ausmachen.[53]

Die auffallende Veränderung des Formulars der Zollprivilegien durch die Aufnahme des Marktes in die Reihe der Zollstätten und durch den ausdrücklichen Hinweis auf in grundherrschaftlich-agrarischen Siedlungen existierende Märkte einerseits, das gleichzeitige, diese allgemeinen Aussagen verifizierende Auftreten von konkreten Bestimmungen über entsprechende Märkte in den diplomatischen Quellen andererseits lassen erkennbar werden, daß sich bis zum Beginn der zweiten Hälfte des 8. Jh. eine Entwicklung vollzogen hatte, in deren Verlauf die im 7. Jh. zunächst vorhandene, noch weitgehend gewahrte Identität der Handelsplätze, der hervorragenden Konzentrationspunkte der Ware-Geld-Beziehungen, der Marktsiedlungen mit den politisch-administrativen, den kirchlich-religiösen Zentren durchbrochen worden ist. Die Tatsache, daß Marktorte, die Siedlungen mit regelmäßigem und ständigen Handelsverkehr jetzt nicht mehr in so enger, unübersehbarer Weise mit den Siedlungen zusammenfielen, deren Charakter ganz durch Aufgaben und Funktionen geprägt war, die sie als politisch-administrative und kirchlich-religiöse Zentren erfüllten, führte zur Verselbständigung des Marktbegriffs und schließlich zu seiner Aufnahme in die entsprechenden offiziellen Schriftstücke: Die Reihe der Zollstätten, der bevorzugten Handelsplätze wurde um den Markt erweitert. Diese früher nicht oder nur in Ausnahmefällen übliche, jetzt zur Regel werdende Verwendung des Marktbegriffes neben den weiterhin benutzten Standardtermini *civitas*, *castrum*, *portus* zeigt, daß eine Marktsiedlung neuen Typs Bedeutung erlangt hatte, die sich in grundlegender Weise von den im 7. Jh. vor allem bekannten unterschied. Sie zeichnete sich durch eine ausgeprägtere Bindung an das grundherrschaftlich-agrarische Milieu aus. Die Aufnahme des Marktbegriffes in das Urkundenformular weist außerdem darauf hin – und das gleichzeitige Auftreten von Märkten neuen Typs in Besitzbestätigungen beweist es –, daß diese Märkte im späten 8. Jh. eine solche Bedeutung erlangt hatten, daß sie in entsprechenden Zeugnissen rechtlicher Natur beachtet werden mußten. Geldwirtschaftliche Erscheinungen von Gewicht, die zumindest für die zentralen Teile des Untersuchungsgebietes bereits für das frühe 9. Jh. belegbar sind, zwingen zudem zu dem Schluß, daß es verfehlt wäre, die Märkte von Faverolles und Néron als extreme Ausnahme, als Resultat einer in ihren Voraussetzungen

[53] Vgl. ebenda, S. 27ff.

nicht recht bestimmbaren Sonderentwicklung begreifen zu wollen: Das verbreitete und stabile Auftreten von Geldleistungen der abhängigen bäuerlichen Produzenten zu jener Zeit setzte ein entsprechend entwickeltes System von Handelsplätzen, von Marktsiedlungen, voraus.[54]

Die Mitteilungen über Märkte, die Häufigkeit, mit der diplomatische Quellen Angaben zu bestimmten Tages-, Wochen- oder Jahrmärkten oder zu bestimmten Marktsiedlungen machten, war in der zweiten Hälfte des 8. und während des 9. Jh. nicht allein von Faktoren abhängig, die sich aus den Zufälligkeiten der Überlieferung ergaben. T. Endemann hatte zweifelsohne Recht, als sie darauf hinwies, daß der Markt bei den karolingischen Herrschern zunächst nur in Ausnahmefällen den Hauptgegenstand einer Urkunde ausmachte, daß er zumeist nur als Pertinenz auftrat.[55] Aus den von ihr zusammengestellten Zeugnissen ergibt sich, daß Märkte während der genannten Zeit in der Regel nicht aus Anlaß ihrer Entstehhung, ihrer Gründung in den Urkunden behandelt wurden. Dies geschah vielmehr, weil über die Erhebung der Abgaben oder die rechtliche Zuständigkeit entschieden oder sie neu geordnet werden mußten.

Aus der an sich durchaus nicht neuen Erkenntnis, daß es keineswegs die Einrichtung, die Neubildung von Märkten war, die während der Herrschaft Karls des Großen, Ludwigs des Frommen und Karls des Kahlen beurkundet wurde, daß also folgerichtig zwischen dem Entstehen von Märkten und ihrem Erscheinen in den Urkunden durchaus kein notwendiger Zusammenhang bestand, ist ein methodisch wichtiger Schluß zu ziehen: Diese Quellengruppe spiegelt unabhängig von den Zufälligkeiten der Überlieferung im engeren Sinne den eigentlichen Entstehungsprozeß der Märkte, ihre Verbreitung, ihre Häufigkeit nur sehr bedingt wider. Es muß deshalb damit gerechnet werden, daß nur ein Teil, offensichtlich sogar nur ein sehr kleiner Teil der tatsächlich existierenden Märkte durch Urkunden faßbar wird.[56] Auskünfte, die sich über anderweitig nicht genannte Märkte in erzählenden Quellen finden, bestätigen die Richtigkeit dieses Schlusses.[57]

Es ist eine Forschungsaufgabe, mit Hilfe anderer Methoden, unabhängig vom direkten Zeugnis schriftlicher Quellen, die Kenntnisse über existierende Märkte zu erweitern. Daß entsprechende Indizien vorhanden sind, sei abschließend an zwei Beispielen demonstriert: Die 774 oder 775 ausgestellte Urkunde Karls des Großen, mit der der Herrscher dem Kloster Saint-Denis die Einnahmen von seinem Jahrmarkt bestätigte,[58] betrifft nicht nur diesen Markt selbst sowie den Marktverkehr in der *civitas* Paris im engeren Sinne, sondern ihre Bestimmungen bezogen auch den Handel mit ein, der in weder namentlich noch von ihren eventuellen Eigentümern oder Besitzern her näher kenntlich gemachten Siedlungen abgewickelt wurde.[59] Der gesamte Zoll „*infra Parisium quam et a foris per ipsum pagum*" sollte während der Zeit des Dionysiusmarktes dem Kloster zufließen.[60] Die

[54] S. u., S. 127ff., die Ausführungen über das Auftreten der Geldrente. Vgl. SCHLESINGER in: Frühformen, S. 268.

[55] ENDEMANN, Markturkunde, S. 32. Vgl. ebenda, S. 14ff.

[56] BORCHERS, Untersuchungen, S. 319, sagt, daß „in der Karolingerzeit mehr Märkte bestanden zu haben scheinen, als nach dem Stande der sehr spärlichen direkten Überlieferung bewiesen werden kann."

[57] Zu Rouen und der Vita Willibaldi vgl. LEVICKIJ, Goroda, S. 31. In den von Adrevald verfaßten Miracula S. Benedicti wird ein beim Kloster Fleury (Saint-Benoît) existierender Wochenmarkt erwähnt: MG SS, 15, S. 496; zu Adreval, der z. Z. Karls des Kahlen lebte, LÖWE, III, S. 572ff. Vom Markt von St. Philibert de Grandlieu sprechen die Miracula S. Filiberti. Dazu ENDEMANN, Markturkunde, S. 39, Anm. 99.

[58] S. o., S. 119.

[59] Ebenda.

[60] MG. DD. Karol., Nr. 88.

Urkunde traf also Bestimmungen, die sich auf den Marktverkehr in Paris, auf den beim Kloster Saint-Denis jährlich stattfindenden Markt, aber auch auf den Handel im *pagus* von Paris überhaupt bezogen.

Der *pagus Parisiacus* umfaßte in der Karolingerzeit den gesamten rechts der Seine gelegenen Teil der Diözese von Paris.[61] Er reichte vom Unterlauf der Oise im Nordwesten bis über den Zusammenfluß von Seine und Yerres hinaus im Südosten.[62] Als Karl der Große im Jahre 779 Saint-Germain-des-Prés eine umfassende Zollbefreiung erteilte, in der neben Paris und Rouen auch Quentowic und Dorestad ausdrücklich genannt wurden,[63] überließ er dem Kloster zugleich den Zoll von der *curtis Villanova*, den bis dahin ein Graf Gerhard eingetrieben hatte.[64] Aus der Urkunde ergibt sich, daß die *curtis* damals bereits dem Kloster gehörte.[65] Sie erscheint zudem im rund 50 Jahre nach dem Zollprivileg zusammengestellten Polyptychon des Irminon.[66] Dieses Polyptychon weist für Villanova beträchtliche Geldleistungen der abhängigen *coloni* und *servi* aus.[67] Die Siedlung ist identisch mit Villeneuve-Saint-Georges.[68] Sie lag im *pagus Parisiacus*;[69] hier wurde, obwohl sie dem Kloster Saint-Germain-des-Prés gehörte, durch einen Grafen das *teloneum* eingefordert. Der Urkunde Karls des Großen ist allerdings nicht zu entnehmen, welcher Art dieser Zoll gewesen ist. Da die Siedlung am Wasser lag, kann es sich sowohl um Ufer- oder Brückengeld, es kann sich aber auch um eine der vielen anderen Abarten des Zolls gehandelt haben. Aber es ist keineswegs auszuschlieeßn, daß, genau wie in Faverolles und Néron, damals auch in Villanova Markt gehalten wurde und daß Karl der Große, ebenso wie er die Marktabgaben von den beiden anderen Siedlungen ihrem kirchlich-grundherrlichen Eigentümer, nämlich dem Kloster Saint-Denis, überlassen hatte, die von Villanova dem Eigentümer Saint-Germain-des-Prés zusprach.[70] Das frühe Auftreten der Geldrente in der *curtis* Villanova spricht entschieden für die Existenz eines solchen Marktes.

Indizien, die in eine ähnliche Richtung weisen, finden sich bei der *villa* Essonnes: Im Jahre 766 übertrug Pippin dem Kloster Saint-Denis die „*villa nostra nuncupante Essona, qui ponitur in pago Parisyaco* . . ." samt Land, Gebäuden, abhängigen Leuten, Weingärten, Wald, Wiesen und Weiden sowie mehreren Mühlen. Die *villa* hatte Graf Rauho zuvor als Lehen besessen.[71] Pippin schenkte sie dem Kloster „*cum omnibus teloneis publicis* . . ."[72] Die Urkunden Pippins betonten ausdrücklich, daß Essonnes im *pagus Parisiacus* gelegen war. Die *villa* befand sich also genau wie Villanova innerhalb der Grenzen jenes Gebietes, in dem für die Dauer des Dionysiusmarktes dem Kloster Saint-Denis die Erhebung der Marktzölle zustand.[73]

In Essonnes wurden während des 7. Jh. Münzen geprägt; die hier ausgeübte Prägetätig-

61 LONGNON, Texte, S. 112.

62 LONGNON, Atlas, Karte VIII.

63 MG. DD. Karol., Nr. 122 vom 27. März 779, Original.

64 Ebenda, GANSHOF, Tonlieu caroling., S. 496.

65 MG. DD. Karol., Nr. 122: „*Adiungimus etiam teloneum illum, quem Gaerhhardus comis ad Villanova curte sancti Germani visus fuit recipissee* . . ."

66 S. u., S. 128ff.

67 Ebenda.

68 Seine-et-Oise, arr. Corbeil. Der Ort liegt wenig oberhalb Paris an der Seine. Vgl. LONGNON, Atlas, Karte VIII.

69 Ebenda.

70 Auf die Möglichkeit, aus der Erhebung von Zöllen auf einen Markt zu schließen, verwies bereits STEINBACH in: Marktproblem, S. 73. Vgl. BÜTTNER, ebenda, S. 45.

71 MG. DD. Karol., Nr. 22 u. 23, Juli 766.

72 MG. DD. Karol., Nr. 23.

73 S. o., S. 119.

keit kann nicht ganz unbedeutend gewesen sein.[74] Auch im Falle der *villa* Essonnes spricht also manches dafür, daß sich hinter den von Pippin vergebenen *telonea publica* Einnahmen verbargen, die von einem Marktverkehr herrührten.

Im März 744 beschloß die in Soissons unter dem Vorsitz Pippins des Jüngeren tagende Synode, daß „*per omnes civitatis legitimus forus et mensura faciat secundem habundantia temporis.*“ [75]

Der neueren Literatur hat diese Bestimmung wiederholt gedient, um die Auffassung, daß *civitas* und Markt nicht nur in merowingischer, sondern auch in karolingischer Zeit zusammengehörten,[76] daß die Märkte „integrierender Bestandteil des Lebens der *civitas*“ [77] gewesen seien, zu stützen.

Die vorliegende Arbeit hat nicht zu prüfen, ob und inwieweit die zitierte Bestimmung auf alle Bischofssitze des fränkischen Reiches, also auch auf die nicht zum Herrschaftsbereich Pippins, sondern zu dem austrasischen Karlmanns gehörenden, bezogen werden kann.[78] Daß sie in engem Kontakt zu den Verhältnissen der *civitates* des Untersuchungsgebietes erlassen wurde, ist hingegen sicher, denn die 23 auf der Synode anwesenden Bischöfe repräsentierten zum ganz überwiegenden Teil neustrische Bistümer.[79]

Für die *civitates* dieses Gebietes läßt sich in der Tat kaum bezweifeln, daß die meisten von ihnen vom 7. über das 8. hinweg bis in das 9. Jh. hinein kontinuierlich einen Markt besaßen, daß sie die Funktion einer Marktsiedlung erfüllten: Die Bestimmung der Synode von Soissons erweist die Eigenschaft, Marktsiedlung zu sein, allgemein als eine zu den *civitates* des Untersuchungsgebietes gehörende. Gleiches tun, und zwar immer wieder, die Zollprivilegien. Denn ebenso wie sie den Wandel sichtbar werden ließen, der in der Beziehung zwischen Siedlungstyp und Marktort eingetreten war, bezeugen sie, daß die *civitates* in der Reihe der Marktsiedlungen weiterhin den hervorragendsten Platz einnahmen.

Die vorgeführten Zollprivilegien Karlmanns, Karls des Großen und Ludwigs des Frommen für Saint-Denis, Flavigny, Saint-Martin in Tours und Fontenelle bezeugen, daß die *civitates* ihre Bedeutung als Plätze der Zollerhebung und des Warenaustausches über den Herrscherwechsel von den Merowingern zu den Karolingern hinweg bewahrt haben.[80] Dieser Siedlungstyp besaß noch bis in die zweite Hälfte des 9. Jh. hinein den selbstverständlichsten und eindeutigsten Platz in Privilegien dieser Art. Mitunter ist die Reihe der Zollstätten nicht vollständig: In den Zollprivilegien, die Ludwig der Fromme für das unterhalb Rouen an der Seine gelegene Kloster Jumièges,[81] für das Kloster Saint-Aignan[82] in Orléans und für Saint-Benoît-sur-Loire[83] ausstellte, fehlt der Markt, aber immer wird die *civitas* genannt. Diesen drei Diplomen lagen Vorurkunden Pippins des Jüngeren zu-

74 S. o., S. 28.

75 MG. Cap., 1, S. 30, 6.

76 Büttner, Studien, mit starker Betonung des 8. Jh. Laufner in: Marktproblem, S. 59f. Endemann, Markturkunde, S. 168. Hess, Geldwirtschaft, S. 44f. Schlesinger in: Frühformen, S. 265.

77 Endemann, Markturkunde, S. 172.

78 Laufner in: Marktproblem, S. 59f., hat vor allem Trier im Auge. Hess, Geldwirtschaft, beschäftigt sich mit der Situation im Mittelrheingebiet. Endemann, Markturkunde, S. 168, trifft ihre Aussage vor allem im Hinblick auf die Verhältnisse im westfränkisch-burgundischen Raum.

79 Hauck, Kirchengeschichte, 1, S. 506.

80 S. o., S. 115ff.

81 Chartes Jumièges, Nr. 1, um 825.

82 Bouquet, 6, S. 643, Nr. 20. BM, Nr. 544.

83 Recueil St.-Benoît, Nr. 15 vom 27. Juli 818.

grunde. Es ist denkbar, daß sich das Fehlen des Marktes aus der wörtlichen Übernahme des Formulars dieser Vorurkunden erklärt.

In dem umfassenden und in seinen Bestimmungen sehr detaillierten Zollprivileg, das Karl der Große Saint-Germain-des-Prés erteilte,[84] wird wiederholt von *civitates* gesprochen; aber außer diesen sind nur Plätze erwähnt, die nach den Auffassungen der Zeit zu den *portus* gehörten.[85] Mit Namen werden neben Quentowic und Dorestad die *civitates* Paris, Rouen und Amiens genannt.[86] Von der Sache her entspricht diese Passage der Urkunde Karls des Großen weitgehend jener Bestimmung der Frankfurter Synode von 794, mit der der gleiche Herrscher dem neuen Denar Anerkennung verschaffen wollte: Karl der Große befahl, daß dieser Denar von jedermann an jedem Ort und „*in omni civitate et in omni empturio*" angenommen werden müßte.[87]

Es ist aufschlußreich und unterstreicht die wichtige Funktion, die die *civitates* damals in den Ware-Geld-Beziehungen besaßen, daß sich in erzählenden Quellen völlig inhaltsgleiche Nachrichten finden. In der Geschichte der Äbte des Klosters Fontenelle, deren Verfasser den Vorgängen zeitlich nicht so sehr ferne stand,[88] wird berichtet, Gervold, Abt des Klosters von etwa 789 bis 807, wäre viele Jahre hindurch „*regni negotia procuratur*" gewesen. Als solcher hätte er „*per diuersos portus ac ciuitates . . . tributa atque uectigalia, maxime in Quentauuich*" eingetrieben.[89] Eine Urkunde Karls des Kahlen für Saint-Paul in Cormery[90] führt *civitates, oppida* und *portus* in der Reihe der Zollstätten auf; aber in diesem Fall ist die Beziehung zwischen Zollerhebung und Markt durch die konkrete Bestimmung über den beim Kloster stattfindenden Wochen- und Jahrmarkt gegeben.[91] Ein Immunitätsprivileg des gleichen Königs wiederum, das Bestimmungen über die Zollbefreiung einschloß, weist die vollständige Reihe *civitas, mercatum, vicus, villa* und *portus* auf.[92]

Obwohl also das Formular der Zollprivilegien durchaus gewisse Variationen erkennen läßt, bleibt es in einem ganz unverändert: Die *civitates* erscheinen in jedem Fall unter den Zollstätten; sie stellen den eindeutig konstantesten unter den in dieser Eigenschaft auftretenden Siedlungstypen dar. Diese Tatsache darf so wenig übersehen werden wie die andere, bereits erörterte, daß nämlich zu einer gewissen Zeit die Märkte als neuer Begriff in diesem Formular erschienen. Sie ist der allgemeine Reflex der außergewöhnlichen Bedeutung, die die *civitas* als Handelsplatz, als Marktort besaß. Die Verbindlichkeit dieser allgemeinen Aussage läßt sich ebenfalls durch konkrete Quellenerzeugnisse verifizieren.

Eine Kombination zwischen allgemeiner Aussage und konkreten Angaben zu den *civitates* enthält Karls des Großen bereits zitierte Urkunde für Saint-Germain-des-Prés. Sie benennt drei *civitates* des Untersuchungsgebietes, nämlich Paris, Rouen und Amiens, ausdrücklich als Handelsplätze. Troyes und Sens erscheinen zudem als Gauvororte.[93] Der Markt von Angers ist durch direkte Quellenaussagen von der Zeit Pippins des Jüngeren bis zur Mitte des 9. Jh. belegt: Im Jahre 838 bestätigte Pippin I. von Aquitanien eine

[84] S. o., S. 123. Vgl. Lehoux, Privilèges, S. 124ff.
[85] MG. DD. Karol., Nr. 122 vom 27. 3. 779.
[86] Ebenda.
[87] MG. Cap., 1, S. 74, 5.
[88] S. o., S. 68.
[89] Gesta patrum Font., XII, S. 86.
[90] Chart. et dipl. Charl. II., 1, Nr. 60 vom 30. Dezember 843 oder 844.
[91] Ebenda.
[92] Ebenda, Nr. 214 vom 11. 9. 859, ausgestellt für das Kloster Saint-Germain-d'Auxerre. Zum Privileg gab es eine Vorurkunde Ludwigs des Frommen.
[93] MG. DD. Karol., Nr. 122.

Urkunde Pippins des Jüngeren, mit der dieser der Kathedralkirche von Angers das Recht auf bestimmte Zolleinnahmen zugestanden hatte.[94] Zu diesen Einnahmen gehörte die *„medietas de omnibus theloneis tam de Andegavis civitate quam et de aliis mercatibus seu portibus . . .“*[95] T. Endemann folgerte aus dieser Passage zweifelsohne völlig zu Recht, daß sowohl *mercatus* als auch *portus* in Angers vorhanden gewesen seien.[96] Nicht übersehen werden sollte aber, in wie betonter Weise die Urkunde *civitas* und Markt identifiziert: Der Kathedralkirche wurde nicht nur von der *civitas* Angers, sondern auch von *anderen* Märkten die Hälfte der Zolleinnahmen zugestanden.

Nahezu identische Bestimmungen enthält ein Privileg Karls des Kahlen, das Nantes betrifft. Der Kathedralkirche dieser *civitas* wurde ein Anteil, und zwar ebenfalls die Hälfte, am Zoll zugestanden, der *„in praedictae civitatis loco, mercatu, suburbio vel portu . . .“* zu erheben war.[97] Allerdings läßt sich hier keine so eindeutige Beziehung bis in die Zeit Pippins des Jüngeren zurück herstellen wie im Falle der *civitas* Angers.

Schließlich sind auch in diesem Zusammenhang die Auskünfte des numismatischen Materials von Belang: An anderer Stelle wurden die grundlegenden Wandlungen erwähnt, die sich im Verlaufe des 7. Jh. im Münzwesen des Merowingerreiches vollzogen: Der Übergang von der Gold- zur Silberwährung vor allem und eine damit einhergehende Verringerung der Anzahl der Prägeorte. Diese Verringerung setzte sich während des folgenden Jahrhunderts fort.[98] Mit der endgültigen Ablösung der merowingischen durch die karolingische Dynastie verschwanden zudem die Namen der Münzmeister von den Münzen. Dieser Vorgang vollzog sich vor allem während der Herrschaft König Pippins. Er läßt den wachsenden Einfluß besonders augenfällig werden, den das Königtum auf das Münzwesen ausübte.[99]

Zu den Plätzen, an denen während der Herrschaft König Pippins, Karlmanns und während der ersten beiden Jahrzehnte der Herrschaft Karls des Großen weiterhin Münzen geprägt wurden, gehörte ein beträchtlicher Teil der *civitates*.[100] Prou verzeichnete in seinem vor nahezu 100 Jahren erarbeiteten Katalog Amiens, Chartres, Laon, Reims, Rennes, Paris, Tours und Troyes.[101] Diese Reihe hat sich inzwischen erweitert, nicht zuletzt durch Funde, die seit der Publikation Prous gemacht worden sind.[102] Wenigstens in fünf weiteren *civitates* des Untersuchungsgebietes, nämlich in Le Mans, Orléans, Rouen, Meaux und Noyon, sind während der zweiten Hälfte des 8. Jh. Münzen geprägt worden,[103] und bei drei anderen, nämlich bei Nantes, Sens und Angers, ist die Prägung mehr oder weniger stark zu vermuten.[104]

Es sind also keineswegs nur jene Bestimmungen der Synoden von Soissons und von Frankfurt, und es sind nicht allein die allgemeinen Aussagen der Zollprivilegien, von denen die fortexistierende Bedeutung der *civitates* bezeugt wird. Sie läßt sich ebenso erfassen durch die konkreten Nachrichten, die über einzelne *civitates* überliefert sind, und sie wird

94 Chart. et dipl. Pippin I., Nr. 28 vom 28. März 838.

95 Ebenda.

96 Endemann, Markturkunde, S. 24.

97 Chart. et dipl. Charl. II., Nr. 181 vom 10. Februar 856.

98 Prou, Monnaies carolingiennes, S. XLIX. Doehaerd, Reformes, S. 19f.

99 Prou, Monnaies carolingiennes, S. XLVI f. Doehaerd, Reformes, S. 15ff. Völckers, Münzfunde, S. 35.

100 Gariel, Monnaies, S. 39ff. Völckers, Münzfunde, S. 121ff.

101 Prou, Monnaies carolingiennes, S. 3ff.

102 Völckers, Münzfunde, bes. S. 71ff.

103 Ebenda, S. 125, S. 142, S. 171, S. 176 und S. 178, Gariel, Monnaies, S. 39ff.

104 Völckers, Münzfunde, S. 123, S. 151f. und S. 175, Gariel, Monnaies, S. 40.

schließlich – das ist keineswegs am geringsten zu werten – belegt durch die Auskünfte des numismatischen Materials. Die Bischofssitze des Untersuchungsgebietes unterlagen in ihrer sozialen Struktur, in ihren Beziehungen zur ländlichen Umwelt und in der Gesamtheit ihrer gesellschaftlichen Funktionen vom 7. bis zum 9. Jahrhundert sicher manchen Wandlungen,[105] in einem aber bewahrten sie ihren Charakter: Sie blieben weiterhin Marktsiedlungen und bevorzugte Plätze der Geldwirtschaft.[106]

Mit diesem Ergebnis sind die Ausführungen zu einem Punkt gelangt, an dem zu den Beobachtungen über die Veränderungen des Formulars der Zollprivilegien und die daran geknüpften Feststellungen über das Aufkommen eines neuen Typs der Marktsiedlung und seine Verbreitung während der zweiten Hälfte des 8. Jh. zurückzukehren ist: Der Platz, den die *civitates* in dieser Zeit in den Ware-Geld-Beziehungen einnahmen, zeigt, daß es das Wesen der von den Urkunden reflektierten Entwicklung verkennen hieße, wenn diese schlicht als ein Vorgang gefaßt würde, in dessen Verlauf Marktsiedlungen des einen Typs einfach durch die eines anderen ersetzt, neue an die Stelle bisher vorhandener getreten wären. Wesentlich ist vielmehr, und gerade darauf kann nicht nachdrücklich genug hingewiesen werden, daß im Verlaufe dieser Entwicklung Siedlungen neuer Art neben bereits seit langem bestehende, neben als solche Tradition besitzende, traten.

Es liegt auf der Hand, daß sich aus dieser ersten eine zweite, nicht weniger wichtige Schlußfolgerung ergibt: Durch das Aufkommen und die Verbreitung neuer Marktsiedlungen, die neben die alten traten, verdichtete sich das Netz der in einem bestimmten Raum vorhandenen Märkte; es wurde gleichsam engmaschiger. Das Untersuchungsgebiet war, in seiner Gesamtheit gesehen, also im späten 8. Jh. durch eine größere Anzahl von Märkten für Beziehungen warenwirtschaftlicher Natur erschlossen, als 100 Jahre früher. Die *civitas* Chartres mit den ihr räumlich zugeordneten Marktsiedlungen Faverolles und Néron vermittelt eine Vorstellung vom konkreten Verlauf dieser Vorgänge.

2. Das veränderte Verhältnis der bäuerlichen Produzenten zum Markt und zu den Ware-Geld-Beziehungen

Im vorangehenden Kapitel ist festgestellt worden, daß die Quellen keine Hinweise geben, die auf eine stabile, ökonomisch bedeutsame Einbeziehung bäuerlicher Produzenten in waren- beziehungsweise geldwirtschaftliche Verhältnisse während des 7. Jh. deuten.[107] Dieser Zustand hatte sich bis zum Ende des 8. Jh. grundlegend gewandelt. Den überzeugendsten Beweis für die stabile, von den feudalen Grundherren genutzte und gesteuerte Einbeziehung erheblicher Teile der bäuerlichen Produzenten in die Warenproduktion und die Ware-Geld-Beziehungen liefern zeitgenössische Quellen urbarialen Charakters, allen voran das wegen seiner Entstehungsgeschichte mit dem Namen des Abtes Irminon bedachte Polyptychon.[108]

Der Streuungsbereich jener Güter des Klosters Saint-Germain-des-Prés, die in diesem Polyptychon verzeichnet sind, reicht kaum über das Untersuchungsgebiet hinaus; er umfaßte eigentlich nur seine zentralen Teile. Die Diözesen von Paris, Chartres und Sées

105 Vercauteren, La vie, S. 453ff. Prinz, Stadtherrschaft, S. 1ff.

106 Vgl. Borchers, Untersuchungen, S. 319, zur Situation im Bodenseeraum. Schlesinger in: Frühformen, S. 268 nimmt an, daß es „tägliche" Märkte vor allem in den *civitates* gegeben habe, obwohl nur ein einziger Markt dieser Art für das 9. Jh. belegbar ist.

107 S. o., S. 106f.

108 Bei Löwe, Karolinger, III, S. 579, finden sich die Angaben über die Ausgaben und die wichtigste Literatur.

sowie die Umgebung von Sens stehen ganz im Mittelpunkt der Aufzeichnungen.[109] Die in größerer Entfernung gelegenen Güter der klösterlichen Grundherrschaft werden dagegen kaum behandelt.[110]

Das Polyptychon gibt Auskunft über rund einhundertzwanzig ländliche Siedlungen. In den weitaus meisten dieser Siedlungen wurde ein Teil der Feudalrente in Geld erhoben.[111] Nur bei einer ganz verschwindend geringen Anzahl – es sind insgesamt nicht mehr als fünf – erscheinen überhaupt keine Geldabgaben.[112] Geld wurde für bestimmte Nutzungsrechte, vor allem für die Nutzung von Wald (*de lignericia*)[113] und Weide (*in pascione*)[114] sowie an Stelle bestimmter Naturallieferungen (*propter carnaticum*)[115] eingetrieben. Sehr häufig begegnen Geldzahlungen, die „*ad hostem*" zu leisten waren;[116] seltener dagegen erscheinen Geldbeträge als Leibzins.[117] Recht zahlreich sind die Fälle, in denen bloße Geldbeträge ohne jede Erläuterung über die Art der Verpflichtung verzeichnet werden.[118]

Die Zahlung eines Teils der Feudalrente in Geld war nicht an eine bestimmte Schicht oder Gruppe der abhängigen bäuerlichen Produzenten gebunden: Geld wurde sowohl von den *ingenui* als auch von den *coloni* und den *servi* gefordert.[119] Es scheint allerdings, als wechselten Höhe und Art mitunter nach den Hauptkategorien der Leistungspflichtigen.[120]

Um gewisse Vorstellungen von der Anzahl der bäuerlichen Produzenten zu gewinnen, die zur Zahlung von Geldbeträgen verpflichtet waren, wurden entsprechende Berechnungen angestellt. Zwei Villikationsbezirke der Grundherrschaft des Klosters Saint-Germain-des-Prés, nämlich die von Villemeux und von Villeneuve, sind als Demonstrationsobjekte ausgewählt worden. Der Villikationsbezirk von Villemeux umfaßte in der Umgebung von Chartres gelegene Güter. Das entsprechende Breve betrifft die Gegend, in der die Märkte

109 Lehoux, Privilèges, S. 131. Duby, Économie, Karte auf S. 285.

110 Lehoux, Privilèges, S. 131.

111 Polypt. Irmin., 2, S. 1–362. Die angegebene Zahl wurde von mir errechnet.

112 Ebenda, Nr. XVII, Nr. XVIII, Nr. XX; bei Nr. VIII; *Breve de Novigento*, bilden Geldabgaben eine verschwindend geringe Ausnahme.

113 Ebenda, Nr. II, 2ff.; Nr. V, 3ff.; Nr. VI, 3ff.; Nr. IX, 9ff.; Nr. XIII, 1ff.; Nr. XV, 3ff.; Nr. XXII, 4ff.; Nr. XXIII, 26; Nr. XXV, 3ff.

114 Ebenda, Nr. III, 2ff.; Nr. VI, 3ff.; Nr. XVI, 37ff.

115 Ebenda, Nr. IV, 35; Nr. XIV, 3ff.; 35ff.; Nr. XV, 3ff.; Nr. XVI, 93. Guérard deutet diese Leistung als eine Verpflichtung, die mit der Kriegführung zu tun hatte. Vgl.: Polypt. Irmin., 1, S. 121ff., bes. S. 123ff.

116 Polypt. Irmin., 2, Nr. III, 2ff.; Nr. IV, 2ff.; Nr. V, 3ff.; Nr. VII, 4 und 5, 7ff.; Nr. IX, 4, 6, 279; Nr. XIII, 14, 15, 39ff.; Nr. XIV, 3ff.; Nr. XV, 3ff. und 95; Nr. XVI, 3ff.; Nr. XIX, 8ff. und 50; Nr. XXI, 4ff., 41 und 93; Nr. XXIV, 2ff., bes. 86ff.; Nr. XXV, 3 ff.

117 Ebenda, Nr. IX, 9ff., bes. 293 und 301: *de capite suo*; Nr. XI, 2ff.; Nr. XII, 15, 23 und 24, 41 und 44; Nr. XIII, 1ff.; Nr. XXI, 52.

118 Ebenda, Nr. I, 27 und 28, 37; Nr. II, 1, 74ff.; VI, 36, 41, 43 und 57; Nr. VII, 6, 69ff., bes. 81; Nr. XV, bes. 94; Nr. XIX, 38 und 39; Nr. XXI, 78 und 79; Nr. XXIV, 44ff., 137ff.

119 Es erübrigt sich und es wäre auch zu aufwendig, hier alle Belegstellen aufzuführen. Zur Demonstration sei auf den Fronhofsbezirk Villemeux, ebenda, Nr. IX, und auf den Fronhof Villeneuve, ebenda, Nr. XV, verwiesen.

120 Das „*Breve de Villamilt*", also das Verzeichnis für Villemeux, ebenda, Nr. IX, S. 212ff., enthält spezielle Listen „*De mansibus servilis*". Die aufgeführten Leistungen unterscheiden sich von den für die übrigen, in der Anzahl weitaus die Mehrzahl ausmachenden *mansi*. Die in diesen speziellen Listen verzeichneten *mansi* hatten zudem keine Geldbeträge zu zahlen. Andererseits erscheinen im gleichen Breve *servi*, die eine bestimmte Anzahl Denare „*de augustatico*" zu entrichten hatten; ebenda, Nr. IX, S. 234ff., 243, 286. Zur Natur dieser Leistung; ebenda, 1, S. 132ff.

von Faverolles und Néron gelegen waren.[121] Bei Villeneuve dagegen handelt es sich um jene Siedlung, die in Verbindung mit Zolleinnahmen, die dem Kloster Saint-Germain-des-Prés durch Karl den Großen überlassen wurden, erwähnt wird. Sie ist bereits genannt worden, weil hier ein Markt vermutet wurde.[122]

Das „*Breve de Villamilt*"[123] verzeichnet bei rund vierhundertundfünfzig *mansi* Geldabgaben. Da der *mansus* die Wirtschaftseinheit der einzelnen Bauernfamilie war – sein Besitzer und, wenn vorhanden, auch Frau und Kinder, werden jedesmal namentlich genannt – ergibt sich hieraus, daß allein in der Umgebung von Chartres rund 450 vom Kloster Saint-Germain-des-Prés abhängige Bauernhöfe Geld erwerben mußten, um die entsprechende Rente zu zahlen. Die Zahl der äbhängigen Bauernwirtschaften, die keinerlei Geldzahlungen zu erbringen hatten, war dagegen sehr viel geringer. Sie dürfte im äußersten Falle den achten Teil der zu Geldleistungen verpflichteten ausgemacht haben. In der Regel handelte es sich bei diesen von Geldleistungen freien Wirtschaften um bäuerliche Hofstellen, deren Ertagsfähigkeit deutlich gemindert war.[124] Mitunter fehlen Geldleistungen, weil auf der entsprechenden Bauernwirtschaft die Verpflichtung zu speziellen Leistungen anderer Art ruhte.[125] Die abhängige bäuerliche Wirtschaft mit durchschnittlicher Leistungsfähigkeit und mit den allgemein üblichen Leistungspflichten dagegen hatte im Fronhofsbezirk Villemeux zur Zeit der Aufzeichnung des Polyptychons in der Regel einen Teil der Feudalrente in Geld zu entrichten.

Die Situation ist die gleiche beim Fronhof von Villeneuve.[126] Allerdings ist zu beachten, daß es sich nur bei dem Fronhofsbezirk von Villemeux um einen wirklichen Verband handelte, der viele dörflich-agrarische Siedlungen umfaßte. Das „*Breve de Villanova*" dagegen verzeichnet ausschließlich Güter, die das Kloster in dieser Siedlung selbst besaß.

Es gab in Villanova rund einhundert Mansen, deren Besitzer zur Zahlung von Geldbeträgen verpflichtet waren. In einem speziellen Verzeichnis aufgeführte 35 Männer und Frauen hatten außerdem je vier Denare zu entrichten. Das Verzeichnis macht keinerlei Angaben zur Art der Verpflichtung.[127] Nur in ganz wenigen Ausnahmefällen fehlt eindeutig jede Geldleistung. Die Gründe für diese Sonderstellung sind offensichtlich die gleichen wie im Fronhofsverband von Villemeux: Geminderte wirtschaftliche Leistungsfähigkeit oder Leistungen besonderer, von den gewöhnlichen abweichender Art.

Weder im Fronhofsbezirk Villemeux noch in Villanova besaßen die Geldforderungen Alternativcharakter. Sie waren unbedingt zu erfüllen, konnten nicht durch andere Leistungen abgegolten werden.[128] Das zeigt einerseits, daß die Einbeziehung bäuerlicher Produzenten in geldwirtschaftliche Vorgänge ein gewisses Maß an Kontinuität und Stabilität erreicht hatte; zum anderen aber läßt es darauf schließen, daß diese Geldforderungen bereits eine längere Entwicklung hinter sich hatten, daß sie keine ganz neue Erscheinung mehr waren.

121 Villemeux liegt an der Eure, etwa 30 km nördlich Chartres. Die Entfernung zwischen Villemeux und Faverolles bzw. Néron betrug kaum 20 km.

122 S. o., S. 123.

123 Polypt. Irmin., 2, Nr. IX.

124 Ebenda, 212ff. Es handelt sich zumeist um die Leistungen von halben und noch kleineren Mansen.

125 Ebenda, 142ff.: „*De mansibus paraveradorum*".

126 Ebenda, Nr. XV. Vgl. Duby, Économie, S. 286ff.

127 Polypt. Irmin., 2, Nr. XV, 94.

128 Solche Alternativforderungen waren anscheinend überhaupt sehr selten. Sie begegnen einige Male bei den Abgaben „*ad hostem*": Ebenda, Nr. XIX, 8ff., waren vier *solidi* „in Silber", vier Hammel oder ein halber Ochse zu entrichten. Ähnlich ebenda, Nr. XXI, 4ff., Nr. XXV, 3ff.

Das Polyptychon von Saint-Germain-des-Prés muß spätestens im Jahre 829 entstanden sein. Es ist aber sehr wahrscheinlich vor dem 30. April 826, dem wohl in der Tagesangabe, nicht aber in der Bestimmung des Jahres völlig gesicherten Todesdatum des Abtes Irminon, angelegt worden.[129] Zu diesem Zeitpunkt, also um das Jahr 825, ging die Gesamtzahl der bäuerlichen Produzenten, die der Abtei in der näheren und weiteren Umgebung von Paris, von Chartres, von Sens und in anderen Gegenden einen Teil der geforderten Feudalrente in Geld entrichtete, bereits in die Tausende. Zu diesem Zeitpunkt müssen, das ergibt sich aus ihrer Stabilität und Regelmäßigkeit, diese Geldleistungen zudem schon eine gewisse Tradition besessen haben. Sie dürften also in ihrer Entwicklung beträchtlich über das Jahr 825 zurückreichen.

Das auf Betreiben des Abtes Irminon angelegte Polyptychon des Klosters Saint-Germain-des-Prés gibt die reichsten, die eindeutigsten und die zeitlich am weitesten zurückreichenden Auskünfte über Geldabgaben bäuerlicher Produzenten innerhalb des Untersuchungsgebietes. Es ist zugleich am vollständigsten überliefert und am sichersten zu datieren. Aber es ist nicht die einzige Quelle, die der Forschung für Untersuchungen über das Auftreten der Geldrente während des frühen 9. Jh. zur Verfügung steht.

In den „*Gesta Aldrici*", einer Kompilation, deren Autor Quellen unterschiedlicher Herkunft zu einem Bericht über das Leben des im Jahre 857 gestorbenen Bischofs Aldrich von Le Mans zusammenfaßte,[130] findet sich ein Verzeichnis, das über die Einkünfte der Kleriker dieser *civitas* Auskunft gibt.[131] Die Regelungen, die dieses Verzeichnis fixiert, dürften, da es neben Aldrich auch einen Bischof Franco als ihren Urheber benennt,[132] verhältnismäßig früh anzusetzen sein: Es gab in Le Mans zwei Bischöfe des Namens Franco. Sie waren die unmittelbaren Vorgänger Aldrichs.[133] Von dem Verzeichnis werden nur spärliche Auskünfte über das eigentliche Grundeigentum, etwa über seine Größe oder über die Art seiner Nutzung, gegeben. Sein Gegenstand sind die Leistungen der *homines fratrum*, und die Art dieser Leistungen zeigt, daß es sich um Verpflichtungen abhängiger bäuerlicher Produzenten handelte. Mit dem Charakter des Verzeichnisses dürfte zu erklären sein, daß es keine Arbeitsleistungen nennt. Es werden Naturalabgaben sehr verschiedener Art aufgezählt;[134] jedoch haben hier nicht sie, sondern die Geldzahlungen in erster Linie zu interessieren. Die *homines* hatten zu zahlen „*de hostilense, argenti solidos CXLVIIII, et denarios VII semis.*"[135] Weiter zahlten sie „*de landatico solidos V, et denarios X*"[136] und „*de lignario solidos XXVI et denarios VIIII; de censo, solidos CI semis; de inferenda*[137] *et de postiurno sive de suisatico solidos CLXXX et denarium I.*"[138]

[129] Ebenda, 1, S. 2ff. Irminon war etwa seit dem Jahre 800 Abt des Klosters. Vgl. Löwe, Karolinger, III, S. 579. Duby, Économie, S. 284, setzt seine Aufzeichnung in die Jahre 806 bis 829.

[130] Löwe, Karolinger, III, S. 594. Vgl. Sprandel, Civitas, S. 26f.

[131] „*Summa de appoleiticis vel plenariis fratrum Cenomannica in urbe deo servientium, de rebus quas Franco senior et Aldricus eorum episcopi eis dederunt et testamentis atque praeceptis regalibus confirmaverunt*", in: Gesta Aldrici, S. 162f.

[132] Ebenda, S. 162f.

[133] Duchesne, Fastes, 2, S. 341f., *Franco prior* und *Franco posterior*. Der zweite war der Neffe des ersten; er ist wohl von 816 bis 832 Bischof von Le Mans gewesen. Der ältere Franco bekleidete das Amt von 794 bis 816. Vgl. Löwe, Karolinger, III, S. 593, Anm. 408.

[134] Gesta Aldrici, S. 162f.

[135] Ebenda, S. 162.

[136] Ebenda. Bei der Abgabe handelte es sich um „une redevance de nature non determinée sur le commerce, ou le circulation." Niermeyer, Lexicon, S. 586f.

[137] Zur Natur dieser Leistung Sprandel, Civitas, S. 28f.

[138] Ebenda, S. 162f.

Auffallend ist die Höhe der Geldbeträge; jedoch lassen sich daraus kaum Schlußfolgerungen ziehen, da nicht bekannt ist, wie groß die Zahl der Leistungspflichtigen war, die diese Beträge zu erbringen hatten. Wichtiger als ihre Höhe ist zudem, wofür diese Geldbeträge zu zahlen waren. Die abhängigen Leute schuldeten sie sowohl „*de hostilense*“ als auch „*de lignario*“. Im Verzeichnis von Le Mans begegnen also Geldabgaben der gleichen Art, wie sie auch im Polyptychon von Saint-Germain-des-Prés besonders häufig anzutreffen waren.[139] Dieser Umstand spricht dafür, daß in den einzelnen Grundherrschaften mit einer gewissen Regelmäßigkeit jeweils bestimmte Dienste und Abgaben durch Geldzahlungen ersetzt worden sind.

Ein drittes Güterverzeichnis, dessen Angaben die östlichen Teile des Untersuchungsgebietes betreffen, bestätigt diese Vermutung: Zwischen 845 und 876 wurde ein Polyptychon über das Konventsgut des Klosters Montiér-en-Der zusammengestellt.[140] Das Polyptychon besteht aus zwei Teilen, einem umfangreichen älteren und einem weniger umfangreichen jüngeren.[141] Für die folgenden Ausführungen wurden nur die älteren Aufzeichnungen berücksichtigt; doch sind auch diese wenigstens 20 Jahre jünger als die des Polyptychons von Saint-Germain-des-Prés. Weiter sind nur die Passagen verwandt worden, die tatsächlich das Untersuchungsgebiet betreffen.[142]

Genau wie in der Grundherrschaft des Klosters Saint-Germain-des-Prés und auf den Gütern, deren Einnahmen den Klerikern von Le Mans zustanden, wurden auch in der Grundherrschaft des Klosters Montiér-en-Der bestimmte Leistungen in Geld eingefordert. Hierzu gehörten wiederum Zahlungen, die sich aus der Kriegsführung (*pro hostatico, pro hosterco*)[143] und aus der Waldnutzung (*de lignare, pro lignario*) ergaben.[144] Daneben waren aber auch Geldabgaben sehr verbreitet, die anderweitig nicht begegneten. Fast in jeder Siedlung, in der das Kloster Montiér-en-Der begütert war, wurden Geldzahlungen für nicht näher erläuterte Bodendienste (*pro ambesco, pro ambascatiatico, pro ambascatione*) eingetrieben.[145] Daneben erscheinen nicht weniger häufig Geldbeträge, die die bauerlichen Produzenten an Stelle früher von ihnen geforderter Dienste zu Pferde (*de cavalicio, de cabalitio*) zu erbringen hatten.[146] In ausnahmslos allen Siedlungen, für die das Polyptychon Grundeigentum ausweist, wurden Teile der Feudalrente in Geld erhoben. Es scheint die Regel gewesen zu sein, daß die zur klösterlichen Grundherrschaft gehörende bäuerliche Wirtschaft, soweit sie nicht wüst lag, einen bestimmten Geldbetrag zu zahlen hatte.

Genau wie für seine zentralen und seine westlichen lassen sich also auch für die östlichen Teile des Untersuchungsgebietes aus den urbarialen Aufzeichnungen Geldabgaben der feudalabhängigen bäuerlichen Produzenten erschließen. Die Leistungen, die ihnen hier zugrunde lagen, waren allerdings nur teilweise die gleichen wie dort. Wesentlicher jedoch als dieser Unterschied ist ein anderes Moment: Es ist darauf hingewiesen worden, daß im Polyptychon des Irminon Alternativforderungen nahezu keine Rolle spielten.[147] Im Ver-

139 S. o., S. 127ff.. 140 Löwe, Karolinger, III, S. 539.

141 Ebenda, und die dort genannte Literatur.

142 Montiér-en-Der liegt etwa 60 km nordöstlich von Troyes und damit jenseits der Grenzen des Untersuchungsgebietes. Die Angaben seines Polyptychons betreffen selbstverständlich zu einem erheblichen Teil die nähere und weitere Umgebung des Klosters.

143 Chartes de Montiérender, Nr. XVI und Nr. XIX.

144 Ebenda, Nr. VII–IX, Nr. XIX, Nr. XXIII und XXIV, Nr. XXVIII, XXX und XXXV.

145 Ebenda, Nr. VI–IX, Nr. XIV, Nr. XVI, Nr. XIX, Nr. XXI–XXIV, Nr. XXVII und XXVIII, Nr. XXX und Nr. XXXV.

146 Ebenda, Nr. V–IX, Nr. XIV, Nr. XVI, Nr. XIX, Nr. XXI und Nr. XXII, Nr. XXVII und XXVIII, Nr. XXXV.

147 S. o., S. 129.

zeichnis von Montiér-en-Der dagegen stellen sie die Regel dar. Die von diesem Kloster abhängigen bäuerlichen Produzenten waren *entweder* mit einem bestimmten Geldbetrag *oder* mit einer Leistung anderer Natur belastet. Die *mansi ingenuiles* einer Anzahl von Siedlungen hatten *pro ambasco* eine bestimmte Zahl von Denaren zu entrichten oder sie mußten eine genau bemessene Transportleistung erfüllen.[148] Eine entsprechende Alternativbestimmung findet sich bei der Waldnutzung; nur standen hier zumeist die Zahlungen von ebenfalls in Denaren bemessenen Geldbeträgen und die Lieferung bestimmter Holzmengen zur Wahl.[149] Bemerkenswert ist allerdings, daß bei zwei Leistungen, nämlich bei den häufigen Verpflichtungen zum Dienst mit dem Pferd und bei Zahlungen, die sich aus der Kriegsführung herleiteten, ausschließlich Geldbeträge gefordert wurden.[150]

Die vorangehenden Ausführungen sollten zeigen, daß bäuerliche Produzenten im Untersuchungsgebiet bereits während des frühen 9. Jh. einen Teil der Feudalrente in Geld zahlten. Diese Zahlungen waren nicht zufälliger und ungeregelter Natur, sondern sie trugen alle Zeichen der Regelmäßigkeit; sie waren zumindest in einigen Teilgebieten bereits am Beginn des 9. Jh. eine recht selbstverständliche Erscheinung. Die feudalabhängigen Bauern konnten zu dem für diese Zahlungen nötigen Geld nur gelangen, indem sie einen Teil der von ihnen erzeugten agrarischen Produkte verkauften, und hierfür war wiederum eine einigermaßen stabile und kontinuierliche Beziehung zum Handel, zum Markt, die Voraussetzung. Die Verdichtung des Netzes der Marktsiedlungen gehörte zu den ökonomisch-kommunikativen Bedingungen entsprechender Ware-Geld-Beziehungen. Das zwar stabile, aber verhältnismäßig weitmaschige System der Marktsiedlungen des 7. Jh. hätte Transportleistungen erfordert, die von der einzelnen bäuerlichen Wirtschaft nicht erbracht werden konnten. Die Quellen bezeugen, daß die Geldform der Feudalrente bereits erhebliche Zeit vor der Zäsur auftrat, von der an jene Märkte häufiger in den Urkunden erwähnt werden, die nicht mit den *civitates*, den *castra*, den *portus* verbunden waren.[151] Sie stützen insofern die Auffassung, daß die Märkte von Faverolles und Néron keineswegs extreme Ausnahmen und Resultat einer lokalen Sonderentwicklung gewesen sind. Sie bezeugen vielmehr, daß das Auftreten dieser Märkte Vorgänge sichtbar werden läßt, die allgemeinen Charakter hatten. Diese Märkte erwuchsen aus der ökonomischen Gesamtentwicklung des Untersuchungsgebietes. Es ist sicher, daß diese Entwicklung regionale Unterschiede aufwies, und es ist damit zu rechnen, daß Markt und Geldrente in bestimmten Gebieten um 800 noch kaum eine sonderliche Rolle spielten. Gewisse Anzeichen, auf die hingewiesen wurde, sprechen für solche Verhältnisse.[152] In anderen Gebieten wiederum, so etwa in der näheren und weiteren Umgebung von Paris, von Chartres, von Orléans, hatten diese Erscheinungen zweifelsohne bereits eine beträchtliche Bedeutung erlangt. Unterschiede in der Entwicklung bestanden auch zwischen den einzelnen Teilgebieten, in denen die Geldrente bereits ausgebildet war: Das weitgehende Fehlen von Alternativforderungen im Polyptychon von Saint-Germain-des-Prés, ihre Häufigkeit in dem von Montiér-en-Der bezeugen solche Unterschiede.[153] Andere Teile des Untersuchungsgebietes wiederum haben kaum Aufzeichnungen aufzuweisen, die ähnlich informativ sind und zugleich zeitlich annähernd soweit zurückreichen, wie die für sein Zentrum und den Osten zur Verfügung stehenden. Poly-

148 Chartes de Montiérender, Nr. VI, VII, IX, XVI, XIX, XXII, XXIV, XXVII, XXVIII und XXX.

149 Ebenda, Nr. VII, XIX, XXIII, XXIV, XXVIII, XXX und XXV.

150 Ebenda, Nr. V–IX, XIV, XVI, XXII, XXIII, XXVII, XXX und XXXV.

151 S. o., S. 115 ff.

152 S. o., S. 131 f.

153 Auf Unterschiede macht auch Hess, Geldwirtschaft, S. 36 f., für das Mittelrheingebiet einerseits, das Oberrheingebiet andererseits aufmerksam.

ptychen, die einmal existierten, sind gänzlich verloren;[154] andere sind wegen ihrer unklaren Entstehungs- und Überlieferungsgeschichte und mangels kritischer Ausgaben noch kaum zu benutzen.[155] Insgesamt aber ist nicht zu bezweifeln, daß um 800 eine beachtliche Zahl der feudalabhängigen bäuerlichen Produzenten Teile der Feudalrente in Geld zu entrichten hatte, daß mithin eine ins Gewicht fallende Zahl dieser Produzenten in geldwirtschaftliche Zustände einbezogen war. Diese Entwicklung hatte bereits eine Stufe erreicht, die die Bauern regelmäßig in den Besitz von Münzgeld gelangen ließen.

Ein Vergleich der Verhältnisse des 7. mit denen des späten 8. Jh. läßt also Veränderungen in zwei für die Beschaffenheit der Ware-Geld-Beziehungen grundlegenden Teilbereichen erkennen: Das Netz der Marktsiedlungen hatte sich verdichtet, und Teile der bäuerlichen Produzenten waren in stabiler, geregelter Weise in den Markt- beziehungsweise in den Geldverkehr einbezogen. Es sind die Voraussetzungen dieser Veränderungen, ihre ökonomischen, sozialen und politischen Bedingungen, die hier zu interessieren haben. Sie zu ermitteln dürfte aus einsehbaren Gründen bedeuten, die im Bereich der Ware-Geld-Beziehungen während des 7. Jh. bestimmenden Entwicklungstendenzen zu fassen.

II. Die Herausbildung der Grundlagen intensivierter Ware-Geld-Beziehungen während des 7. Jahrhunderts

Das 7. Jh. stellte, bezogen auf das Untersuchungsgebiet, hinsichtlich der erkennbaren Ware-Geld-Beziehungen, ihrer sozialökonomischen Grundlagen, ihres Charakters und ihrer Intensität keine Einheit dar. In seinem Verlauf vollzog sich der Übergang von einer älteren zu einer jüngeren Entwicklungsphase.

Beide lassen sich nicht durch eine scharfe, deutlich ausgeprägte Zäsur voneinander trennen. Ihnen liegen Veränderungen zugrunde, die einen längeren Zeitraum beanspruchten, ehe sie von ersten Ansätzen zu Erscheinungen endgültigen und bestimmenden Charakters geworden waren. Sollte ein als zäsursetzend geeignetes Datum aus der politischen Geschichte genannt werden, so böte sich das Jahr 673 an: Damals starb Chlothar III., und der neustrisch-burgundische Adel erhob sich gegen den Hausmeier Ebroin; Childerich II. von Austrasien wurde auch in Neustrien anerkannt.[156] Dieses Datum korrespondiert insofern mit den Vorgängen im ökonomischen Bereich, als seit dem letzten Viertel des 7. Jh. deutlich erkennbar wird, daß die Veränderungen einen gewissen Abschluß gefunden hatten: Der Übergang zur Silberwährung war vollendet, der Denar herrschte in der Zirkulation eindeutig vor, und während der Herrschaft Chlothars III. sind, soweit die Überlieferung erkennen läßt, bestimmte charakteristische Zollprivilegien letztmalig neu vergeben worden: dem Kloster Stablo-Malmedy wurden damals die Zolleinnahmen in einigen an oder bei der unteren Loire gelegenen Häfen überlassen.

Die ältere Entwicklungsphase reichte über den Anfang des 7. Jh. zurück; sie begann zu einem Zeitpunkt, den zu bestimmen nicht in den Rahmen dieser Arbeit gehört. Aus Gründen, die die vorangehenden Ausführungen verdeutlicht haben dürften, scheint es angebracht, die jüngere Entwicklungsphase und damit zugleich die gesamte Übergangsphase mit dem dritten Viertel des 8. Jh. enden zu lassen.

[154] So die Polyptychen der Kathedralkirche von Le Mans und des in der gleichen *civitas* gelegenen Klosters Saint-Vincent. Vgl. Löwe, Karolinger, III, S. 594. Zu Saint-Martin in Tours Gasnault, Documents comptables, S. 14f.

[155] Ebenda. Löwe, Karolinger, III, S. 594. Vgl. Duby, Économie, S. 290f.

[156] Ewig, Teilreiche, II, S. 127.

1. Die ältere Entwicklungsphase

Die auffallendsten und wesentlichsten Merkmale dieser Phase sind neben der eindeutig vorherrschenden Goldprägung und der hochgradigen Aufsplitterung der Prägetätigkeit auf viele Münzorte die geringe ökonomische Aktivität, die das Untersuchungsgebiet nach außen zeigte. Charakteristisch ist aber auch die ungewöhnlich beherrschende Stellung, die die *civitates* in der Realisierung der Ware-Geld-Beziehungen einnahmen: Kaum eine Siedlung anderer Art konnte sich in dieser Beziehung mit ihnen messen.

Da die schriftlichen Quellen im vorangehenden Kapitel eingehend behandelt wurden, erübrigt es sich, ihre Aussagen an dieser Stelle erneut in aller Ausführlichkeit zu erörtern. Die Ergebnisse sind soweit wieder aufzugreifen, wie es der spezielle Zusammenhang erfordert.

Das Hauptproduktionsmittel, der Grund und Boden, ist in zahlreichen Fällen Objekt von Kauf und Verkauf gewesen. Land wurde in großem Umfang ge- und verkauft; seine Mobilität war eine beträchtliche. Es stellte im Untersuchungsgebiet während des frühen 7. Jh. nicht nur de jure eine Ware dar; es wurde auch de facto als eine solche behandelt. Die Aussagen der Quellen zeigen, daß bei solchen Transaktionen Münzgeld verwandt worden ist. Der Verkauf und Kauf von Land, der Handel mit dem Hauptproduktionsmittel machten einen erheblichen Anteil der praktizierten Ware-Geld-Beziehungen aus; die in den Münzstätten des Untersuchungsgebietes geprägten Trienten wurden offensichtlich zu einem beträchtlichen Teil verwandt, um diese Beziehungen zu realisieren. Als Gegenwert für gekauftes Land diente jedoch auch Edelmetall in anderer Form, Barren etwa oder zu Schmuck verarbeitetes Gold und Silber, und bezahlt wurde ebenso mit sonstigen Sachwerten.[157] Das Münzgeld, der Goldsolidus und sein Drittelstück, der Triens, waren also nicht so verbreitet, besaßen als Zahlungs- und als Zirkulationsmittel nicht einen solchen absoluten Vorrang, daß ausschließlich sie in dieser Eigenschaft aufgetreten wären.

Ge- und verkauft wurden auch Menschen, Arbeitskräfte. Bei Geschäften dieser Art ist allerdings kaum an einen echten Sklavenhandel zu denken: Käufer, Verkaufter und Verkäufer waren in den Fällen, die hier vor allem zu beachten sind, zumeist gleichermaßen innerhalb des Untersuchungsgebietes ansässig; häufig war der Verkaufte ein Freier, der sich durch Selbstverkauf in die Knechtschaft eines anderen gab. Vor allem aber fehlte das Dazwischentreten des Händlers; der Eigentümer der „Ware" und ihr Käufer standen sich direkt, unvermittelt gegenüber. Auch bei den Geschäften mit Menschen war das Münzgeld beteiligt, und nicht selten ist das Bedürfnis oder der Zwang, in seinen Besitz zu gelangen, sogar ihr Anlaß gewesen.[158]

Für den Gesamtcharakter einer Gesellschaftsordnung ist die Tatsache, daß der Grund und Boden ge- und verkauft wurde, daß er zur Ware geworden war, von grundlegender, konstitutiver Bedeutung; für die Entwicklung von Ware-Geld-Beziehungen aber wird sie eher mittelbar wirksam, und sie besitzt in diesem Zusammenhang zudem nur begrenztes Gewicht, da Land gegenüber anderen Waren wesentliche Besonderheiten aufweist: Es ist nicht beliebig erschaffbar, in seiner Quantität deshalb begrenzt. Zudem ist es immobil. Wirklich entscheidende, die Ware-Geld-Beziehungen aktivierende Impulse gingen deshalb nicht vom Warencharakter des Hauptproduktionsmittels, sondern von der gesellschaftlichen Arbeitsteilung und dem Ausmaß der Spezialisierung, von ihrer quantitativen und qualitativen Beschaffenheit aus.

Im Untersuchungsgebiet existierte während des gesamten 7. Jh. ein spezialisiertes,

[157] S. o., S. 68 ff.
[158] Teil B, Nr. 32 und Nr. 34.

von der landwirtschaftlichen Produktion allerdings unterschiedlich konsequent getrenntes Handwerk. Das gut bekannte Beispiel des Kunstschmiedes Eligius zeigt, daß dies auch während der älteren Entwicklungsphase so gewesen ist. Es ist jedoch aufschlußreich, daß sich gerade solche Handwerkszweige am weitesten gegenüber der Landwirtschaft verselbständigt hatten, daß ihre Spezialisierung dort am fortgeschrittensten war, wo Erzeugnisse von hohem Wert – nicht nur von hohem Waren-, sondern auch von hohem Repräsentationswert – und von erheblicher geistig-ideeller Potenz gefertigt wurden: Bei den Kunstschmieden und im Bauhandwerk. Dagegen lassen sich vergleichbare Erscheinungen bei Handwerkszweigen, die für den täglichen Bedarf und für den Konsum breiter Bevölkerungsschichten arbeiteten, kaum nachweisen. Die Kunstschmiede und Bauhandwerker arbeiteten in erster Linie in Kundenproduktion, und daraus folgte, daß die marktbildende Wirkung ihrer Tätigkeit eine begrenzte gewesen ist.[159] Jedoch ließ sie die bei diesen Handwerken weit fortgeschrittene räumliche Trennung von der Landwirtschaft und eine entsprechende Konzentration in oder bei nichtagrarischen Siedlungen zu potentiellen und tatsächlichen Käufern der Erzeugnisse dieses Wirtschaftszweiges werden. Besonders klar zeigte sich das bei den Monetaren und bei den mit ihnen kooperierenden Handwerkern: Sie waren ein stabiles, die soziale Struktur der *civitates*-Bevölkerung und einiger anderer Siedlungen mit prägendes Element.[160]

Ebenso wie in anderen Perioden auch erwuchsen Austausch- und Ware-Geld-Beziehungen zudem während der älteren Entwicklungsphase aus der Notwendigkeit, Güter zu beschaffen, deren Produktion an bestimmte natürliche Gegebenheiten gebunden war. Salz und Fisch wurden in diesem Zusammenhang benannt.[161] Jedoch sind diese Güter damals durchaus nicht ausschließlich durch den Handel vermittelt worden, sondern sie gelangten ebenso in rein naturalwirtschaftlicher Weise an den Konsumenten. Wurden sie gehandelt, so geschah das hin und wieder auch unter Beteiligung des Münzgeldes.[162]

Mit der eigenständigen, im Untersuchungsgebiet recht verbreiteten Münzprägung korrespondiert also, daß das Geld als Zahlungs- und Zirkulationsmittel fungierte.[163] Die Situation war insofern grundverschieden von der anderer Teilgebiete West- und Mitteleuropas während der gleichen Zeit: Es ist früher darauf hingewiesen worden, daß Friesland und das angelsächsische England zunächst keine eigenständige Münzprägung kannten, sondern daß sich diese hier erst, im einen Fall etwas später, im anderen etwas früher, zu entwickeln begann.[164] Sowohl das angelsächsische England als auch Friesland hatten aber im Unterschied zum Untersuchungsgebiet einen zeitweilig beträchtlichen Zustrom fremder Münzen aufzuweisen. Diese Münzen stammten vorzugsweise aus byzantinischen und aus provençalischen Ateliers; zum Teil waren sie im Rhône-Saône-Gebiet geprägt worden.[165] Die Umstände, unter denen die entsprechenden Münzschätze in den Fundgebieten entdeckt worden sind, fügen sich zur Tatsache der zunächst fehlenden oder nur gering entwickelten eigenständigen Prägetätigkeit: Bei den auf das frühe 7. Jh. zu datierenden niederländisch-friesischen und englischen Münzschätzen handelte es sich in zahlreichen Fällen um Grabfunde. Ein großer Teil ihres Münzbestandes war zudem zu Schmuck verarbeitet worden.[166]

159 S. o., S. 96 ff.
160 S. o., S. 104 f.
161 S. o., S. 86 ff. und S. 91 f.
162 S. o., S. 86 ff.
163 Es gibt kaum Grund, mit SPRANDEL, Civitas, S. 49, an eine „uns noch unbekannte Bedeutung" der merowingischen Goldmünzen zu denken.
164 S. o., S. 18. und S. 61 f.
165 S. o., S. 37 ff.
166 Sämtliche Stücke des Münzschatzes von Sarre in England gehörten zu einem Halsschmuck.

Diese Münzen erfüllten in ihren Fundgebieten also ganz offensichtlich primär nicht die Funktion eines Zahlungs- und Zirkulationsmittels, sondern sie dienten vorrangig der Schatzbildung. Solche Schätze dürften von sozialen Schichten oder Gruppen zusammengebracht worden sein, denen einerseits die sozialen Möglichkeiten zur Schatzbildung gegeben waren, die aber andererseits nicht unter den Bedingungen einer wirklichen Geldwirtschaft lebten: Die fremde Münze als Edelmetallgegenstand und damit als Repräsentationsmittel war hier vor allem Objekt des Tausches. Es ist angebracht, darauf hinzuweisen, daß auch die zahlreichen, zumeist aus Gräbern stammenden Münzfunde der östlich des Rheins gelegenen Teile des Merowingerreiches eine beträchtliche Anzahl von in Schmuck verwandelten Stücken enthielten.[167] Unter den behandelten französischen Schatzfunden[168] war dagegen kein Grabfund, und es fanden sich bisher überhaupt nur ganz wenige Münzen, die zu Schmuck verarbeitet worden waren.[169] Die Münze, auch die hochwertige Goldmünze, war hier eben nicht mehr in erster Linie Mittel der Schatzbildung, sondern Zahlungs- und Zirkulationsmittel. Diese Tatsache sowie die im Raum zwischen Somme und Loire existierende eigenständige Münzprägung überhaupt beweisen, daß seine Ware-Geld-Beziehungen im Unterschied zu der anderer Wirtschaftsräume – die östlich des Rheins gelegenen Teile des Merowingerreiches eingeschlossen – bereits am Beginn des 7. Jh. so entwickelt gewesen sind, daß sie ein allgemeines Äquivalent erforderten. Diese Verschiedenheit der Situation verdient, als grundlegend beachtet zu werden.

Die gesellschaftlichen Bereiche, in denen diese Münzen wirksam wurden, waren jedoch auch im Untersuchungsgebiet begrenzt. Die Trienten fungierten beim Kauf und Verkauf von Grund und Boden, beim Handel mit Menschen, beim Erwerb hochwertiger Handwerkserzeugnisse, bei der Entrichtung von Bußgeldern und als Gegenstand von Schenkungen. Den Transaktionen dieser Art wurde die hochwertige Goldmünze gerecht. Sie war jedoch ungeeignet, kleine Mengen Lebensmittel zu erwerben. Sie eignete sich aber gewiß auch schwerlich, erste Schritte zur Geldform der Feudalrente einzuleiten.[170] An den Plätzen und bei den Gelegenheiten, bei denen Handelsgeschäfte mit Objekten geringeren Wertes praktiziert werden mußten, dürfte deshalb zumeist Ware gegen Ware getauscht worden sein. In den *civitates* etwa, wo dort ständig lebende oder zeitweilig arbeitende Handwerker gelegentlich Lebensmittel erwerben mußten, oder beim dörflichen Handwerk ist mit solchem Naturaltausch zu rechnen. Werner bezeichnete diese Wirtschaftsform „als stark reduzierte Geldwirtschaft oder als hochentwickelte Naturalwirtschaft . . ., je nachdem, ob man terminologisch von der Rolle des gemünzten Edelmetalls als Wertmesser ausgeht oder von der Tatsache, daß der Güterverkehr selbst in der Hauptsache durch Tausch und Naturalleistung abgewickelt wurde."[171]

Für das Geldwesen der älteren Entwicklungsphase waren die hochwertigen Goldmünzen und eine außerordentliche Zersplitterung der Prägetätigkeit gleichermaßen charakteristisch. Beide Erscheinungen dürften Folgen der wenig differenzierten Ware-Geld-Beziehungen gewesen sein: Es lag in der Natur der vorwiegend Warencharakter annehmenden und unter Beteiligung von Münzen gehandelten Güter, daß die Umlaufgeschwindigkeit

Auch die Münzen des Schatzes von Wieuwerd waren, und zwar in zwei zeitlich einander folgenden Perioden, zu Schmuck verarbeitet worden. Salis, Coins, S. 58. Lafaurie u. a., Wieuwerd, S. 79.

167 Werner, Grabfunde, S. 21 und S. 86–106, Nr. 19–53.

168 S. o., S. 41ff.

169 Lafaurie, Settimane 8/1961, S. 375f. Derselbe, Numismatique, S. 27.

170 Bloch, Esquisse, S. 25, bezeichnet die Goldmünzen als „monnaies d'exportation", die für den Gebrauch im Inneren nicht geeignet waren.

171 Werner, Waage, S. 6.

der Trienten niedrig, ihre zirkulierende Menge vergleichsweise gering war: „Wie im Geldumlauf überhaupt nur der Zirkulationsprozeß der Waren, d. h. ihr Kreislauf durch entgegengesetzte Metamorphosen erscheint, so in der Geschwindigkeit des Geldumlaufs die Geschwindigkeit ihres Formwechsels, das kontinuierliche Ineinandergreifen der Metamorphosenreihen, die Hast des Stoffwechsels, das rasche Verschwinden der Waren aus der Zirkulationssphäre und ihr ebenso rascher Ersatz durch neue Waren. In der Geschwindigkeit des Geldumlaufs erscheint also die flüssige Einheit der entgegengesetzten und sich ergänzenden Phasen, Verwandlung der Gebrauchsgestalt in Wertgestalt und Rückverwandlung der Wertgestalt in Gebrauchsgestalt, oder der beiden Prozesse des Verkaufs und Kaufs. Umgekehrt erscheint in der Verlangsamung des Geldumlaufs die Trennung und gegensätzliche Verselbständigung dieser Prozesse, die Stockung des Formwechsels und daher des Stoffwechsels."[172] Es gab im Untersuchungsgebiet während der ersten Hälfte des 7. Jh. ganz offensichtlich keine „Hast des Stoffwechsels" und kein kontinuierliches „Ineinandergreifen der Metamorphosenreihen": Der Landeigentümer, der einen Teil seines Grund und Bodens verkaufte, um Bußgelder zu zahlen, wurde überhaupt nicht zum Käufer von Waren, und der Vertreter der weltlichen oder der geistlichen Feudalaristokratie, der Erzeugnisse des Steinmetz- oder Kunstschmiedehandwerks erwarb, partizipierte damit an einem Stoffwechsel im Marxschen Sinne, der alles andere als hastig war. Die von ihm gekaufte Ware besaß nicht nur einen Gebrauchswert sehr eigener Art, sondern sie war auch von fast unerschöpflicher Lebensdauer. Eine zahlenmäßig bedeutende Schicht von Käufern von Lebensmitteln oder kurzlebigen gewerblichen Erzeugnissen gab es wegen der noch wenig entwickelten gesellschaftlichen Arbeitsteilung nicht. Mit ihr ist auch in den *civitates* trotz der hier mehr oder weniger fest ansässigen Handwerker nicht zu rechnen: Die Mehrzahl ihrer Bevölkerung stand in Beziehung zu ihren kirchlich-religiösen oder staatlich-politischen Funktionen. Diese Mehrzahl war aber damit auch in grundherrschaftliche Wirtschaftsverbände einbezogen, die ihre Versorgung mit entsprechenden Erzeugnissen zu sichern vermochte und auch tatsächlich sicherte.[173]

Die niedrige Umlaufgeschwindigkeit der Goldmünzen, ihre geringe Zahl sowie die Trennung und Verselbständigung der Teilprozesse des Kaufs und Verkaufs dürften den sozialen Boden abgegeben haben, aus dem die Zersplitterung des Münzwesens erwuchs: Münzen *mußten* unter solchen Bedingungen dort geschlagen werden, wo sie benötigt wurden.[174] Die zeitweilig extrem geringe Wirksamkeit der zentralen politisch-staatlichen Macht sowie das insgesamt wenig leistungsfähige Kommunikationssystem dürften der Zersplitterung die begünstigenden äußeren Bedingungen geschaffen haben. Daß der Zustand der Münzprägung in den Teilen des Merowingerreiches ein anderer gewesen ist, in denen sich städtische Lebensformen stärker erhalten hatten, bestärkt in dieser Auffassung: Im südlichen Aquitanien blieben im Unterschied zu seinen nördlichen Randgebieten und im Unterschied zu Neustrien Münzateliers vorherrschend, die in den *civitates* unter Kontrolle des Fiskus arbeiteten. Zu verweisen ist im gleichen Zusammenhang auf die Situation im westgotisch beherrschten Spanien. Die Zersplitterung im Münzwesen soll im städtearmen Galizien erheblich größer gewesen sein als im Süden und Osten, wo die Prägung an die Städte gebunden blieb.[175]

Die Ware-Geld-Beziehungen sind im Untersuchungsgebiet während der älteren Ent-

172 Marx, Kapital, 1, S. 134.

173 Doehaerd, Haut moyen âge, S. 121ff., betont die Rolle der Bischöfe in den *civitates* außerordentlich und hebt im gleichen Zusammenhang die Eigenversorgung dieser Siedlungen hervor.

174 Vgl. ebenda, S. 308.

175 S. o., S. 35.

wicklungsphase von wenig differenzierter Art, der ihnen entsprechende Geldumlauf von niedrigem Tempo und geringer Intensität gewesen. Beide Faktoren haben trotzdem erheblichen Einfluß auf die Gestaltung der gesamtgesellschaftlichen Verhältnisse ausgeübt.

Im 7. Jh. sind die Eigentums- und Besitzverhältnisse, die Nutzungsweise, die zwischen Somme und Loire vorherrschenden Produktionsformen keineswegs bereits spezifisch feudaler Natur gewesen, sondern ihre Beschaffenheit wies noch erhebliche Bestandteile anderer Art auf: In der *civitas Cenomannorum*, einem Gebiet also, für das sich die Mobilität des Bodens, der vielfache Wechsel der Eigentümer einzelner Landstücke durch Kauf und Verkauf in zahlreichen Fällen nachweisen ließ,[176] war die Situation zunächst kaum durch große Grundherrschaften mit feudaler Organisation bestimmt. Vorherrschend war hier zunächst eher das wenig ausgedehnte Eigentum einer Vielzahl weltlicher Grundherren, die das ihnen gehörende Land vorwiegend durch die Arbeit unbehauster Knechte und Mägde in Eigenwirtschaft nutzten. Das Gewicht der Arbeitsleistung abhängiger bäuerlicher Produzenten, die selbständig wirtschafteten, wird dagegen gering bewertet.[177] Der mit Knechten und Mägden beziehungsweise mit Sklaven betriebenen grundherrlichen Eigenwirtschaft wird heute für den gesamten nördlich der Loire gelegenen Teil des Merowingerreiches allgemein bis in das 8. Jh. hinein eine beträchtliche Bedeutung zugemessen.[178]

Die große Mobilität des Grund und Bodens, sein Warencharakter, die Möglichkeit, Reichtum in Gestalt von Münzgeld einzusetzen, um Land zu erwerben, bewirkten eine starke Konzentration und damit eine Veränderung der Eigentumsstruktur: Diese Faktoren wurden von der Schicht des hohen Adels genutzt, um Land der unterschiedlichsten Beschaffenheit an sich zu ziehen. Die Angehörigen der merowingischen Dynastie sowie zahlreiche sonstige Angehörige der weltlichen Hocharistokratie, vor allem aber die Episkopalkirchen, viele Klöster und andere kirchliche Einrichtungen vergrößerten auf dem Wege des Kaufs oder dadurch, daß ihnen gekaufte Liegenschaften geschenkt wurden, ihr Grundeigentum.[179] Der Warencharakter des Hauptproduktionsmittels, seine große Mobilität wirkten also im Sinne seiner Umverteilung, im Sinne seiner Konzentration. Dieser Vorgang der Anhäufung von Land in den Händen einer sich verringernden Anzahl von Eigentümern ging einher mit weitreichenden Wandlungen in der Nutzungsweise, mit Veränderungen der vorherrschenden Produktionsformen sowie der Organisation und der Struktur der gesamten Grundherrschaft: Es bestand ein Zusammenhang zwischen den existierenden Ware-Geld-Beziehungen und dem Auf- und Ausbau feudal strukturierter Grundherrschaften der Art, wie sie in den urbarialen Aufzeichnungen des frühen 9. Jh. dann deutlich faßbar werden, ihrer Ausweitung auf Kosten kleineren grundherrlichen sowie freien bäuerlichen Eigentums.[180] In Teilaspekten werden diese Zusammenhänge in den Fällen sichtbar, in denen Quellenzeugnisse darüber Auskunft geben, daß umstrittene Ländereien vom König einer kirchlichen Grundherrschaft, nämlich der des Klosters Saint-Denis, zugesprochen wurden: Ibbo hatte sie dem Kloster einst verpfändet, weil er eine Buße von 600 *solidi* aufbringen mußte. Diese Buße hatte er wegen Fernbleibens von einem Kriegszug zu zahlen.[181]

Aus den bisher behandelten Erscheinungen ergibt sich, daß die Ware-Geld-Beziehungen

176 S. o., S. 65 ff.

177 Sprandel, Civitas, S. 40 f.

178 Verhulst, Genèse, S. 135 ff. Ganshof, Aspects, S. 73 ff. Vgl. Doehaerd, Haut moyen âge S. 176 ff. Oudaltzova/Goutnova, Genèse, S. 6.

179 S. o., S. 65 ff.

180 Ebenda.

181 Teil B, Nr. 15.

der älteren Entwicklungsphase keineswegs einer differenzierten gesellschaftlichen Arbeitsteilung, einer fortgeschrittenen Trennung des Handwerks von der Landwirtschaft und seiner weitreichenden Verselbständigung gegenüber der agrarischen Produktion oder gar einer deutlichen Scheidung von Stadt und Land entsprangen. Sie waren auch nicht in erster Linie das Resultat einer stabilen Warenproduktion in der Landwirtschaft, eines betonten Anbaus bestimmter Kulturen, etwa des Weins. Sie dienten vielmehr vorrangig dem Ziel, bestimmte Bedürfnisse einer dünnen Oberschicht zu befriedigen: Die sozialen Bedürfnisse, die auf Umgestaltung der existierenden Eigentums-, Besitz- und Produktionsformen sowie auf den verstärkten Ausbau eines leistungsfähigen Systems kirchlich-religiöser Institutionen gerichtet waren; die Bedürfnisse nach gesellschaftlicher Repräsentation und schließlich auch die Bedürfnisse eines sozial bedingten individuellen Konsums.[182]

Es dürfte eine der wesentlichsten, der entscheidendsten Wirkungen der Ware-Geld-Beziehungen jener Entwicklungsphase gewesen sein, daß sie auf die Verwandlung bestehender grundherrschaftlicher Verhältnisse in spezifisch feudal strukturierte Grundherrschaften beschleunigend und intensivierend einwirkten. Die Ware-Geld-Beziehungen ermöglichten den raschen Aufbau feudaler Grundherrschaften und die damit einhergehende radikale Zerstörung älterer Eigentums- und Produktionsformen. Sie stellten im Untersuchungsgebiet ein konstitutives Element dieses Vorganges dar. Die Einordnung in den Gesamtzusammenhang des Feudalisierungsprozesses dürfte ihrer spezifischen Wirkung während jener Entwicklungsphase deshalb am ehesten gerecht werden. Jedoch gehörte zu diesem Aspekt ihrer Wirkung noch ein anderes, nicht unwesentliches Moment.

In den vorangehenden Kapiteln ist der Versuch gemacht worden, die Quellen, die über weitreichende Handelsbeziehungen des Untersuchungsgebietes Auskunft geben, möglichst vollständig vorzuführen und zu interpretieren. Die Ergebnisse ließen hinsichtlich des Bestehens ökonomisch bedeutsamer, aus den wirtschaftlichen und sozialen Bedingungen des Untersuchungsgebietes selbst erwachsender Beziehungen solcher Art während des frühen 7. Jh. einige Skepsis erwachsen. Weder die schriftlichen noch die numismatischen Zeugnisse liefern der Auffassung hinreichende positive Beweise, das Untersuchungsgebiet hätte während des 7. Jh. intensive Handelsbeziehungen zur Provence, zum Mittelmeerbecken oder gar zum Orient unterhalten. Die Vertreter dieser Auffassung suchten ihre Ansichten immer wieder durch die Aussagen dreier Zeugnisgruppen zu stützen: Zuerst und vor allem durch Zollprivilegien, wie sie die Klöster Saint-Denis und Corbie besaßen; zweitens durch den Hinweis auf Kaufleute orientalischer Herkunft, die im Handel des Merowingerreiches eine hervorragende Rolle gespielt haben sollen, und drittens schließlich mit Hilfe des numismatischen Materials.[183] Bei eingehenderer Betrachtung versagen diese Zeugnisgruppen aber als Auskunftsmittel für das Untersuchungsgebiet. Die Zollprivilegien lassen wohl darauf schließen, daß zwischen der Provence und anderen Anliegergebieten des Mittelmeeres Tauschbeziehungen bestanden haben, aber sie bezeugen keineswegs, daß diese Beziehungen bis in das Untersuchungsgebiet reichten.[184] Die zur Verfügung stehenden schriftlichen Quellen bieten aber auch der Annahme kaum eine Stütze, daß Kaufleute orientalischer Herkunft nach 600 nördlich der Loire eine erhebliche Rolle gespielt hätten.[185] Sollte das jemals der Fall gewesen sein, so hatten sich die Verhältnisse bis zu diesem Zeitpunkt offensichtlich erheblich geändert.[186]

182 Verhulst, Handel, S. 19f., betrachtet es geradezu als das „spezifische Charakteristikum des merowingischen Handels", daß er sich auf importierte Luxuswaren beschränkte, die nur einem „exklusiven, reichen Käuferkreis erschwinglich waren."

183 S. o., S. 44ff., S. 80ff. sowie S. 99f. 184 S. o., S. 80ff. 185 S. o., S. 99f.

186 Bréhier, Colonies, S. 18, spricht davon, daß die Syrer im 5. Jh. „dans toutes les villes importantes" vertreten gewesen wären.

So wenig wie die schriftlichen Quellen zeugt das numismatische Material von Handelsbeziehungen einiger Intensität, die das Untersuchungsgebiet zum Mittelmeerbecken unterhalten hätte.[187] Imitationen oströmisch-byzantinischer Münzen sind offenbar in den aquitanischen Ateliers und in den Ateliers des Untersuchungsgebietes kaum hergestellt worden, und Nachprägungen von Münzen provençalischer Herkunft kamen allen Anschein nach nur in ganz wenigen, im äußersten Osten gelegenen Münzorten zustande.[188] Fundmünzen oströmisch-byzantinischer Herkunft wiederum fehlten im neustrisch-aquitanischen Gebiet völlig, und solche aus den provençalischen Prägeorten sowie aus denen des Rhône-Saône-Tales kamen zwar vor, aber ihre Zahl ist im Vergleich zu anderen sehr gering.[189] Lafaurie vermutete deshalb, daß Münzen dieser Herkunft in den neustrisch-aquitanischen Ateliers in größerer Zahl umgeprägt worden seien,[190] daß also solche Fundmünzen nur dort zum Vorschein kamen, wo diese Möglichkeit des Umprägens nicht gegeben war. Es ist vorstellbar, daß solche Umprägungen praktiziert wurden; aber es spricht nicht für sie, daß auch die Imitationen solcher Münzen im Untersuchungsgebiet wenig verbreitet gewesen sind und daß zudem Zeugnisse intensiverer Beziehungen zu Byzanz überhaupt fehlen.

Keine der drei Zeugnisgruppen, die von der Forschung in diesem Zusammenhang angerufen worden sind, läßt also den begründeten Schluß zu, daß das Untersuchungsgebiet während des 7. Jh. durch eine bedeutende Warenzirkulation und einen entsprechenden Handel mit dem Mittelmeerbecken und dem Orient verbunden gewesen wäre. Alle drei geben aber sehr wohl zu erkennen, daß es in jener Zeit einen Handel, eine Warenzirkulation zwischen den Orient und dem Okzident gegeben hat. Nur setzten diese Verbindungen andere Wirtschaftsräume in Beziehung zueinander.

Die verallgemeinernden Aussagen sind etwas zu modifizieren, sobald nach Handelsbeziehungen gefragt wird, die in das Nordseebecken reichten. Obwohl hierher gehörende Erscheinungen in der Literatur bei weitem nicht die Aufmerksamkeit fanden, mit der das Problem des Orienthandels zeitweilig erörtert worden ist,[191] lassen gerade sie sich bereits während der ersten Hälfte des 7. Jh. eindeutiger fassen als jene.

Das gewichtigste, von der Forschung nicht zufällig wiederholt angeführte schriftliche Zeugnis solcher Beziehungen bietet die von Jonas verfaßte Lebensbeschreibung des Columban. Jonas berichtet, daß Columban, als er zur Rückkehr nach Irland gezwungen werden sollte,[192] an der Loiremündung von einem Schiff aufgenommen wurde. Dieses Schiff hatte *Scottorum commercia* gebracht.[193] Der Bischof von Nantes sowie der für diese *civitas* zuständige Graf Theudoaldus sollten auf königlichen Befehl dafür sorgen, daß Columban sich nach Irland einschiffte.[194] Dieser Umstand berechtigt zu der Annahme, daß das Erscheinen eines von Irland kommenden Schiffes an diesem Platz nicht ganz ungewöhnlich war, denn immerhin wurde mit einer solchen Möglichkeit, Columban aus dem Reich zu schaffen, fest gerechnet.

187 S. o., S. 44 ff.

188 Ebenda.

189 S. o., S. 41 ff. und S. 44.

190 Lafaurie, Pièces, S. 297.

191 Zu den Gründen Sabbe, Relations, S. 169. Sie sind nicht zuletzt darin zu suchen, daß dieser Gegenstand wenig geeignet war, Fragen von so tiefreichender theoretischer und weltanschaulich-politischer Konsequenz auszufechten, wie das die in die Gesamtproblematik des Übergangs von der Antike zum Mittelalter einpaßbaren Beziehungen zum Orient ermöglichten.

192 Lewis, Commerce, S. 271. Werveke, Commerce, S. 1097. Verhulst, Handel, S. 7. Doehaerd, Haut moyen âge, S. 282.

193 Teil B, Nr. 71. 194 Ebenda.

Neben der zitierten Passage aus der Vita Columbani gibt es zwei weitere Quellenstellen, die sowohl von ihrem räumlichen als auch von ihrem zeitlichen Bezug an dieser Stelle vorzuführen sind. Beide wurden früher bereits herangezogen, da sie übereinstimmend vom Kauf und Verkauf von Menschen sprechen. Bei der einen handelt es sich um die Lebensbeschreibung der Königin Balthilde, bei der anderen um die des Richar, des Gründers von Saint-Riquier.[195] Beide Viten bezeugen übereinstimmend, daß um die Mitte des 7. Jh. versklavte Männer und Frauen vom angelsächsischen England in das Untersuchungsgebiet gebracht worden sind. Die Vita der Königin Balthilde berichtet darüber mit sehr konkreten und eindeutigen Details.[196]

Die Beziehungen, die das Untersuchungsgebiet zum Nordseebecken, vor allem aber zu Irland und zum angelsächsischen England unterhielt, waren wohl schon in früher Zeit intensiver als diejenigen, die es mit anderen außerhalb der Grenzen des Merowingerreiches gelegenen Gebieten verbanden. Jedoch ist zu beachten, daß die Quellen auch für sie eine Zäsur setzten, durch die eine erste, ältere Entwicklungsphase deutlich von einer jüngeren getrennt wird:[197] Die Beziehungen zum Nordseebecken zeigen in der älteren Phase einen weniger entwickelten, weniger intensiven und vor allem archaischeren Charakter als später.[198] Für sie war bezeichnend, daß Waren in Naturalform, Güter, in das Untersuchungsgebiet gelangten. Versklavte Menschen hatten als solche ihre Bedeutung; aber offenbar nahmen auch handwerklich-gewerbliche Erzeugnisse als Tauschobjekte einen bestimmten Platz ein. Goldmünzen dagegen, mit deren Prägung im angelsächsischen England während der ersten Hälfte des 7. Jh. begonnen worden ist,[199] erreichten das Untersuchungsgebiet offensichtlich nicht.

Für dessen ökonomische Situation während der älteren Entwicklungsphase scheint charakteristisch gewesen zu sein, daß seine über die Grenzen des Merowingerreiches hinausgehenden Austausch- und Handelsbeziehungen insgesamt wenig intensiv gewesen sind. Jedenfalls gibt es kaum Belege dafür, daß dieses Gebiet damals differenzierte, über das Zufällige wirklich hinausgehende Handelsbeziehungen zu jenseits der Grenzen des Merowingerreiches gelegenen Wirtschaftsräumen unterhielt. Auf diese Beziehungen ist immer noch die Charakterisierung anwendbar, mit der Engels die unterste Stufe der Entwicklung beschrieb, denn „die etwa vorkommenden Austauschakte waren vereinzelt, betrafen nur den zufällig sich einstellenden Überfluß."[200]

Dagegen spricht vieles dafür, daß das Untersuchungsgebiet während der älteren Entwicklungsphase durch Handels- und Austauschbeziehungen am engsten mit einem innerhalb der Grenzen des Merowingerreiches gelegenen eigenständigen Wirtschaftsraum, nämlich mit Aquitanien, verbunden gewesen ist. Drei Erscheinungen deuten, wenn auch mit durchaus unterschiedlichem Gewicht, auf solche Beziehungen hin: Die erste und zugleich beeindruckendste ist die eigentümliche und auffällige Bewegung der innerhalb des Untersuchungsgebietes geprägten Goldmünzen. Sowohl die Münzschätze als auch die Funde von Einzelmünzen lassen erkennen,[201] daß hier geprägte Trienten im südwestlichen Teil des Merowingerreiches unvergleichlich häufiger auftraten als in irgendeinem anderen Gebiet. Diese Münzen zeigten zudem eine klar ausgeprägte Tendenz, nach Südwesten abzu-

195 S. o., S. 76 f.
196 Ebenda.
197 S. o., S. 43 ff. und S. 61 f. sowie S. 76 ff.
198 S. u., S. 146 ff.
199 SUTHERLAND, Gold coinage, S. 31 ff., bes. S. 67.
200 ENGELS, Ursprung, S. 160.
201 S. o., S. 41 ff. und S. 45.

fließen.[202] Die zweite, mit der soeben genannten korrespondierende der drei Erscheinungen ist die Verbreitung von im südwestlichen Aquitanien gefertigten Handwerkserzeugnissen im Untersuchungsgebiet. Auf die Produkte des aquitanischen Steinmetzgewerbes ist erneut zu verweisen.[203]

Drittens schließlich ist anzuführen, daß die schriftlichen Quellen die Existenz solcher Beziehungen zum Südwesten gleichfalls erkennen lassen.[204]

Wenn früher gesagt worden ist, daß die Ware-Geld-Beziehungen in der älteren Entwicklungsphase allgemein vorwiegend der Befriedigung sozialer und individueller Bedürfnisse einer dünnen Oberschicht dienten,[205] so ist an dieser Stelle hinzuzufügen, daß auch die nach Aquitanien reichenden Handelsbeziehungen weitgehend von solchen Bedürfnissen bestimmt wurden. Diese Beziehungen verhalfen zu Handwerkserzeugnissen, die das einheimische Handwerk überhaupt nicht oder nicht mit dem angestrebten hohen Repräsentationswert herzustellen vermochte, der, wie etwa bei den Steinmetzarbeiten, im edlen Material und in besonderer künstlerischer Vollkommenheit bestand. Es fällt nicht schwer zu erkennen, daß sich die Zentren der Münzprägung mit den Zentren besonders intensiver kirchlicher Bautätigkeit und diese wiederum mit den wichtigsten Fundplätzen der aus dem südlichen Aquitanien herbeigeschafften Marmorerzeugnisse decken: Paris und seine Umgebung, Chartres, Tours, das Gebiet der unteren Seine, Soissons und Reims wurden bisher in diesem Zusammenhang namhaft gemacht.[206] Offensichtlich ist damals ein beträchtlicher Teil der materiellen Mittel des Untersuchungsgebietes in Gestalt von Goldmünzen aufgewandt worden, um solche Handwerkserzeugnisse aus dem Süden herbeizuschaffen.

Die ökonomischen Beziehungen, die zwischen dem Untersuchungsgebiet und Aquitanien bestanden, haben jedoch noch einen anderen, für den Ausbau feudaler Verhältnisse nicht unwesentlichen Aspekt: Neustrien als das Kernstück des Untersuchungsgebietes stellte während des 7. Jh. wohl die *politische* Kernlandschaft des Merowingerreiches und damit den Raum dar, in dem sich damals die staatliche Macht im besonderen Maße[207] konzentrierte; aber es besaß keineswegs mit gleicher Eindeutigkeit auch eine Vorrangstellung hinsichtlich seiner ökonomischen Leistungsfähigkeit. Es gab – darauf ist wiederholt hingewiesen worden –[208] ein ökonomisches Gefälle, das dem politischen Kräfteverhältnis eher entgegengesetzt wirkte. Der Feudalisierungsprozeß, der Auf- und Ausbau frühfeudaler Wirtschafts-, Ausbeutungs- und Herrschaftsformen verlief im Untersuchungsgebiet zeitweilig unter Bedingungen, in denen sich seine ökonomische Unterlegenheit mit der politischen Herrschaft über ein wirtschaftlich leistungsfähigeres Gebiet trafen. Diese eigentümliche Situation war während der ersten Hälfte des 7. Jh. besonders ausgeprägt; sie veränderte sich erst nach seiner Mitte nicht zuletzt infolge politischer Vorgänge mehr und mehr.[209] Die Austausch- und Handelsbeziehungen, die Ware-Geld-Beziehungen des Untersuchungsgebietes, die tatsächlichen sowie die scheinbaren wurden gerade in der älteren Entwicklungsphase offensichtlich im erheblichen Maße von dieser Situation beeinflußt. Sie waren, soweit sie über das Untersuchungsgebiet hinausreichten, ganz offensichtlich sogar zu einem nicht geringen Teil ein Ergebnis dieser Situation, und sie

[202] S. o., S. 47.
[203] S. o., S. 86.
[204] S. o., S. 87 ff.
[205] S. o., S. 139.
[206] S. o., S. 86.
[207] Ewig, Teilreiche, II, S. 86 ff., bes. S. 99.
[208] S. o., S. 47 und S. 90.
[209] Ewig, Teilreiche, II, S. 130 ff.

konnten gerade deshalb von den in Neustrien stark konzentrierten politischen Führungsschichten genutzt werden, um die Entwicklung feudaler Verhältnisse in der politischen Kernlandschaft des Reiches zu fördern.

An dieser Stelle ist nochmals zu den eigentümlichen Zollprivilegien zurückzukehren, wie sie die Klöster Saint-Denis, Corbie und Stablo-Malmedy erhielten. Durch diese Privilegien wurden, darauf ist ebenfalls bereits eingegangen worden,[210] nördlich der Loire gelegene, mit den politischen Führungsschichten außerordentlich eng verbundene Kircheninstitutionen an Einnahmen beteiligt, die aus dem Handel der aquitanisch-provençalischen Gebiete flossen: Die politisch-staatliche Macht wurde genutzt, um die Ressourcen des ökonomisch leistungsfähigeren Reichsteils für die kirchlich-religiöse Erschließung der politischen Kernlandschaft und damit für die Feudalisierung überhaupt zu nutzen. Es gibt neben den eigentümlichen Zollprivilegien Quellenaussagen anderer Art, die in die gleiche Richtung weisen: Der Episkopalkirche von Le Mans wurden durch Childerich II. (662–675) beträchtliche Geldeinnahmen überlassen, die eine im Poitou gelegene Krondomäne, die Domäne von Ardin, erbrachte.[211] Auch in diesem Falle wurde also eine der wichtigsten Kircheninstitutionen des Untersuchungsgebietes an Leistungen beteiligt, die dem südlichen Wirtschaftsraum zu danken waren. Die Kirche besaß das Recht auf diese Einnahmen noch im frühen 8. Jahrhundert.[212]

Die Forschung dürfte die tatsächlichen Gegebenheiten, ihre wesentlichen und sie bestimmenden Züge kaum erfassen, wenn sie weiterhin, wie bisher zumeist, die Ware-Geld-Beziehungen und den Handel jener Zeit in ganz betonter Weise aus dem Blickwinkel der Verbindungen betrachtet, die das Merowingerreich oder einzelne seiner Teile zu anderen staatlich-politischen Verbänden beziehungsweise zu entfernten Wirtschaftsräumen unterhielt. Sie dürfte damit aber vor allem der spezifischen Bedeutung nicht gerecht werden, die die Ware-Geld-Beziehungen damals für weiterreichende gesellschaftliche Vorgänge hatten. Im Untersuchungsgebiet erwuchsen diese Beziehungen während der ersten Hälfte des 7. Jh. wirtschaftlichen und sozialökonomischen Verhältnissen, die einerseits durch eine weit fortgeschrittene soziale Differenzierung und durch eine dieser entsprechenden Existenz sozialer Klassen und Schichten charakterisiert waren, die aber andererseits noch keine sehr ausgeprägte Arbeitsteilung kannten. Ware-Geld- und Handelsbeziehungen fanden hier ihren Boden deshalb zunächst vorwiegend in der Tatsache, daß die im hohen Maße gegebene Möglichkeit, das erzeugte Mehrprodukt und den gesellschaftlichen Reichtum an sich zu ziehen, von den herrschenden und ausbeutenden sozialen Kräften dazu genutzt wurde, die noch unvollkommenen, nicht durchgebildeten feudalen Eigentums-, Produktions-, Organisations- und Herrschaftsformen weiter auszubauen. Gerade weil sie hierfür außerordentlich charakteristisch waren, dürften die Beziehungen, die das Untersuchungsgebiet während der älteren Entwicklungsphase zu Aquitanien unterhielt, die tatsächlich bemerkenswerten gewesen sein. Zu anderen Wirtschaftsräumen, etwa zu Irland und zum angelsächsischen England unterhaltene, besaßen dagegen wohl während der älteren Entwicklungsphase deutlich geringere Gewichtigkeit.

Dem Charakter der Ware-Geld-Beziehungen, ihren sozialökonomischen Grundlagen und den Funktionen, die sie erfüllten, entsprach, daß die *civitates* während der ersten Hälfte des 7. Jh. im besonderen Maße als ihre Konzentrationspunkte erschienen. Sowohl das numismatische Material als auch die schriftlichen Quellen ließen die Bischofssitze übereinstimmend in außergewöhnlicher Stellung erscheinen: Die *civitates* waren die Orte mit

[210] S. o., S. 89.
[211] Teil B, Nr. 48.
[212] Ebenda.

der stabilsten und reichsten Münzprägung; sie wurden von den Zollprivilegien am eindeutigsten und kontinuierlichsten als Plätze kenntlich gemacht, an denen Zölle eingetrieben wurden, und sie sind auch mit Hilfe anderer schriftlicher Quellen als zu Handel und Verkehr in Beziehung stehend belegbar.[213] Es entsprach aber dem Zustand der Dinge ebensosehr, daß nach den *civitates* am ehesten die *castra* als solche Konzentrationspunkte faßbar werden, und daß schließlich nicht die am Meer gelegenen Emporien, sondern einige binnenländische *portus* in den Vordergrund traten.[214] Quentowic, der Platz, der für den Handel und den Verkehr des Untersuchungsgebietes mit England während des 8. Jh. eine außerordentliche Bedeutung besaß, trat dagegen erst seit der zweiten Hälfte des 7. Jh. stärker in Erscheinung.[215] Die *civitates* wurden aus den angeführten Gründen als die eigentlichen Marktsiedlungen des 7. Jh. bezeichnet.[216] Sie vor allem und außer ihnen noch einige wenige Siedlungen anderen Typs bildeten ein Netz von Handelsplätzen, von dem das Untersuchungsgebiet überzogen war. Im Kartenbild deutet sich dieses Netz durch die Gesamtheit der Münzorte an, für die eine kontinuierliche Prägung nachweisbar ist.[217]

Ein solches weitmaschiges Netz von Marktorten entsprach und genügte zugleich dem Entwicklungsstand der Ware-Geld-Beziehungen jener Zeit und ihrem spezifischen Charakter: Der weitaus größte Teil der auf dem Lande und unter ländlichen Bedingungen lebenden Bevölkerung, nämlich die bäuerlichen Produzenten, war von den Ware-Geld-Beziehungen nicht oder nur in sehr lockerer Weise erfaßt. Die sozialen Schichten und Gruppen dagegen, die vor allem an diesen Beziehungen partizipierten, deren Bedürfnisse durch sie vor allem befriedigt wurden, konzentrierten sich in den staatlich-politischen, den kirchlich-religiösen Zentren. In diesen Zentren konzentrierte sich aber damals auch in betonter Weise das erzeugte Mehrprodukt, der gesellschaftliche Reichtum.

Es ist früher in Abrede gestellt worden, daß ähnlich wie in karolingischer Zeit auch während der Periode vorherrschender Goldprägung Münzort gleich Marktort gewesen sei, daß zwischen beiden damals eine enge Verbindung bestanden hätte und daß deshalb von der Münzprägung auf die Existenz eines Marktes geschlossen werden dürfte.[218] Ausgehend von der soeben berührten Frage nach den Plätzen, an denen sich das erzeugte Mehrprodukt und der gesellschaftliche Reichtum vor allem zu konzentrieren pflegten, ist an dieser Stelle nochmals auf die verbreitete ephemere Prägung und ihre Voraussetzungen einzugehen. Es ist ausgeführt worden, daß die ungeheure Zersplitterung in der Münzprägung eine Folge der niedrigen Umlaufgeschwindigkeit der Goldmünzen, ihrer geringen Anzahl sowie der Trennung und Verselbständigung der Teilprozesse des Kaufs und Verkaufs gewesen sind: Münzen mußten dort geprägt werden, wo sie gebraucht wurden. Das konnte jedoch nur dort geschehen, wo die materiellen Voraussetzungen hierfür in Gestalt handwerklich-technischer Möglichkeiten, aber auch in Gestalt der Anhäufung eines gewissen Reichtums gegeben waren.[219]

Im späten 7. Jh. soll Bischof Ansbert von Rouen einen *census* zur Wiederherstellung kirchlicher Gebäude verwandt haben, der *„de vicis publicis canonico ordine ad partem pontificis“* gezahlt zu werden pflegte.[220] Der Bericht hierüber wurde der Vita des Bischofs

213 S. o., S. 107 ff.

214 S. o., S. 84 ff. und S. 110.

215 Dhondt, Problèmes, S. 199 ff. Verhulst, Handel, S. 8 f.

216 S. o., S. 31 und S. 110.

217 Karte Nr. 1.

218 S. o., S. 28 f.

219 Lesne, Propriété, S. 272 vermutete, daß die Münzprägung der Kirchen und Klöster Zeugnis ihres großen Reichtums an beweglichen Gütern gewesen sei.

220 Teil B, Nr. 74.

entnommen, die wohl erst um 800 entstanden ist.[221] Die *vici* wurden vom Verfasser der Vita unverkennbar als Siedlungen behandelt, die in einer bestimmten, nicht näher erläuterten Beziehung zur Episkopalkirche standen. Diese Beziehung schloß ein, daß sie „*canonico ordine*" einen *census* zahlten. Die Quelle ist, wie gesagt, nicht zeitgenössisch, sondern sie wurde wahrscheinlich erst nahezu einhundertundfünfzig Jahre nach der Zeit verfaßt, die hier zu interessieren hat. Es ist kaum zu entscheiden, ob tatsächliches Wissen um ältere historische Zustände dem Bericht zugrundelag oder ob ihn sein Verfasser frei erfand. Als erwiesen kann jedoch gelten, und das läßt den Wert der zitierten Passage wachsen, daß es die *vici* gewesen sind, die in merowingischer Zeit neben den *civitates* zunächst vor allem eine Bedeutung als kirchliche Zentren besaßen: Latouche wies sehr nachdrücklich auf diese Bedeutung hin. Für ihn waren die bei Gregor genannten *vici* „villages, des groupes d'habitations rurales, presque toujours pourvues d'une basilique."[222] Die Untersuchungen, die Roblin zur *civitas Parisiorum*[223], Boussard zur Touraine[224] angestellt haben, ließen sichtbar werden, daß eine beträchtliche Anzahl der *vici* in spätrömischer und frühfränkischer Zeit einen wichtigen Platz in der Christianisierung einnahmen. Kaiser, der in den *vici* übrigens nichtagrarische Straßensiedlungen sieht,[225] bezeichnet diese Siedlungen eben wegen dieses Platzes geradezu als „Mittelpunkte der frühchristlichen und merowingischen Landmission."[226]

In den *vici* sind zuerst und vor allem Kirchen, Taufkirchen, eingerichtet worden. Die Bischöfe der jeweiligen *civitas* waren an diesen Vorgängen maßgeblich beteiligt,[227] und diese Kirchen standen bis weit in das 7. Jh. hinein in bischöflicher Gewalt.[228] Da viele der *vici*, für die sich früh die Existenz einer Kirche nachweisen läßt, zur großen Gruppe der Münzorte mit ephemerer Prägung gehörten,[229] deutet sich eine Beziehung an zwischen *vicus*, Siedlung mit Taufkirchen und Münzort mit zeitweiliger Prägetätigkeit. Diese Beobachtung findet dadurch eine gewisse Erhärtung, daß in einer ganzen Anzahl weiterer Siedlungen, die zwar nicht als *vicus* bezeichnet wurden, aber Sitz einer Taufkirche gewesen sind, ebenfalls zeitweilig Münzen geprägt wurden.[230] Es wird deshalb als wesentlicher, als charakteristischer Umstand aufgefaßt werden dürfen, daß ein erheblicher Teil jener Orte des Untersuchungsgebietes, in denen zeitweilig Münzen geprägt wurden, Plätze mit spezieller kirchlicher Funktion gewesen sind. In dieser Eigenschaft unterstanden sie entsprechend der damals herrschenden kirchlichen, einschließlich der vermögensrechtlichen Ordnung direkt dem Bischof. Die Bischöfe pflegten diesen ländlichen Pfarrkirchen Abgaben aufzuerlegen.[231] Dank ihres Charakters – wenngleich in untergeordneter Stellung – als kirch-

221 Ebenda, die Anmerkungen zur Datierung.
222 Latouche, Origines, S. 76. Vgl. Lesne, Propriété, S. 54ff.
223 Roblin, Terroir, S. 24ff.
224 Boussard, Essai, S. 261ff.
225 Kaiser, Untersuchungen, S. 266.
226 Ebenda, S. 263.
227 Boussard, Essai, S. 276f., zu den Bischöfen von Tours des 5. und 6. Jh. Für die *civitas* Soissons Kaiser, Untersuchungen, S. 268.
228 Feine, Rechtsgeschichte, S. 132f. und S. 167.
229 In der Touraine Langeais, Amboise, Candes, Ciran, Bréches, Pont-de-Ruan, Reignac, Yzeures und Esvres, Anhang Nr. I, die Angaben zu den genannten Orten sowie Boussard, Essai, S. 276f. In der Diözese von Soissons Binson, Charly und Château-Thierry (Odomus), Anhang Nr. I, die Angaben zu den genannten Orten sowie Kaiser, Untersuchungen, S. 266ff.
230 In der Touraine Bléré, Loches und Mougon, Anhang Nr. I, die Angaben zu den genannten Orten sowie Boussard, Essai, S. 276f.
231 Latouche, Origines, S. 77f., für die Bischöfe von Le Mans. Die Abgaben waren in Naturalien, aber auch in *solidi* und in Trienten zu entrichten. Prinz, Stadtherrschaft, S. 29, verweist darauf,

lich-religiöse Zentren sind sie zu Konzentrationspunkten gesellschaftlichen Reichtums geworden, an denen materielle Güter zusammenflossen. Sie waren es nicht, oder zumindest nicht in erster Linie, als Zentrum eines ausgedehnten Wirtschafts- und Produktionsverbandes einer großen Grundherrschaft; Primärquelle des bestimmenden, des stabilen Teils dieses Reichtums war nicht das in einer diesen Orten verbundenen, sie einschließenden Grundherrschaft produzierte Mehrprodukt, sondern dieser Reichtum war zu einem erheblichen Anteil vermittelt: durch Schenkungen, durch testamentarische Verfügungen, durch erste Zehntleistungen. Die Siedlungen mit Taufkirchen befanden sich in einer anderen Situation als die *civitates*: Sie erreichten weder deren Bedeutung als kirchlich-religiöse noch als staatlich-politische Zentren; ihnen fehlten insofern unter den Bedingungen der älteren Entwicklungsphase wesentliche Voraussetzungen, um zum ständigen Marktort aufzusteigen. Diese Siedlungen nahmen aber hinsichtlich ihres gesellschaftlichen Ranges und der daraus erwachsenden ökonomischen und sozialen Bedürfnisse und Möglichkeiten einen anderen Rang ein als die Masse der dörflich-ländlichen Siedlungen. Bei jenen, nicht bei diesen bestanden partiell die ökonomischen und sozialen Voraussetzungen einer Prägetätigkeit: Es war das zumindest zeitweilig gegebene Bedürfnis nach Geld in gemünzter Form, das durch ihre Eigenschaft als Siedlung mit einer Taufkirche und der daraus resultierenden Stellung als Vorort eines mehr oder weniger ausgedehnten ländlichen Gebietes sowie von ihrer vermögensrechtlichen Bindung an die Episkopalkirche aktiviert worden sein mag. Diese Voraussetzungen waren aber vor allem dadurch gegeben, daß sich in Siedlungen dieser Art während der frühen Entwicklungsphase gesellschaftlicher Reichtum stärker als anderswo zu sammeln vermochte.

2. Die jüngere Entwicklungsphase

Wichtiges Charakteristikum der jüngeren Entwicklungsphase war, daß der silberne Denar die ausschließliche Umlaufmünze darstellte. Parallel zu dieser Wandlung im *Münzsystem* begannen sich aufschlußreiche Veränderungen in der Münz*bewegung* abzuzeichnen: Die im Untersuchungsgebiet geprägten Denare zeigten, im Unterschied zu ihren Vorgängern, den Trienten, nicht mehr die Tendenz, einseitig nach Südwesten abzufließen. In Aquitanien emittierte Denare gelangten ebenso in das Untersuchungsgebiet, wie hier geprägte weiterhin nach dort gerieten. Von grundlegender Bedeutung ist das Auftreten eines ganz neuen Elements in der Zirkulation des Merowingerreiches. Silbermünzen angelsächsischer und friesischer Herkunft strömten mit steigender Intensität in den neustrisch-aquitanischen Raum ein. Im Verlaufe der jüngeren Entwicklungsphase kam es zudem zu einer ins Gewicht fallenden Verringerung der Prägeorte, zu einer wachsenden Konzentration der Prägetätigkeit also. Für die jüngere Entwicklungsphase lassen sich keine Neuverleihungen von Privilegien des Inhalts mehr nachweisen, wie sie der älteren Entwicklungsphase eigen gewesen sind: Der Ausstattung von nördlich der Loire gelegenen Kircheninstitutionen mit Rechten, die ihnen Einnahmequellen im Süden erschlossen.

Es ist nicht leicht zu übersehen, daß zumindest zwei dieser Veränderungen, nämlich die neuartige Bewegungsrichtung der merowingischen Silbermünzen und das Einströmen der Sceattas, auf eine gewachsene ökonomische Attraktivität des Untersuchungsgebietes, auf eine gestiegene wirtschaftliche Leistungsfähigkeit deuten. Um diese Attraktivität, um diese Leistungsfähigkeit war es zu der Zeit, zu der die politische Macht im Begriff stand,

daß Euphronius, Metropolit von Tours, im Jahre 567 von allen Gemeinden des Metropolitanbereiches einen Zehnten von allem Vermögen forderte. Anlaß hierfür war eine Kriegsgefahr.

von den Merowingern auf die Karolinger überzugehen, offensichtlich anders bestellt als während der Phase jener Kämpfe etwa, die mit dem Namen der Königin Brunechilde verknüpft sind.[232]

Ein als Kartularnotiz des 12. Jh. überliefertes Diplom, das die Errichtung des Jahrmarktes beim Kloster Saint-Denis durch Dagobert I. erweisen sollte,[233] nennt *Saxones* ausdrücklich als Besucher dieses Marktes.[234] Dieses Diplom ist gefälscht; es wurde vermutlich im frühen 10. Jh. angefertigt.[235] Wirklich bezeugt sind sächsische Kaufleute als Besucher des Jahrmarktes von Saint-Denis erst im Jahre 710.[236]

Obwohl also direkte Quellenbelege fehlen, wurde in der einschlägigen Literatur immer wieder – und nicht selten mit großer Selbstverständlichkeit – davon gesprochen, daß sächsische[237] beziehungsweise angelsächsische Kaufleute bereits während der ersten Hälfte des 7. Jh. zum Markt von Saint-Denis gekommen seien, um hier Wein zu kaufen.[238] Bei dieser Art der Verallgemeinerung wird nun allerdings übersehen, daß eindeutige Tatsachen eine Zäsur auch hinsichtlich der wirtschaftlichen Beziehungen setzen, die das Untersuchungsgebiet mit dem Nordseebecken verbanden.[239] Diese Beziehungen unterschieden sich in ihren Grundzügen während der beiden Entwicklungsphasen erheblich voneinander.

Während der ersten Hälfte des 7. Jh. wurden zumindest an zwei Plätzen des angelsächsischen England, unter anderem ganz sicher in London, Goldmünzen geprägt.[240] Diese Münzen, die wenig zahlreich gewesen sein dürften, gelangten im Unterschied zu ihren Nachfolgern, den silbernen Sceattas, nicht in das Untersuchungsgebiet.[241] Mit dieser Erscheinung korrespondiert die Bewegung der zwischen Somme und Loire geprägten Trienten. Sie besaßen insgesamt nur geringe Neigung, in das angelsächsische England abzufließen, zeigten jedoch im einzelnen eher eine Bewegungsrichtung, die der der Sceattas entgegengesetzt war: Trienten des Untersuchungsgebietes wurden hier und da in England, vor allem im östlichen Kent, als Einzelfunde entdeckt;[242] das Schiffsgrab von Sutton Hoo, dessen Münzbestand allerdings sehr problematisch ist, enthielt mehrere im Untersuchungsgebiet geprägte Trienten,[243] und im Schatz von Crondall fanden sich je ein Triens aus Paris und aus Amiens.[244] Vereinzelt sind im Untersuchungsgebiet geprägte Trienten auch in Irland entdeckt worden.[245]

232 Ewig, Teilreiche, II, S. 85, spricht davon, daß der Untergang der Königin im Jahre 613 in der Geschichte des Frankenreiches der Merowinger eine Epoche bezeichnete.

233 Zur Entstehung dieses Marktes Levillain, Études, IV, S. 10ff.

234 MG. DD. Merov., S. 140f., Nr. 23 mit Datierung: 30. 7. 629.

235 Levillain, Études, IV, S. 14ff., bes. S. 37.

236 Teil B, Nr. 17.

237 Timme, Handel, S. 32ff. Der Verf. wendet sich ausdrücklich gegen Vogel, der die Ansicht vertrat, daß die *Saxones* von jenseits des Meeres gekommen seien. Timme neigt dazu, Kaufleute aus dem binnenländischen Altsachsen schon im 7. Jh. an der Seine zu vermuten, ebenda, S. 35. Das, was die Quellen hierzu bieten, spricht allerdings wenig für Timmes Ansicht.

238 Lewis, Commerce, S. 283. Timme, Handel, S. 32ff. Verhulst, Handel, S. 8. Verhulst spricht allerdings ebenda, S. 12, auch davon, daß die merowingischen Handelsverbindungen mit Irland und England ihre eigentliche Bedeutung erst gegen Ende des 7. Jh. erlangten.

239 S. o., S. 141.

240 Sutherland, Gold coinage, S. 31ff., bes. S. 67.

241 Ebenda, S. 66.

242 Ebenda, S. 24f. Lafaurie, Routes, S. 273, zu Le Mans und Irland, S. 276 zu Paris und Kent.

243 S. o., S. 38f. und S. 43.

244 S. o., S. 39.

245 Lafaurie, Routes, S. 273.

Dieses Verhalten der angelsächsischen Goldmünzen einerseits, der des Untersuchungsgebietes andererseits stimmt mit dem überein, was die schriftlichen Zeugnisse vom Wesen der ökonomischen Beziehungen erkennen lassen, die beide Räume in der frühen Zeit miteinander verbanden: Sowohl der Bericht des Jonas als auch die Lebensbeschreibungen der Königin Balthilde und des Richar besagen, daß Güter, nicht Geld, aus Irland und dem angelsächsischen England in das Untersuchungsgebiet gelangten. Jonas berichtet freilich nicht, welcher Art die *Scottorum commercia* gewesen seien;[246] die beiden anderen Quellen dagegen lassen an ihrer Natur keinen Zweifel: Beide sprechen übereinstimmend von versklavten Menschen.[247] Die *Scottorum commercia* und die Menschen können gut einen Teil des Gegenwertes jener Trienten des Untersuchungsgebietes ausgemacht haben, die in Irland und in England gefunden worden sind.

Bis zum Ende des 7. Jh. hatte sich die Situation völlig gewandelt. Die Aussagen der numismatischen und der schriftlichen Quellen bezeugen übereinstimmend, daß jetzt *Güter*, landwirtschaftliche Erzeugnisse des Untersuchungsgebietes, allen voran der Wein, gekauft und daß diese Güter mit Edelmetall in gemünzter Form, mit Münzgeld, bezahlt worden sind; Sceattas gelangten in großer Zahl[248] in den zwischen Somme und Loire liegenden Raum. Die wirtschaftlichen Beziehungen, die das Untersuchungsgebiet zum angelsächsischen England und zum Nordseebecken überhaupt unterhielt, müssen demnach – ein anderer Schluß scheint kaum vertretbar – um 700 von weitgehend anderer Intensität und vor allem von anderem Charakter gewesen sein, als 100 Jahre früher.[249] Dieser Schluß wird in seiner Bedeutung auch durch die naheliegende Vermutung nicht geschmälert, daß während der älteren Entwicklungsphase der Naturaltausch eine größere Rolle gespielt haben könnte als später: Aus einem zufälligen, wegen der vermittelten Güter[250] und der Art, wie diese vermittelt wurde, archaisch anmutenden Tauschverkehr hatten sich stabile ökonomische Beziehungen entwickelt, bei deren Realisierung das Münzgeld eine gewichtige Funktion erfüllte. Sie setzten eine entsprechende Leistung der agrarischen Produktion auf der einen, die ständige Nachfrage nach ihren Erzeugnissen auf der anderen Seite voraus.

Im Jahre 1904 wurde in Bais ein Schatz von 400 Denaren entdeckt.[251] Der Fundort liegt zwischen Mayenne und Le Mans, also im westlichen Teil des Untersuchungsgebietes.[252] In der älteren Entwicklungsphase gehörte Bais zu den Orten mit ephemerer Prägetätigkeit. Auf einem Trienten wird Bais als *vicus* bezeichnet.[253] Im Schatz von Bais fanden sich Denare aus fünfzehn Siedlungen des Untersuchungsgebietes, besonders groß war die Zahl derjenigen, die aus Paris stammten. Er enthielt aber auch eine beträchtliche Anzahl von Münzen, die aus aquitanischen Ateliers und aus Ateliers des Rhône-Saône-Tales kamen, sowie eine Anzahl von Sceattas.[254] Sein Münzbestand läßt darauf schließen, daß das Untersuchungsgebiet in der Zeit, in der dieser Fund zusammengebracht worden ist, Teil, und zwar *aktiver* Teil eines größeren Wirtschaftsraumes war: „... l'on conclura à une circulation active du numeraire et, partant, à un mouvement commercial qui s'étendait à toute la Gaule."[255] Da der Schatz zum Ende der ersten Hälfte des 8. Jh. verborgen worden

246 S. o., S. 140. 247 S. o., S. 76 ff.

248 Anhang Nr. III, Nr. 11, 12, 13 und 15 und die dort genannte Literatur.

249 S. o., S. 140 f.

250 Ebenda.

251 S. o., S. 55 ff.

252 Anhang Nr. III, Nr. 15. Karte Nr. 1, Nr. 116.

253 Anhang Nr. I, die Angaben zu Bais.

254 Anhang Nr. III, Nr. 15.

255 Prou/Bougenot, Bais, S. 195.

ist, spiegelt er Verhältnisse wider, wie sie im frühen 8. Jh. bestanden haben. Damals kann das Untersuchungsgebiet nicht mehr, wie in der älteren Entwicklungsphase, ausschließlich oder vorwiegend Güter aus anderen merowingischen Wirtschaftsräumen, etwa aus dem südwestlichen Aquitanien, bezogen; es muß gleichzeitig auch Güter in solche Räume geliefert haben.

Zu diesen Auskünften des numismatischen Materials fügt sich, daß die erste schriftliche Quelle, die über einen Handel mit agrarischen Produkten innerhalb des durch den Schatzfund von Bais kenntlich gemachten Wirtschaftsraumes berichtet, in die Zeit der bereits eindeutig vorherrschenden Silberprägung gehört: Das Kloster Saint-Denis hatte dem Bischof von Autun, also einem im wenig südöstlich des Untersuchungsgebietes ansässigen Käufer, im späten 7. Jh. eine größere Menge Wein verkauft.[256]

Die Periode vom Sturz der Königin Brunechilde bis zum Beginn des letzten Viertels des 7. Jh. stellte in der Geschichte des Merowingerreiches nicht nur eine Zeit nahezu ununterbrochener kriegerischer Auseinandersetzungen, eine Zeit mitunter geradezu vollkommen anmutender politischer Anarchie, voller Gewalttätigkeit und Unordnung dar, sondern in diese Periode gehören ebensosehr bemerkenswerte Fortschritte in vielen Teilbereichen des gesellschaftlichen Lebens: Die Ausbildung spezifisch feudaler Eigentums- und Produktionsformen, die fortschreitende Verbreitung des Christentums und die kirchlich-religiöse Erschließung der ländlichen Gebiete sowie die mit diesen Vorgängen einhergehende Ausweitung der agrarischen Produktion vor allem.

Die infolge der großen Mobilität des Grund und Bodens und der existierenden Ware-Geld-Beziehungen wenigstens seit dem frühen 7. Jh. sehr beschleunigte Umverteilung und Konzentration des Grundeigentums[257] ging einher mit einer Ausweitung der landwirtschaftlichen Nutzflächen und mit einer Intensivierung der agrarischen Produktion. Die entstehenden feudal strukturierten Grundherrschaften, allen voran die kirchlichen, richteten ihre Aktivität schon sehr früh, bestimmt aber während des gesamten 7. Jh.[258], auf die ausgedehnten Waldungen des Untersuchungsgebietes. In einzelnen seiner Teile – die zentraler gelegenen traten dabei besonders hervor – ist es bereits vor dem endgültigen Herrschaftsantritt der Karolinger zu einer nicht unbeträchtlichen Ausweitung der intensiv genutzten Bodenflächen gekommen. Den Wäldern des Pariser Beckens, der Brie, der unteren Seine und anderer Gegenden wurden in einer ersten Phase mittelalterlichen Landesausbaus neue Anbauflächen abgewonnen.[259] Einzelne Beispiele solcher Rodungsarbeiten, die durch die Gunst der Überlieferung ihre Ausmaße erkennen lassen, deuten auf nicht unerhebliche Flächen: Die nähere und weitere Umgebung von Palaiseau, die im 6. Jh. noch weitgehend von den Ausläufern des Forstes Yveline (*Equilina silva*)[260] bedeckt war, war um 800 fast waldfrei.[261]

So richtig es ganz gewiß ist, die außergewöhnliche Bedeutung des hochmittelalterlichen Landesausbaus hervorzuheben,[262] so wichtig ist es, entsprechende Vorgänge einer wesentlich früheren Zeit zu beachten: Diese schlichte quantitative Ausweitung der Anbauflächen

256 S. o., S. 79.

257 S. o., S. 68 ff. Vgl. Lesne, Propriété, S. 191 ff.

258 Eine Intensivierung der Rodungen im Verlaufe des 8. Jh. nimmt Doehaerd, Haut moyen âge, S. 103 an. Zu entsprechenden Vorgängen, die in die Umgebung von Le Mans gehören und in die Zeit des Bischofs Bertichramnus zurückreichen, Lesne, Propriété, S. 302.

259 Higounet, Forêts, S. 393. Derselbe, Problème, S. 786 ff. Verhulst, Genèse, S. 115 f. Ganshof, Aspects, S. 78. Doehaerd, Haut moyen âge, S. 99 ff.

260 S. o., S. 120.

261 Verhulst, Genèse, S. 145 f., im Anschluß an die Forschungsergebnisse von Roblin.

262 Vgl. Higounet, Fortês, S. 392.

hat neben der Ausbildung neuartiger, typisch feudaler Eigentums- und Produktionsformen zweifelsohne erheblich dazu beigetragen, daß die ökonomische Leistungsfähigkeit des Untersuchungsgebietes allgemein, seiner agrarischen Produktion speziell bereits zwischen dem Beginn und dem Ende des 7. Jh. erheblich anstieg.

Mit gleichem Ergebnis wurde die intensivierte kirchlich-religiöse Erschließung wirksam, die im Raum zwischen Somme und Loire während der älteren Entwicklungsphase einen ausgesprochenen Höhepunkt erlebte.[263] Lesne wies schon vor mehr als fünfzig Jahren auf die Impulse hin, die dem Landesausbau und der landwirtschaftlichen Kultivierung ganz allgemein von dieser Bewegung erwuchsen.[264] Die bereits genannten Waldungen der Brie wurden zwischen 630 und 650 durch die Begründung einer Anzahl von Klöstern erschlossen. Initiatoren dieser Gründungen waren einige in dieser Gegend begüterte Familien der merowingischen Hocharistokratie.[265] Über die nähere und weitere Umgebung von Paris sagt Ch. Higounet, daß „l'installation des nouveaux monastères au VIIe et au VIIIe siècle ... fait faire à la colonisation du sol des progrès considérables."[266]

Die anwachsende wirtschaftliche Leistungsfähigkeit des Untersuchungsgebietes bewirkte im Bereich seiner Ware-Geld-Beziehungen eine Veränderung, die mit dem Eintreten der Entwicklung in ihre jüngere Phase deutlich erkennbar wurde: Die Produktion des Untersuchungsgebietes, ihr wichtigster und maßgeblichster Zweig, die Landwirtschaft, war zum stabilen Träger des Tausches, der Ware-Geld-Beziehungen geworden. Die ökonomische Leistungsfähigkeit hatte einen Stand erreicht, der es möglich machte, daß landwirtschaftliche Erzeugnisse, allen voran der Wein, in einem gewissen Maße ständig und regelmäßig dem Tausch und dem Handel zur Verfügung standen. Mit dieser qualitativen Veränderung ihrer Voraussetzungen gingen Wandlungen in den Erscheinungsformen der Ware-Geld-Beziehungen einher: Das Untersuchungsgebiet wurde für andere eigenständige, sowohl innerhalb als auch außerhalb der Grenzen des Merowingerreiches gelegene Wirtschaftsräume zum beständigen Warenlieferanten; es war aus der Stellung eines vorwiegend passiven in die Situation eines aktiven, selbst Waren produzierenden Partners in bereits vorgebildete Handelsbeziehungen eingerückt. Entsprechend abgewandelt trifft diese Aussage sicher auch auf das Untersuchungsgebiet für sich genommen zu: Innerhalb seiner Grenzen dürften gleichfalls Verbindungen im zunehmenden Maße eine Rolle gespielt haben, bei denen vorwiegend durch geographische, vielleicht aber auch durch Faktoren, die sich aus historischen Gegebenheiten herleiteten, begünstigte zu weniger begünstigten Weinanbaugebieten in engere Beziehungen traten und auf diese Weise wechselseitig die Funktionen Waren produzierender und Waren übernehmender Teilgebiete erfüllten.

Die mit dem Übergang zur jüngeren Entwicklungsphase in den Ware-Geld-Beziehungen sichtbar werdenden Veränderungen resultierten, das dürften die Ausführungen gezeigt haben, keineswegs in erster Linie aus einer deutlich vertieften Trennung des Handwerks von der Landwirtschaft, aus einer ausgeprägten Scheidung von Stadt und Land. Grundlagen und Voraussetzungen dieser Beziehungen waren weitgehend die gleichen, wie sie bei ökonomischen Beziehungen gegeben sind, die mit dem Terminus „Fernhandel" bezeichnet werden: Wirtschaftsräume mit zumindest in Teilbereichen sehr unterschiedlich beschaffenen Gegebenheiten der Produktion treten in Verbindung zueinander und tauschen ihre Güter. Trotzdem ist es wichtig festzuhalten, daß die Ware-Geld-Beziehungen im Untersuchungsgebiet im Verlaufe des 7. Jh. eine andere, ihren Charakter verändernde ökono-

263 Prinz, Mönchtum, S. 124ff., sowie ebenda die Karten Nr. V, VI und VII A.

264 Lesne, Propriété, S. 92ff. u. ebenda, S. 302ff.

265 Higounet, Problème, S. 789. Prinz, Mönchtum, S. 125. Kaiser, Untersuchungen, S. 222ff.

266 Higounet, Problème, S. 788. Vgl. Prinz, Mönchtum, S. 128f.

mische Grundlage erhalten hatten. Ihr erster und wichtigster Träger war jetzt die Landwirtschaft in der Weise, daß sie fortan kontinuierlich in größerem Umfang Waren produzierte. Notwendige Folge hiervon mußte sein, daß die leistungsfähigsten landwirtschaftlichen Produktionsverbände die Ware-Geld-Beziehungen künftig in allen ihren Erscheinungsformen am stärksten beherrschten. In dem maßgeblichen Anteil, den die Landwirtschaft zunächst und über längere Zeit an der Warenproduktion hatte, dürfte die entscheidende Ursache dafür zu suchen sein, daß die Grundherrschaften jetzt in der Warenzirkulation, im Marktverkehr und schließlich wohl auch in der Münzprägung stark in den Vordergrund traten. Dem angeblichen Rückgang des Handels über lange Distanz und dem vorgeblichen Verfall städtischer Wirtschafts- und Lebensweisen sind dagegen in diesem Zusammenhang kaum größere Bedeutung beizumessen.

Innerhalb der Grundherrschaft wurde nicht nur eine erste bedeutende Stufe der Trennung des Handwerks von der Landwirtschaft,[267] also der zweiten gesellschaftlichen Arbeitsteilung, erreicht, sondern in diesen Produktionsverbänden erfolgte gleichermaßen, und zwar eben wegen ihrer zunächst beherrschenden Stellung, die sie in der Warenproduktion und den Ware-Geld-Beziehungen einnahmen, der erste Schritt zu einer dritten „entscheidend wichtige(n)" Arbeitsteilung.[268] Ihr Ergebnis war „eine Klasse, die sich nicht mehr mit der Produktion beschäftigte, sondern nur mit dem Austausch der Produkte – die Kaufleute."[269] Die Ansätze zu dieser Arbeitsteilung traten in der zweiten Hälfte des 7. Jh. hervor: Das Kloster Corbie schickte seine „*missi vel discursores*" in die Provence und zu anderen Plätzen, um Handelsgüter zu beschaffen.[270] Es dürfte keineswegs dem Zufall zu danken, sondern Reflex einer inzwischen weit fortgeschrittenen Entwicklung in diesem Bereich gewesen sein, daß jene wegen des Auftretens des Marktes vorgeführten Zollprivilegien Karlmanns für Saint-Denis, Karls des Großen für Flavigny und Saint-Germain-des-Prés[271] übereinstimmened nicht mehr von *missi*, sondern von *negociantes* sprechen: Die *negociantes* des Klosters Saint-Germain-des-Prés suchten die „*portos*" und *civitates* auf, sie reisten nach Amiens, nach Rouen, nach Quentowic, nach Dorestad, aber auch in die Gegend von Troyes und Sens, „*sicut ipse Hrotbertus abba mercare videtur*", um Güter zu beschaffen „*vel pro reliqua necessitate . . .*"[272]

Diese *negociantes* beschäftigten sich, wenn auch zunächst noch in grundherrlichen Bindungen und von den Bedürfnissen der feudalen Grundherrschaften bestimmt, ausschließlich oder doch überwiegend damit, Produkte zu vermitteln; sie befaßten sich nicht mehr mit der Produktion von Gütern. Ihr Tätigkeitsfeld waren, das spiegelt die Urkunde Karls des Großen für Saint-Germain-des-Prés deutlich wider, weiträumige Handelsbeziehungen und die bedeutenden Handelsplätze jener Zeit. Sie besaßen eben wegen dieser ihrer Tätigkeit die intensivsten und kontinuierlichsten Kontakte zu den Marktsiedlungen. Gerade deshalb aber bildeten sie neben den ebenfalls innerhalb der feudalen Grundherrschaften zu Handwerkern werdenden gewerblichen Produzenten das soziale Reservoir, aus dem die entstehenden oder bereits existierenden, sich weiter entfaltenden kaufmännisch-gewerblichen Siedlungen ihren Bevölkerungszuzug erhielten: Die räumliche Trennung von der Grundherrschaft war für diese *negociantes* ebenso wie für die Handwerker der entscheidende Schritt in der Formierung zur eigenständigen sozialen Schicht der Feudalgesellschaft. Es gibt allen Grund zu fragen, ob die *missi* und vor allem die *negociantes* der jüngeren

267 S. o., S. 100 ff.
268 Engels, Ursprung, S. 161.
269 Ebenda.
270 Teil B, Nr. 5. Vgl. Huvelin, Essai, S. 159.
271 S. o., S. 115 ff.
272 MG. DD. Karol., Nr. 122 vom 27. 3. 779, Original. Vgl. Lehoux, Privilèges, S. 132 ff.

Entwicklungsphase einer Schicht von Kaufleuten, die schließlich „die Leitung der Produktion im ganzen und großen sich erobert und die Produzenten sich ökonomisch unterwirft,“[273] nicht wesentlich näher standen, als die „Kaufleute“ der älteren Entwicklungsphase. Von Johann, Sargitis und Paul wird übereinstimmend ausgesagt, daß sie Land verkauften. Von anderen, über die weniger konkrete Aussagen vorliegen, wird erzählt, sie hätten mit Sklaven gehandelt. Die „Kaufleute“ der älteren Entwicklungsphase erscheinen im Unterschied zu denen der jüngeren nicht als Besucher von Handelsplätzen, von Märkten, als Käufer und Verkäufer von landwirtschaftlichen Produkten. Es drängt sich deshalb die Vermutung auf, daß solche Kaufleute eher sozialen Relikterscheinungen älterer gesellschaftlicher Zustände zuzuordnen sind als dem Typ des dem entwickelten, differenzierten Handel und dem städtischen Leben innig verbundenen Kaufmanns, als der sie in der Literatur gerne vorgeführt wurden.[274]

Die mit dem Eintritt in die jüngere Entwicklungsphase in der Landwirtschaft erreichte Entwicklungsstufe der stabilen Warenproduktion bildete schließlich auch die ökonomische Grundlage, die jenen neuen Typ des Marktes entstehen ließ, über den nahezu gleichzeitig die Zollprivilegien in allgemeiner Form und, wenn auch zunächst vereinzelt, Urkunden Auskunft zu geben beginnen, in denen die Erhebung bestimmter Marktabgaben geregelt wird.[275] Allerdings entspräche es gewiß nicht den tatsächlichen Gegebenheiten, wenn angenommen würde, daß in diesen Marktsiedlungen ländlich-agrarischen Typs ausschließlich und beständig Agrarprodukte gehandelt und daß dies ausschließlich und beständig in mehr oder weniger großen Mengen erfolgt wäre. Dort, wo sich ein regelmäßiger Marktverkehr entwickelte, wurden ohne Zweifel sehr bald die unterschiedlichsten Waren von der ländlich-bäuerlichen Bevölkerung getauscht. Diese Märkte waren also auch aus solchen Gründen geeignet, die zunächst noch vorherrschend naturalwirtschaftlich bestimmten Verhältnisse im agrarischen Bereich zu durchbrechen und den Ware-Geld-Beziehungen Eingang zu verschaffen. Entscheidender, bedeutsamer und nachhaltiger für diesen Vorgang war jedoch, daß Märkte dieses Typs[276] es gewesen sind, auf denen die agrarischen Erzeugnisse ge- und verkauft wurden. Hier erschienen die Händler, die diese Erzeugnisse erwarben; hier erschienen die Bauern, um sie abzusetzen. Die Existenz solcher Märkte war Voraussetzung dafür, daß den bäuerlichen Produzenten ein Teil der Feudalrente in Geld abgefordert werden konnte: Der regelmäßig vollzogene Verkauf eines Teils der Produktion der bäuerlichen Wirtschaft war notwendig, damit die regelmäßig wiederkehrenden Geldforderungen erfüllt werden konnten, wie sie die vorgestellten Quellen urbarialen Charakters für die Zeit um 800 bereits eindeutig belegen.[277] Pirenne, der keineswegs die „grand nombre de marchés“ des 9. Jahrhunderts übersah,[278] negierte diese Funk-

[273] Engels, Ursprung, S. 161.

[274] Pirenne, Les villes, S. 95ff., bes. S. 97, wandte sich sehr entschieden gegen Versuche, Verbindungen zwischen der Schicht der „marchands d'abbaye“ und den Kaufleuten der voll ausgebildeten mittelalterlichen Städte zu ziehen. Er begründet seine Ablehnung mit der angeblich geringen Zahl der marchands d'abbaye, vor allem aber damit, daß sie nicht autonome Händler gewesen und den Handel nicht für eigene Rechnung, sondern ausschließlich im Dienst des Herrn ausgeübt hätten. Es ist kaum zu übersehen, daß Pirenne unter den Zwang seiner eigenen Konzeption interpretiert.

[275] S. o., S. 115 ff.

[276] Huvelin, Essai, S. 22ff., unterschied bereits zwischen la foire und le marché. Er betonte aber gerade, anders als etwa später Pirenne, daß zwischen beiden fließende Grenzen bestanden. Beide waren ihm analoge Formen des periodischen Handels und la foire nur „un grand marché“, ebenda, S. 30.

[277] S. o., S. 127 ff. Vgl. Hess. Geldwirtschaft, S. 47, und Berghaus, in: Marktproblem, S. 68.

[278] Pirenne, Les villes, S. 35.

tion der Märkte und unterschätzte nicht zuletzt deshalb die Bedeutung, die sie für die weitere Entwicklung von Ware-Geld-Beziehungen und die Überwindung der naturalwirtschaftlichen Lebensweise der bäuerlichen Produzenten hatten. Das Vordringen des Handels, der Kaufleute in die ländlichen Gebiete mußte mit Notwendigkeit dazu führen, daß die bäuerlichen Produzenten von den Ware-Geld-Beziehungen erfaßt und an den Markt gebunden wurden: Die Händler, die aus anderen Wirtschaftsräumen kamen oder es übernommen hatten, Agrarprodukte in solche Räume zu vermitteln, beschränkten sich keineswegs darauf, etwa den beim Kloster Saint-Denis selbst stattfindenden Markt aufzusuchen. Sie erschienen ebenso in den dörflichen Siedlungen, um Güter an Ort und Stelle aufzukaufen: Die Tatsache, daß die Abgabenfreiheit beim Handel, die das Kloster Saint-Denis besaß, schließlich ausdrücklich seine *homines* auf den Ländereien der klösterlichen Grundherrschaft, in den zu ihr gehörenden ländlichen Siedlungen und auf ihren Äckern einschloß, reflektiert diese Situation an einem besonders gut überschaubaren Beispiel.[279]

Es war die angewachsene landwirtschaftliche Produktion, die es dem Handel möglich machte, im Verlaufe der jüngeren Entwicklungsphase in größerem Ausmaß in die eigentlich ländlichen Bereiche, in das Dorf vorzudringen, erstmalig in umfassender und stabiler Weise landwirtschaftliche Produzenten zu erfassen und so eine höhere Entwicklungsstufe der Ware-Geld-Beziehungen zwar nicht zu bedingen, aber doch Realität werden zu lassen. Die Regelmäßigkeit, mit der immer die gleichen Leistungen zuerst in Geld eingefordert worden sind,[280] war offensichtlich eine Folge der zwischen den Mitteln, mit denen dieses Anwachsen der Produktion erreicht wurde, und den Veränderungen, die es bewirkte, bestehenden Wechselbeziehungen: War in einem Gebiet eine bestimmte Stufe der Kultivierung erreicht, so mußten Arbeitsleistungen, die der Nutzbarmachung des Waldes dienten, an Bedeutung verlieren. Sie wurden durch Geldzahlungen ersetzt.[281] Waren die Möglichkeiten gegeben, von den abhängigen bäuerlichen Produzenten Geld einzufordern, so war es zweckmäßiger, Naturalleistungen, die durch die Kriegsführung bedingt waren, durch Denare abgelten zu lassen: Die betreffende Kircheninstitution konnte die Münzen wesentlich disponibler zwar nicht nur, aber eben auch einsetzen, um eigene Verpflichtungen, die sich aus der Kriegführung herleiteten, zu erfüllen.

An dieser Stelle ist nochmals auf die auffallenden Veränderungen im Münzwesen sowie auf das Verschwinden der „großen“ Zollprivilegien der älteren Entwicklungsphase einzugehen.

Das numismatische Material veranlaßte zu dem Schluß, daß der Übergang von der vorherrschenden Gold- zur vorherrschenden Silberwährung mit einer deutlichen Verringerung der Prägeorte einherging.[282] Weiter ließ es vermuten, daß parallel zu dieser Verringerung der Anteil jener Plätze an der Münzprägung zumindest relativ, vermutlich aber auch absolut wuchs, die als kirchlich-religiöse Zentren Bedeutung besaßen: Die *civitates* bewahrten über den Wechsel von der Gold- zur Silberwährung hinweg ihre Stellung als Münzorte; neben ihnen traten jetzt solche Plätze stärker in Erscheinung, die Sitz eines der führenden Klöster und damit Zentrum einer der großen leistungsfähigen kirchlichen Grundherrschaften gewesen sind.[283] Dagegen verloren viele der Orte, in denen während der

279 S. o., S. 116.

280 S. o., S. 131.

281 S. o., S. 128 u. 130 ff.

282 S. o., S. 56 ff.

283 S. o., S. 60 f. Kaiser, Untersuchungen, S. 175, stellt fest, daß das Medardus-Kloster zu Soissons Funktionen übernahm, die vorher die königliche Münzstätte dieses Ortes erfüllte. Er vermutet als Ursache aber einen Strukturwandel, der sich als Ablösung der „ville de cour“ durch die „ville sainte“ zeigte.

Phase der Goldprägung zeitweilig Münzen geprägt worden waren, diese Eigenschaft mit dem Übergang zur Silberwährung. Von dieser Verschiebung war offensichtlich auch die Mehrzahl der *vici* betroffen.[284]

Diese Verringerung der Prägeorte vollzog sich zu einem erheblichen Teil im späten 7. und im frühen 8. Jh. Sie gehörte also in eine Zeit, die durch eine ausgesprochene feudale Anarchie charakterisiert war, und sie läßt sich schon deshalb nicht allein mit Maßnahmen der politisch-staatlichen Zentralgewalt erklären.[285]

Es ist ferner festgestellt worden, daß einige Zeit nachdem der Denar sich als alleinige Umlaufmünze durchgesetzt hatte, jene auffallenden Zollprivilegien nicht mehr erneuert wurden, mit denen einige nördlich der Loire gelegene Kircheninstitutionen in der Phase der Goldprägung bedacht worden sind.[286]

Zu fragen ist also, ob diese Konzentration im Münzwesen nicht ebenso wie das Verschwinden der Zollprivilegien in erster Linie eine Wirkung der veränderten ökonomischen Situation, der durchgebildeteren feudalen Organisation der Produktion und einer mit dieser einhergehenden anwachsenden wirtschaftlichen Konzentration gewesen ist. Zu fragen ist weiter, ob sich mit dieser Verringerung der Prägeorte, die parallel zur ökonomischen Konzentrationsbewegung und durch sie bedingt verlief, nicht die Einheit von Münze und Markt vorbereitete, wie sie für die Karolingerzeit typisch[287] und mit dem Abschluß der jüngeren Entwicklungsphase wohl im wesentlichen erreicht war.

Das Aufhören der Prägetätigkeit in einer Vielzahl von Siedlungen, das Zurücktreten des Phänomens der ephemeren Prägung lenkt ebenso wie das Verschwinden der „großen" Zollprivilegien die Aufmerksamkeit auf mögliche Zusammenhänge zwischen diesen Erscheinungen, der wachsenden wirtschaftlichen Konzentration und Veränderungen in der Produktion, vor allem aber in der Aneignung des Mehrproduktes: Es spricht manches dafür, daß bei der Anhäufung und bei der Verteilung des gesellschaftlichen Reichtums im Untersuchungsgebiet um 600 noch Formen und Mittel eine erhebliche Bedeutung besaßen, die einhundert Jahre später von ihrem Umfang her gesehen nur noch wenig wichtig gewesen sind: Tribute, Bußgelder, steuerähnliche Abgaben und schlichte Räuberei. Diese Formen und Mittel, ihre Quellen sind nicht ohne weiteres mit der Feudalrente identifizierbar; sie besaßen einen gleichsam archaischen, keiner bestimmten Produktionsweise ausschließlich zuzuordnenden Charakter. Die auf diese Weise beschafften materiellen Mittel unterlagen in der Verteilung anderen Regeln und Gesetzen als die Feudalrente. Sie flossen vor allem an den Zentren der staatlich-politischen Macht zusammen, und diese Macht beeinflußte ihre Verteilung in starkem Maße. Das in Gestalt der Feudalrente produzierte Mehrprodukt dagegen häufte sich primär in den Zentren der entsprechenden Produktionsorganismen, in den Zentren der feudalen Grundherrschaften also. Denn mit der Ausbildung großer und größter feudal strukturierter Grundherrschaften vollzogen sich Produktion und Aneignung des Mehrproduktes nicht mehr in einer Vielzahl kleinster, kleiner und größerer Wirtschaftsverbände unterschiedlichen Charakters, sondern sie erfolgten jetzt im Rahmen einer geringeren Anzahl sehr ausgedehnter feudaler, häufig zudem kirchlicher Grundherrschaften. Die Folge war, daß sich das dank der zunehmenden wirtschaftlichen Leistungsfähigkeit wachsende Mehrpodukt bei einer geringer werdenden Anzahl von Eigentümern konzentrierte. In den grundherrlich-feudalen Zentren floß der gesellschaftliche Reichtum in Form des Mehrproduktes jetzt im besonderen Maße zu-

284 Ebenda, sowie Karte Nr. 1 und Nr. 2.

285 S. o., S. 57 und die dort angegebene Literatur.

286 S. o., S. 146 sowie S. 89.

287 S. o., S. 28 f.

sammen; in diesen Zentren waren deshalb auch im besonderen Maße die Bedingungen einer Münzprägung gegeben: Das Bedürfnis nach Geld in gemünzter Form traf auf die materiellen Mittel, mit denen dieses Bedürfnis zu befriedigen war. Einer Vielzahl der anderen Plätze aber wurde im Ergebnis dieser Wandlungen der materielle Boden für die Prägetätigkeit entzogen: Die Anhäufung des gesellschaftlichen Reichtums folgte anderen, veränderten Regeln, die ihn primär weniger an Zentren der politischen Macht und der kirchlichen Organisation, stärker an wirtschaftlichen Mittelpunkten zusammenfließen ließ. Nicht wenige der Siedlungen mit ephemerer Prägetätigkeit dürften zudem im Verlaufe und in der Folge des Aufbaus großer feudal strukturierter Grundherrschaften in eine solche einbezogen worden sein.[288] Zudem verdrängte mit der Entwicklung intensivierter Ware-Geld-Beziehungen, intensivierter Tauschgeschäfte, intensivierten Handels der silberne Denar den goldenen Trienten. Der Denar war nicht nur eine Folge, er war auch eine Bedingung dieser Intensivierung: eben wegen seines geringeren Wertes war er den vielfältigen Erfordernissen, die einer Münze jetzt erwuchsen, wesentlich besser angepaßt als der goldene Triens. Mit Hilfe des Denars, kaum aber mit der des Trienten war es möglich, auch kleinere Mengen landwirtschaftlicher Erzeugnisse aufzukaufen, wie sie anfangs von den einzelnen bäuerlichen Wirtschaften auf den Markt gebracht worden sein mögen. Der Denar war geeignet, dem entwickelteren Handel und Verkehr mit seinen reicheren Bedürfnissen überhaupt gerecht zu werden; diese Münze schließlich war Bedingung dafür, daß die anfänglich niedrigern Beträge der Geldrente entrichtet werden konnten. Eine hochwertige Münze hätte in diesem Vorgang Rechenmünze sein können, aber sie war ungeeignet, an dieser Stelle die Funktion eines Zahlungsmittels zu erfüllen. R. Doehaerd wertet das Aufkommen der Silbermünze aus guten Gründen als ein Zeichen dafür, daß mehr Waren „de faible prix“ zirkulierten.[289] Die intensivierten Ware-Geld-Beziehungen mit all ihren Begleiterscheinungen hatten aber auch zur Folge, daß die Umlaufgeschwindigkeit der Münze wuchs, und dieses Wachsen wiederum wurde durch ihren geringeren Wert begünstigt. Es bestand keine Notwendigkeit mehr, Münzen an all den Orten zu prägen, wo ein zeitweiliges Bedürfnis nach ihnen auftrat, und es bestand keine Möglichkeit mehr, es zu tun, weil mit den veränderten Bedingungen in vielen Orten die Voraussetzungen hierfür nicht mehr bestanden.

Die „großen“ Zollprivilegien wiederum, das hat sich erwiesen, zeugten keineswegs von einem aktiven, weitreichenden Handel der privilegierten Kircheninstitutionen, sondern von der Beteiligung solcher Institutionen an Erträgen, die der zentralen staatlich-politischen Macht aus Handelsbeziehungen zuflossen.[290] Gerade wegen dieser ihrer Spezifik aber drängt sich die Frage auf, ob nicht die veränderte ökonomische Situation der nördlich der Loire gelegenen Teile des Merowingerreiches dazu führte, daß Zollprivilegien dieser Art bereits seit dem letzten Viertel des 7. Jh. nicht mehr neu vergeben worden sind und daß schließlich auch bereits vergebene nicht mehr erneuert wurden: Die größere wirtschaftliche Leistungsfähigkeit, die gewachsenen eigenständigen Ressourcen mit all ihren Möglichkeiten mußten das Interesse an einem Vorteil schwinden lassen, der so schwer zu erlangen war.

288 Ballon war während des 7. Jh. Münzprägeort. Am Beginn des 9. Jh. befand sich der Ort im Besitz der Episkopalkirche von Le Mans; Anhang Nr. I, die Angaben zu Ballon. Gif bei Palaiseau war in der Merowingerzeit *vicus* und Münzort mit ephemerer Prägung. Um 800 war das Kloster Saint-Germain-des-Prés hier begütert. Ihm gehörte die Pfarrkirche des Ortes; Roblin, Terroir, S. 174 und S. 292; Polypt. Irmin., II, 2. Anhang Nr. I, die Angaben zu Gif. Essonnes war in der Merowingerzeit *vicus* und Münzort. Im 8. Jh. kam der Ort an Saint-Denis. Anhang Nr. I und MG. DD. Karol. Nr. 22.

289 Doehaerd, Haut moyen âge, S. 309. Vgl. ebenda, S. 316ff.

290 S. o., S. 88ff.

SCHLUSSBEMERKUNGEN

Es war das Anliegen der Untersuchungen, zur Klärung der Existenzformen, der Wirkungsweise und der gesellschaftlichen Bedeutung von Ware-Geld-Beziehungen, Tausch, Handel und Geldzirkulation im Frühfeudalismus beizutragen. Sie wollten des weiteren als von einer solchen Aufgabenstellung abgeleiteter Versuch verstanden werden, den historischen Platz des 7. Jh. erneut zu bestimmen.

Die Ergebnisse lassen sich, soweit sie in dieser Art verallgemeinerungsfähig sind, zu den folgenden Aussagen zusammenfassen: Die Existenzformen, die Wirkungsweise und die gesellschaftliche Bedeutung der zu untersuchenden Erscheinungen wiesen während der Merowingerzeit in einzelnen Teilgebieten West- und Mitteleuropas erhebliche Verschiedenheiten auf.[1] Sie waren in diesem Raum damals so wenig gleichartig, wie sie es in den verschiedenen historischen Räumen und in einzelnen Perioden des Feudalismus überhaupt gewesen sind. Es bestanden erhebliche Abstufungen in der Entwicklung. Sie erwuchsen aus der jeweiligen wirtschaftlichen, sozialen und politischen Situation der Teilgebiete. Diese Situation war im ehemaligen Gallien anders als in den östlich des Rheins gelegenen Teilen des Merowingerreiches, in Friesland, im angelsächsischen England und in Irland. und dementsprechend zeigten Ware-Geld-Beziehungen, Tausch, Handel und Geldzirkulation jeweils deutlich unterschiedliche Erscheinungsformen. Irland, das angelsächsische England, aber auch das friesische und das sächsische Stammesgebiet sowie die östlich des Rheins gelegenen Teile des Merowingerreiches kannten zunächst keine echten Ware-Geld-Beziehungen, keine Geldzirkulation. Handel und Gütertausch, an denen diese Gebiete durchaus teilhatten, zeigten zunächst ebenso archaischen Charakter wie jene Beziehungen, die das Untersuchungsgebiet während der älteren Entwicklungsphase seinerseits zum angelsächsischen England und zu Irland unterhielt. Sie erwuchsen nicht aus einer stabilen Warenproduktion, sondern aus einem sich „zufällig einstellenden Überschuß."[2] Es ist außerordentlich charakteristisch, daß nach allem, was erkennbar ist, versklavte Menschen zunächst einen wichtigen Platz in den Tauschbeziehungen der nichtgallischen Gebiete einnahmen. Die noch unentwickelten klassengesellschaftlichen Verhältnisse, der um 600 über Anfänge noch nicht hinausgekommene Feudalisierungsprozeß hatten die geregelte, beständige, in feste Formen gebrachte Ausbeutung der Hauptproduktivkraft Mensch, die feudale Aneignung eines Mehrproduktes noch nicht zur wichtigsten Quelle der Bereicherung werden lassen. Die dafür erforderlichen sozialökonomischen Voraussetzungen mußten erst noch geschaffen werden. Der versklavte Mensch als Handelsobjekt stellte in den betreffenden Gebieten deshalb eine wichtige Quelle schneller Bereicherung dar.

Im Untersuchungsgebiet war die Situation eine völlig andere: Der Feudalisierungsprozeß

[1] Auf die Unterschiedlichkeit der Verhältnisse in den einzelnen Landschaften verwies bereits sehr nachdrücklich HÄVERNICK, Münzreformen, S. 147.

[2] S. o., S. 141.

war hier um 600 bereits weit fortgeschritten, die Auseinandersetzungen wurden um die umfassende Verwandlung der Hauptproduktivkraft Mensch in ein Objekt feudaler Ausbeutung geführt. Dieser Raum war also wegen seiner spezifischen sozialökonomischen Situation als Ausgangsgebiet eines ins Gewicht fallenden Sklavenhandels ungeeignet.

Es ist nicht weniger charakteristisch, daß zunächst Edelmetalle in gemünzter Form in das angelsächsische England, nach Friesland und in andere Gebiete einflossen: Reichtum in seiner direktesten, unmittelbarsten Verkörperung war in diesen Räumen mit ihrer den Verhältnissen der militärischen Demokratie noch nahestehenden Sozialstruktur im besonderen Maße geeignet, eine soziale Vorzugsstellung zu demonstrieren.

Es sind keineswegs die fehlenden Zeugnisse der Quellen, die den Eindruck entstehen lassen, das Untersuchungsgebiet habe am Handel, der über die Häfen der Provence, das Rhône-Saône-Tal und den Rhein während der ersten Hälfte des 7. Jh. abgewickelt wurde, keinen wesentlichen Anteil gehabt. Dieses Gebiet ist von jenem Handel tatsächlich nur wenig berührt worden, denn er erfüllte Funktionen, befriedigte Bedürfnisse, die im Raum zwischen Somme und Loire mit seiner im Vergleich zu den östlich des Rheins gelegenen Teilen des Merowingerreiches, im Vergleich zu Friesland, zum angelsächsischen England, zu Irland erheblich fortgeschritteneren Entwicklung nicht mehr gegeben waren. Nichts ist geeigneter, diese Aussage ein weiteres Mal zu unterstreichen, als die Tatsache, daß es nicht nur die Goldmünzen byzantinischer Herkunft gewesen sind, die keinen Eingang in das Untersuchungsgebiet fanden: Auch bestimmte Handwerkserzeugnisse, die als Import geradezu Allgemeingut der anderen Gebiete gewesen sind, gelangten nicht hierher.[3]

Das ehemalige Gallien kannte im Unterschied zu den östlich des Rheins gelegenen Teilen des Merowingerreiches, zum sächsischen und zum friesischen Stammesgebiet, zum angelsächsischen England und zu Irland um 600 echte Ware-Geld-Beziehungen und eine Geldzirkulation. Jedoch war die Situation auch hier keine einheitliche; sie war im Untersuchungsgebiet anders als südlich der Loire. Zudem unterschieden sich die Verhältnisse am Ende des 7. Jh. von den an seinem Beginn gegebenen.

Der zwischen Somme und Loire gelegene Raum trat in das 7. Jh. mit einer wenig geschlossenen, wenig einheitlichen sozialökonomischen Struktur, mit einer vergleichsweise niedrigen wirtschaftlichen Leistungsfähigkeit und einer dementsprechend geringen über die Grenzen des Merowingerreiches hinausreichenden ökonomischen Aktivität ein. Ware-Geld-Beziehungen, Tausch und Handel sowie die Geldzirkulation haben hier zunächst eine klassengesellschaftliche Sozialstruktur mit wenig ausgeprägter gesellschaftlicher Arbeitsteilung und mit instabiler zufälliger Warenproduktion in der Landwirtschaft zur Grundlage. Sie erlangten ihre hohe Bedeutung anfangs durch den Einfluß, den sie auf die Umwandlung der sozialökonomischen Verhältnisse des Untersuchungsgebietes nahmen. Die Ausbildung feudal strukturierter großer Grundherrschaften ist in diesem Zusammenhang an erster Stelle zu nennen. In diesem Bereich, nicht im Ausmaß der Beteiligung an einem Handel über lange Distanz, lagen zunächst die bewegenden, die entscheidenden, verändernden Wirkungen der Ware-Geld-Beziehungen. Diese Wirkungen realisierten sich während der älteren Entwicklungsphase gleichsam auf zwei Ebenen: Auf der inneren Ebene der gesellschaftlichen Verhältnisse dieses Gebietes, aus diesen Verhältnissen eigenständig erwachsend und auf ihre Umwandlung gerichtet, und, da bei diesem Gebiet wohl die politische, nicht aber die ökonomische Führung lag, auf einer äußeren Ebene. Diese

[3] Das im Süden hergestellte koptische Bronzegeschirr etwa, das bis nach Südengland gelangte, aber in Frankreich völlig fehlt. Vgl. WERNER, Grabfunde, S. 42. Vgl. dazu ROTH, Handel, S. 351ff., zum Auftreten des koptischen Bronzegeschirrs, der Goldblattkreuze und der Tigermuscheln.

äußere Ebene betraf die Beziehungen, die das Untersuchungsgebiet mit dem leistungsfähigsten Wirtschaftsraum des damaligen Merowingerreiches verbanden. Die materiellen Potenzen dieses Wirtschaftsraumes wurden nicht zuletzt durch Eingreifen der staatlich-politischen Macht genutzt, um die auf Aus- und Durchbildung der feudalen Verhältnisse im Untersuchungsgebiet zielenden Veränderungen zu beschleunigen. Diese fortschreitende Aus- und Durchbildung feudaler Produktions-, Organisations- und Herrschaftsformen führte im Verlaufe des 7. Jh. zu einem erheblichen Anwachsen der wirtschaftlichen Leistungsfähigkeit des Untersuchungsgebietes; sie führte vor allem zum Anwachsen seiner landwirtschaftlichen Produktion. Die Landwirtschaft wurde schließlich zur Grundlage einer stabilen Warenproduktion. Erst infolge dieser Entwicklung avancierte das Untersuchungsgebiet zum wirklichen Handelspartner von Wirtschaftsräumen, die jenseits der Grenzen des Merowingerreiches gelegen waren.

Die Ansicht, die frühfeudale Grundherrschaft sei in ihrem Wesen mit Ware-Geld-Beziehungen, Warenproduktion und Geldzirkulation unvereinbar, sie sei von ihrem Wesen her strikt naturalwirtschaftlicher Art, bedarf der Korrektur. Diese Korrektur ist in zweierlei Hinsicht erforderlich: Zum einen zeigte sich, daß, wie der Feudalisierungsprozeß überhaupt, so auch die Ausbildung feudaler Grundherrschaften im Untersuchungsgebiet erheblich beschleunigt wurde, weil sie in einem sozialen Milieu ablief, das Ware-Geld-Beziehungen kannte. Der Vorsprung, den das Untersuchungsgebiet im Feudalisierungsprozeß gegenüber anderen Teilräumen West- und Mitteleuropas erlangte, dürfte nicht zuletzt auf diesen Umstand zurückzuführen sein. Zum anderen ist hervorzuheben, daß es während einer bestimmten Entwicklungsphase die frühfeudale Grundherrschaft gewesen ist, die der Überwindung naturalwirtschaftlicher Zustände und der Intensivierung der Ware-Geld-Beziehungen entscheidende Impulse verlieh. In den Wirtschaftsverbänden der frühfeudalen Grundherrschaften vollzogen sich grundlegende Schritte zur Vertiefung der gesellschaftlichen Arbeitsteilung. Innerhalb dieser Verbände entwickelte sich ein mit der agrarischen Produktion nicht mehr verbundenes Handwerk, und sie gaben auch der Bildung einer Schicht von Kaufleuten auf einer ersten Entwicklungsstufe ökonomischen, sozialen und rechtlichen Rückhalt. Ebenso bahnte sich die Einbeziehung der bäuerlichen Produzenten in die Ware-Geld-Beziehungen innerhalb der frühfeudalen Grundherrschaften an; sie erreichte zumindest in Teilen des Untersuchungsgebietes bis zum Ende der jüngeren Entwicklungsphase einen Stand, der durch Bindung der feudalabhängigen bäuerlichen Produzenten an den Markt gekennzeichnet war. Ökonomische Grundlage dieses Vorganges war die stabile Warenproduktion in der Landwirtschaft, nicht die weit fortgeschrittene Trennung des Handwerks von der Landwirtschaft mit all ihren weitreichenden Wirkungen. Damit sind zugleich die Grenzen dieser Entwicklung abgesteckt: Die bäuerlichen Produzenten waren in erster Linie Verkäufer von Gütern; der durch den Verkauf erzielte Ertrag wurde ihnen zum überwiegenden Teil in Form der Geldrente sofort wieder entzogen. Der feudalabhängige Bauer war *potentieller* Käufer von Erzeugnissen des Handwerks; er war es de facto jedoch erst in geringem Maße. Es bedurfte noch einer erheblichen Entwicklung, um nicht nur einen stabilen städtischen Markt für Agrarprodukte, sondern um vor allem auch einen stabilen ländlichen Markt für Handwerkserzeugnisse entstehen zu lassen: Das Handwerk mußte sich konsequent, das heißt auch räumlich, von der Landwirtschaft trennen, und der landwirtschaftlichen Produktion mußte mit der Stadt ein wirklicher Nahmarkt entstehen.

B. KOMMENTIERENDES VERZEICHNIS DER SCHRIFTLICHEN QUELLEN

Dieses Verzeichnis will nicht als Quellenedition verstanden werden; es ist nicht nach quelleneditorischen Grundsätzen gearbeitet.
Es hat die Aufgabe, die einschlägigen Quellenstellen vorzuführen und den Textteil zu entlasten. Es ist nach den wichtigsten Quellenarten, innerhalb der so entstandenen Gruppen nach der jeweiligen Entstehungszeit der einzelnen Quelle geordnet. Die Ordnung der erzählenden Quellen folgt der alphabetischen Reihenfolge.
Bei den einzelnen Quellenstellen wird auf Literatur in Auswahl verwiesen. Die Quellenstellen sind durchlaufend numeriert, sie werden im Textteil der Arbeit mit dieser Nummer zitiert.

1 Urkunde Karls des Großen, ausgestellt 769 bis 774 für Saint-Médard in Soissons. Der König bestätigt die von König Chlothar[1] verliehene Immunität.
MG. DD. Karol., Nr. 75.

Die Immunitätsverleihung schloß die Befreiung vom Zoll und von anderen öffentlichen Abgaben *(teleoneum nec redibitiones publicas requirendas)* ein.

2 Urkunde Chlothars II., ausgestellt 5. November 584–22. April 626 in Étrépagny. Der König bestätigt testamentarische Verfügungen des Kaufmannes Johann.
Lauer/Samaran, Nr. 2.

Das Testament ist erlassen worden *a Johanne quondam, n(eg)uciante, (filiu)s Hi) d . . .(be)* . . . Dem nur bruchstückhaft überlieferten Text ist zu entnehmen, daß Johann zu Gunsten von Saint-Denis und von anderen Kircheninstitutionen über Land, Gebäude und abhängige Leute verfügte: . . . *(aliq)uid d(e) suis facultatebus ad basileca ipsius sancti Dioninsio, vel re(l)equa loca sancta, infra oppedum Parisi(o)rum civetatis, eciam et (a)d alecus de suis pro(p)inquis, per ipso,* . . . . *(ge)ne(rali)ter confirmari (de)berimus. Quod nos magnetudo vestra, (s)icut unicui(qu)e justa petentes, vel pro nostre mercides conpendium, h(u)nc benefici(um n)on negasse* . . . . *(s)epe di(ct)us Johannis ad antedicta basileca sancti domni Dioninsio, vel relequa sancta loca, aut suis propinquis, juste nuscetur delegasse; hoc est, in terr(is, d)omebus, mancipi(is)* . . . . *entis (v)el relequo beneficio, hujus auctoretat(i)s nostre vigore et generale beneficium confirmatum ad ipsas basilecas, vel suis propinquis, proficiat in perpetuo* . . . . *mentem similiter per hanc preceptione firmati valeant perman(er)e securi.*

Vercauteren, La vie, S. 464f., mit Datierung: Gegen 627. V. benutzt das Urkundenfragment als Beleg dafür, daß in den *civitates* noch Eigentum freier Leute vorhanden gewesen sei. Die Güter, über die der Kaufmann Johann verfügte, lagen nach Meinung von V. in Paris, Verhulst, Handel, S. 46, Nr. 136.

2a Urkunde Dagoberts I., ausgestellt 629–638 für Saint-Denis. Der König gesteht dem Kloster einen Anteil an dem in Marseille erhobenen Zoll zu.

Die Urkunde ist nicht überliefert. Sie wird erwähnt im Diplom Chlodwigs III. vom 5. Juni 692.
S. u., Nr. 13 und Nr. 62.

3 Urkunde Sigeberts III., ausgestellt 19. Januar 652–18. Januar 653 für das Kloster Stablo/Malmedy.
Recueil Stavelot-Malmedy, Nr. 4.

Der König überläßt dem Kloster allen Zoll, der vom Fiskus in den Häfen *(ad portum) Vetraria super fluviis Taunuco Ittaque*[2] und Sellis[3] an der Loire vom Schiffsverkehr

[1] Von den vier Merowingerkönigen dieses Namens kommt Chlothar IV. (ca. 717 bis 719/20) sehr wahrscheinlich als Aussteller nicht in Frage. Eher ist wohl an Chlothar I. (gest. 561), einen der Gründer des Klosters, zu denken. Vgl. hierzu Gasnault, P., in: LTheolK., 9, Sp. 161f.

[2] Port-Saint-Père, Dép. Loire-Atlantique, etwa 4 km. nw. des Lac de Grand-Lieu am Tenu, dem fluvius Taunucus der Urkunde, gelegen; vgl. Recueil Stavelot-Malmedy, S. 12, sowie Ganshof, Tonlieu, S. 302.

[3] Château-Ceaux, etwa 30 km oberhalb Nantes an der Loire; vgl. Recueil Stavelot-Malmedy,

(navalis evectio) wie überhaupt von jedem Handel erhoben wurde. Neben dem *teloneum* wird der *ripaticus* genannt. Die Urkunde ist an den Grafen Modegisilus gerichtet. Als Beauftragte des Königs, die den Zoll zu erheben hatten, werden die *judices* und *agentes nostri* genannt. Dem Kloster werden gleichzeitig die Leute *(homines)* überlassen, die in den genannten Häfen wohnen bzw. sie bewachen. Der König verbietet, daß irgendwelche Personen, um den Zoll an sich zu bringen, die Häfen auf ihre Ländereien verlegen. Er befiehlt, daß die Schiffe wie unter seinen Vorgängern jene Häfen anzulaufen haben, und er untersagt dem Grafen, den *juniores* und ihren Nachfolgern, an irgendeiner anderen Stelle Zoll zu erheben.

Ganshof, Tonlieu, S. 297, S. 301f. und 311f. Verhulst, Handel, S. 7, S. 24 und 47f., Nr. 141.

3a Urkunde Sigeberts III., ausgestellt 638–656 für Saint-Denis. Der König bestätigt dem Kloster einen Anteil an dem in Marseille erhobenen Zoll.

Die Urkunde ist nicht überliefert. Sie wird erwähnt im Diplom Chlodwigs III. vom 5. Juni 692.
S. u., Nr. 13.

3b Urkunde Chlodwigs II., ausgestellt 640–657 für Saint-Denis. Der König bestätigt dem Kloster die Einnahmen des Jahrmarktes von Saint-Denis.

Die Urkunde ist nicht überliefert. Sie wird erwähnt im Diplom Childeberts III. vom 13. Dezember 710.
S. u., Nr. 17.

4 Urkunde Chlothars III., ausgestellt 10. Oktober–16. November 657–23. Dezember 661 für Corbie.
Levillain, Examen, Pièces just., Nr. 1.

Chlothar stattet das von ihm gegründete Kloster mit Grundeigentum aus. Zu den genannten Gütern gehört eine *portio*, die Frodinus von Hursinus gekauft *(dato pretio comparavit)*, und später dem Fiskus überlassen hatte. Die zur *portio* gehörenden Güter waren in Thésy-Glimont bei Amiens gelegen.

Levillain, Examen, S. 26ff. Der Verf. hält es für möglich, daß Frodinus mit Chrodinus, dem Referendar Chlothars III., identisch ist; vgl. hierzu ebenda, S. 216, Anm. 7.

5 Urkunde Chlothars III., ausgestellt am 23. Dezember 661 in Éterpigny für Corbie. Der König verleiht dem Kloster Zollfreiheit.
Levillain, Examen, Pièces just., Nr. 2.

Das Kloster soll künftig von Zöllen aller Art befreit sein. Genannt werden *teloneum, pontaticus, rotaticus ceterasque redebutiones.* Die Befreiung gilt *in quibuslibet locis vel territuriis, seu porturia.* Als Ziel der Fahrten der *missi vel discursores* des Klosters werden die Provence und „die übrigen Orte" *(partibus provintiae vel per reliqua loca)*, als durch den Handel zu beschaffende Gegenstände werden Bekleidungsstücke *(cappas)* genannt.

S. 13. Der Ort wird in der Mitte des 8. Jh. als castrum bezeichnet: Bertrada, die Frau König Pippins, kam 768 von Orléans „usque ad Sellus castro", CONTINUAT. FREDEGARII. hg. B. KRUSCH MGSS rer. Merov., 2, Hannover 1888, (51), S. 191. Am gleichen Ort hat Pippin eine Gesandtschaft der Sarazenen empfangen, ebenda, S. 192.

Levillain, Examen, S. 51ff. Verhulst, Handel, S. 9 und S. 48, Nr. 142. Ganshof, Tonlieu, S. 306. Doehard, Exemptions, S. 85, vertritt die Auffassung, daß die *missi* in die Provence reisten, um Kleider zu kaufen. Die *missi* und *discursores* waren nach ihrer Auffassung entweder Leute des Klosters, die nur für dieses Handel trieben, oder es waren freie Kaufleute, die neben ihrer Haupttätigkeit gelegentlich auch für die privilegierte Institution handelten, ebenda, S. 88.

6 Urkunde Chlothars III., ausgestellt 657–673 für Corbie. Der König gesteht dem Kloster einen Anteil an dem in Fos erhobenen Zoll zu.

Die Urkunde ist nicht überliefert. Sie wird erwähnt im Diplom Chilperichs II. vom 29. April 716.
S. u., Nr. 20.

6a Urkunde Chlothars III., ausgestellt 657–673 für Saint-Denis. Der König bestätigt dem Kloster einen Anteil an dem in Marseille erhobenen Zoll.

Die Urkunde ist nicht überliefert. Sie wird erwähnt im Diplom Chlodwigs III. vom 5. Juni 692.
S. u., Nr. 13.

7 Angebliche Urkunde Childerichs II., ausgestellt am 4. Juli 673 in Compiègne für Montiérender. Der König verleiht dem Kloster Immunität.
MG. DD. Merov., S. 30f., Nr. 31.
Die vorgebliche Immunitätsverleihung schließt das an jedweden *iudex publicus* gerichtete Verbot ein, den *rotaticus infra urbes vel in mercatis* einzutreiben.

Levison, Montiérender, S. 745ff. Nach der Auffassung L.s ist die Fälschung im 10. Jh. entstanden. Um sie anzufertigen, wurde eine am 23. Mai 683 für das gleiche Kloster ausgestellte Urkunde Theuderichs III. (s. u., Nr. 9) benutzt. Ganshof, Tonlieu, S. 296.

8 Urkunde Childerichs II., ausgestellt 673–675 für Corbie. Der König bestätigt dem Kloster einen Anteil an dem in Fos erhobenen Zoll.

Die Urkunde ist nicht überliefert. Sie wird erwähnt im Diplom Chilperichs II. vom 29. April 716.
S. u., Nr. 20.

8a Urkunde Childerichs II., ausgestellt 662–675 für Saint-Denis. Der König bestätigt dem Kloster einen Anteil an dem in Marseille erhobenen Zoll.

Die Urkunde ist nicht überliefert. Sie wird erwähnt im Diplom Chlodwigs III. vom 5. Juni 692.
S. u., Nr. 13.

8b Urkunde Childerichs II., ausgestellt 662–675 für Saint-Denis. Der König bestätigt dem Kloster die Einnahmen des Jahrmarktes von Saint-Denis.

Die Urkunde ist nicht überliefert. Sie wird erwähnt im Diplom Childeberts III. vom 13. Dezember 710.
S. u., Nr. 17.

9 Urkunde Theuderichs III., ausgestellt am 23. Mai 683 in Compiègne für Montiérender. Der König verleiht dem Kloster Immunität.
MG. DD. Merov., S. 49f., Nr. 55.

Die Immunitätsverleihung schließt das an jedweden *iudex publicus* gerichtete Verbot ein, den *rotaticus infra urbes vel in mercatis* einzutreiben.

Levison, Montiérender, S. 745ff. Der Verf. hält die Urkunde insgesamt für unbedenklich, betrachtet die in der überlieferten Fassung enthaltene Grenzbeschreibung aber als Interpolation, ebenda, S. 751f. Er ist geneigt, die Passage über die Abgaben als unverfänglich anzusehen, ebenda, S. 753. Ganshof, Tonlieu, S. 296f., hält auch die Passage über die Abgaben für interpoliert.

10 Urkunde Theuderichs III., ausgestellt 10. März 673–4. September 690 für Saint-Denis. Der König gesteht dem Kloster Zollfreiheit zu.
Lauer/Samaran, Nr. 18.

Saint-Denis wird Zollfreiheit zugestanden für alle seine Land- und Wasserfahrzeuge, die in Neustrien, Austrasien oder Burgund unterwegs sind. Die Zollbefreiung gilt sowohl für Fahrzeuge, die vom Kloster selbst kommen oder zu diesem fahren, als auch für solche, deren Ausgangspunkt oder Bestimmungsort eine seiner *villae* ist. Als Plätze, an denen der Zoll erhoben zu werden pflegt, werden *civitates*, *castella*, *portus* und *trexitus*, als Abgabenarten *teloneum*, *pontaticus*, *portaticus*, *pulveraticus*, *rotaticus*, *salutaticus* und *cispitaticus* genannt. Das Verbot, Zölle zu erheben, ist an die *iudices* und *telonarii* gerichtet.

Levillain, Études, IV, S. 264ff. Verhulst, Handel, S. 48, Nr. 143. Ganshof, Tonlieu, S. 300f. u. S. 306. Doehaerd, Exemptions, S. 85.

10a Urkunde Theuderichs III., ausgestellt 673–690 für Saint-Denis. Der König bestätigt dem Kloster einen Anteil an dem in Marseille erhobenen Zoll.

Die Urkunde ist nicht überliefert. Sie wird erwähnt im Diplom Chlodwigs III. vom 5. Juni 692.
S. u., Nr. 13.

10b Urkunde Theuderichs III., ausgestellt 673–690 für Saint-Denis. Der König bestätigt dem Kloster die Einnahmen des Jahrmarktes von Saint-Denis.

Die Urkunde ist nicht überliefert. Sie wird erwähnt im Diplom Childeberts III. vom 13. Dezember 710.
S. u., Nr. 17.

11 Urkunde Choldwigs III., ausgestellt am 12. August 691. Der König entscheidet einen Streit, den Chrotcharius und Chunebercthus wegen bestimmter Liegenschaften hatten.
Lauer/Samaran, Nr. 19.

Der Diakon Chrotcharius beschuldigte Chunebercthus, 5 namentlich genannte Siedlungen, die Boso einst seinen Vorgängern verkauft hatte, zu Unrecht zu beanspruchen. Die umstrittenen Siedlungen waren, lt. Erläuterungen der Herausgeber, im Dép. Eure gelegen.

12 Urkunde Chlodwigs III., ausgestellt am 5. Mai 692 in Nogent-sur-Marne für Saint-Denis.
Lauer/Samaran, Nr. 21.

Chlodwig entscheidet eine gegen den Abt Ermenoald vorgebrachte Klage zu Gunsten des Klosters. Ermenoald war vor einiger Zeit als Bürge (*vuaddius*) für 1500 Pfund Öl (*pro olio milli quignentas liberas*) und 100 Scheffel Wein *(vino bono modios cento)*, die Abt Chaino vom Saint-Denis ihm für den Bischof Ansebercthus von Autun übergeben hatte, aufgetreten. Da er die ihm aus dieser Bürgschaftsleistung erwachsenen Verpflichtungen nicht erfüllt hatte, wird er dazu verurteilt, ihnen nachzukommen.

Levillain, Études, IV, S. 276f.

13 Urkunde Chlodwigs III., ausgestellt am 5. Juni 692 in Nogent-sar-Marne für Saint-Denis. Der König erneuert Zugeständnisse, die Dagobert I. dem Kloster gemacht hatte.

Lauer/Samaran, Nr. 22.

Chlodwig bestätigt, wie es schon seine Vorgänger Sigebert III., Chlothar III., Childerich II. und Theuderich III. getan hatten,[4] dem Kloster das von Dagobert I. eingeräumte Recht, in Marseille eine Naturalrente im Werte von 100 solidi zu empfangen. Die Rente war den Beauftragten des Klosters beim *cellarium fisci* auszuhändigen. Für den Transport der Güter stand ihm Zollfreiheit sowohl in Marseille als auch an allen übrigen beim Transport zu passierenden Zollstätten (*tam in ipsa Massilia quam et per reliqua loca in rigna nostra)* zu. Als Abgabenarten werden *portaticus, rotaticus, pontaticus vel reliquas reddebuciones* genannt; erhoben wird der Zoll *a judicebus publecis ... de carradeci qui hoc inferrire vidintur...*

Levillain, Études, IV, S. 280f. Verhulst, Handel, S. 9 u. S. 48, Nr. 144. Ganshof, Bureaux, S. 126f., mit der Datierung 5. Juni 691. Der Verf. verweist darauf, daß in der Bestätigung Chlodwigs nicht mehr gesagt wird, daß es sich bei den Gütern um Öl handelte. Er hebt weiter hervor, daß die eingeräumte Zollbefreiung nicht mehr, wie ursprünglich, auf 6 Fahrzeuge begrenzt ist. Derselbe, Tonlieu, S. 309f.

13a Urkunde Chlodwigs III., ausgestellt 691–695 für Saint-Denis. Der König bestätigt dem Kloster die Einnahmen des Jahrmarktes von Saint-Denis.

Die Urkunde ist nicht überliefert. Sie wird erwähnt im Diplom Childeberts III. vom 13. Dezember 710.
S. u., Nr. 17

14 Urkunde Childeberts III., ausgestellt am 13. Dezember 695 in Compiègne für Saint-Denis.

Lauer/Samaran, Nr. 24.

Der König überläßt dem Kloster die villa Nassigny (Berry). Das Kloster verzichtet als Gegenleistung sowohl auf die 200 solidi, die es jährlich *in alimoniam et pro luminaribus ... a palatio* empfing, als auch auf die 100 solidi, die die *iudices publici* seinen missi bisher in Marseille auszuhändigen hatten.

Levillain, Études, IV, S. 288ff. Pirenne, Geburt, S. 191, wertet die Urkunde als Zeugnis des Niederganges der Finanzeinnahmen der Krone. Ganshof, Bureaux, S. 127.

15 Urkunde Childeberts III., ausgestellt am 23. Dezember 695 in Compiègne für Saint-Denis. Der König spricht dem Kloster Ländereien zu, die diesem von Ibbo verpfändet worden waren.

Lauer/Samaran, Nr. 25.

[4] Vgl. Ganshof, Bureaux, S. 126.

Ibbo hatte, um die 600 solidi aufzubringen, die er wegen Fernbleibens von einem Kriegszug zu zahlen hatte, dem Kloster bestimmte Güter verpfändet. Sie werden gegen die Ansprüche seiner Erben der Abtei zugesprochen.

16 Urkunde Childeberts III., ausgestellt am 8. April 709 in Crécy-en-Ponthieu. Der König bestätigt einen Verkauf von Liegenschaften.
Lauer/Samaran, Nr. 30.

Es wird bestätigt, daß Leodefridus *mansellus duos, in loca nunccupantis Childriciaecas et ad Taxmedas*, gelegen *in pago Tellao*[5], dem Kleriker Audoinus *vindedisset, aut se precium exinde accepissit* ... Audoinus hatte die Liegenschaften *data sua pecunia, per vindicionis titolum* erlangt.

17 Urkunde Childeberts III., ausgestellt am 13. Dezember 710 in Montmacq für Saint-Denis. Childebert entscheidet Streitigkeiten, die zwischen dem Kloster und dem Hausmeier Grimoald um die Einnahmen vom Markt von Saint-Denis entstanden waren, zu Gunsten des Klosters.
Lauer/Samaran, Nr. 31.

Nach Aussage der Vertreter von Saint-Denis haben die Könige Chlodwig II., Childerich II., Theuderich III. und Chlothar[6] dem Kloster den Zoll (*illo teleneu*), der von den Kaufleuten, sowohl den sächsischen als auch denen anderer Herkunft *(de omnes neguciantes aut Saxonis, vel quascumquelibit nacionis)*, die zum Markt zu kommen pflegen, der zum Fest des Dionysius stattfindet, in seiner Gesamtheit zugestanden.
Der Zoll, der auf dem Markt selbst *(ad ipso marcado)*, innerhalb des pagus Parisiacus und in der civitas Paris erhoben wurde, sollte an das Kloster fallen. Die Vertreter des Hausmeiers Grinwald behaupteten dagegen, es sei seit langem Gewohnheit, daß eine Hälfte der genannten Einnahmen das Kloster, die andere aber der Graf von Paris für den Fiskus empfange. Die Vertreter des Klosters wiederum behaupteten, daß diese Gewohnheit von Gairinus,[7] einstmals Graf in diesem Gau *(loce ipsius Parisiace comis)* eingeführt worden sei. König Childebert ordnet an, daß der gesamte Zoll vom Fest des Dionysius *tam quod ibidem super terras ipsius baselice resedire vedintur, quam et postia ipsa vice ad Parisius* für alle Zeiten dem Kloster zustehen solle. Da der Markt in früheren Zeiten *clade intercedente* vom *vico Sancti Dionisii* verlegt und in der civitas Paris zwischen den Kirchen des hl. Martin und des hl. Laurentius abgehalten worden war, und sie (die Mönche) darauf die *precepcionis* der genannten Herrscher erhalten haben, daß sie den Zoll *in ipso loco, aut ubyque ad ipsa fistivetate resedibant ad eorum negucia vel conmercia exercienda* in seiner Gesamtheit empfangen sollen, wird auch dieses ausdrücklich bestätigt.

Levillain, Études, IV, S. 11ff., S. 22ff.und S. 38ff. L. vermutet, daß die erste mit dem Namen des Grafen verbundene Auseinandersetzung um die Einnahmen zwischen 673 und 675 stattgefunden habe. Verhulst, Handel, S. 8 und S. 50, Nr. 151. Ganshof, Tonlieu, S. 313f.

18 Urkunde Chilperichs II., ausgestellt am 5. März 716 in Compiègne für Saint-Denis. Chilperich erneuert Zugeständnisse, die Dagobert I. dem Kloster gemacht hatte.
Lauer/Samaran, Nr. 35.

[5] Der pagus Tellaus erhielt seinen Namen nach dem fluvius Tellas, der Béthune; vgl. hierzu Longnon, Texte, S. 98.

[6] Vgl. Levillain, Études, III, S. 63: Für Chlothar muß Chlodwig stehen, denn gemeint ist Chlodwig III. Derselbe, Études, IV, S. 41ff.

[7] Er ist zwischen 654 und 675 nachweisbar; vgl. Levillain, Études, IV, S. 38f.

Chilperich bestätigt, wie es schon seine Vorgänger Childerich, Chlothar und Theoderich getan hatten, dem Kloster das von Dagobert eingeräumte Recht, in Marseille eine Naturalrente im Werte von 100 solidi *ad cellario fisce* zu empfangen. Er bestätigt weiter die für den Transport dieser Güter zugestandene Zollfreiheit. Chilperich weist die königlichen Beamten an, daß sie, wann immer die missi des Klosters bei ihnen erschienen, sie ihnen unverzüglich, *juxta quod ordo cataboli fuerit*, jene *solidus cento eximtis* auszuhändigen hätten.

Levillain, Études, IV, S. 62f. Ganshof, Bureaux, S. 127. Derselbe, Tonlieu, S. 309. Büttner, Studien, S. 157. Nach Auffassung dieses Autors zeigte die Urkunde sowie die am 29. April 716 (s. u., Nr. 20) von Chilperich II. für Corbie ausgestellte, „wie sich bis in den Anfang des 8. Jh. in Marseille noch Reste des alten Handels und seiner Organisation erhalten hatten, wie diese als Partner im Norden des Frankenreiches im 7. und frühen 8. Jh. die großen Abteien besaßen, und wie schließlich diese Beziehungen im frühen 8. Jh. ausklangen."

19 Urkunde Chilperichs II., ausgestellt am 7. März 716 in Compiègne für Saint-Denis. Der König spricht von Friulfus beanspruchte Liegenschaften dem Kloster zu.
Lauer/Samaran, Nr. 36.

Der Anspruch des Friulfus auf einen Teil der in Bézu-la-Forêt (Eure) gelegenen Güter *(porcione suo . . . in loco noncopante Superiore Bacivo)* wird mit der Begründung zurückgewiesen, daß diese Güter einst von Eodo, dem Sohn des Edronus, an Chrodcharius, Mönch in Saint-Denis, verkauft worden seien.

20 Urkunde Chilperichs II., ausgestellt am 29. April 716 in Compiègne für Corbie. Der König bestätigt dem Kloster einen Anteil an dem in Fos erhobenen Zoll.
Levillain, Examen, Pièces just, Nr. 15.

Chlothar III. hatte dem Kloster das Recht zugestanden (s. o., Nr. 6), von dem in Fos (Fos-sur-Mer) im Dép. Bouches-du-Rhône) erhobenen Zoll jährlich zu empfangen: 10000 Pfund Öl, 30 Scheffel garum, 30 Pfund Pfeffer, 150 Pfund Kümmel, 2 Pfund Gewürznelken, 1 Pfund Zimt, 2 Pfund spicum, 30 Pfund costum, 50 Pfund Datteln, 100 Pfund Feigen, 100 Pfund Mandeln, 30 Pfund Pistazien (*pistacias*), 100 Pfund Oliven, 50 Pfund *de hidrio*, 150 Pfund Erbsen, 20 Pfund Reis, 10 Pfund Piment, *seoda pelles X*, *cordevise pelles X* sowie *carta tomi L*. Die genannten Güter sollten den Beauftragten des Klosters jährlich in Fos übergeben werden *(ita ut tolonaria qui post toloneo Fossense agere videbatur, anno illatione hec omnia ad missus ipsius monasterii, qui inde directi fuerint, dare et adimplire . . . precipemus;)*. Außerdem hatten die missi zu ihrer eigenen Versorgung Anspruch darauf, vom Fiskus Brot, Wein, Bier, Speck, Fleisch, Käse, Erbsen, eine Ziege, Hühner, Eier, Öl, 1Pfund garum, eine Unze Pfeffer, 2 Unzen Kümmel, Salz, Essig, Kohl und Holz sowie *veredus sive paraveredus decem* zu empfangen. Dem Kloster standen *ad revertendum carra XV de loco in loco pro loca consuetudinaria, usque quod ipse cellarius ad ipso monasterio proveniebat* zur Verfügung.

Levillain, Examen, S. 68ff. Ganshof, Bureaux, S. 130. Derselbe, Tonlieu, S. 309, deutet das Zugeständnis als Rente, die dazu bestimmt war, dem Begünstigten Güter zu verschaffen, die aus dem Mittelmeergebiet kamen. Lestoquoy, Épices, S. 179f., bezweifelt, daß Papyrus für den Handel große Bedeutung hatte. Er hebt hervor, daß niemand wisse, was tomus sagen will, und daß die übrigen Güter keineswegs ausschließlich aus dem Orient kamen. Feigen, Mandeln, Piment z. B. kamen ebenso wie Häute wahrscheinlich aus Spanien. Er weist darauf hin, daß garum kein Gewürz ist, sondern eine aus in Wein eingelegtem Fisch hergestellte Sauce. Imbart de la Tour, Immunités, S. 76f., schließt aus der Bestimmung über die Transportmittel, daß dem Kloster ausreichende Transportmittel fehlten, um Kauf und Verkauf zu sichern. Später, seit der Karolingerzeit, verschaffte es sich diese Mittel durch Frondienste. Dieser Auffassung widerspricht Levillain, Examen, S. 70f. Derselbe, Études, IV, S. 273. Verhulst, Handel, S. 9ff., S. 19ff. und S. 50, Nr. 152. Pirenne, Geburt, S. 85ff., glaubte, die Urkunde werfe helles Licht auf den Handel mit Gewürzen. Weiter wertet der Verf. die Bestimmung, daß den missi neben anderen Lebensmitteln auch Gewürze für ihre eigene Verpflegung ausgehändigt werden sollten, als Zeugnis dafür, daß auch die Angehörigen der unteren sozialen Schichten Pfeffer und Salz nicht mehr entbehren konnten. P. wendet sich gegen die Annahme, daß das Öl aus der Provence kam. Da jedoch das Ausstellungsdatum der Urkunde seinen Hypothesen von den einschneidenden Auswirkungen des Vordringens der Araber wiederspricht, will P., S. 163f., in ihren Bestimmungen nur eine Schilderung älterer Zustände sehen. Vercauteren, Études, S. 211ff. Büttner, Studien, S. 157 (s. dazu o., Nr. 20).

21 Edikt Chlothars II. vom 18. Oktober 614, gegeben in Paris.
MG. Cap., 1, Nr. 9, S. 20ff.

9. Vom Zoll. Er soll an den Orten und von den Gütern (*de speciebus*) erhoben werden, an denen bzw. von denen er unter den Vorgängern erhoben wurde. Von den Vorgängern werden die Könige Guntram (561–582), Chilperich I. (561–584) und Sigebert I. (561–575) namentlich genannt.

Ganshof, Tonlieu, S. 295.

21a Form. Andec. (Ende 6. Jh.).[8]
MG. Form., S. 6.

nr. 4. *Hic est vindicio de terra conducta.* Ein Landeigentümer verkauft *ad venerabile fratri illa viniola . . . in fundo illa villa, et accipi a vobis precium, in quod mihi conplacuit, hoc est soledus tandus . . .*

21b Ebenda, S. 11.

nr. 21. *Incipit vindicio.* Verkauft wurde *ad illo campello ferente modios tantus, et est super terraturio sancti illius, in villa illa . . . taxato precio, hoc est, in quod mihi conplacuit, valente soledus tantus . . .*

21c Ebenda, S. 13.

nr. 27. *Incipit vindicio proprietate.* Ein Landeigentümer und seine Frau verkaufen einem namentlich nicht genannten Abt . . *terra proprietatis nostre in loco noncupante illo, et accipi proinde precio de vobis, in quod nobis conplacuit, hoc est in argento soledus tantus . . .*

22 Marc. form., I, (etwa 650 bis 735).[9]
MG. Form., S. 49.

nr. 11. *Tracturia ligatariorum vel minima facienda istius instor.* Der König befiehlt seinen Beauftragten *(agentibus)*, daß sie in seinem Auftrag reisende Boten mit Transport- und Lebensmitteln versorgen. Es werden genannt: *Viridos sive paraveridos*, Brot, Wein, Bier, Speck, Fleisch, Schweine, Ferkel, Hammel, Lämmer, Gänse, Fasanen, Hühner, Eier, Öl, garum, Honig, Essig, Kümmel, Zimt, Pfeffer, costum, granomastix, Datteln, Pistazien, Mandeln, Wachs, Käse, Salz, Kohl, Holz, Kienspäne *(facolas)* sowie *victu ad caballos eorum faeno carra tanta, suffuso modios tantos.*

[8] Zur Datierung Buchner, Beiheft, S. 50f.
[9] Zur Datierung ebenda, S. 51f.

Lestocquoy, Épices, S. 180f. Vercauteren, Études, S. 447, wertet das Formular als Beweis dafür, daß *dans toutes auberges de la région parisienne les fonctionnaires en mission pouvaient se faire servir, sans difficultés, des épices, des fruits et des confiseries exotiques.*

23 Marc. form., II, (etwa zwischen 650 bis 735).[10]
MG. Form. S. 81f.

nr. 10. *Epistola, cum in loco filiorum nepotes instituentur ab avo.* Im Zusammenhang mit der Hochzeitsausstattung seiner Tochter beurkundete der Aussteller: *de rebus meis movilibus drappos et fabricaturas vel aliqua mancipia in soledos tantos tradedi ...*

24 Ebenda, S. 84.

nr. 14. *Pactum inter parentes de hereditate eorum.* Das Erbgut umfaßte auch *drappus seu fabricaturas.*

25 Ebenda, S. 89.

nr. 19. *Vindiccio de villa.* Das Objekt des Verkaufes war eine villa, die mit ihrem Namen zu benennen und durch die Angabe des pagus in ihrer Lage zu bestimmen war. Das Formular sieht vor, daß diese villa *cum terris, domibus, aedificiis, acolabus, mancipiis, vineis, silvis, campis, pratis, pascuis, aquis aquerumve decursibus, adiecentiis, appendiciis ...* verkauft werden sollte. Der Verkäufer empfing vom Käufer *in precio, iuxta quod mihi conplacuit, tantum ...*

26 Ebenda, S. 90.

nr. 20. *Vinditio de area infra civitate.* Das Formular gibt darüber Auskunft, daß der Aussteller durch freies Ermessen seine innerhalb der Mauern einer civitas gelegene area verkauft. Es werden die Länge und die Breite sowie die Lage des Grundstückes angegeben. Die Angabe des Kaufpreises erfolgt in Goldsolidi *(accepi a vobis in pretio, iuxta quod mihi conplacuit, auri soledos tantos ...).*

27 Ebenda., S. 90

nr. 21. *Vinditione de campo.* Da Formular entspricht dem vorangehenden. Ausgetauscht wurde die Angabe über das Objekt des Verkaufes *(vendidi campo iuris mei).*

28 Ebenda, S. 90f.

nr. 22. *Vindicio de servo aut ancilla.* Das Formular entspricht den vorangehenden. Ausgewechselt wurde die Angabe über das Objekt des Verkaufs *(vindedi servo iuris mei, aut ancilla ... non furo, non fugitivo neque cadivo ... pro quem accepi a vobis in precio ... auri solidos probus atque pensantes numero tantum;).*

Verhulst, Handel, S. 47, Nr. 140, mit der Datierung: „1. Hälfte VII. Jh."

29a Ebenda, S. 92.

nr. 25. *Cautiones diverso modo factas.* Das Formular gibt darüber Auskunft, daß jemand sich eine bestimmte Geldsumme leiht *(libera de argento de rebus vestris).* Es nennt die Bedingungen, zu denen das geschieht.

[10] Zur Datierung ebenda, S. 51f.

29b Ebenda, S. 92.

nr. 26. *Item alia.* Das Formular gibt Auskunft darüber, daß und zu welchen Bedingungen sich jemand eine bestimmte Geldsumme leiht.

29c Ebenda, S. 93.

nr. 27. *Item alia.* Das Formular gibt Auskunft darüber, daß und zu welchen Bedingungen sich jemand eine bestimmte Geldsumme leiht.

30 Marc. formul., Suppl., (Mitte 8. Jh.).[11]
MG. Form., S. 107.

nr. 1. *Inmunitas.*
Der Empfänger ist ein namentlich nicht genannter Bischof. Seiner Kirche wird Zollfreiheit für eine bestimmte Anzahl Fahrzeuge pro Jahr *(annis singulis de carra tanta)* zugesprochen, die nach Marseille oder *per reliquos portos infra regno nostro* unterwegs sind. Sie haben für die Beleuchtung benötigte Produkte oder andere notwendige Dinge herbeizuschaffen. Die Fahrten waren von missi der Kirche auszuführen *(ubicumque missi sui marcare videntur).* Als Orte, für die die Zollbefreiung gelten sollte, werden Marseille, Fos, Arles, Avignon, Sorgues, Valence, Vienne, Lyon und Chalon-sur-Saône[12] *vel reliquas civitates aut pagos*, als Abgabenarten *rotaticus*, *pontaticus*, *pulveraticum*, *salutaticus* und *caespitaticus* genannt.

Ganshof, Bureaux, S. 126, Anm. 4, mit der Datierung: Ende 7. Jh. Derselbe, Tonlieu, S. 297, S. 301 und S. 307, Anm. 65. Verhulst, Handel, S. 49, Nr. 147, mit der Datierung: Ende 7. Jh.

31 Marc. formul, Additam., (Mitte 8. Jh.).[13]
MG. Form., S. 111f.

nr. 3. *Privilegium de omni negotium.*
Das Formular beinhaltet die Zollbefreiung einer Kathedralkirche. Es sieht Zollbefreiung vor, wo immer innerhalb des Reiches *misi sui mercare videntur.* In keiner *civitas aut pagos, vel ubicumque in regno nostro* soll von Land- oder Wasserfahrzeugen *nec de saumariis nec de quod homines eorum ad dorsum portant* Zoll erhoben werden. Als Abgabearten werden *rotaticus*, *pontaticus*, *pulveraticum*, *salutaticus* und *caespitaticus* genannt.

Ganshof, Tonlieu, S. 297 und S. 307, Anm. 65. Verhulst, Handel, S. 49, Nr. 148, mit der Datierung: Anfang 8. Jh.

32 Conc. Clippiac. (27. September 626 oder 627).
MG. Conc., 1, S. 196–201.

nr. 13. Es wird untersagt, Christen an Juden oder Ungläubige zu verkaufen. Wenn ein Christ durch Not gezwungen *(necessitate cogente)* seine *manicipia* zum Verkauf bestimmt, soll er sie nur anderen Christen übergeben.
nr. 20. Es wird den Geistlichen untersagt, wegen eigener oder kirchlicher Angelegenheiten *in foro* zu gehen. Sie sollen es nicht wagen, Angelegenheiten zu führen außer solchen, die zu führen sie Erlaubnis und Rat des Bischofs besitzen.

[11] Zur Datierung ebenda, S. 52.
[12] Zu den Orten Ganshof, Bureaux, S. 126, Anm. 4. Derselbe, Tonlieu, S. 301.
[13] Zur Datierung Buchner, Beiheft, S. 52.

33 Conc. sub. Somnatio episc. Remens. (627–630).
MG. Conc., 1, S. 202–206.

nr. 11. Es wiederholt sich die Bestimmung über den Verkauf von Christen an Juden oder Ungläubige aus der vorangehenden Nummer im Wortlaut.

34 Conc. Cabilon. (24. Oktober 639–654).
MG. Conc., 1, S. 208–214.

nr. 9. Es wird untersagt, daß jemand sein *mancipium* über die Grenzen des Reiches König Chlodwigs *(extra finibus vel terminibus, qui ad regnum domni Chlodouei regis pertinent)* hinaus verkauft *ne, quod absit, per tale commertium aut captivitatis vinculum vel, quod peius est, Ivdaica servitute mancipia Christiana teneantur inplicita.*

Verhulst, Handel, S. 47, Nr. 139.

35 Testament des B. Bertichramnus von Le Mans, ausgestellt am 27. März 616.
Act. pont. Cenom., S. 101 ff.

Bertichramnus gibt an die Episkopalkirche von Le Mans: In Coutures (Loir-et-Cher) gelegene Ländereien, die er zu einem Teil von Magnulfus, einem Verwandten der Königin Ingelberga, *dato precio* erworben hatte; die villa Grand-Fontaine (Mayenne), die er *dato praecio* von Waddolenus erworben hatte; Land, das er *de Sargite quodam necutiante* erworben und auf dem er später Weingärten angelegt hatte. Im Testament heißt es in diesem Zusammenhang weiter: *licet antea ipse ager parum habebat vineolas, nec domini mei antecessores episcopi aliquid ibi voluerunt addere, sed non pro amore sanctae aecclesiae vel agmentum ipsius, tam de negotiantibus, quam de reliquis, maxime spaciavimus, et pretium dedimus.* Bertichramnus schenkt der Episkopalkirche weiter: Eine jenseits der Loire gelegene villa, die er für 100 solidi von Dido erworben hatte. Der Basilika Peter und Paul übergibt er: Mehrere von ihm *dato pretio* erworbene und wohl ausschließlich in den heutigen Départments Sarthe und Mayenne gelegene Siedlungen. Ein Teil dieser Siedlungen wurde mit Geld *(pecunia)* erworben, das Bertichramnus von König Chlothar empfangen hatte; einen Brugilus (d. i. *brogilus=broilus*), den er von Abt Leusius *datos quadraginta solidos* erworben hatte; die villa Connay (Mayenne), die er *dato precio* von Belletrudis und Bettana erworben hatte; die Siedlungen, die er *dato precio* von Betholenus und Mantharigus samt Wäldern, Häusern, Manzipien und allem Zubehör erworben hatte; die villa Cherré(?) (Sarthe), die er vom Diakon Eomerios *datos solidos CCC* erworben hatte. Bertichramnus übergibt an Thoringus eine colonica sowie in Rouillon bei Le Mans gelegene Weinländereien und Wiesen, die er *dato pretio* erworben hatte; an Leodochramnus die villa Marcilly (?) (Mayenne), die er von Medighiselus *dato pretio* erworben hatte; die villa Poillé en Marçon (?) (Sarthe), für die er dem Abt Bobenus 300 Goldsolidi gezahlt hat; an Sigramnus die villa, für die er dem Bladus eine nicht genannte Anzahl solidi zahlte; an Sigechelmus die im Dunois gelegenen Siedlungen, die er *dato pretio, hoc solidos centum quadraginta* vom Abt Johann erworben hatte. Bertichramnus verfügt über ein Haus, das ihm in Paris *(intra muros civitatis)* gehörte. Er setzt fest, daß die Miete *(locarius)*, die von den in diesem Haus betriebenen Tabernen jährlich eingenommen wird, der Episkopalkirche von Le Mans und der Basilika Peter und Paul für Beleuchtungszwecke übergeben werden soll. Er verfügt über ein Haus in Bordeaux und setzt fest, daß die Beauftragten *(missi)* der Episkopalkirche von Le Mans und der Basilika Peter und Paul immer, wenn sie wegen des Fischhandels *(pro piscibus negotiandum)* nach dort kämen, in diesem Haus ein *receptaculum* haben sollten. Bertichramnus bestimmt, daß aus seinem Nachlaß folgende

Geldbeträge übergeben werden sollten: Dem Bischof von Tours 100 solidi für das Grabmal des hl. Martin; der Kirche von Angers 50 solidi; von den bei oder in Le Mans gelegenen Kirchen sollen empfangen: Die Basilika des hl. Victurius 20 solidi; die Basilika des hl. Vincenz 20 solidi; die Basilika der hl. Maria und des hl. Kreuzes 10 solidi; die Basilika des hl. Richomerus 10 solidi; die Basilika des hl. Julianus ep. entweder 1 Pferd oder 5 solidi in Gold; die Basilika des hl. Hilarius 5 solidi; die Oratorien des hl. Martin, des hl. Victor, des hl. Peter entweder 1 Pferd oder 5 solidi in Gold. Bertichramnus entläßt durch entsprechende Bestimmung seines Testaments die Männer und Frauen der villa Bonnelles (?) (Seine-et-Oise), die er aus der Gefangenschaft freigekauft, die früher Freie *(ingenui)* gewesen sind, die aber jetzt für Lohn *(pretium)* dienen, allesamt aus dem Servitium.

36 Testament des Diakons Adalgisel-Grimo aus Verdun, ausgestellt 634.
Levison, Testament, S. 124–136.

S. 131f. Der Aussteller bestimmt, daß 600 solidos *(sexcentos solidos)* den *matricolas domni Martini Turonis*[14] zukommen sollten. Dieses Geld hatte ihm sein Neffe, der Herzog Bobo, für Liegenschaften zu zahlen, die er ihm verkauft hatte.

37 Urkunde, 634 ausgestellt von B. Palladius von Auxerre.
Cart. Yonne, Nr. 4

Palladius gründete in der Nähe seiner civitas ein Kloster und stattet es mit Gütern aus. Unter diesen Gütern befindet sich die Siedlung Clamecy (Nièvre), die Bischof Desiderius[15] von Godinus und seinen Erben *per pecuniam* erworben hatte.

38 Testament des Bischof Hadoindus von Le Mans, ausgestellt am 6. Februar 643.
Act. pont. Cenom., S. 157ff.

Hadoindus verfügt über Immobilien. Er gibt an die Episkopalkirche von Le Mans die villa Errouy, die er *dato pretio* erworben hatte, an die Basilika Peter und Paul die villa Écommoy (Sarthe), die er *data pecunia* von Auserenus und dessen Mutter erworben hatte, an die Basilika der hl. Maria die villa Commez, die er von Modenana *data nostra pecunia* erworben hatte.

39 Urkunde, ausgestellt von dem Hausmeier Grimoald um 650 für das Kloster Stablo/Malmedy. Grimoald schenkt dem Kloster Güter.
Recueil Stavelot-Malmedy, Nr. 3.

Unter den geschenkten Gütern befinden sich in Terron-sur-Aisne gelegene Ländereien samt Zubehör sowie Gebäude und Manzipien, die Grimoald *dato pretio* von Godetrude erworben hatte.

40 Urkunde, ausgestellt am 27. Juni 651 von Leodebod, Abt des Klosters Saint-Aignan in Orléans.
Recueil Saint-Benoît, Nr. 1.

[14] Vgl. die Anm. 1 des Hg. zur S. 132.

[15] Desiderius war der Vorgänger von Palladius. Er nahm an dem 614 in Paris stattfindenden Konzil teil, DUCHESNE, Fastes, 2, S. 447.

Leodebod gründet ein Kloster und stattet es mit Immobilien aus. Es werden genannt: In der Sologne *(infra agrum Littidum in Secalonia)*[16] gelegene Güter, die er von Agana gekauft hatte *(dato precio per venditionis titulus ... comparasse)*; eine *ad Vetulam Casam* gelegene portio, die er von Abbo und dessen Sohn Fraternus gekauft hatte; im Berry *(in pago Biturico)*[17] gelegene Güter, die er von den Erben des Mummolus gekauft hatte; in der Sologne gelegene Güter, die er von Aregisilus und anderen, nicht namentlich genannten Personen gekauft hatte. Zu diesen Gütern gehörten ländliche Siedlungen, Gebäude und Manzipien. Leodebod vergibt weiter jene areas, die er *in oppido civitatis Aurelianensium* von den Erben des Kaufmanns Paulonus *(de heredibus Pauloni negociatoris)* erworben hatte, mit den darauf befindlichen Häusern und ihren Bewohnern *(cum domibus desuper positis, acolabus*[18] *ibidem residentibus)*; innerhalb der Mauern von Orléans *(infra muros Aurelianis)* gelegene, vom accola Leobastus bewohnte areas, die er von dem Kleriker Chronulfus gekauft hatte *(ubi Leobastus accola commanere videtur)*. Weiter übergibt Leodebod dem Kloster eine Mühle *(officina molendini quod in Malua ... esse videtur)*.

41 Urkunde, ausgestellt 671 von Huntbertus, Abt des Klosters Maroilles für das Kloster Maroilles.[19] Huntbertus schenkt dem Kloster Liegenschaften.
Pardessus, 2, Nr. 365.

Zu den geschenkten Gütern gehören *mansos dominicos ... et terrationes* mit abhängigen Leuten *(servos et ancillas)* im pagus von Laon. Huntbertus hatte sie einst von seiner Großmutter, der *Deo sacrata Audeliana* gekauft *(dato precio per venditionis titulum comparavi)*.

42 Testament des Bischofs Vigilius von Auxerre. Um 680.
Cart. Yonne, Nr. 8.

S. 18f. V. verfügt über Immobilien. Er gibt an das im suburbium der civitas Auxerre gelegene Kloster der hl. Maria jene außerhalb der Mauern bei der porta Parisiaca gelegenen areas, die er vom Abt Lupus *dato precio* erworben hatte; in der villa Bonnard (Yonne) sieben mansos mit Zubehör, die er *per multam pecuniam* erworben hatte; in der villa Chessy (Aube) gelegene Güter, die ihm Dolena und ihr Sohn Ado verkauft hatten.

43 Urkunde, ausgestellt von Erminethrudia um 700.
Cart. Paris, Nr. 14.

Die Ausstellerin beschenkt verschiedene Kirchen von Paris mit Erzeugnissen des Goldschmiedehandwerks. Es werden genannt: Ein silberner Krug *valente soledus duodece*, eine *fibla aurea gemmata admanto*; eine *gavata argenta valente soledus duodece*; ein goldenes Kreuz, *valente soledus septe*; ein Ring, *aureo nigellato valente soledus quatuor*; ein goldener Ring, *nomen meum in se habentem scribtum*; ein Zaumzeug, *valente soledus duodece*; ein *missurio argento, valente soledus quinquaginta*; weiter *coclaria argentea dece*.

Friedemann, Paris, S. 69 und S. 83. Roth, Handel, S. 347

44 Urkunde, ausgestellt am 16. Mai 704 von Eodbertus für Abt Rigobertus von Saint-Bertin.
Cart. St. Bertin, S. 38f.

16 LONGNON, Texte, S. 201.
17 Ebenda, S. 143.
18 NIERMEYER, Lexicon, S. 11, mit Verweis auf die zitierte Urkunde.
19 Zur Identifizierung von *Maricolas ... situm in pago Fanomarcensi, super fluviolum qui vocator Helpre* mit Maroilles LONGNON, Texte, S. 124 und S. 188 (*Maricolae*).

Eodbertus verkauft dem Abt Immobilien *(vendidi ... omnem rem portionis meae)*. Es werden Ländereien, Gebäude, Manzipien sowie Herden mit Hirten genannt. Der Verkäufer empfängt vom Käufer *in precio taxato* 1500 solidos *inter aurum et argentum*. Die verkauften Güter waren im pagus von Thérouanne gelegen.

Verhulst, Handel, S. 49f., Nr. 149.

45 Urkunde, ausgestellt am 2. Mai 708 von Darmundus für Abt Erlefridus von Saint-Bertin.
Cart. St. Bertin, S. 40f.

Darmundus verkauft dem Abt Immobilien *(vendidi ... duas partes de re portionis meae)*. Es werden Gebäude, Manzipien, Weinländereien, Felder, Wälder, Wiesen, Weiden, Gewässer, Mühlen, peculiis, cultis et incultis, genannt. Der Verkäufer empfängt 1500 solidos *inter aurum et argentum*. Die verkauften Güter waren im Vermendois und im pagus von Noyon gelegen.

Verhulst, Handel, S. 50, Nr. 150.

46 Bautätigkeit des Bischofs Berarius von Le Mans (658 bis etwa 673).
Act. pont. Cenom., S. 180f.

XIII. Berarius erbaut zwischen der Sarthe und den Mauern der civitas Le Mans ein Kloster.

47 Bautätigkeit des Bischofs Aiglibertus (673 oder 674 bis 698 oder 699).
Act. pont. Cenom., S. 197.

XIV. Aiglibertus veranlaßt den Bau und die Ausstattung einer Kirche beim Kloster des hl. Carileffus.

48 Verzeichnis der Einnahmen, die dem Bischof Herlemundus[20] von Le Mans während der Zeit König Theuderichs IV. de pago Arduno[21] gezahlt wurden (Juni 721 oder 722).
Act. pont. Cenom., S. 240ff.

Das Schriftstück gibt in Form einer Bürgschaftserklärung,[22] die 8 mit Namen genannte Personen an Herlemundus richteten, Auskunft über jährliche Einnahmen *(inferendas)*, die der Episkopalkirche von Le Mans *de pagensis* der villa Ardin zustanden. Es zahlten: Domolenus 72, Bodoharius 73, Rigobertus 34, Bosolenus 43, Audobertus 38 solidos; Gembertus 82 solidos und 2 Denare; Gundoaldus 35 1/2 solidos; Adobertus 21 solidos und einen tremissus. Diese Einnahmen waren der Episkopalkirche von Le Mans im Jahre 667 durch König Childerich II. überlassen worden.[23]

49 *Adso*, Vita Frodeberti über die Anfertigung und den Kauf eines Sarkophages (um 673).[24]
MG. SS. rer. Merov., 5, S. 67–88.

[20] Duchesne, Fastes, 2, S. 339.

[21] Ardin im pagus von Poitou; vgl. Lot, Domaine, S. 109.

[22] Ebenda, S. 116ff.

[23] MG. DD. Merov., S. 184, Nr. 67, mit Datierung: 1. März 667. Lot, Domaine, S. 112, datiert das Schriftstück auf den 1. März 669. Er tritt, ebenda, S. 109ff., gegen den Hg. für die Echtheit des Schriftstückes ein.

[24] Frodebertus war Abt von Moûtier-la-Celle bei Troyes. Er starb um 673. Zimmermann, A. M., in: LTheolK, 4, Sp. 396.

(23), S. 80. Adso berichtet, es sei, um Frodebert in würdiger Weise zu bestatten, bei einem berühmten Mann, Walbertus mit Namen, ein steinerner Sarg *(lapideum monumentum)* gekauft worden, der aber zu klein gewesen sei. Infolge göttlichen Eingreifens hätten die Gehilfen *(domesticis)* des Walbertus, die dieser angewiesen hatte, den Sarkophag an die Klosterleute auszuliefern, ihn mit einem größeren, den er für sich selbst angefertigt hatte, verwechselt.

50 Almannus, Vita Nivardi ep. Remens. über den Kauf von Gebäuden und Land durch Bischof Nivardus sowie über ein Zollprivileg (etwa 657 bis etwa 673).[25]
MG. SS. rer. Merov., 5, S. 157–171.

(6). Der Verf. erzählt, Bischof Nivardus habe die urbs Reims dadurch, daß er an verschiedenen Orten sowohl Land, als auch Gebäude und Manzipien kaufte *(emptis per diversa loca fundis quam domibus necnon mancipiis)*, zu ihrer früheren Bedeutung *(dignitas)* zurückgeführt. Er berichtet weiter, Nivardus hätte ein *Preceptum . . . immunitatis a Childeberto rege super theloneis et quibusdam tributis* für die Reimser Kirche von König Childebert[26] erlangt.

Ganshof, Tonlieu, S. 298, Anm. 22, S. 306 und S. 308. Vercauteren, Études, S. 58, mit der Datierung: um 657. Verhulst, Handel, S. 42, Nr. 110.

51 Almannus, Vita Nivardi ep. Remens. über die dem Kloster Hautvillers bei Reims von Childerich II. (662 bis 675)[27] verliehene Immunität.
MG. SS. rer. Merov., 5, S. 157–171.

(10). Der Verf. berichtet, Bischof Nivardus von Reims hätte für das von ihm gegründete Kloster eine Immunitätsurkunde Childerichs erlangt. Der König habe darin bestimmt, daß kein Graf, kein *fiscalis iudex*, kein centenarius und niemand *ullius potestatis* die Klosterinsassen bei irgendeinem Handel (in ullo negotio) noch *in publicis mercatis* mit irgendeinem Zins oder irgendeiner Abgabe beschweren sollte.

Verhulst, Handel, S. 42, Nr. 110

52 Predigt des Eligius, Bischof von Noyon von 641 bis 660,[28] über das Almosenspenden und über die Entrichtung des Zehnten.
MG. SS. rer. Merov., 4, S. 749–761.

(8). *qui habet aurum, det aurum, qui habet argentum, det argentum; qui vero non habet pecuniam, cum bono animo det pauperibus bucellam.*
(9). *Unusquisque de quale ingenio vel artificio vivit, de ipso decimam Deo in pauperibus vel ecclesiis donet.*

53 Flodoard, Historia, über Somnatius, Bischof von Reims von etwa 613 bis 627 oder wenig danach.[29]
MG. SS., 13, S. 405–599.

[25] Zur Amtszeit des Nivardus, DUCHESNE, Fastes, 3, S. 84f.
[26] Zum Aussteller vgl. Anm. 10 auf S. 163 der Ausgabe der Vita. Er muß demnach mit dem gleichnamigen Sohn des Hausmeiers Grimoald identisch sein.
[27] Daß es sich bei dem Aussteller um diesen König handelt, ergibt sich daraus, daß Bischof Nivardus die Privilegierung erbat. Lt. DUCHESNE, Fastes, 3, S. 84f., war Nivardus von etwa 657 bis etwa 673 Bischof von Reims.
[28] DUCHESNE, Fastes, 3, S. 103f.
[29] Ebenda, S. 84.

II. 5. Somnatius erwarb Ländereien und Manzipien *dato pretio ... quarum adhuc emptionum nonnulla reperiuntur monimenta.* Weiter vergab er testamentarisch: An die Basilika des hl. Julianus, des hl. Nicasius, des hl. Johannis je 5 Goldsolidi; an die Basilika des hl. Sixtinus, an das Mauritiuskloster, an die Basilika des hl. Medardus, an die Apostelkirche und an die Basilika des hl. Petrus zu Reims *(in civitate)* je 3 Goldsolidi; an die Basilika des hl. Veit, an die Basilika der Märtyrer Rufinus und Valerius, an die Basilika der Märtyrer Crispinus und Crispinianus sowie an die Basilika des hl. Medardus je 15 Goldsolidi.

54 Flodoard, Historia, über Bischof Leudegiselus (um 630 ?).[30]
MG. SS., 13, S. 405–599.

II. 6. L. vermehrte das episcopium *rebus emptis, scilicet silvis, pratis, ruribus.*

55 Flodoard, Historia, über Anglebertus, Bischof von Reims nach 628 und vor 656.[31]
MG. SS., 13, S. 405–599

II. 6. A. vermehrte das episcopium *rebus emptis.*

56 Flodoard, Historia, über Bischof Reolus (um 685).[32]
MG. SS., 13, S. 405–599.,

II. 10. Reolus kaufte einen Teil der villa Dizy bei Reims, einen mansus und Felder *(mansum et campos)* bei Versigny (Aisne), mehrere mansos, die innerhalb der civitas Reims gelegen waren *(infra civitatem Remensem)* von verschiedenen Personen, eine portio der villa Monthelon (Marne), Teile der Siedlungen *(villarum)* Rosiciaci und Popiciaci sowie andere Grundstücke und Manzipien.

57 Flodoard, Historia, über Bischof Rigobertus (vor 717 ?).[33]
MG. SS., 13, S. 405–599.

II. 11. Rigobertus vermehrte den Bestand des Bistums durch Liegenschaften, die er *dato pretio* erwarb. Es werden genannt: Die villa Chartreuve (Aisne), die Rigobertus für 500 Goldsolidi von Gamnoaldus gekauft hatte; 2 in der villa Ville-sur-Tourbe (Marne) gelegene *mansos*, die er *a diversis personis* erworben hatte; eine portio der villa Champigny-sur-Vesle (bei Reims), die er von Hosomus für 140 Goldsolidi gekauft hatte; eine portio der villa Brachay (Haute-Marne), die er von Gilsinda einschließlich Manzipien, Gebäuden und allem anderen Zubehör gekauft hatte; einen Teil der villa Boult-sur-Suippe (bei Reims), den er von der gleichen Gilsinda gekauft hatte, mit Häusern, Manzipien, Wiesen, Feldern und dem übrigen Zubehör. Für diese Liegenschaften hatte er 100 Goldsolidi gezahlt *(in auro solidos 100)*; Güter, die er jenseits der Loire *(trans Ligerim)* gekauft hatte.

Verhulst, Handel, S. 45f., Nr. 132, mit der Datierung a. 721–737.

58 Fredegar über die Königin Brunechilde (607/608).
MG. SS. rer. Merov., 2, S. 1–168.

IV. 35. Der Chronist berichtet, daß Theudebert zu dieser Zeit Bilichild, die Brunechilde von Kaufleuten *(a neguciatoribus)* gekauft hatte, zur Frau hatte.

30 Ebenda.

31 Ebenda. Der Verf. ordnet Angelbertus nach Bischof Somnatius, s. o., Nr. 53, und Bischof Leudegiselus, s. o., Nr. 54, ein.

32 Ebenda, S. 85.

33 Ebenda, S. 85f.

59 Fredegar über Samo (623/624).
MG. SS. rer. Merov., 2, 1–168.

IV. 48. Samo, ein Franke *de pago Senonago*,[34] rief viele Kaufleute *(negutiantes)* zu sich, und brach zu den Slaven *coinomento Winedos* auf, um Handel zu treiben *(exercendum negucium)*. IV. 68. Die Slaven *coinomento Winidi* haben viele Kaufleute der Franken *(neguciantes Francorum)* im Reiche Samos getötet und ihrer Sachen beraubt. Darauf schickte Dagobert einen Boten zu Samo, um ihn zu bitten, daß er wegen der getöteten Kaufleute *(neguciantes)* und der geraubten Sachen Gerechtigkeit walten lasse.

Verhulst, Handel, S. 13f., S. 22f. und S. 36f., Nr. 81 und 82. Jankuhn, Handel, S. 226, sieht als Grund der Expedition des Samo die Beschaffung von Sklaven an.

60 Fredegar über den Tod König Dagoberts (19. Januar 639).
MG. SS. rer. Merov, 2, S. 1–168.

IV. 79. Dagobert wurde in der Kirche des hl. Dyonisius beigesetzt, die er selbst einst mit Gold und Edelsteinen und vielen kostbaren Dingen *(preciosissemis espetebus) et condigne in circoito fabrecare receperat* ...

Levillain, Études, II, S. 19ff.

61 Gesta Dagoberti über den Bau und die Ausgestaltung einer Kirche in Saint-Denis (629–638).
MG. SS. rer. Merov., 2, S. 396–425.

17. König Dagobert ließ die Kirche, *quam ipse a fundamine construxerat*, im Inneren wunderbar ausschmücken. Die *absidam* aber, in der die Märtyrer Dyonisius, Rusticus und Eleutherius bestattet worden waren, ließ er mit Silber bedecken.

Levillain, Études, II, S. 22ff. Er vertritt die Auffassung, daß die Kirche zwar von Dagobert restauriert, nicht aber *a fundamine* erbaut worden sei.

62 Gesta Dagoberti über eine Rente, die Dagobert dem Kloster Saint-Denis von in Marseille erhobenen Zöllen gewährte (629–639).[35]
MG. SS. rer. Merov., 2, S. 396–425.

18. Es wird berichtet, König Dagobert habe dem Kloster von dem Zoll, der in Marseille erhoben wurde *(de proprio teloneo, quod ei annis singulis ex Massilia solvebatur)*, eine Rente von 100 solidi *(centum solidos)* zugestanden. Diese Rente sollte dem Kloster in der Weise zu Gute kommen, daß die *actores regii* von dem Geld gemäß dem *ordo cataboli* Öl zu kaufen *(oleum exinde actores regii, secundum quod ordo cataboli esset)*, und dieses den missi des Klosters jährlich zu übergeben hätten *(missis ipsius loci annuatim traderent)*. Weiter wird mitgeteilt, daß Dagobert Zollbefreiung für 6 Wagen, mit denen das Öl zum Kloster transportiert wurde, gewährt hätte. Als Orte, an denen der Zoll erhoben zu werden pflegte, werden Marseille, Valence, Fos und Lyon genannt.

Pirenne, Geburt, S. 89f., glaubte, daß das Öl vorzugsweise aus Nordafrika gekommen sei. Anders Ganshof, Bureaux, S. 126ff. Er hält es für möglich, daß es sich um ein Erzeugnis der Provence gehandelt habe. Verhulst, Handel, S. 6f., S. 9, S. 11 und S. 38, Nr. 89.

[34] Zur Deutung dieses pagus Verlinden, Samo, S. 1091; s. o., S. 99, Anm. 265.
[35] Zur Datierung vgl. Ganshof, Tonlieu, S. 298, Anm. 22, und S. 309f.

63 Gesta Dagoberti über den Goldschmied Eligius (629–638)
MG. SS. rer. Merov., 2, S. 396–425

20. Eligius, der vorzüglichste Goldschmied jener Zeit, fertigte ein großes Kreuz *(crucem etiam magnam)* aus reinem Gold und kostbarsten Edelsteinen für die Kirche von Saint-Denis. Auftraggeber des Eligius war König Dagobert.

64 Gesta Dagoberti über eine angebliche Zollschenkung für Saint-Denis.[36]
MG. SS. rer. Merov., 2, S. 396–425.

33. König Dagobert schenkte dem Kloster *portam ipsius civitatis, quae posita est iuxta carcerem Glaucini, quam negociator suus Salomon eo tempore praevidebat, cum omnibus teloneis* . . .

Vercauteren, La vie, S. 468f. Verhulst, Handel, S. 38, Nr. 90.

65 Gesta Dagoberti über die Schenkung des Jahrmarktes von Saint-Denis an das Kloster (um 635).[37]
MG. SS. rer. Merov., 2, S. 396–425.

34. Dagobert gesteht den Jahrmarkt *(annuale mercatum)*, der nach dem Fest der Märtyrer *(quod fit post festivitatem ipsorum . . . martyrum)* bei Saint-Denis abgehalten wurde, dem Kloster zu. Er überläßt gleichzeitig allen Zoll, der in der civitas Paris sowie an allen anderen Orten *infra ipsum pagum Parisiacum* erhoben wurde, ohne jede Ausnahme und Minderung dem Kloster.

Levillain, Études, IV, S. 10ff. L. tritt gegen Krusch, der die vom Verf. der *Gesta* benutzte Urkunde als Fälschung bezeichnet, für ihre Echtheit ein. Ganshof, Tonlieu caroling., S. 496. Derselbe, Tonlieu, S. 311, mit Datierung 634–35. Verhulst, Handel, S. 8 und S. 38, Nr. 91.

66 Gesta Dagoberti über eine Schenkung König Dagoberts I. (629–638) an das Kloster Saint-Denis.
MG. SS. rer. Merov., 2, S. 396–425.

35. Der König schenkte dem Kloster Güter, die angeblich ein *Sadregiselus dux Aquitaniorum*[38] besessen haben soll. Zu diesen Gütern gehörten Ländereien *cum salinis supra mare.*

67 Gesta Dagoberti über eine Schenkung an das Kloster Saint-Denis (629–638).
MG. SS. rer. Merov., 2, S. 396–425.

40. König Dagobert überließ dem Kloster Saint-Denis einen Zins von 800 Pfund Blei, der ihm in jedem zweiten Jahr *(in secundo semper anno)* aus Melle *(ex Metallo)* gezahlt wurde. Das Blei war zum Decken der Klosterkirche bestimmt. Der König setzte weiter fest, daß der Transport des Bleis von den königlichen sowie jenen Siedlungen übernommen wurde, die er selbst früher dem Kloster überlassen hatte *(ut tam per regales quam et per easdem villas, quas ipse antea eidem sancto loco contulerat, in alio semper anno adduceretur . . .)*.

[36] Diesem Bericht liegt eine auf den Namen Dagoberts I. gefälschte Urkunde zugrunde, die während der Herrschaft Ludwigs des Frommen angefertigt worden ist. Vgl. Ganshof, Note, S. 111, sowie Vercauteren, La vie, S. 468f.

[37] Zur Datierung Levillain, Études, IV, S. 14ff.

[38] Ein dux Aquitanorum dieses Namens ist nicht bekannt. Vgl. Levillain, Études, I, S. 103ff.

Billy-Brossard, Ateliers, S. 90, zum Namen des Ortes (*Metulum*, *Metalum* usw.), sowie zur angeführten Quelle.

68 Gesta patrum font. über den Kauf von Land und den Bau einer Kirche (um 649).[39]

1., S. 3f. Wandregisel kaufte *possessionem quae uocatur Bothmariacas . . . per uenditionis titulum* . . . um darauf sein Kloster zu errichten.
1., S. 9. Er erbaute eine Kirche *quadrifido opore*. Sie maß 290 Fuß in der Länge, 37 in der Breite.

69 Jonas, Vita Columb. über in Orléans lebende Syrer (610).[40]
SS. rer. Germ. in us. schol., S. 1–294.

21. Jonas berichtet, Columban sei, als er von Theuderich und Brunhild aus dem Frankenreich vertrieben werden sollte,[41] mit seinen Begleitern nach Orléans gekommen. Hier hätte er Potentius und einen Anderen in die urbs geschickt *(in urbe direxit)*, damit sie Lebensnotwendiges beschafften *(ut necessaria quaererent)*. Die Boten hätten aber nichts erreichen können, weil die Furcht vor dem König alle Einwohner beherrschte. Schließlich sei ihnen eine Frau *ex genere Sirorum* begegnet. Sie nahm die beiden mit in ihr Haus zu ihrem Mann *ex eodem Sirorum genere*, der seit vielen Jahren erblindet war. Es schließt sich die Erzählung über die Heilung des Blinden durch Columban an.

Scheffer-Boichorst, Syrer, S. 535, Bréhier, Colonies, S. 15f. Verhulst, Handel, S. 17f. und S. 35, Nr. 76.

70 Jonas, Vita Columb. über den Diebstahl eines Beutels mit Goldmünzen (610).[42]
SS. rer. Germ. in us. schol., S. 1–294.

22. Columban wurde, als er von Brunhild und Theuderich aus dem Reich gewiesen werden sollte,[43] mit einem Schiff die Loire hinab nach Nantes gebracht. Bei Tours gelangte das Schiff trotz des Widerstandes der Columban beigegebenen Bewachung in den Hafen *(portus)*, weil Columban das Grab des hl. Martin besuchen wollte. Während seiner Abwesenheit wurde das Schiff ausgeraubt. Unter den gestohlenen Gegenständen befand sich ein Beutel mit Goldmünzen *(sacellum cum aureis)*.

71 Vita Columb. über den Versuch, Columban von Nantes aus mit einem Schiff nach Irland zu schicken (610).[44]
SS. rer. Germ. in us. schol., S. 1–294.

23. Bischof Soffronius von Nantes sowie Graf Theudoaldus sollten auf königlichen Befehl dafür sorgen, daß sich Columban zur Rückkehr nach Irland einschiffte. Schließlich nahm ein Schiff *(navis)*, das irische Waren *(Scottorum[45] commercia)* gebracht hatte, alle Gerätschaften und die Begleiter des Columban auf.

Zimmer, Handelsverbindungen, S. 365ff., zum Weg, den Columban von Burgund bis zur Loiremündung nahm. Verhulst, Handel, S. 7 und S. 35, Nr. 77.

39 Die Datierung ergibt sich aus dem Zeitpunkt der Gründung des Klosters. Vgl. hierzu Hilpisch, St., in: LTheolK, 4, Sp. 198.
40 Zur Datierung Hauck, Kirchengeschichte, 1, S. 266.
41 Vgl., ebenda, S. 265f.
42 Zur Datierung Hauck, Kirchengeschichte, 1, S. 266.
43 Vgl. ebenda, S. 265f.
44 Ebenda, S. 266.
45 Zum Namen Zimmer, Handelsverbindungen, S. 390f.

72 Virt. Fursei über das Vermögen des Ermenflide (um 645).[46]
MG. SS. rer. Merov., 4, S. 440–449.

(9). Furseus erbat in Grandcourt, Dép. Somme *(in Grandicurte, in pago Atrabitense)* von Ermenflide, die viele *possessiones et pecunias* besaß, Hilfe.

73 Virt. Fursei über handwerkliche Tätigkeit des Eligius (um 650).[47]
MG. SS. rer. Merov., 4, S. 440–449.

(24). Eligius, *sanctus Dei*, stellte mit Sorgfalt *(diligenter)* eigenhändig *(manibus)* das Grabmal für Furseus her.

74 Vita Ansberti über die Verwendung eines Zinses für die Wiederherstellung kirchlicher Gebäude (zwischen 684 und etwa 690).[48]
MG. SS. rer. Merov., 5, S. 613–641.

17. Ansbert, Bischof von Rouen, verwandte den Zins *(census)*, der *de vicis publicis canonico ordine ad partem pontificis* gezahlt zu werden pflegte, zur Wiederherstellung kirchlicher Gebäude.

75 Vita Ansberti über die Translation des Audoin, Bischof von Rouen, in die bei Rouen gelegene Peterskirche und die Ausgestaltung seines Grabmales durch Bischof Ansbert (zwischen 684 und etwa 690).[49]
MG. SS. rer. Merov., 5, S. 613–641.

20. Ansbert veranlaßte die Translation der Reliquien des Audoenus. Er ließ aus verschiedenen Gegenden Handwerker kommen *(de diversis provintiis plures congregasset artifices)* und über dem Grab des Audoenus einen Baldachin *(repa)* von wunderbarer Größe errichten. Dieser Baldachin wurde mit Gold, Silber und kostbaren Edelsteinen geschmückt.

76 Vita Balthildis über den Kauf der Balthilde (um 650).[50]
MG. SS. rer. Merov., 2. S. 475–508.

(2) A.; berichtet, die Königin Balthilde, die von jenseits des Meeres *(de partibus transmarinis)* gekommen sei, sei zu einem wohlfeilen Preis gekauft worden *(vili pretio venundata)*. Weiter wird gesagt, Balthilde stamme *ex genere Saxonum*. B.; berichtet mit etwas anderen Worten das Gleiche.

Verhulst, Handel, S. 22 und S. 44, Nr. 121.

77 Vita Balthildis über den Verkauf von Gefangenen (um 660)[51]
MG. SS. rer. Merov., 2, S. 475–508.

[46] Levison, Vorzeit, S. 135.

[47] Zur Datierung Hennig, J., in: LTheolK, 4, Sp. 464. Furseus war Ire. Er wurde um 650 in Péronne in der Picardie begraben, vgl. Levison, Vorzeit, S. 135. Die Vita ist zeitgenössisch, ebenda.

[48] Zur Datierung vgl. Ewig, E., in: LTheolK, 1, Sp. 583. Nach Levison, Vorzeit, S. 139, wurde sie um 800 verfaßt.

[49] Ebenda.

[50] Zur Datierung vgl. Ewig, E., in: LTheolK, 2, Sp. 50.

[51] Zur Datierung vgl. Ewig, E., in: LTheolK, 2, Sp. 50.

(9) B.; der Verf. zählt es zu den größten Verdiensten der Königin Balthilde, daß sie den Verkauf gefangener Christen verhinderte. Sie verbot es, gefangene Christen in ein anderes Reich zu bringen *(in aliud regnum transmitteret)*. Sie ordnete an, daß Gefangene zurückgekauft würden und ließ sie frei, Männer und Mädchen ihrer eigenen Herkunft *(de gente sua)* vor allem wurden zum Eintritt in ein Kloster bestimmt. *Quantos autem, maxime domesticos, de utroque sexu blandiendo suadere potuit, eos per sancta monasteria commendavit* ...

Verhulst, Handel, S. 22 und S. 44, Nr. 122.

78 Vita Betharii ep. Carnot. über den Freikauf von Gefangenen (um 600).[52]
MG. SS. rer. Merov., 3, S. 612–619.

(9) Erzählt wird von Ereignissen, die sich während eines Kriegszuges zugetragen haben sollen, den Theuderich II. (595–613) von Burgund gegen den Reichsteil Chlothars II. unternahm. Betharius, Bischof von Chartres, war in die Gefangenschaft der Truppen Theuderichs geraten,[53] erwog aber trotzdem die Möglichkeit, Gefangene freizukaufen *(ut pretium daret pro redemptione captivorum)*. Die Vita berichtet, daß Betharius auf wunderbare Weise zu 500 solidi gekommen sei. Seine Feinde seien dadurch veranlaßt worden, einen kleinen Teil *(aliquantulam)* der Gefangenen zurückzugeben.

79 Vita Eligii über die Arbeit eines Goldschmiedes und über den Freikauf Gefangener (vor dem 13. Mai 641.)[54]
MG. SS. rer. Merov., 4, S. 634–742.

I. 10. Eligius stellte zum Gebrauch des Königs *(in usu regis)* Gegenstände her, zumeist aus Gold und Edelsteinen. Es wird erzählt, daß Eligius arbeitend *(fabricans) in defossum* gesessen habe, ihm gegenüber sein Gehilfe *(vernaculus eius)*, der sächsischer Herkunft gewesen sei und später selbst ein verehrungswürdiges Leben *(venerabilem vitam)* geführt hätte. An der gleichen Stelle wird erzählt, daß Eligius mitunter bis zu 20, 30, oder 50 Gefangene gleichzeitig freikaufte. Manchmal aber habe er eine ganze Schar und bis zu 100 Seelen, beiderlei Geschlechts und unterschiedlicher Herkunft, nämlich Römer, Gallier, Briten, Mauren, vor allem aber solche sächsischer Herkunft *(sed praecipuae ex genere Saxonorum)* beim Verlassen des Schiffes *(cum navem egrederentur)* befreit.

Verhulst, Handel, S. 40, Nr. 100, mit der Datierung: Um 641. Verhulst bezieht den Bericht auf Marseille.

80 Vita Eligii über kirchliche Bautätigkeit in Paris (um 635).[55]
MG. SS. rer. Merov., 4, S. 634–742.

I. 18. Errichtet wird die Grabkirche eines Nonnenklosters sowie eine Basilika. Beide Gebäude wurden mit Blei gedeckt.

81 Vita Eligii über kirchliche Bautätigkeit in Paris und Tours (zwischen 629 und 638).[56]
MG. SS. rer. Merov., 4, S. 634–742.

I. 32. Eligius *inter cetera bonorum operum insignia multa sanctorum auro argentoque et gemmis fabricavit sepulchra, id est Germani, Severini, Piatonis, Quintini, Lucii, Genovefae,*

[52] Zur Datierung vgl. Duchesne, Fastes, 2, S. 427f.
[53] Vgl. hierzu ebenda.
[54] An diesem Tage wurde Eligius Bischof, vgl. Duchesne, Fastes, 3, S. 103.
[55] Zur Datierung Friedemann, Paris, S. 15.
[56] Diese Datierung ergibt sich aus der Regierungszeit Dagoberts I.

Columbae, Maximiani et Loliani, Juliani ... In Tours errichtete er ein Grabmal für den hl. Martin *Dagoberto rege inpensas praebente miro opificio ex auro et gemmis* ... Eligius *fabricavit et mausoleum sancti martiris Dionisii Parisius civitate et tugurium super ipsum marmorem miro opere de auro et gemmis.*

82 Vita Eligii über in Noyon lebende Handwerker (zwischen dem 13. Mai 641 und dem 1. Dezember 660).[57]
MG. SS. rer. Merov., 4, S. 634–742.

II. 34. Eligius befahl, als er einen Schaden in einer Wand der Kirche des hl. Medardus entdeckte, daß sofort ein Handwerker herbeigerufen werde *(continuo artificem vocari)*. Er sollte die Wand auf der Stelle durch *liniamentis* sichern.

Vercauteren, Études, S. 168, mit der Datierung: um 658.

83 Vita Eligii über das Anbringen eines Baldachins über dem Grab des Eligius (nach dem 1. Dezember 660, vor 665).[58]
MG. SS. rer. Merov., 4, S. 634–742.

II. 41. Die Königin Balthilde befahl, daß für das Grab des Eligius ein Baldachin *(crepam)* aus Gold und Silber hergestellt werde. Sie gewährte für diesen Zweck *copiosam molem argenti et auri.*

84 Vita Eligii über die Gewährung von Almosen (nach dem 1. Dezember 660).[59]
MG. SS. rer. Merov., 4, S. 634–742.

II. 55. Graf Garefredus traf bei der Episkopalkirche in Noyon auf eine Anzahl Arme. Er hatte zu wenig bei sich, um ein Almosen geben zu können, kam aber durch ein Wunder zu Gold *(aurum)*.

85 Vita Eligii über den Handel mit Reliquien (nach dem 1. Dezember 660).[60]
MG. SS. rer. Merov., 4, S. 634–742.

II. 72. Berichtet wird von einem Mann, der auf eigenem, in der Nähe von Reims *(a confinio Remensis urbis)* gelegenen Grund und Boden eine Kirche errichtete. Da er für diese Kirche Reliquien des Eligius erwerben wollte, ging er nach Noyon *(ad municipium Noviomagense)*. An die Wundergeschichte von der Bestrafung eines habgierigen Klerikers knüpft der Verf. die Betrachtung, dies alles sei zweifelsohne nur geschehen, um die Habgier derjenigen zunichte zu machen, die sich nicht scheuen, die Bilder der Heiligen für Gold zu verkaufen *(pecunia accepta, sanctorum pignora venundare)*.

86 Vita Filiberti über die Befreiung Gefangener und über den blühenden Handel des Klosters Jumièges (zwischen 654 und 676).[61]
MG. SS. rer. Merov., 5, S. 568–612.

[57] Die Datierung ergibt sich aus dem Tag der Erhebung des Eligius zum Bischof und seinem Todestag. Zu diesen Daten Duchesne, Fastes, 3, S. 103f.

[58] Die Datierung ergibt sich aus dem Todestag des Eligius, vgl. hierzu ebenda, und dem Zeitpunkt, zu dem Balthilde zum Eintritt in das Kloster Chelles gezwungen wurde. Hierzu Levillain, Études, III, S. 59.

[59] An diesem Tag starb Eligius; vgl. hierzu Duchesne, Fastes, 3, S. 103f. Das von der Quelle wiedergegebene Ereignis gehört nach deren Angaben in die Zeit nach dem Tod des Eligius.

[60] An diesem Tag starb Eligius; vgl. hierzu Duchesne, Fastes, 3, S. 103f. Das von der Quelle wiedergegebene Ereignis gehört nach deren Angaben in die Zeit nach dem Tod des Eligius.

[61] Zur Datierung Böhne, W., in: LTheolK, 8, Sp. 446f.

(23) Filibertus verwandte das Geld, das ihm in beträchtlicher Menge *(copia ... argenti)* durch königliches Geschenk und die Großzügigkeit der Gläubigen *(fidelium)* zufloß, um Gefangene freizukaufen *(in captivorum redemptione)* und um Almosen an Arme zu geben. Er schickte *monachos suos propter hoc honustis navibus partibus transmarinis*, und die Scharen der von ihm freigekauften Gefangenen lobten die Macht Christi. Weiter wird erzählt, Filibertus hätte befohlen, daß, wenn er zum Vorteil der Mönche *(pro fratrum conpendia)* Handel betreiben ließ, mehr gegeben werde, als zu geben von Laien die Gewohnheit verlangte. Deshalb blühte zur Freude des benachbarten Volkes *(gaudente vicino populo)* der Handel *(exuberabat commertium)*.

Verhulst, Handel, S. 43, Nr. 115.

87 Vita Filiberti über zwischen Noirmoutier und Bordeaux bestehenden Schiffsverkehr (nach 676, vor dem 20. August 685).[62]
MG. SS. rer. Merov., 5, S. 566–612.

(37) Berichtet wird, es sei ein Bote vom Hafen *(de porto maris)* zum Kloster gekommen, um die Ankunft eines Schiffes zu melden. Das Schiff kam aus Bordeaux *(a Burdegalinse urbe)*, und war mit vierzig Scheffel *(quadraginta modia)* Öl beladen. Weiter wird mitgeteilt, daß das Öl dem Filibertus von Freunden *(ab amicis)* geschickt worden und für die Beleuchtung des Klosters bestimmt gewesen sei.

Pirenne, Geburt, S. 90. Verhulst, Handel, S. 8 und S. 43, Nr. 116.

88 Vita Filiberti über von den britischen Inseln nach Noirmoutier kommende Seeleute (nach 676, vor dem 20. August 685).[63]
MG. SS. rer. Merov., 5, S. 568–612.

(40). Seeleute, die von den britischen Inseln kamen (Brittones nautici), stahlen dem Kloster einen jungen Stier *(iovencum)*.

Verhulst, Handel, S. 7 und S. 43, Nr. 117.

89 Vita Filiberti über von den britischen Inseln nach Noirmoutier kommende Schiffe (nach 676, vor dem 20. August 685.)[64]
MG. SS. rer. Merov., 5, S. 568–612.

(41). Filibertus läßt den Seeleuten britischer Schiffe, die wegen fehlenden Windes am Meeresufer festgehalten wurden, zwei Rinder *(animalia)*, sowie Mehl und Brot bringen. Den Seeleuten drohte wegen des unvorhergesehenen Aufenthaltes Hunger.

Verhulst, Handel, S. 7 und S. 43, Nr. 118.

90 Vita Filiberti über ein von den britischen Inseln nach Noirmoutier kommendes Schiff und über die Güter, die dieses Schiff geladen hatte (nach 676, vor dem 20. August 685).[65]
MG. SS. rer. Merov., 5, S. 568–612.

[62] Zur Datierung ebenda.
[63] Zur Datierung ebenda.
[64] Zur Datierung ebenda.
[65] Zur Datierung ebenda.

(42). Erzählt wird, daß *Scothorum navis*, beladen mit verschiedenen Waren *(diversis mercimoniis plena)* zur Küste gekommen sei. Es hätte die Mönche mit einer großen Menge *(larga copia)* Schuhwerk *(calciamenta)* und Kleider *(vestimenta)* versorgt.

Verhulst, Handel, S. 7 und S. 43f., Nr. 119.

91 Vita Lantberti über Geld und Ausrüstung eines Angehörigen der weltlichen Feudalaristokratie (um 665).[66]
MG. SS. rer. Merov., 5, S. 606–612.

(1). Lantbert, der zur Zeit des Abtes Wandregisel in Fontenelle Mönch wurde, übergab am Tage seines Eintrittes in das Kloster neben verschiedenen anderen Geschenken siebzig Goldsolidi *(auri solidos)* sowie *quod in ornamentis suis fabrefactorio opere insitum erat, in baltheo videlicet, zonis atque armillis.*

92 Vita Lantberti über die Erwerbung von Salinen durch das Kloster Fontenelle (vor Ende 678).[67]
MG. SS. rer. Merov., 5, S. 606–612.

(3). Dem Kloster wurde während der Abtzeit des Lantbert am Meer gelegenes Land geschenkt. Auf diesem Land befanden sich *areas salinarum piscationumque.*

93 Vita Lonoghylii über einen in der königlichen Pfalz tätigen Bäcker und über die Gründung des Klosters St. Longis[68] (zwischen 613 und 629).[69]

(6). Angnofleda, die Gefährtin des Lonoghylius, ging in der königlichen Pfalz zum Ofen *(ad fornacem)*, in dem das Brot *ad opus regi* gebacken wurde. Sie bat den Bäcker *(pistorem)* um Feuer. Weiter wird berichtet, der König habe dem Lonoghylius eine jährliche Rente von 10 Pfund Silber zugestanden *(spospondit annis singulis argentum daturum quasi libras X ad stipendia sua).* Lonoghylius verwandte dieses Geld, um Land und *quaeque necessaria* für die Klostergründung zu beschaffen.

94 Vita Richarii über den Loskauf Gefangener (nach 640).[70]
MG. SS. rer. Merov., 7, S. 438–453.

(7). Der Verf. berichtet von der Absicht des Richarius von Centula, dem späteren Saint-Riquier, *ultra mare in Saxonia* Gefangene *(captivos)* loszukaufen, und von der Verwirklichung dieser Absicht.

95 Vita Sadalbergae über den Bau eines Klosters im suburbium von Langres (um 650).[71]
MG. SS. rer. Merov., 5, S. 40–66.

(12). Der Verf. berichtet, daß Walbertus[72] der Sadalberga *artificesque ac viros industrios* für den beabsichtigten Klosterbau zur Verfügung stellte.

[66] Zur Datierung Böhne, W., in: LTheolK, 6, Sp. 757.

[67] Zur Datierung Duchesne, Fastes, 2, S. 171.

[68] Bei Mamers im Dép. Sarthe; vgl. hierzu die Anm. 4 des Hg. auf S. 434.

[69] Von der Quelle wird im Zusammenhang mit dem geschilderten Ereignis ein König Chlothar erwähnt. Es handelt sich um Chlothar II., vgl. hierzu ebenda. Vgl. Ewig, Teilreiche II, Anm. 62 auf S. 103.

[70] Zur Datierung Bieler, L., in: LTheolK, 8, Sp. 1296.

[71] Zur Datierung Cordini, G. D., in: LTheolK, 9, Sp. 55–56.

[72] Abt. von Luxeuil von etwa 630 bis 670; vgl. Böhne, W., in: LTheolK, 10, Sp. 932–933.

96 Vita Sadalbergae über den Kauf eines Fisches in Laon (um 650).[73]
MG. SS. rer. Merov., 5, S. 40–66.

(23). Der Verf. berichtet, es habe dem von der Sadalberga in Laon begründeten Frauenkloster an Fisch gefehlt. Durch göttliche Fügung begegnete der Erzdiakon Basinus, als er sein Haus verließ, einem Mann, der einen Fisch von wunderbarer Größe trug. Diesen Fisch brachte er zum Kloster *dato dumtaxat pretio.*

97 Vita Winebaudi über einen Kauf von Kleidern (um 610).[74]
AA SS., 6. April, 1, S. 569–573.

11. Der Verf. berichtet, daß Winebaudus, als er sich in Paris aufhielt, Gefangene aus dem Kerker befreite. Er kleidete sie *dato pretio vestimenta mercatus.*

73 Zur Datierung Cordini, G. D., in: LTheolK, 9, Sp. 255–256.
74 Winebaudus, Abt des Klosters St. Lupus in Troyes. Er starb um 620; vgl. hierzu die Angaben der Hgg.

ANHANG

Nr. I Verzeichnis der Prägeorte des Untersuchungsgebietes (Anfang des 7. bis Anfang des 8. Jahrhunderts)[1]

76	Allonnes (Sarthe)	Prou, Nr. 426 u. 427.
	vicus	Belfort, Nr. 66–74. Drittelgoldsolidi. Nr. 69 von Dagobert I.
65	Alluyes (Eure-et-Loir)	Prou, Nr. 571, Denar.
	vicus	Belfort, Nr. 99, Denar u. Nr. 5897, ohne Angabe.
93	Amboise (Indre-et-Loire)	Prou, Nr. 348–362. Drittelgoldsolidi.
	vicus	Belfort, Nr. 104–122. Drittelgoldsolidi.
23	Amiens (Somme)	Prou, Nr. 1107–1115. Drittelgoldsolidi.
	civitas	Nr. 1107 von Chlodwig II.
		Belfort, Nr. 129–140. Drittelgoldsolidi.
115	Angers (Maine-et-Loire)	Prou, Nr. 506–527. Drittelgoldsolidi.
	civitas	Belfort, Nr. 156–190 u. Nr. 5906–5908. Drittelgoldsolidi.
	Kathedralkirche von Angers	Prou, Nr. 528. Drittelgoldsolidus.
41	Arcis-sur-Aube (Aube)	Prou, Nr. 609 u. 610. Drittelgoldsolidi.
117b	Aron (Mayenne)	Belfort, Nr. 317. Drittelgoldsolidus.
5	Arpajon (Seine-et-Oise), ehemals Châtre	Prou, Nr. 829–833. Drittelgoldsolidi.
	castrum, vicus	Belfort, Nr. 1430–1435 u. Nr. 6108. Drittelgoldsolidi.
77	Assé-le-Riboul (Sarthe, a. Mamers, c. Beaumont-sur-Sarthe)	Prou, Nr. 430. Drittelgoldsolidius
46	Auxerre (Yonne)	Prou, Nr. 584 u. 585. Drittelgoldsolidus. Denar.
	civitas	Belfort, Nr. 577-582 u. Nr. 5992–6001. Drittelgoldsolidi, Denare.
44	Avallon (Yonne)	Belfort, Nr. 1–3. Drittelgoldsolidi.
46a	Avigneau (Yonne, a. Auxerre, c. Escampes)	Belfort, Nr. 4. Denar.
38a	Avize (Marne, ar. Epernay) castrum	Belfort, Nr. 587. Drittelgoldsolidus.
120	Avranches (Manche)	Prou, Nr. 293–296. Drittelgoldsolidi.
		Belfort, Nr. 8–14. Drittelgoldsolidi.
88b	Baillou (Loir-et-Cher, ar. Vendôme, c. Mondoubleau)	Belfort, Nr. 622. Drittelgoldsolidus.

[1] Das Verzeichnis erläutert die Karte Nr. 1. Es wurde erarbeitet auf der Grundlage von Prou, Monnaies mérovingiennes (im Verzeichnis: Prou), und von Belfort, Description, 1–5 (im Verzeichnis: Belfort). Auf neuere Literatur wird im Verzeichnis nur dann verwiesen, wenn durch sie Plätze als Münzorte nachgewiesen werden, die als solche bisher nicht belegt waren, oder wenn sie die Kenntnisse über die Prägetätigkeit eines bestimmten Ortes in wesentlichen Punkten erweitert. Diese Literatur wird im Verzeichnis mit den Abkürzungen zitiert, unter denen sie in der Arbeit auch sonst erscheint. Die arabischen Ziffern vor den Ortsnamen verweisen auf die entsprechenden Nummern im Kartenbild. Die amtlichen Angaben zur Lage der Orte sowie die Namensformen werden gegeben nach dem „Dictionnaire national des communes de France“, 18. Aufl., Paris 1965.

116	Bais (Dép. u. ar. Mayenne) vicus	Prou, Nr. 436. Drittelgoldsolidus.
94	Ballan, heute Ballan-Miré (Indre-et-Loire, ar. Tours, c. Montbazon) vicus	Prou, Nr. 363 u. 364. Drittelgoldsolidi. Belfort, Nr. 621. Drittelgoldsolidus.
78	Ballon (Sarthe)	Prou, Nr. 431–435. Drittelgoldsolidi. Belfort, Nr. 613–620. Drittelgoldsolidi.
72	Bayeux (Calvados) civitas	Prou, Nr. 280–286. Drittelgoldsolidi. Belfort, Nr. 6006–6008. Drittelgoldsolidi.
126a	Beaucé (Ille-et-Vilaine, ar. Fougères, c. Fougères-Nord.)	Prou, Nr. 501 u. 502. Drittelgoldsolidi.
79	Beaufay (Sarthe)	Prou, Nr. 437–439. Drittelgoldsolidi.
131	Béré (Loire-Atlantique), heute Teil von Châteaubriant? [2]	Prou, Nr. 543 u. 544. Drittelgoldsolidi.
37	Binson, heute Binson-et-Orquigny (Marne, ar. Reims, c. Châtillon-sur-Marne)	Prou, Nr. 1062 u. 1063. Drittelgoldsolidi. Belfort, Nr. 599 u. 600. Drittelgoldsolidi.
95	Bléré (Indre-et-Loire)	Prou, Nr. 367. Drittelgoldsolidus.
55	Blois (Loir-et-Cher) castrum	Prou, Nr. 572–577. Drittelgoldsolidi. Belfort, Nr. 872–880, Nr. 6048 und 6049. Drittelgoldsolidi.
26a	Bonneuil (Oise, ar. Senlis, c. Crepy-en-Valois)	Belfort, Nr. 912. Drittelgoldsolidus.
84a	Bouloire (Sarthe)	Belfort, Nr. 903. Drittelgoldsolidus.
96	Bourgueil (Indre-et-Loire)	Prou, Nr. 365. Drittelgoldsolidus. Le Gentilhomme, Notes, S. 58. Denar.
110	Braye s. u. Reignac	
97	Brèches (Indre-et-Loire, ar. Tours, c. Château-Vallière)	Prou, Nr. 366. Drittelgoldsolidus.
50	Briare (Loiret)	Prou, Nr. 586 u. 587. Drittelgoldsolidi. Belfort, Nr. 942 u. 943.
100a	Bridoré (Indre-et-Loire, ar. u. c. Loches)	Belfort, Nr. 988 u. 989. Drittelgoldsolidi.
45	Brienne-la-Vieille (Aube, ar. Bar-sur-Aube, c. Brienne-le-Château)	Prou, Nr. 611. Drittelgoldsolidus. Belfort, Nr. 944 u. 945.
137	Brinon-sur-Sauldre (Cher)	Prou, Nr. 649. Drittelgoldsolidus.
106a	Brizay (Indre-et-Loire, ar. Chinon, c. L'Ile-Bouchard) vicus	Belfort, Nr. 1031–1035. Drittelgoldsolidi.
80	Brulon (Sarthe, ar. La Flèche)	Prou, Nr. 440 u. 441. Drittelgoldsolidi. Belfort, Nr. 1037. Drittelgoldsolidus.
18	Bury (Oise)	Prou, Nr. 1104. Drittelgoldsolidus.
132	Campbon (Loire-Atlantique)	Prou, Nr. 546–553. Drittelgoldsolidi.
98	Candes-Saint-Martin (Indre-et-Loire, ar. et. c. Chinon) vicus	Prou, Nr. 375–377. Drittelgoldsolidi.

[2] Der Ort erscheint nicht mehr im „Dictionnaire". Wahrscheinlich ist er einem der benachbarten größeren Orte (Châteaubriant?) eingegliedert worden.

105b	Cangey (Indre-et-Loire, ar. Tours, c. Amboise) vicus	Belfort, Nr. 1387. Drittelgoldsolidus.
28a	Carignan (Ardennes, ar. Sedan)	Belfort, Nr. 1893 und 1894.
32a	Chailly-en-Brie (Seine-et-Marne, ar. Meaux, c. Coulommiers)	Belfort, Nr. 1325–1328. Drittelgoldsolidi.
35	Châlons-sur-Marne (Marne) civitas	Prou, Nr. 1070–1072. Drittelgoldsolidi. Belfort, Nr. 1458–1462. Drittelgoldsolidi.
33	Chambly (Oise)	Prou, Nr. 1105 u. 1106. Drittelgoldsolidi.
84b	Champagné (Sarthe, ar. Le Mans, c. Montfort-le-Rotrou), Chapelle-Lasson[3]	Belfort, Nr. 1359 u. 1360. Drittelgoldsolidi.
34	Charly (Dép. Aisne)	Prou, Nr. 1064. Drittelgoldsolidus.
1a	Charonne (gehört heute zu Paris) vicus	Belfort, Nr. 1415. Drittelgoldsolidus.
66	Chartres (Eure-et-Loir)	Prou, Nr. 569 u. 570. Drittelgoldsolidus. Denar. Belfort, Nr. 1409–1412 u. Nr. 6104. Nr. 1412 u. Nr. 6194 Denar.
67	Châteaudun (Eure-et-Loir)	Lafaurie, Savonnières, S. 384. Denar. Prou, Nr. 2216.[4]
48a	Château-Landon (Seine-et-Marne, ar. Melun) castrum	Belfort, Nr. 226. Drittelgoldsolidus.
36	Château-Thierry (?), früher Odomus	Prou, Nr. 1065–1068. Drittelgoldsolidi. Belfort, Nr. 3274–3278. Drittelgoldsolidi.
5	Châtre s. u. Arpajon	
121	Cherbourg (Manche)	Prou, Nr. 302. Drittelgoldsolidus.
81	Chevillé (Sarthe, ar. La Fleche, c. Brûlon)	Prou, Nr. 442. Drittelgoldsolidus.
99	Chinon (Indre-et-Loire) castrum	Prou, Nr. 373. Drittelgoldsolidus. Belfort, Nr. 1315. Drittelgoldsolidus. Belfort, Nr. 1316. Denar.
74	Ciral (Orne, ar. Alençon, c. Carrouges)	Prou Nr. 470–472. Drittelgoldsolidi. Belfort, Nr. 4149–4152. Drittelgoldsolidi.
100	Ciran (Indre-et-Loire, ar. Loches, c. Ligueil) vicus	Prou, Nr. 374. Drittelgoldsolidus.
31	Claye (Seine-et-Marne, heute Claye-Souilly) vicus	Prou, Nr. 891 u. 892. Drittelgoldsolidi. Belfort, Nr. 1575 u. 1576 Drittelgoldsolidi.

[3] La Chapelle-Lasson entfällt für das Untersuchungsgebiet als Münzort. Die von Prou diesem Ort zugeschriebenen Münzen wurden nicht hier, sondern im pagus Latiscensis geprägt. Vgl. hierzu LE GENTILHOMME, Buis, S. 121. Der pagus Latiscensis erhielt seinen Namen von Latisco, einer Befestigung auf dem Mont-Lassois (Côte d'Or). Vgl. hierzu LONGNON, Texte, S. 96. In Latisco müßte sich also jenes von Prou in La Chapelle-Lasson vermutete Münzatelier befunden haben.

[4] Diese Münze wurde von Prou bei den Münzen von Poitiers eingeordnet. Sie ist aber lt. Lafaurie in Châteaudun geprägt worden. LAFAURIE, Routes, S. 232.

82	Cormes (Sarthe, ar. Mamers, c. La Ferté-Bernard)	Prou, Nr. 446–448. Drittelgoldsolidi. Belfort, Nr. 1641–1645. Drittelgoldsolidi. Nr. 1641 von Dagobert I.
97a	Couesmes (Indre-et-Loire, ar. Tours, c. Château-la-Vallière) vicus	Belfort, Nr. 4066 u. 4067. Drittelgoldsolidi.
32	Coulommiers (Seine-et-Marne) vicus	Prou, Nr. 893. Drittelgoldsolidus.
122	Coutances (Manche)	Prou, Nr. 299 u. 300. Drittelgoldsolidi. Belfort, Nr. 1681–1683. Drittelgoldsolidi.
	Crécy-en-Brie (Seine-et-Marne) vicus	Prou, Nr. 894 Drittelgoldsolidus.[5]
2	Créteil, Le port de (Seine) portus	Prou, Nr. 871 u. 872. Drittelgoldsolidi.
83	Crissé (Sarthe, ar. Le Mans, c. Sillé-le-Guillaume)	Prou, Nr. 449. Drittelgoldsolidus. Belfort, Nr. 1658 u. 1659. Drittelgoldsolidi.
78a	Dangeul (Sarthe, ar. Mamers, c. Marolles-les-Brault) vicus	Belfort, Nr. 4020–4024. Drittelgoldsolidi.
101	Dierre (Indre-et-Loire, ar. Tours, c. Bléré) vicus	Prou, Nr. 378–383. Drittelgoldsolidi. Belfort, Nr. 6154 u. 6155. Ohne Angabe.
6	Dourdan (Seine-et-Oise)	Prou, Nr. 560 u. 561. Drittelgoldsolidi.
7	Draveil (Seine-et-Oise) castrum	Prou, Nr. 841. Drittelgoldsolidus.
68	Dreux (Eure-et-Loire)	Prou, Nr. 578. Drittelgoldsolidus.
8	Essonnes (Seine-et-Oise) vicus	Prou, Nr. 842–847. Drittelgoldsolidi. Belfort, Nr. 1909–1920 u. Nr. 6180. Drittelgoldsolidi.
102	Esvres (Indre-et-Loire) vicus	Prou, Nr. 384 u. 385. Drittelgoldsolidi.
9	Étampes (Seine-et-Oise) castrum	Prou, Nr. 567 u. 568. Drittelgoldsolidi. Belfort, Nr. 4190–4192. Drittelgoldsolidi. Belfort, Nr. 4193. Denar.
41b	Etrelles (Aube)	Belfort, Nr. 1905. Drittelgoldsolidus.
73	Evrecy (Calvados)	Prou, Nr. 287–291. Drittelgoldsolidi.
126b	Fleurigné (Ille-et-Vilaine)	Belfort, Nr. 1933. Ohne Angabe.
90a	Fyé (Sarthe, ar. Mamers, c. Saint-Paterne)	Belfort, Nr. 830–836. Drittelgoldsolidi.
103	Génillé (Indre-et-Loire) vicus	Prou, Nr. 386. Drittelgoldsolidus.
3	Gentilly (Seine) vicus	Prou, Nr. 848 u. 849. Drittelgoldsolidi.
11a	Gif-sur-Yvette (Seine-et-Oise)	Belfort, Nr. 232. Drittelgoldsolidus.
116a	Izé (Dép. und ar. Mayenne)	Belfort, Nr. 136. Drittelgoldsolidus.
117a	Jublains (Mayenne) vicus	Prou, Nr. 450, Nr. 451 u. 451 bis. 1 Drittelgoldsolidus. 2 Denare. Belfort, Nr. 1735–1737. Nr. 1735 Drittelgoldsolidus. Nr. 1736 u. 1737 Denare.

[5] Gehört nach Cressy-sur-Somme (Saône-et-Loire). Vgl. LAFAURIE, Routes, S. 253. DERSELBE, Pièces, S. 295.

70	Jumièges (Seine-Maritime)	Prou, Nr. 274 u. 275. Denare. Belfort, Nr. 1960–1962. Nr. 1961 Denar.
84c	Laigné-en-Belin (Sarthe, ar. Le Mans, c. Ecommoy)	Belfort, Nr. 2099. Drittelgoldsolidus.
43b	Laines-aux-Bois (Aube, ar. u. c. Troyes)	Belfort, Nr. 2100 u. 2101. Drittelgoldsolidi.
104	Langeais (Indre-et-Loire) vicus	Prou, Nr. 346 u. 347. Drittelgoldsolidi. Belfort, Nr. 91–92. Drittelgoldsolidi.
24	Laon (Aisne)	Prou, Nr. 1049–1053. Drittelgoldsolidi. Belfort, Nr. 2236 u. 2237. Nr. 6207–6218. Drittelgoldsolidi und Denare.
123	Lassay (Mayenne) vicus	Prou, Nr. 452–456. Drittelgoldsolidi.
36a	Latilly (Aisne, ar. Château-Thierry)	Belfort, Nr. 2098 u. 6203. Ohne Angabe.
14	Lieusaint (Seine-et-Marne, ar. Melun, c. Brie-Comte-Robert)	Prou, Nr. 850–861. Drittelgoldsolidi. Belfort, Nr. 2202–2219. Drittelgoldsolidi.
18a	Lieuvillers (Oise, ar. Clermont)	Belfort, Nr. 2220 u. 2221. Drittelgoldsolidus. Denar.
105a	Limeray (Indre-et-Loire, ar. Tours, c. Amboise)	Prou, Nr. 388 u. 389. Drittelgoldsolidi.
107a	Loches (Indre-et-Loire)	Belfort, Nr. 2130. Drittelgoldsolidus.
84	Mans, Le (Sarthe) civitas	Prou, Nr. 416–425. Drittelgoldsolidi. Denare. Belfort, Nr. 1490–1506. Drittelgoldsolidi. Denare.
	Kathedralkirche von Le Mans	Belfort, Nr. 1507 u. 1508. Denare.
127	Marcillé-Robert (Ille-et-Vilaine, ar. Rennes, c. Rotiers)	Prou, Nr. 503. Drittelgoldsolidus. Belfort, Nr. 2391. Drittelgoldsolidus.
56	Marcilly-en-Gault (Loir-et-Cher)	Prou, Nr. 650–653. Drittelgoldsolidi.
39a	Marcilly-le-Hayer (Aube, ar. Nogent-sur-Seine)	Belfort, Nr. 2392–2396. Drittelgoldsolidi.
117	Mayenne (Mayenne) castrum	Belfort, Nr. 2874. Ohne Angabe.
85	Mayet (Sarthe)	Prou, Nr. 457. Drittelgoldsolidus.
15	Meaux (Seine-et-Marne) civitas	Prou, Nr. 885–890. Drittelgoldsolidi. Nr. 890 Denar. Belfort, Nr. 2857–2870 und Nr. 6274. Drittelgoldsolidi und Denare.
16	Melun (Seine-et-Marne)	Prou, Nr. 562–566. Drittelgoldsolidi. Belfort, Nr. 2823–2827 u. Nr. 6272. Drittelgoldsolidi.
10	Ménouville (Seine-et-Oise, ar. Pontoise, c. Marines)	Prou, Nr. 278. Drittelgoldsolidus.
9a	Milly-le-Forêt (Seine-et-Oise, ar. Corbeil-Essonnes)	Belfort, Nr. 2822. Drittelgoldsolidus.
106	Mougon (Indre-et-Loire)[6]	Prou, Nr. 390. Drittelgoldsolidus. Belfort, Nr. 2828. Drittelgoldsolidus.

[6] Der Ort erscheint nicht mehr im „Dictionnaire“. Wahrscheinlich ist er einem der benachbarten größeren Orte eingegliedert worden.

17	Moussy (Seine-et-Marne, ar. Meaux, c. Dammartin-en-Goele) vicus	Prou, Nr. 862 u. 863. Drittelgoldsolidi.
107	Mouzay (Indre-et.-Loire, ar. Loches, c. Ligueil) vicus	Prou, Nr. 391. Drittelgoldsolidus. Belfort, Nr. 3091. Drittelgoldsolidus.
28	Mouzon (Ardennes) vicus, castrum	Prou, Nr. 1037–1044. Drittelgoldsolidi. Belfort, Nr. 3070–3084. Drittelgoldsolidi.
9b	Nanteau-sur-Essonnes (Seine-et-Marne, ar. Melun) (?)[7]	Belfort, Nr. 152. Drittelgoldsolidus.
133	Nantes (Loire-Atlantique)	Prou, Nr. 534–542. Drittelgoldsolidi. Die Zuordnung von Nr. 534 u. 537 zum Münzatelier Nantes ist nicht völlig gesichert. Belfort, Nr. 3092–3122. Drittelgoldsolidi.
69	Néaufles-Saint-Martin (Eure)	Prou, Nr. 277. Drittelgoldsolidus.
86	Neuvy-en-Champagne (Sarthe, ar. Le Mans, c. Conlie) vicus	Prou, Nr. 464–468. Drittelgoldsolidi.
108	Neuvy-le-Roi (Indre-et-Loire)	Prou, Nr. 392 u. 393. Drittelgoldsolidi.
123a	Niort-la-Fontaine (Mayenne, ar. Mayenne, c. Lassay)	Belfort, Nr. 3215. Drittelgoldsolidus.
47	Nitry (Yonne, ar. Avallon, c. Noyers)	Prou, Nr. 591 u. 592. Drittelgoldsolidi.
87	Noyen-sur-Sarthe (Sarthe)	Prou, Nr. 460–463. Drittelgoldsolidi. Belfort, Nr. 3236–3243. Drittelgoldsolidi.
19	Noyon (Oise)	Prou, Nr. 1077. Drittelgoldsolidus. Belfort, Nr. 3232–3235. Drittelgoldsolidi.
38	Oiry (Marne) vicus	Prou, Nr. 1045 u. 1046. Drittelgoldsolidi.
87a	Oizé (Sarthe)	Belfort, Nr. 436–438. Nr. 436 u. 437 Drittelgoldsolidi. Nr. 438 Denar.
51	Orléans (Loiret) civitas	Prou, Nr. 616–647. Nr. 617 von Chlodwig II. Prou, Nr. 2671. Drittelgoldsolidus.[8] Nr. 618–641 Drittelgoldsolidi. Nr. 642–647 Denare. Belfort, Nr. 482–562, und Nr. 5975–5986. Drittelgoldsolidi und Denare. Le Gentilhomme, Notes, S. 53ff., 1 Drittelgoldsolidus von Dagobert I.
	Kirche Saint-Aignan	Belfort, Nr. 5987. Drittelgoldsolidus.
	Kloster Saint-Mesmin (?)	Prou, Nr. 648. Drittelgoldsolidus.
68a	Pacy-sur-Eure (Eure, ar. Evreux)	Belfort, Nr. 3314. Drittelgoldsolidus.

[7] Einen zweiten Ort gleichen Namens, Nanteau-sur-Lunain, gibt es im Dép. Seine-et.-Marne, ar. Melun, c. Nemours. Er liegt etwa 30 km osö Nanteau-sur-Essonnes. Eine sichere Entscheidung für einen der beiden Orte ist mir nicht möglich. Kartiert wurde Nanteau-sur-Essonnes, da durch die geringe Entfernung der beiden Orte voneinander das Kartenbild nicht wesentlich beeinflußt wird.

[8] Diese Münze wurde von Prou bei den ihrer Herkunft nach nicht bestimmbaren eingeordnet. Sie wurde lt. Lafaurie in Orléans geprägt. Lafaurie, Routes, S. 232.

11	Palaiseau (Seine-et-Oise)	Prou, Nr. 864–870. Drittelgoldsolidi. Belfort, Nr. 6301–6303. Drittelgoldsolidi.
1	Paris (Seine) civitas	Prou, Nr. 685–828. Drittelgoldsolidi und Denare. Nr. 685 von Dagobert I. Nr. 686–691 von Chlodwig II. Nr. 692 von Chlothar II.[9] Belfort Nr. 3332–3439 u. Nr. 6305–6317. Drittelgoldsolidi und Denare.
4a	Pecq, Le (Seine-et-Oise, ar. u. c. Saint-Germain-en-Laye)	Prou, Nr. 2481. Belfort, Nr. 5895. Drittelgoldsolidus.
57	Pierrefitte-sur-Sauldre (Loir-et-Cher)	Prou, Nr. 654–659. Drittelgoldsolidi.
20	Plailly (Oise, ar. et. c. Senlis)	Prou, Nr. 1102. Drittelgoldsolidus.
109	Pont-de-Ruan (Indre-et-Loire, ar. Tours, sc. Montbazon) vicus Le port de Créteil s. u. Créteil	Prou, Nr. 399. Drittelgoldsolidus. Belfort, Nr. 3860–3862. Drittelgoldsolidi.
134	Port-Saint-Pére (Loire-Atlantique, ar. Saint-Nazaire, c. Le Pellerin) portus	Prou, Nr. 2334–2336. Drittelgoldsolidi.
41a	Pouan-les-Vallées (Aube, ar. Troyes)	Belfort, Nr. 3677. Drittelgoldsolidus.
58	Pouillé (Loir-et-Cher, ar. Blois, c. Saint-Aignan-sur-Cher)	Prou, Nr. 394–398. Drittelgoldsolidi. Belfort, Nr. 3580 u. 3581. Drittelgoldsolidi.
39	Queudes (Marne, ar. Epernay, c. Sézanne) vicus	Prou, Nr. 612. Belfort, Nr. 1671. Drittelgoldsolidus.
19a	Quiersy (Aisne, ar. Laon) vicus	Belfort, Nr. 1407 u. 1408. Ohne Angabe
110	Reignac-sur-Indre (Indre-et-Loire) vicus	Prou, Nr. 368–372. Drittelgoldsolidi.
40	Reims (Marne) civitas	Prou, Nr. 1028–1035. Drittelgoldsolidi. Belfort, Nr. 3751–3792. Goldsolidi, Drittelgoldsolidi und Denare.
128	Rennes (Ille-et-Vilaine)	Prou, Nr. 486–500. Drittelgoldsolidi. Nr. 499 u. 500 Denare. Belfort, Nr. 3715–3750. Drittelgoldsolidi und Denare.
135	Rezé (Dép. Loire-Atlantique) vicus	Prou, Nr. 2338–2344. Drittelgoldsolidi. Nr. 2344 Silbermünze.
43a	Riceys, Les (Aube, ar. Troyes) vicus	Belfort, Nr. 3793. Drittelgoldsolidus.
71	Rouen (Seine-Maritime) civitas	Prou, Nr. 246–273. 18 Drittelgoldsolidi. 10 Denare. Belfort, Nr. 3812–3855. Drittelgoldsolidi u. Denare.

[9] Vgl. LAFAURIE, Monnaies d'argent, S. 117, zu der gegenüber Prou veränderten Zuweisung an Chlothar II. (584–629).

	Kathedralkirche von Rouen	Belfort, Nr. 3856. Denar. Le Gentilhomme, Notes, S. 57f., 1 Denar.
59	Ruan (Loir-et-Cher, ar. Vendôme, c. Droué)	Prou, Nr. 579 u. 580. Drittelgoldsolidi.
88	Saint-Calais (Sarthe)	Prou, Nr. 458 u. 459. Drittelgoldsolidi. Belfort, Nr. 4044 Denar.
4	Saint-Denis (Seine)	Prou, Nr. 834–839. Goldsolidi. Nr. 839 Denar. Belfort, Nr. 1474–1486. Goldsolidi. Denare.
89	Saint-Jean-d'Assé (Sarthe, ar. Le Mans, c. Ballon)	Prou, Nr. 428 u. 429. Drittelgoldsolidi. Belfort, Nr. 246–248. Drittelgoldsolidi.
124	Saint-Lô (Manche)	Prou, Nr. 301. Drittelgoldsolidus. Belfort, Nr. 990–992. Nr. 992 Drittelgoldsolidus.
136	Saint-Philbert-de-Grand-Lieu (Loire-Atlantique) vicus	Prou, Nr. 545. Drittelgoldsolidus. Belfort, Nr. 1724 u. 1725. Drittelgoldsolidi.
25	Saint-Quentin (Aisne)	Prou, Nr. 1075 u. 1076. Drittelgoldsolidi.
90b	Saosnes (Sarthe, ar. Mamers)	Belfort, Nr. 3949. Drittelgoldsolidus. Belfort, Nr. 3950. Denar.
75	Sées (Orne, ar. Alençon) civitas	Prou, Nr. 297 u. 298. Drittelgoldsolidi. Belfort, Nr. 3953–3955. Drittelgoldsolidi.
111	Seligny (Indre-et-Loire)[10]	Prou, Nr. 400. Drittelgoldsolidus.
125	Sémilly (Manche)[11]	Prou, Nr. 292. Drittelgoldsolidus.
21	Senlis (Oise) civitas	Prou, Nr. 1089–1098. Drittelgoldsolidi. Belfort, Nr. 4124–4144, Nr. 6433 u. 6434. Drittelgoldsolidi.
	Kathedralkirche von Senlis	Prou, Nr. 1099–1101. Drittelgoldsolidi.
118	Senonnes (Mayenne, ar. Château-Gontier, c. Saint-Aignan-sur-Roe)	Prou, Nr. 529. Drittelgoldsolidus.
48	Sens-sur-Yonne (Yonne) civitas	Prou, Nr. 557–559. Denare. Belfort, Nr. 4053–4058. Drittelgoldsolidi und Denare.
	Kathedralkirche von Sens	Belfort Nr. 4059. Denar.
90	Sérillac (Sarthe)[12]	Prou, Nr. 443–445. Drittelgoldsolidi.
83a	Sillé-le-Guillaume (Sarthe) vicus	Belfort, Nr. 412. Drittelgoldsolidus.
79a	Sillé-le-Philippe (Sarthe) vicus	Belfort, Nr. 4145–4146. Drittelgoldsolidi.
26	Soissons (Aisne) civitas	Prou, Nr. 1054–1061. Drittelgoldsolidi. Belfort, Nr. 4199–4215. u. Nr. 6436 und 6437. Drittelgoldsolidi.
91	Solesmes (Sarthe)	Prou, Nr. 473. Drittelgoldsolidus.

[10] Der Ort erscheint nicht mehr im „Dictionnaire". Wahrscheinlich ist er einem der benachbarten Orte eingegliedert worden.

[11] Vgl. Anm. 10.

[12] Ebenda.

112	Sonnay = Saunay (?) (Indre-et-Loire, ar. Tours, c. Châteaurenault) vicus	Prou, Nr. 401–404. Drittelgoldsolidi. Belfort, Nr. 4175–4179. Drittelgoldsolidi.
60	Souesmes (Loir-et-Cher) vicus	Prou, Nr. 1705–1709. Drittelgoldsolidi.
92	Souillé (Sarthe) vicus	Prou, Nr. 469. Drittelgoldsolidus. Belfort, Nr. 4162–4174. Drittelgoldsolidi.
52	Soulas (Loiret)[13] vicus	Prou, Nr. 671. Drittelgoldsolidus.
53	Sully-sur-Loire (Loiret) vicus	Prou, Nr. 660–670. Drittelgoldsolidi.
61	Thésée (Loir-et-Cher, ar. Blois, c. Saint-Aignan-sur-Cher) vicus	Prou, Nr. 672. Drittelgoldsolidus. Belfort, Nr. 4221–4223. Drittelgoldsolidi.
49	Tonnerre (Yonne)	Prou, Nr. 162. Drittelgoldsolidus.
113	Tours (Indre-et-Loire) civitas	Prou. Nr. 303–315. Drittelgoldsolidi. Nr. 303 von Dagobert I. Nr. 304 von Childebert II.[14] Belfort, Nr. 4520–4549. Drittelgoldsolidi und Denare. Ein Denar wurde im Namen Childerichs II. (663–675) geprägt. Lafaurie, Monnaies d'argent, S. 110.
	Abtei Saint-Martin	Prou, Nr. 316–324. Drittelgoldsolidi. Prou, Nr. 328–342. Denare. Belfort, Nr. 4551–4590. Drittelgoldsolidi Drittelgoldsolidi und Denare.
	Kirche Saint-Maurice	Lafaurie, Savonnières, S. 384f. 8 Denare.
12	Tremblay-les-Gonesse (Seine-et-Oise, ar. Le Raincy, c. Sevran)	Prou, Nr. 873. Drittelgoldsolidus.
88c	Tresson (Sarthe, ar. Le Mans, c. Bouloire)	Belfort, Nr. 1364 u. 1365. Drittelgoldsolidi.
43	Troyes (Aube) civitas	Prou, Nr. 593–607. Drittelgoldsolidi. Nr. 606 u. 607 Denare. Belfort, Nr. 4355–4396. Drittelgoldsolidi und Denare.
	Kathedralkirche von Troyes	Prou, Nr. 608. Denar.
85a	Vaas (Sarthe, ar. La Flèche, c. Mayet) portus	Belfort, Nr. 807. Drittelgoldsolidus.
119	Vaiges (Mayenne)	Prou, Nr. 474. Drittelgoldsolidus.
130	Vannes (Morbihan) civitas	Prou, Nr. 554–556. Drittelgoldsolidi. Belfort, Nr. 4721–4728. Drittelgoldsolidi.
129	Vendel (Ille-et-Vilaine, ar. Fougères, c. Saint-Aubin-du-Cormier)	Prou, Nr. 504 und 505. Drittelgoldsloidi.
45a	Vendeuvre (Aube)	Drittelgoldsolidus. Anhang Nr. III, Nr. 4.

[13] Ebenda.

[14] Vgl. LAFAURIE, Monnaies d'argent, S. 117 zu der gegenüber Prou veränderten Zuweisung an Childebert II. (575–595).

27	Vendières (Aisne, ar. Château-Thierry, c. Charly) vicus	Prou, Nr. 1069. Drittelgoldsolidus.
62	Vendôme (Loir-et-Cher)	Prou, Nr. 581–583. Drittelgoldsolidi. Belfort, Nr. 4878–4884. Drittelgoldsolidi.
22	Ver (Oise)[15] vicus	Prou, Nr. 1103. Drittelgoldsolidus.
25a	Vermand (Aisne)	Belfort, Nr. 4775–4777. Drittelgoldsolidi.
63	Veuves (Loir-et-Cher, ar. Blois, c. Herbault) vicus	Prou, Nr. 405–409. Drittelgoldsolidi.
88a	Vibraye (Sarthe) vicus	Belfort, Nr. 928. Drittelgoldsolidus.
42b	Vieil-Dampierre (Marne, ar. Sainte-Menehould, c. Givry-en-Argonne)	Belfort, Nr. 4194. Drittelgoldsolidus.
29	Viel-Saint-Remy (Ardennes, ar. Rethel, c. Novion-Porcien) vicus	Prou, Nr. 1047 u. 1048. Drittelgoldsolidi.
42a	Vienne-le-Château (Marne, ar. Sainte-Menehould) vicus	Belfort, Nr. 4854–4856. Drittelgoldsolidi.
54	Vienne-en-Val (Loiret) vicus	Prou, Nr. 673–677. Drittelgoldsolidi. Belfort, Nr. 4848–4852. Drittelgoldsolidi.
37a	Ville-en-Tardenois (Marne, ar. Reims)	Belfort, Nr. 4864. Obolus.
42	Villeret (Aube, ar. Bar-sur-Aube, c. Chavanges)	Belfort, Nr. 4860. Drittelgoldsolidus.
35a	Vitry-en-Perthois = Vitry-le-Brulé (Marnel)[16]	Belfort, Nr. 4803 u. 4804. Ohne Angabe.
30	Voncq (Ardennes)	Lafaurie, Triens inédit, S. 467.
49a	Vosnon (Aube, ar. Troyes, c. Ervy-le-Châtel) vicus	Belfort, Nr. 4942–4947. Drittelgoldsolidi.
64	Vouzon (Loir-et-Cher, ar. Romartin-Lanthenay, c. Lamotte-Beuvron) vicus	Prou, Nr. 678–682. Drittelgoldsolidi.
	Yvoy-Carignan s. u. Carignan	
84d	Yvre l'Eveque (Sarthe, ar. Le Mans)	Belfort, Nr. 1102. Drittelgoldsolidus.
114	Yzeures-sur-Creuse (Indre-et-Loire) vicus	Prou, Nr. 387.

15 Vgl. Anm. 10.

16 Zur Identität von Vitry-en-Perthois und Vitry-le-Brulé vgl. Longnon, A., Dictionnaire topographique du département de la Marne, Paris, 1891, S. 300.

Nr. Ia Verzeichnis der Prägeorte, die nicht kartiert werden konnten, da ihre genaue Lage nicht bestimmbar war

Augé (Loir-et-Cher) vicus	Belfort, Nr. 201.
Bannes (Sarthe, c. Dissay)	Belfort, Nr. 904.
Chatrice (Marne) castrum	Belfort, Nr. 1440.
Chemillé (Indre-et-Loire)	Belfort, Nr. 1351–1355.
Combeau (Seine-et-Marne)	Belfort, Nr. 1613.
Ermites, Les (Indre-et-Loire)	Belfort, Nr. 6175.
Marly-la-Ville (Seine-et-Oise, ar. Montmorency, c. Luzarches) oder Marly-le-Roi im gleichen Départment	Belfort, Nr. 2795.
Nivy (Sarthe, c. Conlie),[1] vicus	Belfort, Nr. 3246–3270.
Santeau (Seine-et-Marne)	Belfort, Nr. 3973.
Souvigny (Indre-et-Loire) vicus	Belfort, Nr. 3965.

[1] Es ist zu vermuten, daß ein Druckfehler vorliegt, und daß es statt Nivy Neuvy heißen muß. Trifft diese Vermutung zu, so ist der Ort mit Neuvy-en-Champagne identisch, das unter Nr. 86 im Kartenbild erscheint.

Nr. II Verzeichnis der Prägeorte, deren Eigenschaft als Münzort nur durch eine einzelne Münze oder durch die Tätigkeit eines einzigen Monetars belegbar ist. (Das Verzeichnis wurde auf der Grundlage der Angaben im Verzeichnis Nr. I erarbeitet.)

117b Aron (Mayenne)
77 Asse-le-Riboul (Sarthe)
46a Avigneau (Yonne)
88b Baillou (Loir-et-Cher)
116 Bais (Mayenne)
131 Béré (Loire-Atlantique)
95 Bléré (Indre-et-Loire)
26a Bonneuil (Oise)
84a Bouloire (Sarthe)
96 Bourgueil (Indre-et-Loire)
97 Bréches (Indre-et-Loire)
137 Brinon-sur-Sauldre (Cher)
80 Brulon (Sarthe)
18 Bury (Oise)
132 Campbon (Loire-Atlantique)
98 Candes-Saint-Martin
105 Cangey (Indre-et-Loire)
34 Charly (Aisne)
1a Charonne (Paris)
48a Château-Landon (Seine-et-Marne)
121 Cherbourg (Manche)
81 Chevillé (Sarthe)
100 Ciran (Indre-et-Loire)
32 Coulommiers (Seine-et-Marne)
2 Créteil (Seine)
6 Dourdan (Seine-et-Oise)
7 Draveil (Seine-et-Oise)
68 Dreux (Eure-et-Loire)
41b Etrelles (Aube)
73 Evrecy (Calvados)
126b Fleurigné (Ille-et-Vilaine)
103 Génillé (Indre-et-Loire)
11a Gif-sur-Yvette (Seine-et-Oise)
116a Izé (Mayenne)
84c Laigné-en-Belin (Sarthe)
105a Limeray (Indre-et-Loire)
107a Loches (Indre-et-Loire)
127 Marcillé-Robert (Ille-et-Vilaine)
56 Marcilly-en-Gault (Loir-et-Cher)
117 Mayenne (Mayenne)
85 Mayet (Sarthe)
10 Ménouville (Seine-et-Oise)
9a Milly-le-Forêt (Seine-et-Oise)
106 Mougon (Indre-et-Loire)
107 Mouzay (Indre-et-Loire)
9b Nanteau-sur-Essonnes (Seine-et-Marne)
69 Néaufles-Saint-Martin (Eure)
123a Niort-la-Fontaine (Mayenne)
38 Oiry (Marne)
68a Pacy-sur-Eure (Eure)
4a Pecq, Le (Seine-et-Oise)
20 Plailly (Oise)
41a Pouan-les-Vallées (Aube)
39 Queudes (Marne)
110 Reignac-sur-Indre (Indre-et-Loire)
43a Riceys, Les (Aube)
59 Ruan (Loir-et-Cher)
88 Saint-Calais (Sarthe)
111 Seligny (Indre-et-Loire)
125 Sémilly (Manche)
118 Senonnes (Mayenne)
83a Sille-le-Guillaume (Sarthe)
91 Solesmes (Sarthe)
52 Soulas (Loiret)
49 Tonnerre (Yonne)
12 Tremblay-les-Gonesse (Seine-et-Oise)
85a Vaas (Sarthe)
119 Vaiges (Mayenne)
45a Vendeuvre (Aube)
27 Vendières (Aisne)
22 Ver (Oise)
88a Vibraye (Sarthe)
42b Vieil-Dampierre (Marne)
42 Villeret (Aube)
37a Ville-en-Tardenois (Marne)
84d Yvre l'Éveque (Sarthe)
114 Yzeures-sur-Creuse (Indre-et-Loire)

Nr. III Verzeichnis der Münzschatzfunde

1. Escharen

Literatur	Lafaurie, Escharen, S. 153ff. Boeles, Dronrijp, S. 371.
Fundort	Escharen sw. Nijmegen, niederländ. Provinz Brabant.
Datum des Fundes	April 1867. Lafaurie, Escharen, S. 154.
Fundumstände	Der Schatz wurde auf einem Feld ssw. der Kirche von Escharen gefunden. Lafaurie, Escharen, S. 154.
Datum der Vergrabung	Um 600. Lafaurie, Escharen, S. 164.

Zusammensetzung des Schatzes:[1]

Konstantinopel	5 solidi
Imitation einer byzantin. Münze aus einem unbestimmten gallischen Atelier	1
Imitationen kaiserlicher Münzen, geprägt in Ateliers Südgalliens:	
Sisteron (?)	1
Uzès	1
Viviers	1
Arles	1
Marseille	1
Köln	6 Trienten
Bonn	6 Trienten
Magnia vico bei Nijmegen	2 solidi
	5 Trienten
Tiel	4 Trienten
	1 solidus
unbestimmtes rheinischen Atelier	1
unbestimmtes rheinisches Atelier	1
Huy	1 Triens
Maastricht	2 Trienten
Trienten friesischer Herkunft	19
Amiens	1 Triens
Airon-Notre-Dame (Pas des Calais)	1 Triens
Orléans	2 Trienten
Sion (Schweiz)	1 Triens
Thiverzay (Vendeé)	1 Triens

2. Wieuwerd

Literatur	Lafaurie u. a., Wieuwerd, S. 78ff. Boeles, Friesland, S. 309ff.
Fundort	Wieuwerd sw. Leeuwarden, niederländ. Prov. Friesland.

[1] LAFAURIE, Escharen, S. 197ff.

Datum des Fundes	1866. Lafaurie u. a., Wieuwerd, S. 78.
Fundumstände	Der Schatz wurde bei Erdarbeiten entdeckt, er befand sich in einem Tongefäß. Lafaurie u. a., Wieuwerd, S. 78.
Datum der Vergrabung	Um 630. Lafaurie u. a., Wieuwerd, S. 84.

Zusammensetzung des Schatzes:[2]

Konstantinopel	7
Ravenenna (?)	2
unbestimmtes italienisches Atelier	1
westgotische Münze, Sevilla	1
Viviers	1
Arles	1
Marseille, Chlothar II.	10 solidi
Marseille, Chlothar II.	1 Triens
Maastricht	2 Trienten
Imitationen kaiserlichen Münzen unbestimmter Herkunft	3

Alle Münzen waren zu Schmuck verarbeitet.[3]

3. Dronrijp

Literatur	Boeles, Friesland, S. 309ff. und S. 500ff. Derselbe, Dronrijp, S. 369ff. Zadoks-Josephus Jitta, Muntslag, S. 8.
Fundort	Dronrijp w. Leeuwarden, niederländ. Provinz Friesland.
Datum des Fundes	1876. Boeles, Friesland, S. 309.
Fundumstände	Nicht bekannt.
Datum der Vergrabung	640–645. Lafaurie, Escharen, S. 176. Zadoks-Josephus Jitta, Muntslag, S. 8.[4]

Zusammensetzung des Schatzes von Dronrijp I:[5]

Unbestimmtes friesisches Atelier	4 Trienten
Unbestimmtes Atelier des Mittelrheingebietes[6]	12 Trienten
Mainz	5 Trienten
Maastricht	1 Triens
Huy	2 Trienten
Orléans (Loiret)	1 Triens
Ruan (Loir-et-Cher)	1 Triens

[2] Lafaurieu u. a., Wieuwerd, S. 80ff. und S. 91–97.

[3] Ebenda, S. 79 u. S. 97ff.

[4] Die Verfasserin setzt sich a. a. O. mit der von Boeles, Dronrijp, S. 377 und Friesland, S. 310, vorgenommenen Datierung der in Dorestad geprägten Madelinus-Münzen auseinander. Die Prägung dieser Trienten, von denen sich zwei im Schatz Dronrijp II fanden, wurde von Boeles an das Ende des 7. und den Anfang des 8. Jh. gesetzt.

[5] Boeles, Friesland, S. 309f. und S. 500ff., Beilage VIII, Muntcatalogus.

[6] Lafaurie, Escharen, S. 176, nennt Boppard, woher ein Triens der beiden Schatzfunde von Dronrijp gekommen sein soll. Zwei weitere Trienten sollen Imitationen auf in Boppard geschlagene Trienten sein. Der Verf. verweist zugleich darauf, daß sich in den Münzschätzen Dronrijp I und Dronrijp II auch Imitationen auf Trienten des Ateliers von Mainz fanden.

Clermont-Ferrand (?) (Puy-de-Dôme)	1 Triens
Unbestimmtes Atelier	1 Triens

Zusammensetzung des Schatzes von Dronrijp II: [7]

Unbestimmtes friesisches Atelier	3 Trienten
Unbestimmtes Atelier des Mittelrheingebietes[8]	1 Triens
Köln	1 Triens
Mainz	4 Trienten
Dorestad	2 Trienten
Ambazac	1 Triens
Rodez (Aveyron)	1 Triens
unbestimmtes merowingisches Atelier	1 Triens

4. Saint-Aubin

Literatur	L. Maxe – Werly, Trouvaille, S. 12–53. Lafaurie, St. – Aubin, S. 452.
Fundort	Saint-Aubin-sur-Aire, Dép. Meuse.
Datum des Fundes	1840.
Fundumstände	Nicht bekannt.
Datum der Vergrabung	Zwischen 630 und 639. Lafaurie, St. – Aubin, S. 452. Ende 7. Jahrhundert, Le Gentilhomme, Monnayage, S. 31.

Zusammensetzung des Schatzes:[9]

Banassac (Lozère), Charibert II.	1 Triens
Chalon-sur-Saône, Dagobert I.	1 Triens
Tours (?), Abtei Saint-Martin	1 Triens
Brulon (?) (Sarthe)	1 Triens
Verdun	2 Trienten
Dieuze (Moselle)	2 Trienten
Moyenvic (Moselle)	2 Trienten
Vendeuvre (Aube)	1 Triens
Meaux (Seine-et-Marne)	1 Triens
Lieusaint (?) (Seine-et-Marne)	1 Triens
Pfalzmünzen	5 Trienten
Münze Dagoberts I. ohne Angabe des Ateliers	1 Triens
Unbestimmte Ateliers[10]	9 Trienten

5. Sarre

Literatur	Salis, Kent, S. 58f. Lafaurie, Escharen, S. 177. Werner, Grabfunde, S. 72.
Fundort	Sarre bei Reculver, Grafschaft Kent.
Datum des Fundes	1860.

7 Boeles, Friesland, a. a. O.

8 Lafaurie, Escharen, a. a. O.

9 Maxe-Werly, Trouvaille, S. 14–53. Lafaurie, St.-Aubin, S. 452, weist zwei Trienten, die Maxe-Werly Dagobert II. zuschrieb, Dagobert I. zu.

10 Nach Lafaurie, St.-Aubin, S. 452, wurde diese Gruppe der nicht zu bestimmenden Münzen in Siedlungen geprägt, die dem Fundort unmittelbar benachbart waren.

Fundumstände	Grabfund. Die Münzen waren geöhrt und leicht abgenutzt. Das Grab enthielt eine Scheibenfibel, eine Perlenkette, an der die Münzen befestigt waren, und ein sogenanntes koptisches Bronzegeschirr. Werner, Grabfunde, S. 72.
Datum der Vergrabung	Um 620. Lafaurie, Escharen, S. 177.

Zusammensetzung des Schatzes:[11]

Marseille, Imitationen auf Münzen des Kaisers Maurikios (582–602)	2 solidi
Arles, Imitation auf Münzen des Kaiser Maurikios (582–602)	1 solidus
Marseille, Imitationen auf Münzen des Kaisers Maurikios (582–602)	2 Trienten
Marseille, Imitation auf Münzen des Kaisers Herakleios (610–641)	1 Triens
Arles, Chlothar II. (613–628)	1 Triens

6. Sutton Hoo

Literatur	Bruce-Mitford, Sutton Hoo, S. 54ff. Grierson, Dating, S. 83ff. Derselbe, Purpose, S. 14ff. Thompson, Inventory, S. 131, Nr. 347. Lafaurie, Escharen, S. 177f. Bruce-Mitford/Allan, Sutton Hoo, S. 76ff. Kent, Analyses.
Fundort	Sutton Hoo, Grafschaft Sufolk.
Datum des Fundes	1939.
Fundumstände	Grabfund.
Datum der Vergrabung	650–660, Grierson, Dating, S. 83ff. Nach 660, nicht vor 675, Bruce-Mitford/Allan, Sutton Hoo, S. 77f. Um 625, Lafaurie, Escharen, S. 178.

Zusammensetzung des Schatzes:[12]

Uzès	1 Triens
Clermont-Ferrand	1 Triens
Angers[13]	2 Trienten
Huy	1 Triens
Dinant	1 Triens
Troyes	1 Triens
Ressons-sur-Matz (Oise)	1 Triens
Kirsch	1 Triens
Enistal, unbekannt	1 Triens
Venasque (Vaucluse)	1 Triens

[11] Salis, Kent, S. 58f., Werner, Grabfunde, S. 72, Lafaurie, Escharen, S. 177, nennt statt Trienten solidi und teilt die Münze Chlothars II. dem Atelier von Marseille und dafür eine der Münzen mit dem Namen des Maurikios Arles zu.

[12] Bruce-Mitford, Sutton Hoo, S. 57 und Tafel 27.

[13] Die Zuweisung des einen der beiden Trienten an Angers ist nicht völlig gesichert.

Montigny-la-Jongleurs	1 Triens
Gevellas, unbekannt	1 Triens
Paris	1 Triens
Sion (Schweiz)	1 Triens
Tremblay-la-Gonesse (Seine-et-Oise)	1 Triens
Chemillé-sur-Dôme (Indre-et-Loire)	1 Triens
Bordeaux	1 Triens
Laon	1 Triens
Arpajon (Seine-et-Oise)	1 Triens
Quentowic	1 Triens
Valence (Drôme)	1 Triens
Arles	1 Triens
Mouzon (Ardennes)	1 Triens
Metz	1 Triens
Andernach	1 Triens
Sens	1 Triens
Jaujac	1 Triens
Usson (Vienne)	1 Triens
Umgebung von Le Mans (Sarthe) (?)	1 Triens
Javols (Lozère)	1 Triens
Lozère	1 Triens
Antunberix, unbekannt	1 Triens
nö. Gallien	1 Triens
nö. Gallien (?)	2 Trienten
nördliches Gallien oder Friesland	1 Triens

7. Crondal

Literatur	Sutherland, Gold coinage, S. 7 ff. Thompson, Inventory, S. 38, Nr. 106. Boeles, Friesland, S. 295. Grierson, Fonction, S. 348f.
Fundort	Crondall, Grafschaft Hampshire.
Datum des Fundes	1828.
Fundumstände	Der Schatz wurde beim Torfstechen entdeckt. Sutherland, Gold coinage, S. 7, vermutet, daß er sich ursprünglich in einer Geldbörse befunden habe.
Datum der Vergrabung	Zwischen 660 und 670, Sutherland, Gold coinage, S. 13. Um 670, Thompson, Inventory, S. 38. Um 640, Lafaurie, Escharen, S. 178.

Zusammensetzung des Schatzes:[14]
Zum Fund gehörten insgesamt einhundertundeine Münze.

Imitation auf eine Münze Kaiser Leons I. (451–474)[15]	1 Triens

[14] Sutherland, Gold coinage, S. 8ff.
[15] Thompson, Inventory, S. 38, Nr. 106, vermutet, daß dieses Stück auf eine Münze des Kaisers Phokas (602–610) imitiert worden sei.

Rodez	1 Triens
Chalon-sur-Saône	1 Triens
Marsal (Moselle)	1 Triens
Metz	3 Trienten
Pfalzel	1 Triens
Meuvy (Haute-Marne)	1 Triens
Paris	1 Triens
Amiens	1 Triens
Quentowic[16]	7 Trienten
Unbestimmte merowingische Ateliers[17]	2 Trienten
Münzen unbestimmter Herkunft (friesisch?)	4
Angelsächsische Imitationen merowingischer Münzen[18]	19
Angelsächsiche Münzen[19]	52
Nicht ausgeprägte Platte (flan)[20]	3
Imitation auf eine Münze unbekannter Herkunft[21]	1

8. Buis

Literatur	Le Gentilhomme, Buis, S. 95ff. Derselbe, Monnayage, S. 31. Lafaurie, Pièces, S. 295ff. Derselbe, Routes, S. 252ff.
Fundort	Buis (Saône-et-Loire).
Datum des Fundes	Um 1860.
Fundumstände	Nicht bekannt.
Datum der Vergrabung	Frühestens 640, spätestens 650. Le Gentilhomme, Buis, S. 105 Wenig nach 640, Lafaurie u. a., Wieuwerd, S. 90. Um 640, Lafaurie, Pièces, S. 296.

Zusammensetzung des Schatzes von Buis:[22]

Lyon	3 Trienten
Autun	4 Trienten
Alise-Sainte-Reine (Côte-d'Or)	1 Triens
Langres	1 Triens
Dijon	1 Triens
Chalon-sur-Saône	9 Trienten
Mâcon	2 Trienten
Troyes	2 Trienten
Latascuone, unbekannt (Côte-d'Or)	2 Trienten
Soulas (Loiret)	1 Triens
Trier	1 Triens
Toul	1 Triens

16 Thompson nennt ebenda nur 4 Münzen aus Quentowic.

17 Thompson nennt ebenda 5 merowingische Münzen unbestimmter Herkunft.

18 Ebenda.

19 Ebenda.

20 SUTHERLAND, Gold coinage, S. 8.

21 Ebenda.

22 LE GENTILHOMME, Buis, S. 116ff.

Grand (Vosges)	1 Triens
Maastricht	1 Triens
Besançon	2 Trienten
Moutiers-Tarentaise (Savoie)	5 Trienten
Vienne	1 Triens
Bourgoin (Isère)	1 Triens
Avignon	1 Triens
Venasques (Vaucluse)[23]	1 Triens
Marseille, Imitation auf eine Münze des Kaisers Maurikios (582–602)	1
Marseille, Chlothar II. (584–629)	1 Triens
Aosta	1 Triens
Saint-Jean-de-Mavrienne (Savoie)	1 Triens
Clermont-Ferrand, Theudebert II.?	1 Triens
Vrillé (Deux-Sèvres)	1 Triens
Uzès (Gard)	1 Triens
Anaiolo, unbekannt	1 Triens
Burbulne castro, unbekannt	1 Triens
Calmacias, unbekannt	1 Triens
Petraficta = Pierrefitte (Loir-et-Cher)?	1 Triens
Vatrano, unbekannt	1 Triens
Unbestimmtes Atelier	3 Trienten

Lafaurie, Routes, S. 253, vermutet, daß auch die folgenden Münzen dem Schatz von Buis entstammen:[24]

Cressy-sur-Somme (Saône-et-Loire)	1 Triens
Lausanne	1 Triens
Damaskus	1 Dinar

9. Baugisière

Literatur	Le Gentilhomme, Buis, S. 98ff. Derselbe, Monnayage, S. 31. Lafaurie, Routes, S. 254f.
Fundort	Saint-Michel-le-Cloucq (Vendée).
Datum des Fundes	1811, Lafaurie, La monnaie bordelaise, S. 310.
Fundumstände	Nicht bekannt.
Datum der Vergrabung	Um 680, Le Gentilhomme, Monnayage, S. 31. Um 660, Lafaurie, Escharen, S. 193.

Zusammensetzung des Schatzes:
Die genaue Zusammensetzung des Fundes ist bisher nicht bekannt. Zu ihm gehörten insgesamt 2000 bis 3000 Trienten.[25] Aus folgenden Orten sind bisher Münzen nachgewiesen worden:[26]

[23] Immobilisation auf einen Typ des Kaisers Justin II. (565–578), ebenda, S. 126, Nr. 41.
[24] Vgl. Lafaurie, Pièces, S. 295.
[25] Lafaurie, Escharen, S. 193. Le Gentilhomme, Buis, S. 99.
[26] Le Gentilhomme, Buis S. 114, Anm. 7 und Karte auf S. 98.

Lyon
Autun
Chalon-sur-Saône
Rouen
Evrecy (Calvados)
Saint-Lô (Manche)
Tours
Saint-Martin in Tours
Chinon (Indre-et-Loire)
Veuves (Loir-et-Cher)
Le Mans
Saint-Jean-d'Assé (Sarthe)
Saint-Calais (Sarthe)
Noyen-sur-Sarthe
Rennes
Angers
Campbon (Loire-Atlantique)
Blois (Loir-et-Cher)
Vendôme (Loir-et-Cher)
Orléans
Pierrefitte (Loir-et-Cher)
Sully-sur-Loire (Loiret)
Vienne-en-Val (Loiret)
Paris
Essonnes (Seine-et-Oise)
Aleeco, nicht identifizierte Siedlung in der civitas Paris.
Trier
Reims
Soissons
Charly (Aisne)
Senlis
Marseille
Bourges
Clémont (Cher).
Limoges
Javols (Lozère)
Banassac (Lozère)
Saintes (Charente-Maritime)
Aujac (Charente-Maritime)
Poitiers
Ardin (Deux-Sèvres)
Brion (Vienne)
Brioux (Deux-Sèvres)
Rezé (Loire-Atlantique)
Cenon (Vienne)
Trizay-sur-le-Lay (Vendée)
Thiverzay (Vendée)
Tourteron (Deux-Sèvres)
Voutegon (Deux-Sèvres)

Nontron (Dordogne)
Saint-Bertrand-de-Comminges
Alfico, unbekannt
Dorio vico, unbekannt
Ducciolino, unbekannt
Fianame, unbekannt
Silviac . . ., unbekannt
Vindonvise citur, unbekannt
Bei Prou[27] erscheint außerdem als aus dem Fund von Baugisière stammend folgender Triens:
Courçais (Deux-Sèvres)
Eine besonders große Anzahl von Münzen stammte aus den dem Fundort benachbarten Münzstätten Trizay-sur-le-Lay und Thiverzay sowie aus Paris und Orléans. Le Gentilhomme gibt an, daß die Münzen dieser vier Orte insgesamt ein Sechstel des Schatzes ausmachten.[28]
Mehr als je eine Münze enthielt der Schatz nach Le Gentilhomme von den Prägeorten Brioux, Tourteron, Cenon, Campbon, Angers, Saint-Jean-d'Assé, Noyen-sur-Sarthe, Clémont, Essonnes, Senlis und Evrecy. Von den übrigen im Verzeichnis genannten Orten enthielt er vermutlich nur jeweils eine Münze.[29] Imitationen auf Kaisermünzen fanden sich nur sehr wenige. Le Gentilhomme nennt solche für Justinian I. (527–565), Justin II. (565–578) und Maurikios (582–602).[30]

10. Bordeaux

Literatur	Lafaurie, La monnaie bordelaise, S. 295ff. Le Gentilhomme, Bordeaux, S. 5ff. Lafaurie, Bordeaux, S. 229ff. Lafaurie, Routes, S. 255f.
Fundort	Bordeaux.
Datum des Fundes	1803.
Fundumstände	Der Schatz wurde beim Abriß eines alten Hauses entdeckt. Lafaurie, La monnaie bordelaise, S. 309f.
Datum der Vergrabung	Um 670, Lafaurie, Routes S. 255.

Zusammensetzung des Schatzes:[31]
Zum Schatz gehörten nach Lafaurie insgesamt 184 merowingische und westgotische Münzen. Er bietet in seinem Verzeichnis nur die Angaben zu den merowingischen Stücken.[32]

Autun	1 Triens
Chalon-sur-Saône	1 Triens
Rouen	7 Trienten
Avranches	2 Trienten
Séez (Orne)	1 Triens
Tours	1 Triens

27 Prou, Monnaies mérovingiennes, Nr. 2313.
28 Le Gentilhomme, Buis, S. 98f.
29 Ebenda, S. 98, Karte.
30 Ebenda, S. 114, Anm. 7.
31 Lafaurie, La monnaie bordelaise, S. 310.
32 Ebenda, S. 309f.

Le Mans	2 Trienten
Angers	2 Trienten
Orléans	1 Triens
Paris	3 Trienten
Marseille	4 Trienten
Clermont-Ferrand	1 Triens
Brioude (Haute-Loire)	1 Triens
Rodez	7 Trienten
Cahors	10 Trienten
Limoges	2 Trienten
Blond (Haute-Vienne)	3 Trienten
Saint-Maurin (Lot-et-Garonne) ?	1 Triens
Ferruciaco	1 Triens
Neuvic (Corrèze) ?	1 Triens
Ussel (Corrèze)	1 Triens
Sardent (Creuse)	1 Triens
Vallière (Creuse)	1 Triens
Banassac (Lozère)	26 Trienten
Bordeaux	40 Trienten
Agen (Lot-et-Garonne)	1 Triens
Poitiers	3 Trienten
Usson (Vienne)	1 Triens
Melle (Deux-Sevres)	1 Triens
Le-Port-Saint-Père (Loire-Atlantique)	2 Trienten
Comminges (Haute-Garonne)	1 Triens
Bazas (Gironde)	1 Triens
Auch (Gers)	1 Triens
Toulouse	1 Triens
Foix (Ariège)	1 Triens
Ampliaco, Anlhiac (Dordogne) ?	1 Triens
Missiaco, unbekannt	1 Triens
Racio Dom(ini)	1 Triens
Baudulfo monet (unbestimmt)	1 Triens

11. Saint-Pierre-les-Etieux

Literatur	Buhot de Kersers, Bulletin, S. 280–298. Lafaurie, Saint-Pierre, S. 159ff. Derselbe, Monnaies d'argent, S. 157–183. Le Gentilhomme, Sceattas, S. 71ff.
Fundort	Saint-Pierre-les-Etieux, etwa 50 km ssö. Bourges.
Datum des Fundes	1882.
Fundumstände	Der Schatz befand sich in einem Gefäß aus Silber, Buhot de Kersers, Bulletin, S. 280.
Datum der Vergrabung	Um 720–730, Lafaurie, Saint-Pierre, S. 161.

Zusammensetzung des Schatzes:[33]
Der Schatz bestand aus insgesamt 104 Silbermünzen, Denaren und Sceattas.

[33] Lafaurie, Saint-Pierre, S. 161. Derselbe, Monnaies d'argent, S. 157–183.

Chalon-sur-Saône	8 Denare
Rouen	2 Denare
Umgebung von Rouen	3 Denare
Tours	1 Denar
Le Mans	2 Denare
Blois	1 Denar
Orléans	1 Denar
Vienne-en-Val (Loiret)	1 Denar
Paris	7 Denare
Pfalzmünzen	2 Denare
Münzen der Pfalzschule	1 Denar
Saint-Denis	1 Denar
Decize (Nièvre)	1 Denar
Bourges[34]	4 Denare
Unbestimmte Ateliers der civitas Bourges	10 Denare
Kathedralkirche von Bourges[35]	1 Denar
Cesset (Allier)	1 Denar
Mehun-sur-Yèvre (Cher)	1 Denar
Vouzeron (Cher)	1 Denar
Gournay (Indre)	3 Denare
Clermont-Ferrand	1 Denar
Limoges	1 Denar
Ahun (Creuse)	1 Denar
Banassac (Lozere)	3 Denare
Poitiers	3 Denare
Unbestimmte Ateliers der civitas Poitiers	3 Denare
Metz	4 Denare
Marseille	8 Denare
Unbestimmte Ateliers	17 Denare
Sceattas[36]	10
Nicht ausgeprägte Silberplatte (flan)	1

12. Plassac

Literatur	Lafaurie, La monnaie bordelaise, S. 313f. Derselbe, Monnaies d'argent, S. 184–213. Prou/Bougenot, Bais, S. 184. Le Gentilhomme, Sceattas, S. 72ff.
Fundort	Plassac (Gironde).
Datum des Fundes	1850.
Fundumstände	Der Schatz war in einem Tongefäß enthalten. Lafaurie, La monnaie bordelaise, S. 314.
Datum der Vergrabung	Etwa 732–735. Lafaurie, La monnaie bordelaise, S. 314.

34 Buhot de Kersers, Bulletin, nennt abweichend von Lafaurie zwei Münzen für Bourges: Nr. 61 und Nr. 76; vgl. ebenda, S. 297.

35 Vgl. Anm. 34.

36 Lafaurie, Saint-Pierre, S. 161, nennt 10. Le Gentilhomme, Sceattas, nennt 11.

Zusammensetzung des Schatzes:[37]
Der Schatz bestand aus 173 Silbermünzen, vier Schrötlingen und einer kleinen Goldplatte.[38]

Chalon-sur-Saône	1 Denar
Rouen	9 Denare
Unbestimmte Ateliers der civitas Rouen	6 Denare
Tours	1 Denar
Saint-Martin	2 Denare
Unbestimmte Ateliers der civitas Tours	5 Denare
Le Mans	4 Denare
Jublains (Mayenne)	1 Denar
Rennes	2 Denare
Angers	2 Denare
Troyes	1 Denar
Orléans	1 Denar
Paris	3 Denare
Unbestimmte Ateliers der civitas Paris	8 Denare
Pfalzmünzen	5 Denare
Bourges	2 Denare
Unbestimmte Ateliers der civitas Bourges	18 Denare
Jailly	1 Denar
Clermont-Ferrand	2 Denare
Neuvic-d'Ussel (Corrèze)	2 Denare
Unbestimmte Ateliers der civitas Limoges	2 Denare
Bordeaux	2 Denare
Poitiers	24 Denare
Kirche von Poitiers	4 Denare
Unbestimmte Ateliers der Umgebung von Poitiers	12 Denare
Saint-Maixent (Deux-Sèvres)	1 Denar
Metz	2 Denare
Denare friesischer Herkunft (?)	3 Denare
Sceattas (nördliches Gallien?)	12
Unbestimmte kirchliche Ateliers	5 Denare
Unbestimmte Ateliers	30 Denare
Schrötlinge	4

13. Cimiez

Literatur	Chaboillet, Catalogue, S. 1ff. Lafaurie, Savonnières, S. 73. Derselbe, Monnaies d'argent, S. 118f. Le Gentilhomme, Sceattas, S. 72.
Fundort	Cimiez (Alpes-Maritimes).
Datum des Fundes	1851.
Fundumstände	Nicht bekannt.
Datum der Vergrabung	Um 740. Chabouillet, Catalogue, S. 3.

[37] Lafaurie, La monnaie bordelaise, S. 314. Derselbe, Monnaies d'argent, S. 184–213.
[38] Lafaurie, La monnaie bordelaise, S. 314.

Lafaurie, Savonnières, S. 73.
Le Gentilhomme, Sceattas, S. 72.

Zusammensetzung des Schatzes:

Der Schatz bestand aus etwa 2500 Silbermünzen.

Marseille	etwa 200 Denare
Patricii der Provence:	
Austrebert	77 Denare
Nemfidius	1187 Denare
Antenor	107 Denare
Maurontus	20 Denare
Abbo	4 Denare
Karl Martell	7 Denare
Childebert III.	1 Denar
Nîmes (?)	
B. Ranemir	14 Denare
B. Palladius	16 Denare
Narbonne	2 Denare
Angelsächsische Imitationen auf Münzen von Mainz (?)	23
Kathedralkirche von Uzès	4 Denare
Arles	6 Denare
Riom	
B. Norbert von Clermont-Ferrand	2 Denare
Brioude	30 Denare
Userche	3 Denare
Brioux	17 Denare
Poitiers	4 Denare
Tours	
Saint-Martin	2 Denare
Orléans	3 Denare
Paris	53 Denare
Chalon-sur-Saône	23 Denare
unbestimmtes Atelier	7 Denare
Vienne	14 Denare
Lyon	27 Denare
Le Puy	1 Denar
Clermont-Ferrand	
B. Avitus (?)	1 Denar
B. Bonetus	2 Denare
B. Procolus II.	4 Denare
B. Bubus	6 Denare
unbestimmte Ateliers	10 Denare
unbestimmte Ateliers	12 Denare
unbestimmtes Atelier	4 Denare
unbestimmtes Atelier	6 Denare
unbestimmtes Atelier	2 Denare
unbestimmte Ateliers	14 Denare
unbestimmte Ateliers	9 Denare

unbestimmte Ateliers	7 Denare
angelsächs. Sceattas	50
Sceattas von Kg. Peada, Kg. von Mercien (655–656)	3

14. Savonnières

Literatur	Lafaurie, Savonnières, S. 65ff. Prou/Bougenot, Bais, S. 186.
Fundort	Savonnières (Indre-et-Loire), etwa 10 km w. Tours.
Datum des Fundes	1865.
Fundumstände	Der Schatz war eingeschlossen in „un vase de craie", die genaueren Fundumstände sind nicht bekannt, Lafaurie, Savonnières, S. 65.
Datum der Vergrabung	Wahrscheinlich zwischen 740 und 750, Lafaurie, Savonnières, S. 74.

Zusammensetzung des Schatzes:[39]
Der Schatz bestand aus 45 Denaren.[40]

Tours	
Kloster Saint-Martin	21 Denare
Saint-Martin und Saint-Maurice	1 Denar
Saint-Maurice	8 Denare
Chinon (?) (Indre-et-Loire)	1 Denar
Châteaudun (Eure-et-Loir)	1 Denar
Savonnières (Indre-et-Loire)	4 Denare
Unbestimmte Ateliers der civitas Tours oder von Poitiers[41]	3 Denare
Unbestimmte Ateliers[42]	6 Denare

15. Bais

Literatur	Prou/Bougenot, Bais, S. 184–228, 362–396 und 481–514. Le Gentilhomme, Sceattas, S. 72ff. Lafaurie, Savonnières, S. 69 und 72f. Derselbe, Monnaies d'argent S. 149f.
Fundort	Bais (Mayenne).
Datum des Fundes	1904.
Fundumstände	Der Schatz befand sich in einem Tongefäß, Prou/Bougenot, Bais, S. 189.
Datum der Vergrabung	Ende der ersten Hälfte des 8. Jh. Prou/Bougenot, Bais, S. 189ff. 710–730, Lafaurie, Savonnières, S. 73.

[39] Lafaurie, Savonnières, S. 74–81.
[40] Ebenda, S. 67.
[41] Ebenda, S. 71.
[42] Ebenda, S. 67 und S. 81, Nr. 40–45.

Zusammensetzung des Schatzes:[43]
Der Schatz bestand aus rund 400 Münzen, Denaren und angelsächsischen Sceattas. Er enthielt außerdem zwei silberne Ringe, Silberbarren, nicht ausgeprägte Münzplatten und Silberbruch.[44]

Autun	2 Denare
Chalon-sur-Saône	7 Denare
Rouen	14 Denare
Kathedralkirche von Rouen	6 Denare
Imitationen auf Denare von Rouen (?)	1 Denar
Bayeux (Calvados)	1 Denar
Tours	1 Denar
Kloster Saint-Martin	4 Denare
Amboise (Indre-et-Loire)	1 Denar
Saviniaco vico	1 Denar
Pernay (Indre-et-Loire)	1 Denar
Vsateco vico	2 Denare
Le Mans	6 Denare
Jublains (Mayenne)	3 Denare
Rennes	11 Denare
Kathedralkirche von Rennes	1 Denar
Saint-Melaine	4 Denare
Sens	4 Denare
Kathedralkirche von Sens	4 Denare
Blois (Loire-et-Cher)	2 Denare
Troyes	2 Denare[45]
Orléans	12 Denare
Sainte-Croix	1 Denar
Paris	23 Denare
Unbestimmte Siedlung in der civitas Paris	1 Denar
Unbestimmte Siedlung in der civitas Paris	1 Denar
Meaux (Seine-et-Marne)	2 Denare[46]
Soissons	1 Denar[47]
Marseille	8 Denare[48]
Bourges	5 Denare
Kathedralkirche von Bourges (?)	2 Denare
Saint-Sulpice	2 Denare
Unbestimmte Siedlungen der civitas Bourges	10 Denare
Unbestimmte Siedlung der civitas Clermont	2 Denare
Kathedralkirche von Limoges	4 Denare
Saint-Martial	1 Denar
Novo vico	1 Denar
Poitiers	53 Denare
Kathedralkirche von Poitiers	6 Denare

[43] Prou/Bougenot, Bais, S. 198–228, 362–396 und 481–514.
[44] Ebenda, S. 189.
[45] Zuweisung für Nr. 70 unsicher.
[46] Zuweisung für Nr. 106 sehr unsicher.
[47] Zuweisung unsicher.
[48] Zuweisung für Nr. 110 und 111 unsicher.

Saint-Hilaire	6 Denare
Imitationen auf Denare von Poitiers	22 Denare[49]
Unbestimmte Siedlungen der civitas Poitiers	8 Denare
Melle (Deux-Sèvres)	1 Denar
Saint-Meme (Loire-Maritime)	1 Denar[50]
Rezé (Loire-Maritime)	1 Denar
Saint-Jouin-de-Marne (Deux-Sèvres)	1 Denar
Angelsächsische Sceattas	28
Angelsächsische Sceattas, auf Denare von Rennes imitiert	4[51]
Unbestimmte Ateliers	90 Denare[52]

16. Einzelfunde

Prägeort	*Fundort*	*Art der Münze*	*Beleg*
Angers	Sainte-Hermine (Vendée)	nicht bezeichnet	Lafaurie, Routes, S. 271.
Arpajon (Châtre)	Fontenay-le-Comte (Vendée)	Triens	Belfort, Description, Nr. 1431.
Auxerre	Domburg	Denar	Ebenda, Nr. 5997.
Avallon	Domburg	Triens	Ebenda, Nr. 1.
Avranches	Metz	Triens	Ebenda, Nr. 10.
Ballon	Grues (Vendée)	nicht bezeichnet	Lafaurie, Routes, S. 272.
Beauce	Briey (Meurthe-et-Moselle)	nicht bezeichnet	Ebenda.
Blois	Neuville bei Poitiers	Triens	Prou, Monnaies mérovingiennes, S. 133f.
Campbon	Saint-Eloi (Creuse)	nicht bezeichnet	Lafaurie, Routes, S. 273.
Châlons-sur-Marne	Martigny (Vosges)	nicht bezeichnet	Ebenda.
Crécy-en-Brie	Autun	nicht bezeichnet	Ebenda.
Genillé	Oradour (Haute-Vienne)	Triens	Prou, Monnaies mérovingiennes, S. 89f.
Lassay	Schraard (Friesland)	nicht bezeichnet	Lafaurie, Routes, S. 274.
Lieusaint (?) (Locus Sanctus)	Folkstone	Triens	Sutherland, Gold coinage, S. 24.
	London	Triens	Ebenda.
	Lincoln	Triens	Ebenda, S. 25.
Le Mans	Masyborough (Irland)	nicht bezeichnet	Lafaurie, Routes, S. 97.
	Chalon-sur-Saône	nicht bezeichnet	Ebenda.

[49] Ein Teil dieser Imitationen ist wahrscheinlich angelsächsischer Herkunft, Prou/Bougenot, Bais, S. 388ff.

[50] Zuweisung unsicher.

[51] Prou/Bougenot, Bais, S. 211f., Nr. 56–58.

[52] Ebenda, S. 206, Nr. 34 und Nr. 36; S. 481ff.

Prägeort	*Fundort*	*Art der Münze*	*Beleg*
Marly	Fontenay-le-Comte (Vendée)	Triens	Belfort, Description, Nr. 2795.
Mayet	Fontenay-le-Comte (Vendée)	Triens	Prou, Monnaies mérovingiennes, S. 107f.
Nantes	Angoulême (Charente)	nicht bezeichnet	Lafaurie, Routes, S. 275.
Noyen-sur-Sarthe	Lisle-sur-Tarn	nicht bezeichnet	Ebenda, S. 276.
Orléans	Mechtersheim (Rhein-Pfalz)	nicht bezeichnet	Lafaurie, Routes, S. 272.
	Tallard (Hautes-Alpes)	nicht bezeichnet	Ebenda.
	Arles	nicht bezeichnet	Ebenda.
	Dép. Savoie	nicht bezeichnet	Ebenda.
	Disentis (Schweiz)	nicht bezeichnet	Ebenda.
Palaiseau	Dompierre (Vendée)	Triens	Prou, Monnaies mérovingiennes, S. 187f.
Paris	Faversham (Kent)	Triens	Sutherland, Gold coinage, S. 24.
	Saint-André-d'Ornay (Vendée)	Triens	Prou, Monnaies mérovinginnes, Nr. 163.
	Genf	Triens	Belfort, Description, Nr. 6317.
	Boisseuil (Hte. Vienne)	nicht bezeichnet	Lafaurie, Routes, S. 276.
	Perigueux (Dordogne)	nicht bezeichnet	Ebenda.
Port-Saint-Père	La Berlière (Ardennes)	nicht bezeichnet	Ebenda.
Reims	Rening (Moselle)	nicht bezeichnet	Ebenda.
	Lède (Belgien)	nicht bezeichnet	Ebenda.
	Mons (Belgien)	nicht bezeichnet	Ebenda.
	Namur (Belgien)	nicht bezeichnet	Ebenda.
Rezé	Conon (Vienne)	nicht bezeichnet	Ebenda.
Rouen	La Rochelle (Charente-Maritime)	nicht bezeichnet	Ebenda.
Sens	Vaison-la-Romaine (Vaucluse)	nicht bezeichnet	Ebenda.
Soissons	Mons (Belgien)	Triens	Belfort, Description, Nr. 4213.
	Kuick (Niederlande)	nicht bezeichnet	Lafaurie, Routes, S. 277.
Tours	Macôn	Triens	Belfort, Description, Nr. 4525.
Troyes	Bissy (Savoie)	nicht bezeichnet	Lafaurie, Routes, S. 277.
Vannes	Roche-Bernard	Triens	Belfort, Description, Nr. 4721.
Vouzon	Ribérac (Dordogne)	nicht bezeichnet	Lafaurie, Routes, S. 278.
	Dieuze (Moselle)	nicht bezeichnet	Ebenda.

Nr. IV Bischofssitze des Untersuchungsgebietes im 7. Jahrhundert (nach Duchesne)

Amiens (Somme)
Angers (Maine-et-Loire)
Avranches (Manche)
Auxerre (Yonne)
Bayeux (Calvados)
Beauvais (Oise)
Chalons-sur-Marne (Marne)
Chartres (Eure-et-Loir)
Coutances (Manche)
Evreux (Eure)
Laon (Aisne)
Lisieux (Calvados)
Mans (Sarthe)
Meaux (Seine-et-Marne)
Nantes (Loire-Atlantique)
Noyon (Oise)
Orléans (Loiret)
Paris (Seine)
Reims (Marne)
Rennes (Ille-et-Vilaine)
Rouen (Seine-Maritime)
Sées (Orne)
Senlis (Oise)
Sens (Yonne)
Soissons (Aisne)
Tours (Indre-et-Loire)
Troyes (Aube)

LITERATURVERZEICHNIS

AA SS	Acta Sanctorum
Act. pont. Cenom.	Actus pontificum Cenomannis in urbe degentium, hg. G. Busson u. A. Ledru, Le Mans 1901 (Archives historiques du Maine, 2).
Adelson, Routes	Adelson, H. L., Early medieval trade routes, in: The Amer. hist. Rev., 65/1960, S. 271ff.
Adso, Vita Frodeberti	Vita Frodeberti abbatis Cellensis auct. Adsone, hg. W. Levison, in: MG SS rer. Merov., 5, Hannover/Leipzig 1910.
Annuaire	Annuaire de la Société française de numismatique.
BECh.	Bibliothèque de l'école des chartes.
Belfort, Description	Belfort, A., de, Description générale des monnaies mérovingiennes par ordre alphabétique des ateliers, publ. d'après M. le vicomte de Ponton d'Amécourt, 1–5, Paris 1892–1895.
Bessmertnyj, Problema	Bessmertnyj, Ju. L., Problema zapadnoevropejskoj torgovli IX–XIII vv. v sovremennoj zapadnoj medievistike, in: SV, 23/1963, S. 246ff.
Billy-Brossard, Ateliers	Billy-Brossard, J., Les ateliers monétaires de Melle et de Montreuil-Bonnin, in: La monnaie, trésor d'art et d'histoire. Trois. expos. conc. de numismatique, org. au Musée Monétaire du 15 mai au 30 juillet 1958, Paris 1958, S. 90ff.
BlldtLG	Blätter für deutsche Landesgeschichte
Bloch, Économie-nature	Bloch, M., Économie-nature ou économie-argent, un pseudo-dilemme, in: Annales d'hist. soc., 1/1939, S. 7ff.
Bloch, Esquisse	Bloch, M., Esquisse d'une histoire monétaire de l' Europe, Paris 1954 (Cahiers des Annales, 9).
Bloch, Problème	Bloch, M., Le problème de l'or au moyen âge, in: Annales d'hist. écon. et soc., 5/1933, S. 1ff.
BM	Boehmer, J. F., Regesta Imperii, 1: Die Regesten des Kaiserreiches unter den Karolingern 751–918, neu bearb. v. E. Mühlbacher, 2. Aufl., 1, 3. Abtlg., bes. v. J. Lechnen, Innsbruck 1908.
Boeles, Dronrijp	Boeles, P. C. J. A., Merovingische munten van het typ Dronrijp en de vondst van Nietap, in: Een kwart eeuw oudheidkundig bodemonderzoek in Nederland, Gedenkboek A. E. van Giffen, Meppel 1947, S. 369ff.
Boeles, Friesland	Boeles, P. C. J. A., Friesland tot de elfde eeuw, 's-Gravenhage 1951[2].
Bolin, Anfänge	Bolin, St., Die Anfänge der Münzprägung in Skandinavien, in: Settimane, 8/1961, S. 387ff.

Borchers, Untersuchungen	Borchers, H., Untersuchungen zur Geschichte des Marktwesens im Bodenseeraum (bis zum 12. Jh.), in: ZGORh, 104/1956,S. 315ff.
Bouquet	Bouquet, M., Recueil des historiens des Gaules et de la France, 6, Neue Ausg. v. L. Delisle, Paris 1870.
Boussard, Essai	Boussard, J., Essai sur le peuplement de la Touraine du Ier au VIIIe siècle, in: MA, 60/1954, S. 262ff.
Bréhier, Colonies	Bréhier, L., Les colonies d'Orientaux en Occident au commencement du moyen âge, in: ByzZ, 12/1903, S. 1ff.
Bruce-Mitford, Sutton Hoo	Bruce-Mitford, R., The Sutton Hoo ship-burial, London 1972².
Bruce-Mitford/Allan, Sutton Hoo	Bruce-Mitford, L. S., Sutton-Hoo – a rejoiner. With a note on the coins by J. Allan, in: Antiquity, 26/1952, S. 76ff.
Brühl, Palatium	Brühl, C., Palatium und Civitas. Studien zur Profantopographie spätantiker Civitates vom 3. bis zum 13. Jahrhundert, 1, Wien 1975.
BSFN	Bulletin de la Société française de numismatique.
Buchner, Beiheft	Wattenbach, W. u. W. Levison, Deutschlands Geschichtsquellen im Mittelalter. Vorzeit und Karolinger. Beiheft: Die Rechtsquellen, v. R. Buchner, Weimar 1953
Buchner, Provence	Buchner, R., Die Provence in merowingischer Zeit. Verfassung, Wirtschaft, Kultur, Stuttgart 1933 (Arbeiten zur dtschen. Rechts- u. Verfassungsgesch., H. 9).
Büttner, Studien	Büttner, H., Studien zum frühmittelalterlichen Städtewesen in Frankreich, vornehmlich im Loire- u. Rhônegebiet, in: VortrrForsch, 4/1958, S. 151ff.
Buhot de Kersers, Bulletin	Buhot de Kersers, A.-L.-M., Bulletin numismatique, in: Mémoires de la Société des antiquaires du Centre, 11/1884, S. 280ff.
ByzZ	Byzantinische Zeitschrift
CA	Cahiers archéologiques
Chartes de Montiérender	Cartulaire de l'abbaye de la Chapelle-aux-Planches. Chartes de Montiérender u. a., hg. Ch. Lalore, Paris 1878 (Collection des princip. cartul. du diocèse de Troyes, 4).
Cart. St. Bertin	Cartulaire de l'abbaye de Saint-Bertin, hg. B. Guérard, Paris 1840.
Cart. Paris	Cartulaire général de Paris, hg. R. de Lasteyrie, 1, Paris 1887.
Cart. Yonne	Cartulaire général de l'Yonne, hg. M. Quantin, 1, Auxerre 1854.
C. E. R. M., Féodalisme	Sur le féodalisme, hg. Centre d'Études et de Recherches Marxistes, Paris 1971.
C. E. R. M., Féodalisme à Byzance	Féodalisme à Byzance: Problèmes du mode de production de l'empire byzantin, hg. Centre d'Études et de Recherches Marxistes, Paris 1974.
Chabouillet, Catalogue	Chabouillet, A., Catalogue raisonné de la collection de deniers mérovingiens des VIIe et VIIIe siècle de la trouvaille de Cimiez, Paris 1890.
Chartes Jumieges	Chartes de l'abbaye de Jumièges, hg. J.-J. Vernier, 1, Rouen/Paris 1916.
Chart. et dipl. Charl. II.	Chartes et diplômes relatifs à l'histoire de France. Recueil des actes de Charles II. le Chauve, hg. G. Tessier, 1, Paris 1943; 2, Paris 1952; 3, Paris 1955.

Chart. et dipl. Pepin I.	Chartes et diplômes relatifs à l'histoire de France. Recueil des actes de Pépin Ier et de Pépin II, rois d'Aquitaine (814–848), hg. L. LEVILLAIN, Paris 1926.
CLAUDE, Geldgeschichte	CLAUDE, D., Zu Fragen der merowingischen Geldgeschichte, in: VSWG, 48/1961, S. 236ff.
CLOUZOT, Les marais	CLOUZOT, E., Les marais de la Sèvre Niortaise et du Lay du Xe à la fin du XVIe siècle, Paris 1904.
DHONDT, Problèmes	DHONDT, J., Les problèmes de Quentovic, in: Studi in onore di Amintore Fanfani, 1, Mailand 1962, S. 181ff.
Dictionnaire	Dictionnaire national des communes de France, Paris 1965[18].
DIEPENBACH, Münzprägungen	DIEPENBACH, W., Die Münzprägungen am Mittelrhein im Zeitalter der Merowinger, in: MainzZ, 44–45/1949–50, S. 145ff.
DIEUDONNÉ, Monétaires	DIEUDONNÉ, A., Les monétaires mérovingiens, in: BECh., 103/1942, S. 20ff.
DOEHAERD, Exemption	DOEHAERD, R., Exemption d'impôts indirects et circulation privilégiée en Europe occidental au cours du haut moyen âge, in: Éventail l'histoire vivantes. Hommage à Lucien Febvre, 2, Paris 1953, S. 81ff.
DOEHAERD, Haut moyen âge	DOEHAERD, R., Le haut moyen âge occidental: Économies et sociétés, Paris 1971.
DOEHAERD, Impôts	DOEHAERD, R., Impôts directs acqittés par des marchands et des artisans pendant le moyen âge, in: Studi in onore di Armando Sapori, Mailand 1957, S. 79ff.
DOEHAERD, Réformes	DOEHAERD, R., Les réformes monétaires carolingiennes, in: Annales, 7/1952, S. 13ff.
DOPSCH, Grundlagen	DOPSCH, A., Wirtschaftliche und soziale Grundlagen der europäischen Kulturentwicklung, 1, Wien 1923[2]; 2, Wien 1924[2].
DOPSCH, Naturalwirtschaft	DOPSCH, A., Naturalwirtschaft und Geldwirtschaft in der Weltgeschichte, Wien 1930.
DOPSCH, Wirtschaftsentwicklung 1 u. 2	DOPSCH, A., Die Wirtschaftsentwicklung der Karolingerzeit vornehmlich in Deutschland, 1. u. 2, Weimar 1962[3].
DRIEHAUS, Goldschmiede	DRIEHAUS, J., Zum Problem merowingerzeitlicher Goldschmiede, Göttingen 1972 (Nachrichten der Akademie der Wissenschaften in Göttingen, phil.-hist. Kl., Jg. 1972, Nr. 7).
DtJbNumismat.	Deutsches Jahrbuch für Numismatik
DUBY, Économie	DUBY, G., L'économie rurale et la vie des campagnes dans l'Occident médiéval, 1, Paris 1962.
DUCHESNE, Fastes	DUCHESNE, L., Fastes épiscopaux de l'ancienne Gaule, 1, Paris 1907[2]; 2, Paris 1910[2]; 3, Paris 1915.
DURLIAT, Vigne	DURLIAT, J., La vigne et le vin dans la région parisienne au début du IXe siècle d'après le Polyptyque d'Irminon, in: MA, 74/1968, S. 387ff.
EAZ	Ethnographisch-Archäologische Zeitschrift.
ENDEMANN, Markturkunde	ENDEMANN, T., Markturkunde und Markt in Frankreich und Burgund vom 9. bis 11. Jahrhundert, Konstanz/Stuttgart 1964.
ENGEL/SERRURE, Traité	ENGEL, A., R. SERRURE, Traité de numismatique du moyen âge, 1, Paris 1891.
ENGELS, Ursprung	ENGELS, F., Der Ursprung der Familie, des Privateigentums und des Staats, in: MEW, 21, Berlin 1973, S. 27ff.

Ewig, Kirche	Ewig, E., Kirche und Civitas im Merowingerreich, in: Settimane, 7/1960, S. 45ff.
Ewig, Privileg	Ewig, E., Das Privileg des Bischofs Berthefrid von Amiens für Corbie von 664 und die Klosterpolitik der Königin Balthild, in: Francia, 1/1973, S. 62ff.
Ewig, Teilreiche, I	Ewig, E., Die fränkischen Teilungen und Teilreiche (511–613), Wiesbaden 1952 (Abhh. der Geistes- u. sozialwiss. Kl. der Ak. der Wiss. Mainz, 1952, 9).
Ewig, Teilreiche, II	Ewig, E., Die fränkischen Teilreiche im 7. Jahrhundert (613–714), in: TrierZ. 22/1953, S. 85ff.
FDG	Forschungen zur deutschen Geschichte
Feine, Rechtsgeschichte	Feine, H. E., Kirchliche Rechtsgeschichte, 1, Köln/Graz 1964[4].
Février, Développement	Février, P.-A., Le développement urbain en Provence de l'époque romaine à la fin du XIVe siècle, Paris 1964. (Bibliothèque des écoles francaises d'Athènes et de Rome, 202).
Flodoard, Historia	Flodoard, Historia Remensis ecclesiae, hg. J. Heller u. G. Waitz, in: MG SS, 13, Hannover 1881.
Fossard, Chapiteaux	Fossard, D., Les chapiteaux de marbre du VIIe siècle en Gaule, in: CA, 2/1947, S. 69–85.
Fredegar	Chronicarum quae dicuntur Fredegarii scholastici libri IV, hg. B. Krusch, in: MG SS rer. Merov., 2, Hannover 1888.
Friedemann, Paris	Friedemann, A., Paris, ses rues, ses paroisses du moyen âge à la Révolution, Paris 1959.
Frühformen	Vor- und Frühformen der europäischen Stadt im Mittelalter. Bericht über ein Symposium in Reinhausen bei Göttingen in der Zeit vom 18. bis 24. April 1972, hg. H. Jankuhn, W. Schlesinger u. H. Steuer, 1, Göttingen 1973; 2, Göttingen 1974 (Abhh. der Ak. der Wiss. in Göttingen, philolog.-hist. Kl., 3. Folge, 83 u. 84).
Ganshof, Aspects	Ganshof, F. L., Quelques aspects principaux de la vie économique dans la monarchie franque au VIIe siècle, in: Settimane, 5/1958, 1, S. 73ff.
Ganshof, Bureaux	Ganshof, F. L., Les bureaux du tonlieu de Marseille et des Fos, in: Études historiques à la mémoire de Noel Didier, Paris 1960, S. 125ff.
Ganshof, Note	Ganshof, F. L., Note sur le "praeceptum negotiatorum" de Louis le Pieux, in: Studi in onore di Armando Sapori, Mailand 1957, S. 101ff.
Ganshof, Tonlieu	Ganshof, F. L., A propos du tonlieu sous les mérovingiens, in: Studi in onore di Amintore Fanfani, 1, Mailand 1962, S. 291ff.
Ganshof, Tonlieu caroling.	Ganshof, F. L., A propos du tonlieu à l'époque carolingienne, in: Settimane, 6/1959, S. 485ff.
Gariel, Monnaies	Gariel, E., Les monnaies royales de France sous la race carolingienne, 1, Straßburg 1883; 2, Straßburg 1884.
Gasnault, Documents	Gasnault, P., Documents financiers de Saint-Martin de Tours de l'époque mérovingienne, in: JS, 1970, 2, S. 82ff.
Gasnault, Documents comptables	Gasnault, P., Documents comptables du VIIe siècle provenant de Saint-Martin de Tours, in: Francia, 2/1974, S. 1ff.
Gebhart, Geld	Gebhart, H., Geld und Wirtschaft im frühmittelalterlichen Baiern, in: ZBayer. LdG, 18/1955, S. 40ff.

Gesta Aldrici	Gesta domini Aldrici Cenomannicae urbis episcopi a discipulis suis, hg. R. CHARLES u. L. FROGER, Mamers, 1889.
Gesta Dagoberti	Gesta Dagoberti I regis Francorum, hg. B. KRUSCH, in: MG SS rer. Merov., 2, Hannover 1888.
Gesta patrum Font.	Gesta Sanctorum Patrum Fontanellensis Coenobii, hg. F. LOHIER u. R. P. J. LAPORTE, Rouen/Paris 1936.
GRAUS, Gewalt	GRAUS, F., Die Gewalt bei den Anfängen des Feudalismus und die 'Gefangenenbefreiungen' der merowingischen Hagiographie, in: JbWG 1961, 1, S. 61ff.
GRIERSON, Commerce	GRIERSON, PH., Commerce in the dark ages: a critique of the evidence, in: Translations of the Royal historical Society, 5. ser., 9/1959, S. 123ff.
GRIERSON, Dating	GRIERSON, PH., The dating of the Sutton Hoo coins, in: Antiquity, 26/1952, S. 83ff.
GRIERSON, Fonction	GRIERSON, PH., La fonction sociale de la monnaie en Angleterre aux VIIe – VIIIe siècles, in: Settimane, 8/1961, S. 341ff.
GRIERSON, Purpose	GRIERSON, PH., The purpose of the Sutton Hoo coins, in: Antiquity, 44/1970, S. 14ff.
HÄVERNICK, Epochen	HÄVERNICK, W., Epochen der deutschen Geldgeschichte im frühen Mittelalter, in: HBN, 9–10/1955–56, S. 5ff.
HÄVERNICK, Münzgeschichte	HÄVERNICK, W., Zur Münzgeschichte der Karolingerzeit und des 10./11. Jahrhunderts, in: HBN, 15/1961, S. 5ff.
HÄVERNICK, Münzreformen	HÄVERNICK, W., Die karolingischen Münzreformen. Ende der alten Zustände oder Beginn einer neuen Entwicklung?, in: VSWG, 41/1954, S. 146ff.
HAUCK, Kirchengeschichte, 1	HAUCK, A., Kirchengeschichte Deutschlands, 1, Berlin 1954⁸.
HBN	Hamburger Beiträge zur Numismatik
HECKSCHER, Naturalwirtschaft	HECKSCHER, E. F., Natural- und Geldwirtschaft in der Geschichte, in: VSWG, 23/1930, S. 454ff.
HEIDRICH, Münzprägung	HEIDRICH, I., Die merowingische Münzprägung im Gebiet von oberer Maas, Mosel und Seille, in: Rhein. Vjbll., 38/1974, S. 78ff.
HERRMANN, Allod	HERRMANN, J., Allod und Feudum als Grundlagen des west- und mitteleuropäischen Feudalismus und der feudalen Staatsbildung, in: Beiträge zur Entstehung des Staates, hg. J. HERRMANN u. I. SELLNOW, Berlin 1973, S. 164ff.
HESS, Geldwirtschaft	HESS, W., Geldwirtschaft am Mittelrhein in karolingischer Zeit, in: BlldtLG, 98/1962, S. 26ff.
HIGOUNET, Bordeaux	HIGOUNET, CH., Bordeaux pendant le haut moyen âge, Bordeaux 1963 (Histoire de Bordeaux, hg. CH. HIGOUNET, 2).
HIGOUNET, Forêts	HIGOUNET, CH., Les forêts de l'Europe occidentale du Ve au XIe siècle, in: Settimane, 13/1966, S. 343ff.
HIGOUNET, Problème	HIGOUNET, CH., Le problème économique: L'église et la vie rurale pendant le trés haut moyen âge, in: Settimane, 7/1960, S. 775ff.
HILDEBRAND, Naturalwirthschaft	HILDEBRAND, B., Naturalwirthschaft, Geldwirthschaft und Credithwirtschaft, in: Jbb. NSt. 2/1864, S. 1–24.
HIMLY, Emprise	HIMLY, F.-J., Y-a-t-il emprise musulmane sur l'économie des états européens du VIIIe au Xe siècle? in: Schweiz. Z. für Geschichte, 5/1955, S. 31ff.

Holtzmann, Kaiserzeit	Wattenbach, W., R. Holtzmann, Deutschlands Geschichtsquellen im Mittelalter. Deutsche Kaiserzeit, 1, H. 2, Tübingen 1948².
Hubert, Routes	Hubert, J., Les routes du moyen âge, in: Les routes de France depuis les origines jusqu'à nos jours, Paris 1959, S. 25ff.
Hubert, Voies	Hubert, J., Les grandes voies de circulation à l'intérieur de la Gaule mérovingienne d'après l'archéologique, in: Actes du VIe congrès international d'études byzantines, 2, Paris 1951, S. 185ff.
Huvelin, Essai	Huvelin, P., Essai historique sur le droit des marchés et des foires, Paris 1897.
Jammer, Anfänge	Jammer, V., Die Anfänge der Münzprägung im Herzogtum Sachsen (10. und 11. Jh.), Hamburg 1952 (Numismat. Studien, H. 3–4).
Jankuhn, Handel	Jankuhn, H., Der fränkisch-friesische Handel zur Ostsee im frühen Mittelalter, in: VSWG, 40/1953, S. 193ff.
JbBrandenbLdG	Jahrbuch für Brandenburgische Landesgeschichte
JbWG	Jahrbuch für Wirtschaftsgeschichte
JbbNSt	Jahrbücher für Nationalökonomie und Statistik
Imbart de la Tour, Immunités	Imbart de la Tour, P., Des immunités commerciales accordées aux églises du VIIe au IXe siècle, in: Études d'hist. du moyen âge déd. à Gabriel Monod, Paris 1896, S. 71ff.
Inama-Sternegg, Wirtschaftsgeschichte	Inama-Sternegg, K. Th. v., Deutsche Wirtschaftsgeschichte, 1, Leipzig 1909².
Jonas, Vita Columb.	Vitae Columbani abbatis discipulorumque eins libri duo auctore Iona, hg. B. Krusch, in: MG SS rer. Merov., 4, Hannover/Leipzig 1902.
JS	Journal des Savants.
Kaiser, Untersuchungen	Kaiser, R., Untersuchungen zur Geschichte der Civitas und Diözese Soissons in römischer und merowingischer Zeit, Bonn 1973 (Rhein. Archiv, 89).
Kalischer, Beiträge	Kalischer, E., Beiträge zur Handelsgeschichte der Klöster zur Zeit der Großgrundherrschaften, Berlin 1911.
Kent, Analyses	Kent, J. P. C., W. A. Oddy, M. J. Hughes, R. F. Coleman, A. Wilson, A. A. Gordus, R. Bruce-Mitford, Analyses of merowingian gold coins, in: Methods of chemical and metallurgical investigation of ancient coinage, hg. E. T. Hall und D. M. Metcalf, Oxford 1972 (Royal Numismatic Society, Spec. public., 8).
Kloss, Geldvorrat	Kloss, F., Geldverkehr und Geldvorrat im Merowingerreich, Baden/Brünn u. a., 1929.
Kulischer, Wirtschaftsgeschichte	Kulischer, J., Allgemeine Wirtschaftsgeschichte des Mittelalters und der Neuzeit, 1, Berlin 1954.
Lafaurie, Bordeaux	Lafaurie, J., A propos de la trouvaille de Bordeaux, in: Rev. Numismat., 5. sér., 14/1952, S. 229ff.
Lafaurie, Escharen	Lafaurie, J., Le trésor d'Escharen (Pays-Bas), in: RevNumismat., 6. sér., 2/1959–60, S. 153ff.
Lafaurie, Fessenheim	Lafaurie, J., Le trésor mérovingien de Fessenheim (Bas-Rhin), in: BSFN, 15/1960, 6, S. 432ff.
Lafaurie, Jura	Lafaurie, J., Trésor de monnaies carolingiens découvert dans le Jura, in: Centennial publication of the American Numismatic Society, hg. H. Ingholt, New York 1958, S. 407ff.

LAFAURIE, Monnaie bordelaise	LAFAURIE, J., La monnaie bordelaise du haut moyen âge, in: Histoire de Bordeaux, hg. CH. HIGOUNET, 2, Bordeaux 1963, S. 295ff.
LAFAURIE, Monnaies d'argent	LAFAURIE, J., Monnaies d'argent mérovingienne des VIIe et VIIIe siecles: Les trésors de Saint-Pierre-les-Étieux (Cher), Plassac (Gironde) et Nohanent (Puy-de-Dôme), in: Rev. Numismat., 6. sér., 11/1969, S. 98ff.
LAFAURIE, Numismatique	LAFAURIE, J., Numismatique: Des Merovingiens aux Carolingiens. Le monnaies de Pépin le Bref, in: Francia, 2/1974, S. 26ff.
LAFAURIE, Pièces	LAFAURIE, J., Trois nouvelles pièces de la trouvaille de Buis, in: BSFN, 14/1959, 4, S. 295ff.
LAFAURIE, Routes	LAFAURIE, J., Les routes commerciales indiquées par les trésors et trouvailles monétaires mérovingiens, in: Settimane, 8/1961, S. 231ff.
LAFAURIE, Saint-Aubin	LAFAURIE, J., Trésor de Saint-Aubin-sur-Aire (ar. et c. Commercy, Meuse, l. d. Sommieres), in: BSFN, 15/1960, 7, S. 452.
LAFAURIE, Saint-Pierre	LAFAURIE, J., Le trésor de Saint-Pierre-les-Etieux (Cher), in: BSFN, 17/1962, S. 159ff.
LAFAURIE, Savonnières	LAFAURIE, J., Trésor de deniers mérovingiens trouvé à Savonnières (Indre-et-Loire), in: Rev. Numismat., 6. sér., 5/1963, S. 65ff.
LAFAURIE, Triens inédit	LAFAURIE, J., Triens mérovingien inédit du Cabinet des médailles de Berlin, in: BSFN, 15/1960, 8, S. 467.
LAFAURIE, u. a., Wieuwerd	LAFAURIE, J., B. JANSEN, A. ZADOKS-JOSEPHUS JITTA, Le trésor de Wieuwerd, in: Oudheidkundige mededelingen uit het Rijksmuseum van oudheden te Leiden, 42/1961, S. 78ff.
LAMBRECHTS, Thèses	LAMBRECHTS, P., Les thèses de Henri Pirenne sur la fin du monde antique et les débuts du moyen âge, in: Byzantion, 14/1939, S. 513 ff.
LATOUCHE, Origines	LATOUCHE, R., Les origines de l'économie occidentale (IVe – XIe siècle), Paris 1970.
LAUER/SAMARAN	Les diplomes originaux des Mérovingiens, hg. PH. LAUER u. CH. SAMARAN, Paris 1908.
LAURENT, Travaux	LAURENT, H., Les travaux de M. Pierenne sur la fin de l'antiquité et le début du moyen âge, in: Byzantion, 7/1932, S. 495ff.
LE GENTILHOMME, Bordeaux	LE GENTILHOMME, P., Trouvaille de monnaies d'or des Mérovingiens et des Wisigoths faite à Bordeaux en 1803, in: DERSELBE, Mélanges de numismatique mérovingienne, Paris 1940, S. 5f.
LE GENTLHOMME, Buis	LE GENTILHOMME, P., Les monnaies mérovingiennes de la trouvaille de Buis, in: Ebenda, S. 95ff.
LE GENTILHOMME, Monnayage	LE GENTILHOMME, P., Le monnayage et la circulation monétaire dans les royaumes barbares en Occident (Ve–VIIe siècle), in: Rev. Numismat., 5. sér., 8/1945, S. 13ff.
LE GENTILHOMME, Notes	LE GENTILHOMME, P., Notes de numismatique mérovingienne, in: DERSELBE, Mélanges de numismatique mérovingienne, Paris 1940, S. 71ff.
LE GENTILHOMME, Procès-verbaux 1945	LE GENTILHOMME, P., in: Procès-verbaux des annés 1945–46 de la Société française de numismatique, S. XI–XII.

LE GENTILHOMME, Sceattas	LE GENTILHOMME, P., La circulation des sceattas dans la Gaule mérovingienne, in: Rev. Numismat., 5. sér., 2/1938, S. 67ff.
LEHOUX, Privilèges	LEHOUX, F., Privilèges commerciaux carolingiens accordés à l'abbaye de Saint-Germain-des-Prés, in: Recueil de travaux offert à Clovis Brunel, Paris 1955, S. 123ff.
LESNE, Propriété	LESNE, E., Histoire de la propriété ecclesiastique en France, 1, Lille/Paris 1910 (Mémoires et travaux p. p. des professeurs des facultés cathol. de Lille, VI).
LESTOCQUOY, Épices	LESTOCQUOY, J., Épices, médicine et abbayes, in: Études mérovingiennes, Paris 1953, S. 179ff.
LEVICKIJ, Goroda	LEVICKIJ, Ja. A., Goroda i gorodskoe remeslo v Anglii v X–XII vv, Moskau/Leningrad 1960.
LEVILLAIN, Études, I–IV	LEVILLAIN, L., Études sur l'abbaye de Saint-Denis à l'époque mérovingienne, in: BECh, 82/1921, S. 5ff; 86/1925, S. 5ff.; 87/1926, S. 20ff. u. 245ff.; 91/1930, S. 5ff. u. S. 264ff.
LEVILLAIN, Examen	LEVILLAIN, L., Examen critique des chartes mérovingiennes et carolingiennes de l'abbaye de Corbie, Paris 1902 (Mémoires et documents p. p. la Société de l'École des chartes, 5).
LEVINSON, Montiérender	LEVINSON, W., Die Merowingerdiplome für Montiérender, in: NA, 33/1908, S. 745ff.
LEVISON, Testament	LEVINSON, W., Das Testament des Diakons Adalgisel-Grimo vom Jahre 634, in: DERSELBE, Aus Rhein. u. Fränk. Frühzeit, Düsseldorf 1948, S. 118 ff.
LEVINSON, Vorzeit	WATTENBACH, W. u. W. LEVISON, Deutschlands Geschichtsquellen im Mittelalter. Vorzeit und Karolinger, 1, v. W. LEVISON, Weimar 1952.
LEWIS, Commerce	LEWIS, A. A., Le commerce et la navigation sur les côtes atlantiques de la Gaule du Ve au VIIIe siècle, in: MA, 59/1953, S. 246ff.
Lexikon	Ökonomisches Lexikon L–Z, Berlin 1971².
LIPCHITS, Ville à Byzance	LIPCHITS, E. E., La ville et le village à Byzance du VIe siècle jusqu'à la première moitie du IXe siècle, in: C. E. R. M., Féodalisme à Byzance, S. 51ff.
LJUBLINSKAJA, Tipologija	LJUBLINSKAJA, A. D., Tipologija rannevo feodalisma v Sapadnoj Evrope i problema romano-germanskogo sinteza, in: SV, 31/1968, S. 9ff.
LÖWE, Karolinger, I	WATTENBACH, W. u. W. LEVISON, Deutschlands Geschichtsquellen im Mittelalter. Vorzeit und Karolinger, 3, v. H. LÖWE, Weimar 1957.
LÖWE, Karolinger, III	WATTENBACH, W. u. W. LEVISON, Deutschlands Geschichtsquellen im Mittelalter. Vorzeit und Karolinger, 5, v. H. LÖWE, Weimar 1973.
LOMBARD, Bases	LOMBARD, M., Les bases monétaires d'une suprématie économique: L'or musulman du VIIe au XIe siècle, in: Annales, 2/1947, S. 143ff.
LONGNON, Atals	LONGNON, A., Atlas historique de la France depuis César jusqu'à nos jours, Paris 1888.
LONGNON, Texte	LONGNON, A., Atlas historique de la France depuis César jusqu'à nos jours. Texte explicatif des planches, 1, Paris 1912.

Lot, L'histoire urbaine	Lot, F., L'histoire urbaine du Nord de la France de la fin du IIIe à la fin du XIe siècle, in: JS, 1935, S. 5ff.
Lot, Domaine	Lot, F., Un grand domaine à l'époque franque: Ardin en Poitou, in: Bibliothèque de l'École des hautes études; sciènces histor. et philolog., 230/1921, S. 109ff.
LTheolK	Lexikon für Theologie und Kirche, hg. J. Höfer u. K. Rahner, Freiburg 1957–1967[2].
Lütge, Wirtschaftsgeschichte	Lütge, F., Deutsche Sozial- und Wirtschaftsgeschichte, Berlin/Göttingen/Heidelberg 1966[3].
Lyon, Oeuvre	Lyon, B., L'oeuvre de Henri Pirenne après vingt-cinq ans, in: MA, 66/1960, S 437ff.
MA	Le moyen âge.
MainzZ	Mainzer Zeitschrift.
Marktproblem	Das Marktproblem im Mittelalter. Referate und Aussprachen auf der dritten Arbeitstagung des Kreises für Stadtgeschichte vom 30. 9.–4. 10. 1960 in Konstanz, hg. v. P. Schöller (Westf. Forsch., 15/1962).
Marx, Kapital, 1 u. 3	Marx, K., Das Kapital, 1, 4. Aufl., Hamburg 1890, Neudruck Berlin 1972, (MEW 23); 3, 1. Aufl. Hamburg 1894, Neudruck Berlin 1973 (MEW 25).
Maxe-Werley, Trouvaille	Maxe-Werley, L., Trouvaille de Saint-Aubin (Meuse), in: Rev. Numismat., 3. sér., 8/1890. S. 12ff.
MEW	Marx, K., F. Engels, Werke, hg. Institut für Marxismus-Leninismus beim ZK der SED, Berlin 1957ff.
MG. Cap., 1	Monumenta Germaniae historica. Legum sectio II: Capitularia regum Francorum, 1, hg. A. Boretius, Hannover 1883.
MG. Conc.	Monumenta Germaniae historica. Legum sectio III: Concilia, 1, hg. F. Massen, Hannover 1893.
MG. DD. Karol.	Monumenta Germaniae historica. Diplomata Karolinorum, 1, hg. E. Mühlbacher, Hannover 1906.
MG. DD. Merov.	Monumenta Germaniae historica. Diplomata Merovingorum, hg. K. Pertz, Hannover 1872.
MG. Form.	Monumenta Germaniae historica. Legum sectio V: Formulae Merovingici et Karolini aevi, hg. K. Zeumer, Hannover 1886.
MIÖG	Mitteilungen des Instituts für Österreischische Geschichtsforschung.
Mottek, Wirtschaftsgeschichte	Mottek, H., Wirtschaftsgeschichte Deutschlands. Ein Grundriß, 1, Berlin 1957.
Müller-Mertens, Feudalentwicklung	Müller-Mertens, E., Zur Feudalentwicklung im Okzident und zur Definition des Feudalverhältnisses, in: ZfG, 14/1966, S. 52ff.
Müller-Mertens, Skizze	Müller-Mertens, E., Skizze zur weiteren Verständigung über das feudale Produktionsverhältnis, in: EAZ, 13/1972, S. 543–578.
Musset, Forêts	Musset, L., Les forèts de la basse Seine, in: Rev. arch., 6. sér., 36/1950, S. 84ff.
NA	Neues Archiv für ältere deutsche Geschichtskunde
Nau, Stadt und Münze	Nau, E., Stadt und Münze im frühen Mittelalter, in: Eßlinger Studien, 10/1964, S. 13ff.
Niermeyer, Lexicon	Niermeyer, J. F., Mediae Latinitatis lexicon minus, Leiden 1954–1964.
Ökonomie	Politische Ökonomie, 1, Berlin 1976

Oudaltsova, Féodalisme à Byzance	Oudaltsova, Z. V., A propos de la genèse du féodalisme à Byzance, in: C. E. R. M., Féodalisme à Byzance, S. 31ff.
Oudaltsova/Goutnova, Genèse	Oudaltsova, Z. V., E. V. Goutnova, La genèse du féodalisme dans les pays d'Europe, Moskau 1975.
Pardessus	Pardessus, J. M., Diplomata, chartae, epistolae, leges aliaque instrumenta ad res Gallo-Francicas spectantia, 1, Paris 1843; 2, Paris 1849.
Pirenne, Fin	Pirenne, H., La fin du commerce des Syriens en Occident, in: Derselbe, Histoire économique de l'Occident médiéval, Brügge 1951, S. 127ff. (Zuerst gedruckt in: Ann. de l'Institut de philol. et d'hist. orient., 2/1933–34).
Pirenne, Geburt	Pirenne, H., Geburt des Abendlandes, hg. P. E. Hübinger, o. O., 1939.
Pirenne, Mahomet	Pirenne, H., Mahomet et Charlemagne, in: Derselbe, Histoire économique de l'Occident médiéval, Brügge 1951, S. 62ff. (zuerst gedruckt in: RevBelgPhilolHist, 1/1922).
Pirenne, Villes	Pirenne, H., Les villes du moyen âge, Brüssel 1927.
Poljanskij, Proizvodstvo	Poljanskij, F. Ja., Tovarnoe proizvodstvo v uclovijach feodalizma, Moskau 1969.
Polypt. Irmin.	Polyptyque de l'abbaye de Saint-Germain-des-Prés, hg. A. Longnon, 1, Paris 1865; 2, Paris 1886–1895.
Ponton d'Amecourt, Abbon	Ponton D'Amecourt, G. de, Le monétaire Abbon, in: Annuaire, 3/1868–1870, S. 299ff.
Ponton d'Amécourt, Cenomannicum I–III	Ponton d'Amécourt, G. de, Les monnaies mérovingiennes du Cenomannicum, in: Revue histor. et archéol. du Maine, 10/1881, S. 281ff.; 11/1882, S. 29ff., 129ff. u. 281ff.; 12/1882, S. 5ff., 124ff. u. 229ff.
Ponton d'Amecourt, Touraine	Ponton d'Amécourt, G. de, Recherches sur les monnaies mérovingiennes de Touraine, in: Annuaire, 3/1868–1870, S. 86ff.
Potin, Rus	Potin, V. M., Drevnjaja Rus' i evropejskie gosudarstva v 10–13 vv, Leningrad 1968.
Poulain, L'extraction	Poulain, P., L' extraction et la taille des sarcophages dans la carrière de „La Roche taillée" à Arcy-sur-Cure, in: RAECE, 5/1954, S. 29ff.
Preidel, Handel	Preidel, H., Handel und Handwerk im frühgeschichtlichen Mitteleuropa, Gräfelfing 1965 (Veröffentlichungen des Adalbert-Stifter-Vereins, 10).
Prinz, Mönchtum	Prinz, F., Frühes Mönchtum im Frankenreich, München/Wien 1965.
Prinz, Stadtherrschaft	Prinz, F., Die bischöfliche Stadtherrschaft im Frankenreich vom 5. bis zum 7. Jahrhundert, in: HZ, 217/1974, S. 1ff.
Prou, Monnaies carolingiennes	Prou, M., Les monnaies carolingiennes, Paris 1896.
Prou, Monnaies mérovingiennes	Prou, M., Les monnaies mérovingiennes, Paris 1892.
Prou/Bougenot, Bais	Prou, M., S. Bougenot, Catalogue des deniers mérovingiens de la trouvaille de Bais (Ille-et-Vilaine), in: Rev. Numismat., 4. sér., 11/1907, S. 184ff., S. 362ff. u. S. 481ff.
RAECE	Révue archéologique de l'Est et du Centre-Est.

Recueil Saint-Benoit	Recueil des chartes de l'abbaye de Saint-Benoit-sur-Loire, hg. M. PROU u. A. Vidier, 1, Paris 1907.
Recueil Stavelot/Malmedy	Recueil des chartes de l'abbaye de Stavelot-Malmedy, hg. J. HALKIN u. C.-G. ROLAND, 1, Brüssel 1909.
REINHART, Münzen	REINHART, W., Die Münzen des tolosanischen Reiches der Westgoten, in: DtJbNumismat., 1/1938, S. 107ff.
REINHART, Münzprägung	REINHART, W., Die früheste Münzprägung im Reiche der Merowinger, in: DtJbNumismat., 2/1939, S. 37ff.
REINHART, Toledo	REINHART, W., Die Münzen des westgotischen Reiches von Toledo, in: DtJbNumismat., 3–4/1940–41, S. 69ff.
Rev. arch.	Revue archéologique.
RevBelgPhilolHist	Revue Belge de philologie et d'histoire
Rev. Numismat.	Revue Numismatique.
Rhein. Vjbll.	Rheinische Vierteljahrsblätter.
ROBLIN, Terroir	ROBLIN, M., Le terroir de Paris, Paris 1951 (Die 2., 1971 erschienene Auflage war mir nicht erreichbar).
ROHWER, Handel	ROHWER, B., Der friesische Handel im frühen Mittelalter, Diss. Kiel 1937.
ROTH, Handel	ROTH, H., Handel und Gewerbe vom 6. bis 8. Jh. östlich des Rheins, in: VSWG, 58/1971, S. 323ff.
SABBE, Relations	SABBE, E., Les relations économiques entre l'Angleterre et le Continent au haut moyen âge, in: MA, 56/1950 S. 169ff.
SALIN, Civilisation 1 u. 2	SALIN, É., La civilisation mérovingienne d'après les sépultures, les textes et le laboratoire, 1, Paris 1949; 2, Paris 1952.
SALIN, Sépultures	SALIN, É., Sépultures gallo-romaines et mérovingiennes dans la basilique de Saint-Denis, in: Monuments et mémoires p. p. l'Academie des inscriptions et belles-lettres, 49/1957, S. 93ff.
SALIN/FRANCE-LANORD, Fer	SALIN, É., A. FRANCE-LANORD, Le fer à l'époque mérovingienne, Paris 1943.
SALIS, Kent	SALIS, J. F. W., DE, On some looped coins found with Anglo-Saxon ornaments in Kent, in: The numismatic chronicle, New series, 1/1861, S. 58ff.
SCAPULA, Butte	SCAPULA, J., Fouilles de la Butte d'Isle-Aumont (Aube), in: Gallia, 8/1950, S. 77.
SCAPULA, Clérey	SCAPULA, J., Le cimetière mérovingien de Clerey (Aube), in: RAECE, 5/1954, S. 133ff.
SCAPULA, Gyé	SCAPULA, J., Le cimetière mérovingien de „Villers-Derrière" à Gyé-sur-Seine (Aube), in: RAECE, 2/1951, S. 142ff.
SCAPULA, Sablière	SCAPULA, J., Le cimetière mérovingien de la Sablière Dubreuil à Gyé-sur-Seine (Aube), in: RAECE, 1/1950, S. 248f.
SCHEFFER-BOICHORST, Syrer	SCHEFFER-BOICHORST, P., Zur Geschichte der Syrer im Abendland, in: MIÖG, 6/1885, S. 521ff.
Settimane	Settimane di studio del Centro Italiano di studi sull'alto medioevo.
SICKEL, Beiträge	SICKEL, TH., Beiträge zur Diplomatik, Teil 5, Wien 1865.
SJUZJUMOV, Problema	SJUZJUMOV, M. Ja., Problema vozniknovenija srednevekovogo goroda v Zapadnoj Evrope, in: SV, 31/1968, S. 77ff.
SOETBEER, Beiträge	SOETBEER, A., Beiträge zur Geschichte des Geld- und Münzwesens in Deutschland, in: FDG, 2/1862, S. 293ff.

SPRANDEL, Civitas	SPRANDEL, R., Grundbesitz- und Verfassungsverhältnisse einer merowingischen Landschaft: die Civitas Cenomannorum, in: Adel und Kirche, Festschrift für G. TELLENBACH, hg. J. FLECKENSTEIN u. K. SCHMID, Freiburg/Basel/Wien 1968, S. 26ff.
STAM, Grundlagen	STAM, S. M., Die ökonomischen Grundlagen der Herausbildung und Entwicklung der mittelalterlichen Stadt in West- und Mitteleuropa, in: Jahrbuch für Geschichte des Feudalismus, 2/1978, S. 73ff.
SUHLE, Münz- und Geldgeschichte	SUHLE, A., Deutsche Münz- und Geldgeschichte, Berlin 1968³.
SUHLE, Münzprägung	SUHLE, A., Die Münzprägung in Brandenburg von den Anfängen bis zum Tode Ottos I. (1184), in: JbBrandenbLdG, 6/1955, S. 46ff.
SUTHERLAND, Gold	SUTHERLAND, C. H. V., Anglo-Saxon gold coinage in the light of the Crondall hoard, London 1948.
SV	Srednie veka.
THOMPSON, Inventory	THOMPSON, J. D. A., Inventory of British coin hoards, Oxford 1956.
TIMME, Handel	TIMME, F., Handel und Fernverkehr im älteren Sachsen, in: BllDtLdG, 99/1963, S. 25ff.
TÖPFER, Diskussion	TÖPFER, B., Eine Diskussion französischer marxistischer Historiker über den Feudalismus, in: EAZ, 13/1972, S. 629ff.
TÖPFER, Grundfragen	TÖPFER, B., Zu einigen Grundfragen des Feudalismus, in: ZfG, 13/1965, S. 785ff.
TÖPFER, Problematik	TÖPFER, B., Zur Problematik der vorkapitalistischen Klassengesellschaften, in: JbWG, 1967, 4, S. 259ff.
TOUSSAINT, Aube	TOUSSAINT, M., Répertoire archéologique de département de l'Aube, Paris 1954.
TOUSSAINT, Seine	TOUSSAINT, M., Répertoire archéologique du département de la Seine (moins Paris), Paris 1953.
TOUSSAINT, Seine-et-Oise	TOUSSAINT, M., Répertoire archéologique de département de Seine-et-Oise, Paris 1951.
Trier. Z.	Trierer Zeitschrift.
VERCAUTEREN, Étude	VERCAUTEREN, F., Étude sur les civitates de la Belgique seconde, Brüssel 1934 (Académie Royale de Belgique. Classe des lettres et des sciences morales et politiques, 2. série, 23).
VERCAUTEREN, Monnaie	VERCAUTEREN, F., Monnaie et circulation monétaire en Belgique et dans le nord de la France du VIe au XIe siècle, in: Settimane, 8/1961 S. 279ff.
VERCAUTEREN, La vie	VERCAUTEREN, F., La vie urbaine entre Meuse et Loire du VIe au IXe siècle, in: Settimane, 6/1959, S. 453ff.
VERHULST, Genèse	VERHULST, A., La genèse du régime domanial classique en France au haut moyen âge, in: Settimane, 13/1965, S. 135ff.
VERHULST, Handel	VERHULST, A., Der Handel im Merowingerreich: Gesamtdarstellung nach schriftlichen Quellen, in: Early medieval studies, 2/1970, S. 2ff. (Antikvariskt arkiv, 39).
VERLINDEN, Esclavage	VERLINDEN, CH., L'esclavage dans l'Europe médiéval, 1, Brügge 1955 (Rijksuniversiteit te Gent. Werken uitgegeven door de Faculteit van de Letteren en Wejsbegeerte, 119).

VERLINDEN, Großhandel	VERLINDEN, CH., Wo, wann und warum gab es einen Großhandel mit Sklaven während des Mittelalters?, Köln 1970 (Kölner Vorträge zur Sozial- u. Wirtschaftsgeschichte, H. 11).
VERLINDEN, Samo	VERLINDEN, CH., Problèmes d'histoire économique franque, I: Le France Samo, in: RevBelgPhilolHist., 12/1933, S. 1090ff.
Virt. Fursei	Virtutes sancti Fursei, hg. B. KRUSCH, in: MG SS rer. Merov., 4, Hannover/Leipzig 1902.
Vita Ansberti	Vita Ansberti episcopi Rotomagensis, hg. W. LEVISON, in: MG SS rer. Merov., 5, Hannover/Leipzig 1910.
Vita Balthildis	Vita sanctae Balthildis, hg. B. KRUSCH, in: MG SS rer. Merov., 2, Hannover 1888.
Vita Betharii	Vita Betharii episcopi Carnoteni, hg. B. KRUSCH, in: MG SS rer. Merov., 3, Hannover 1896.
Vita Eligii	Vita Eligii episcopi Noviomagensis, hg. B. KRUSCH, in: MG SS rer. Merov., 4, Hannover/Leipzig 1902.
Vita Filiberti	Vita Filiberti abbatis Gemeticensis et Heriensis, hg. W. LEVISON, in: MG SS rer. Merov., 5, Hannover/Leipzig 1910.
Vita Lantberti	Vita Lantberti abbatis Fontanellensis et episcopi Lugdunensis, hg. W. LEVISON, MG SS rer. Merov., 5, Hannover/Leipzig 1910.
Vita Lonoghylii	Vita Lonoghylii abbatis Buxiacensis, hg. W. LEVISON, MG SS rer. Merov., 7, Hannover/Leipzig 1920.
Vita Nivardi	Vita Nivardi episcopi Remensis auctore Almanno monacho Altivillarensi, hg. W. LEVISON, in: MG SS rer. Merov., 5, Hannover/Leipzig 1910.
Vita Richarii	Vita Richarii sacerdotis Centulensis primigenia, hg. B. KRUSCH, in: MG SS rer. Merov., 7, Hannover/Leipzig 1920.
Vita Sadalbergae	Vita Sadalbergae abbatissae Laudunensis, hg. B. KRUSCH, in: MG SS rer. Merov., 5, Hannover/Leipzig 1910.
Vita Winebaudi	Vita sancti Winebaudi abbatis monasterii Sancti Lupi, in: AA SS, Aprilis, 1, ed. nov., Paris/Rom 1866.
VÖLCKERS, Münzfunde	VÖLCKERS, H. H., Karolingische Münzfunde der Frühzeit (751–800), Göttingen 1965 (Abhh. der Ak. der Wiss. in Göttingen, philol.-hist. Kl., 3. Folge, 21).
VortrrForsch	Vorträge und Forschungen, hg. v. Inst. f. geschichtl. Landesforschung des Bodenseegebietes in Konstanz.
VSWG	Vierteljahrschrift für Sozial- u. Wirtschaftsgeschichte.
WAITZ, Verfassungsgeschichte	WAITZ, G., Deutsche Verfassungsgeschichte, 2, 1, Berlin 1882[3].
WARNKE, Anfänge	WARNKE, CH., Die Anfänge des Fernhandels in Polen, Würzburg 1964 (Marburger Ostforschungen, 22).
WERNER, Charakteristika	WERNER, E., Einige Charakteristika des vorder- und mittelasiatischen Feudalismus, in: ZfG, 11/1963, S. 1134ff.
WERNER, Fernhandel	WERNER, J., Fernhandel und Naturalwirtschaft im östlichen Merowingerreich nach den archäologischen und numismatischen Zeugnissen, in: Settimane, 8/1961, S. 557ff.
WERNER, Grabfunde	WERNER, J., Münzdatierte austrasische Grabfunde, Berlin/Leipzig 1935 (German. Denkmäler der Völkerwanderungszeit, 3).

WERNER, Waage	WERNER, J., Waage und Geld in der Merowingerzeit, in: SB der Bayer. Ak. der Wiss., phil.-hist. Kl., 1954, 1.
WERVEKE, Commerce	WERVEKE, H., VAN, Le commerce des vins français au moyen âge, in: RevBelgPhilolHist, 12/1933, S. 1096ff.
WERVEKE, Économie-nature	WERVEKE, H., VAN, Économie-nature et économie-argent: Une discussion, in: Annales d'hist. écon. et soc., 3/1931, S. 428ff.
WestForsch	Westfälische Forschungen
WIELANDT, Monetarmünzen	WIELANDT, F., Die Monetarmünzen der oberrheinischen Merowingermünzstätten, in: DtJbNumismat., 2/1939, S. 57ff.
Wörterbuch	Mittellateinisches Wörterbuch bis zum ausgeh. 13. Jahrhundert, hg. Bayer. Akademie der Wiss. u. Deutsche Akademie der Wiss. zu Berlin, Berlin 1967ff.
Wörterbuch der Münzkunde	Wörterbuch der Münzkunde, hg. F. v. SCHRÖTTER, Berlin/Leipzig 1930.
WUNDER, Feudalismus	Feudalismus. Zehn Aufsätze, hg. H. WUNDER, München 1974.
ZADOKS-JOSEPHUS JITTA, Muntslag	ZADOKS-JOSEPHUS JITTA, A. N., De eerste muntslag te Duurstede, in: Jaarboek voor Munt- en Penningkunde, 48/1961, S. 1ff.
ZBayerLdG	Zeitschrift für Bayerische Landesgeschichte.
ZfG	Zeitschrift für Geschichtswissenschaft.
ZGORh	Zeitschrift für Geschichte des Oberrheins.
ZIMMER, Handelsverbindungen	ZIMMER, H., Über direkte Handelsverbindungen im Altertum und frühen Mittelalter, in: SB der Kgl. Preuß. Ak. der Wiss., 1909, S. 363ff. u. 430ff.

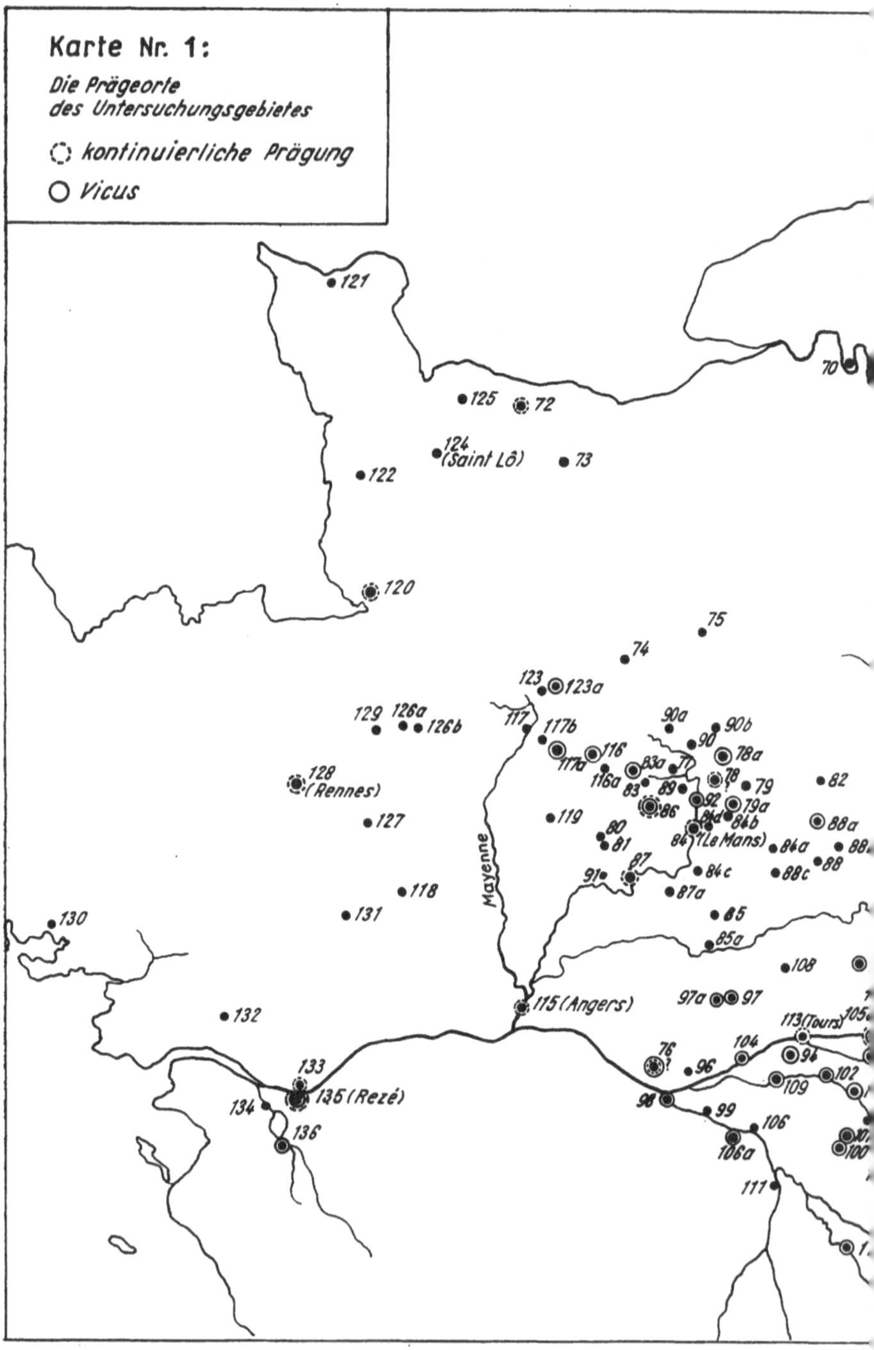

Karte Nr. 1:
Die Prägeorte des Untersuchungsgebietes

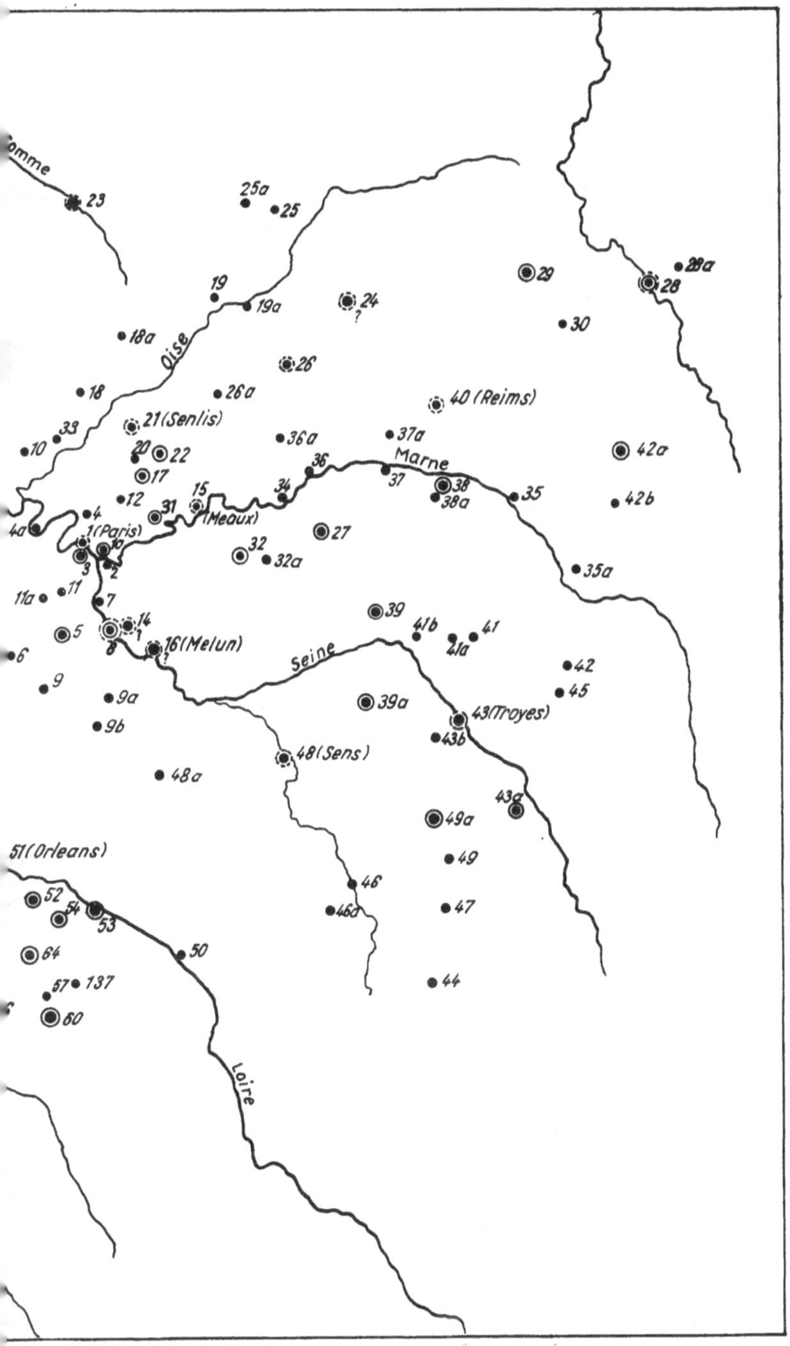

Somme
Oise
Marne
Seine
Loire
23
25a
25
19
19a
24
29
28
28a
18a
26
30
18
26a
40 (Reims)
21 (Senlis)
33
10
36a
37a
42a
20
22
17
36
37
38
38a
35
15
34
12
31
(Meaux)
42b
4
4a
1 (Paris)
10
27
3
2
32
32a
35a
11a
11
7
39
41b
41
41a
5
14
8
16 (Melun)
6
9
42
45
9a
39a
43 (Troyes)
9b
43b
48 (Sens)
48a
43a
49a
51 (Orleans)
49
46
52
54
53
46a
47
64
50
57
137
44
60

Karte Nr. 2:

Prägeorte mit nachgewiesener Silberprägung

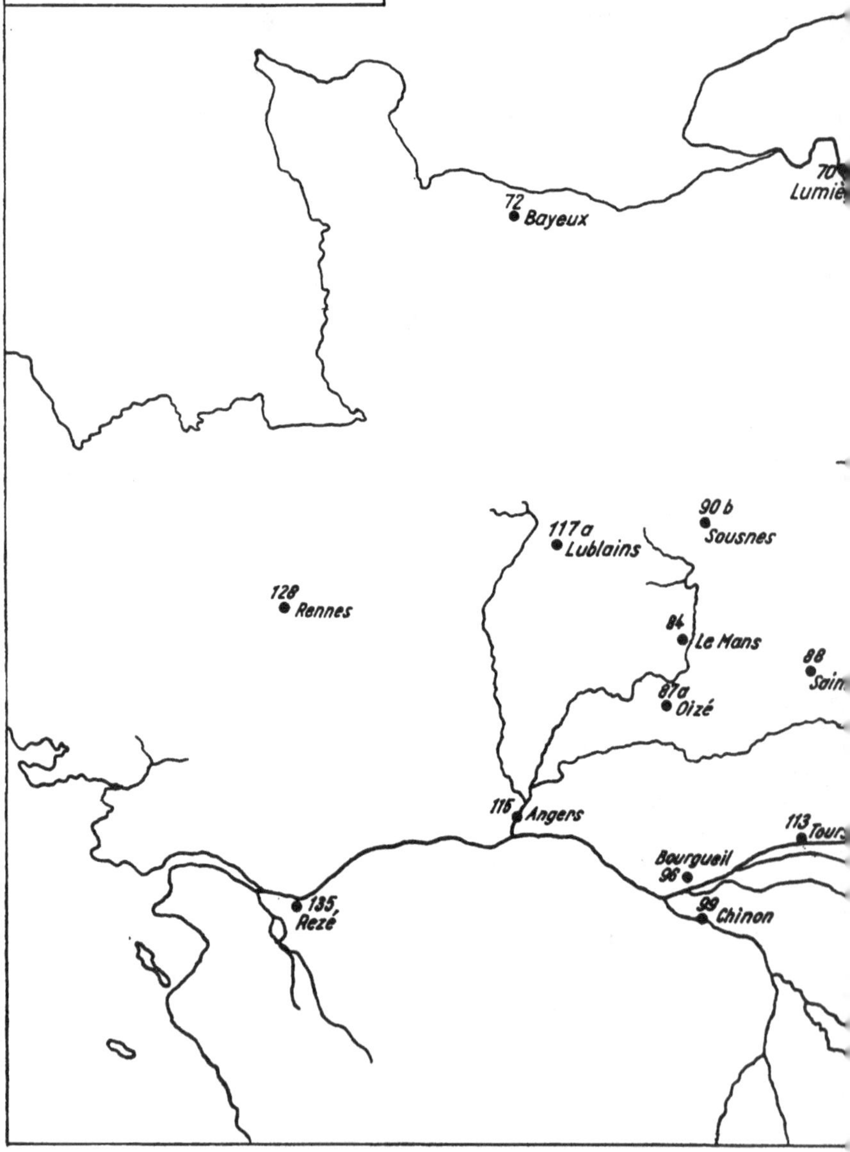

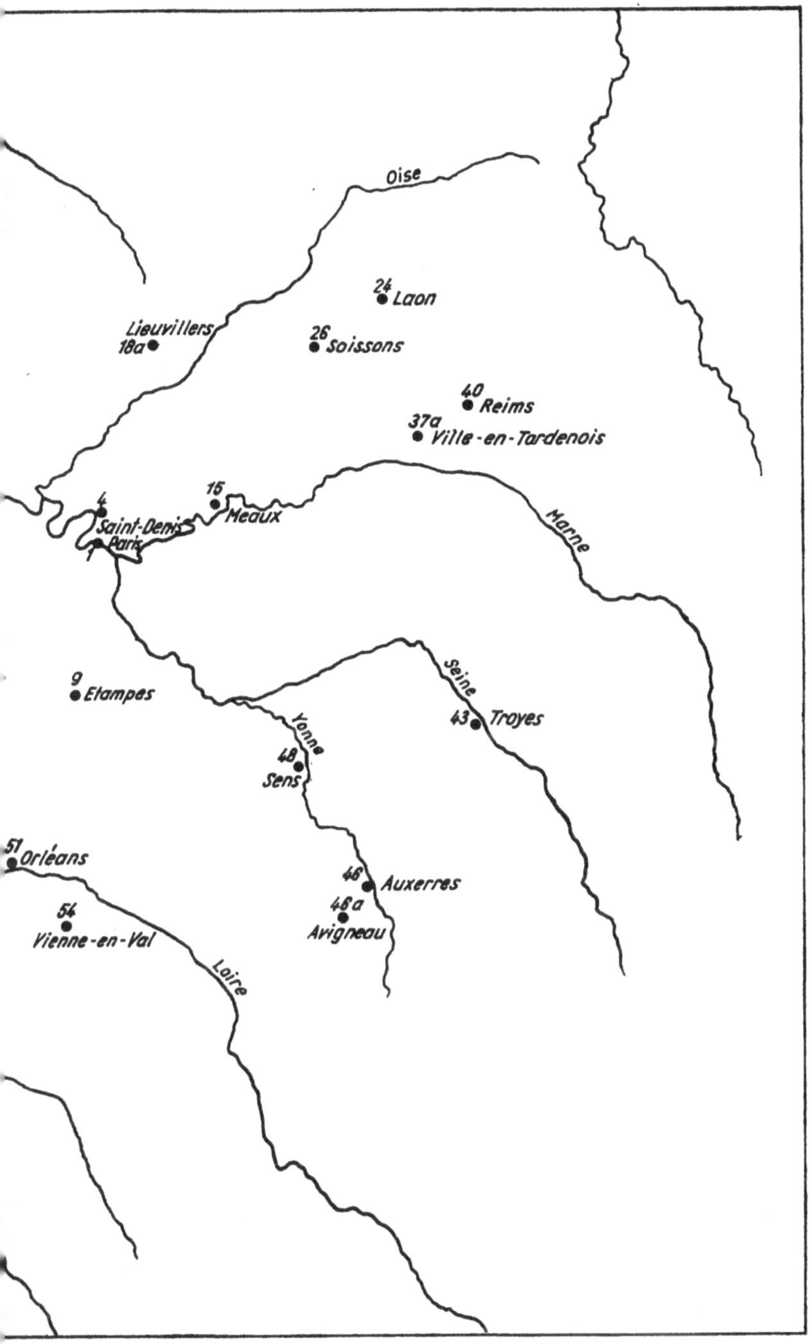

Oise
24 Laon
Lieuvillers
18a
26 Soissons
40 Reims
37a Ville-en-Tardenois
15 Meaux
4 Saint-Denis
1 Paris
Marne
Seine
9 Etampes
43 Troyes
Yonne
48 Sens
51 Orléans
46 Auxerres
46a Avigneau
54 Vienne-en-Val
Loire

Hinweis für unsere Leser!

Die Schriftenreihe
„Forschungen zur mittelalterlichen Geschichte"
wird *ab Band 28* beim Verlag Hermann Böhlaus Nachf., 5300 Weimar, Meyerstr. 50 a, fortgeführt.
Die Bände 1–27 werden jedoch weiterhin vom Akademie-Verlag ausgeliefert.

2090/27 Bleiber

FSC
www.fsc.org
MIX
Papier | Fördert
gute Waldnutzung
FSC® C083411

Kolibri 360 GmbH
Ferdinand-Jühlke-Straße 7
99095 Erfurt, Deutschland
produktsicherheit@kolibri360.de